Narratori Feltrinelli

La strada ritrovata chiedeva non un “logo”, ma un sigillo.
Un simbolo, come la conchiglia di Santiago.
All’inizio si era pensato a immagini: il selciato e i pini romani.
Poi è emersa la lettura alfabetica.
L’imperiosa doppia A che segna la via numero uno del mondo antico.
Due linee prospetticamente convergenti come una strada
che punta sull’orizzonte.
Sulla pergamena del mondo il cammino è calligrafia,
e un raffinato calligrafo di nome Pietro
(Porro il suo cognome) è entrato nella storia.
Attorno alla A, egli ha raccolto le cinque lettere in un fascio, come spighe.
Il suggello della strada di pietra.
Un simbolo che non ha pretesa di ufficialità
e che mettiamo a disposizione del Paese.
Fa niente se non sarà adottato per le solite questioni di procedura.
L’Italia è costruita sui protocolli.
A noi basta che abbia segnato il nostro passaggio.

Paolo Rumiz

Appia

con Riccardo Carnovalini, cercatore di vie

Published by arrangement with The Italian Literary Agency

Prima edizione ne "I Narratori" giugno 2016
Quarta edizione luglio 2016

Stampa Grafica Veneta S.p.A. di Trebaseleghe - PD

ISBN 978-88-03190-8

Dal sito www.feltrinellieditore.it è possibile scaricare le tracce Gps delle ventinove tappe e le trentuno tavole dei nodi del percorso.

Tutte le espressioni dialettali sono state trascritte foneticamente e controllate da "indigeni".

APPIA

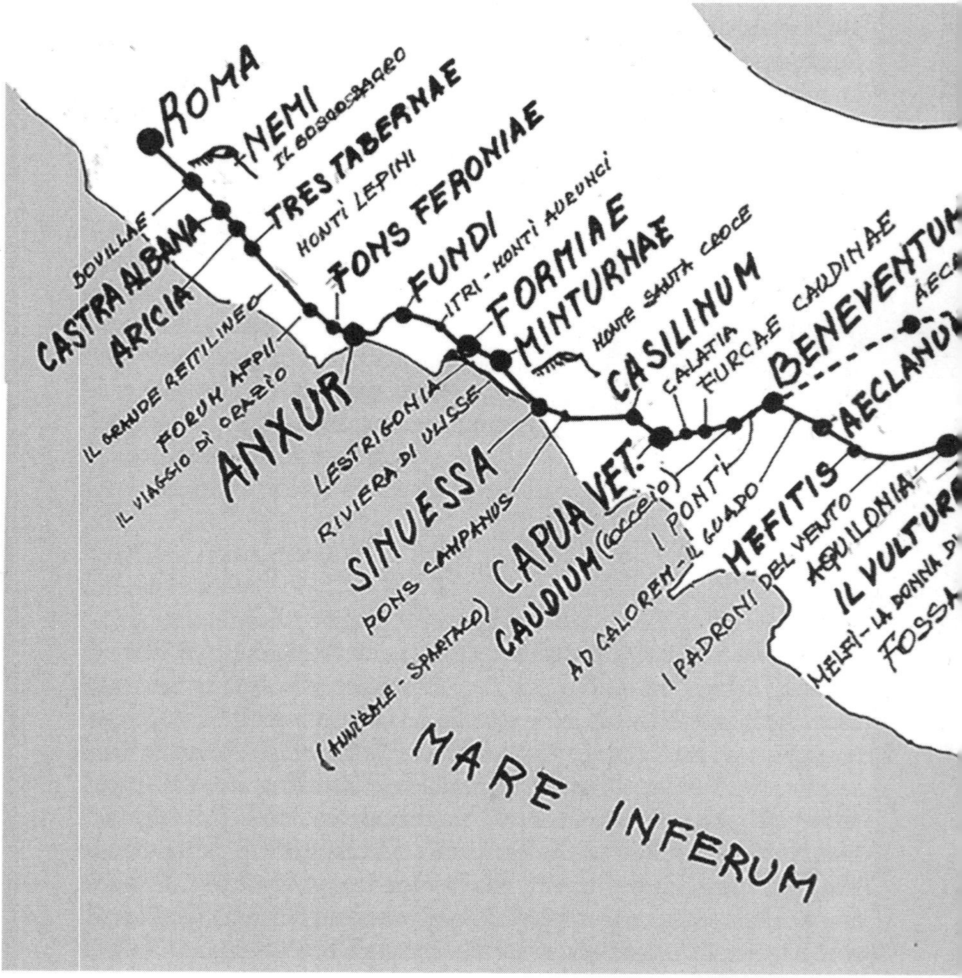
ROMA
NEMI
TRES TABERNAE
MONTI LEPINI
FONS FERONIAE
FUNDI
ITRI - MONTI AURUNCI
FORMIAE
MINTURNAE
MONTE SANTA CROCE
CASILINUM
CALATIA
FURCAE CAUDINAE
BOVILLAE
CASTRA ALBANA
ARICIA
IL GRANDE RETTILINEO
FORUM APPII
IL VIAGGIO DI ORAZIO
ANXUR
LESTRIGONIA
RIVIERA DI ULISSE
SINUESSA
PONS CAMPANUS
CAPUA VET.
CAUDIUM (Cocceio)
(ANNIBALE - SPARTACO)
I PONTI
AD CALOREM - IL GUADO
MEFITIS
I PADRONI DEL VENTO
AQUILONIA
MARE INFERUM

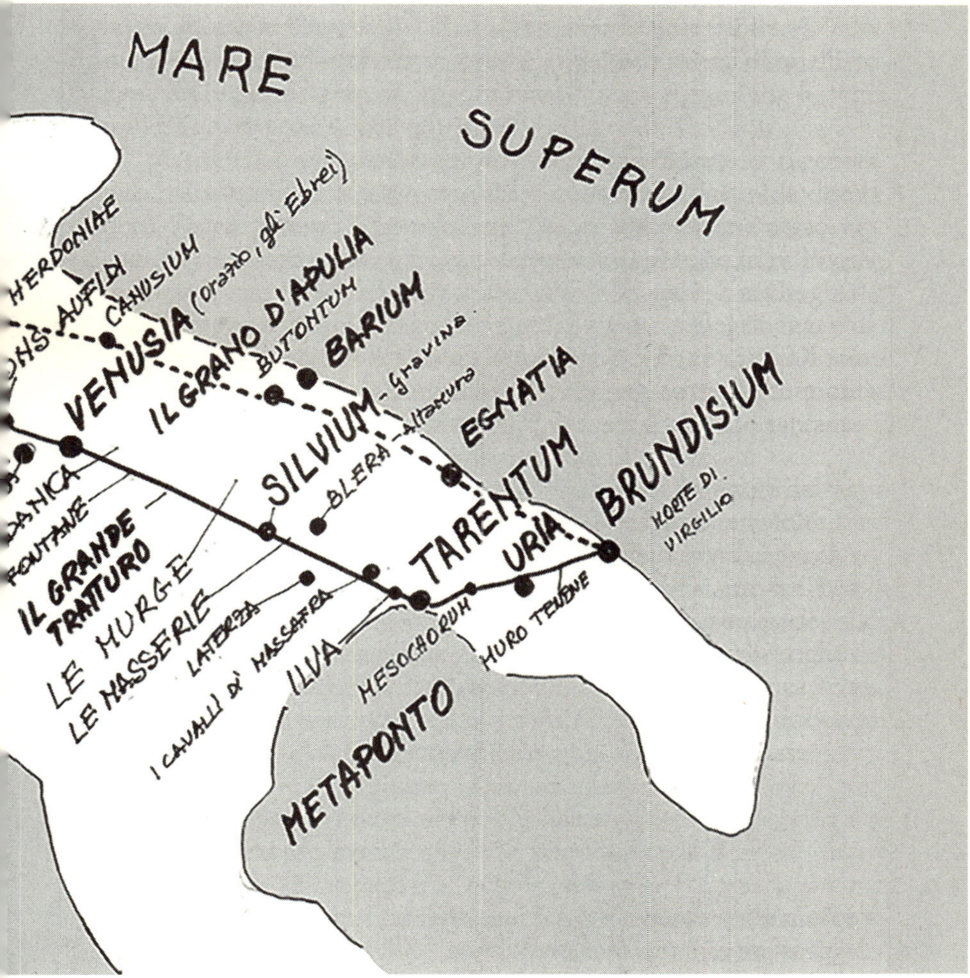
MARE
SUPERUM
HERDONIAE
AUFIDI
CANUSIUM
VENUSIA (Orazio, gli Ebrei)
IL GRANO D'APULIA
BUTONTUM
BARIUM
Gravina
SILVIUM
Altamura
EGNATIA
BLERA
TARENTUM
BRUNDISIUM
MORTE DI VIRGILIO
URIA
FONTANE
IL GRANDE TRATTURO
LE MURGE
LE MASSERIE
LATERZA
I CAVALLI DI MASSAFRA
ILVA
MESOCHORUM
METAPONTO

Loro camminano, tu scrivi;
segui lo stretto cavalcavia senza guardare di sotto,
filando passo dopo passo quel lento ritmo ancestrale
di quanti salgono i sentieri dei monti; la tua opera è loro
debitrice perché i distici di quegli innumeri piedi
fecero le tue prime rime.

DEREK WALCOTT, *Omeros*, libro primo, cap. XIII, III
(traduzione di Andrea Molesini)

Prima di cominciare

Incipit

L'abbiamo ricoperta di tangenziali, parcheggi, supermercati, campi da arare, cave, acciaierie, sbarrata con cancelli, camuffata con cento altri nomi, presa talvolta a picconate peggio dell'Isis.

Abbiamo lasciato che quattro quinti dei monumenti del tratto romano finissero in mano a privati.

Ma lei resisteva, testardamente.

Si ostinava indicare una direzione nel cuore del Mediterraneo.

Ci lanciava segnali.

Dagli anni del Grand Tour in poi si sono accorti di lei urbanisti, storici, archeologi, fotografi, scrittori, giornalisti, pubblici amministratori.

Ma essa chiedeva qualcosa di più semplice e modesto.

Essere lasciata in pace.

Essere percorsa, vissuta.

E così un giorno una pattuglia di esploratori, sentito il suo richiamo, è partita per rifarla. A piedi, dall'inizio alla fine.

Il loro viaggio – il nostro viaggio – si è concluso in data 13 giugno 2015, a 2327 anni esatti dall'inizio dei lavori di costruzione, dopo 612 chilometri, 29 giorni di cammino e circa un milione di passi.

Quel cammino ha portato alla tracciatura del percorso integrale della madre di tutte le vie, dimenticata in secoli di dilapidazione, incuria e ignoranza.

L'Appia.

Un'avventura magnifica e terribile, vissuta attraverso meraviglie ma anche devastazioni, sbattendo talvolta il naso contro l'indifferenza di un Paese cinico e prono ai poteri forti, ma capace di grandi slanci ospitali e di straordinari atti di resistenza "partigiana" contro lo sfacelo.

Un viaggio – dirà forse qualcuno – poco "patriottico", perché non omette il brutto e i panni sporchi li lava in pubblico anziché in famiglia. In realtà è un atto di amore disperato verso il Paese e una chiamata a raccolta della sua componente migliore.

L'itinerario non ha la pretesa di ricalcare al cento per cento la strada originale. I sacerdoti dell'Accademia, magari in disaccordo fra loro, verranno sicuramente a dirci che in questo o quel posto abbiamo sbagliato. Ne hanno facoltà. Risponderò che almeno ci siamo mossi, che abbiamo liberato l'Appia dalle ragnatele che l'avevano sepolta. La grande direttrice ora esiste di nuovo, è visibile, recuperata.

Questo libro ne offre, per la prima volta, la mappatura completa. Per dovere civico, prima che per letteratura.

È utile avvertire il lettore che la linea descritta in questo racconto – steso in gran parte cammin facendo – non coincide sempre con l'itinerario spiegato nella parte tecnica, decisamente migliorato rispetto a quello della prima perlustrazione. La nostra storia non descrive dunque *il* viaggio, ma *quel* viaggio iniziatico, compiuto in quella stagione e in quella cornice irripetibile di incontri. Uno zibaldone, una risma di appunti italiani dove la ricerca del passato affonda solidamente i piedi nel presente.

È importante anche dire che questa traversata è stata compiuta non una ma quattro volte. La prima a piedi, la seconda in macchina in senso contrario, la terza per studiare da vicino i punti più complessi, la quarta durante la scrittura di questo libro.

Paradossalmente, la più impegnativa delle quattro è stata l'ultima, e di gran lunga la più semplice la prima. Come spesso accade nei viaggi, più si procede con una riscoperta, e maggiore è la difficoltà di sintesi.

Quando si apre una strada, la comparsa improvvisa di intrusi in territori marginali e non sempre usi ai viandanti crea talvolta scompiglio. A noi è accaduto. Nel nostro procedere abbiamo anche commesso errori, percorso un po' più asfalto del necessario, sottovalutato varianti pedonali intelligenti; e in alcune zone trafficate, abbiamo accettato qualche passaggio su gomma che avrebbe anche potuto essere evitato. Tutto questo era da mettere in conto, e questo abbiamo inteso raccontare, senza nascondere o abbellire nulla.

Ora non ci resta che augurarci che un esercito di viaggiatori venga a prendere in mano il filo d'Arianna che abbiamo steso sulla mappa dello Stivale.

Se non saranno italiani, pazienza. Contiamo sugli stranieri.

E contiamo sul fatto che ciò accada in fretta, per evitare che quel filo finisca a brandelli o che bande di predoni se ne impossessino, sacrificando la tutela nel nome di una fraintesa "valorizzazione".

Tutto vorrebbe, chi scrive, tranne che scoprire di essere stato un "bardo" utile a costoro.

È compito di ciascuno di noi, come cittadini, restituire alla Res Publica questo bene scandalosamente abbandonato, ma ancora capace – dopo ventitré secoli – di riconnettere il Sud al resto del Paese e di indicare all'Italia il suo ruolo mediterraneo. Appia è anche un marchio, un "brand" di formidabile richiamo internazionale. Un portale di meraviglie nascoste decisamente più vario e di gran lunga più antico del Cammino di Santiago.

La battaglia per questa strada è solo un capitolo della guerra infinita tra sedentari e nomadi, e non è difficile indovinare a quale delle due tribù noi si appartenga. Sarà possibile vincerla soltanto se i secondi, per dirla con Orazio Flacco, batteranno la terra "con piede libero", forte e con gioia.

Così la nostra fatica non sarà stata inutile.

La prima via di Roma

La prima volta ce ne accorgemmo al ventiduesimo miglio, appena oltre il guado di un torrente nascosto in un canneto. Poi la cosa cominciò a ripetersi. Capitava, per esempio, dopo una cava, un roveto o un campo di grano, quando il tracciato scomparso ridiventava visibile, in asse con la direttrice che avevamo appena perso in un intrico di sentieri, asfalto o canneti; e specialmente quando una ventina di satelliti sopra di noi confermavano quel fatidico allineamento sullo schermo del Gps. In quel momento la parte svanita della strada si ricomponeva magicamente sulla mappa, rivalutando tracce giudicate di primo acchito trascurabili. Ma soprattutto, qualcosa si rimetteva a posto anche dentro di noi, e una magnifica esultanza si diffondeva nel gruppo in cammino.

Buon Dio, non stavamo solo ripercorrendo l'Appia Antica. La stavamo ritrovando! La restituivamo al Paese dopo decenni di incuria e oblio. Riaffiorava, ci chiamava sotto le suole. Anche la parola "patrimonio" sembrava tornare a galla da profondità sconosciute. Non era argenteria di famiglia da esporre nelle feste comandate. Non era merce in vendita, né ornamento di sponsor, né scusa per sdoganare cemento. Era terra dei padri, radici. E noi quello cercavamo. Non con la testa, e forse nemmeno col cuore. Lo cercavamo con i piedi, che vivaddio non sono estremità – parola orrenda – ma nobilissimi organi di senso. Erano loro il sismografo, il metal detector, la bacchetta di rabdomante. La nostra rivolta contro l'amnesia di una nazione aveva trovato un segno, un simbolo unico e forte in cui incarnarsi: la prima via di Roma, la madre dimenticata delle strade europee.

Dopo pochi giorni di cammino, non avevamo più bisogno di trovare noiose conferme nel selciato romano o negli antichi marciapiedi chiamati crepidini. L'archeologia non ci serviva. Ci bastava la potenza della direzione. Era come se la strada da raccontare non fosse riducibile alla sequenza dei monumenti, e nemmeno alla matassa della narrazione stesa sul taccuino, ma fosse l'idea, l'archetipo di tutte le strade, la linea in sé. Ciò che contava era il filo rosso dell'altimetria, della latitudine e della longitudine; era la direttrice che tagliava l'Appennino come una spada e fuori dalla quale ci sentivamo subito inquieti. Era la traccia che le nostre suole indovinavano, pestando un passo ogni settantaquattro centimetri, con la stessa falcata delle legioni. Eravamo posseduti.

"L'Appia è una droga pesante," avrebbe detto a storia finita un compagno d'avventura, con gli occhi arrossati da giorni di Google Street View, spesi a rifare a volo d'uccello la strada battuta a quota zero. Nemmeno ora, a distanza di tempo, riesco a togliermela dalla testa. È tutto ancora lì, presente. Le immense pale eoliche che tentano di arrotarci come i mulini della Mancia di Cervantes, il lamento dei seimila compagni di sventura di Spartaco crocifissi lungo la strada, nel vento, le Bestie nel grano invocate per sortilegio dai mietitori irpini, o il grigio, ribollente canalone di morte chiamato Mefite. E poi la Luna piena che bagna di luce fosforica l'ultima neve sui canaloni degli Alburni, il guado trasparente del Calore con le braghe arrotolate alle cosce, le tarantole e gli istrici, il trillo delle rondini a Venosa, le "cumversazioni" canore dei Sanniti negli antri fra l'Ofanto iracondo e il tempestoso Volturno.

Il paesaggio elargiva una sorpresa dietro l'altra, regalava all'occhio salti di prospettiva impensabili sul "cammino francese" per Compostela. L'Appia surclassava Santiago. Era l'ombra di Artemide sul Lago di Nemi, cratere di vulcano spento col bosco sacro dove James Frazer ambienta l'esordio de *Il ramo d'oro*. Era lo scoglio di Terracina a precipizio sul Tirreno, col tempio di Giove Anxur, possente e isolato segno di fuoco per i naviganti. E avanti, in perpetua metamorfosi, l'arcigno crinale degli Aurunci tempestato di fiori gialli; la costa abbacinante di Lestrigonia, fra Gaeta e Formia, da cui Omero trae la storia dei giganti antropofagi; i monti arcani del Formicoso, con l'Appia che cambia versante e offre spettacolari balconate sul Sud. Il bastione del Vulture ribollente di acque plutoniche, e le Murge bruciate dal sole, e le ombrose Gravine, e lo sterminato mare di grano del Tavoliere pettinato dal vento.

Per rappresentare la nobiltà dell'antico non serviva chiamare in causa le miglia iniziali inondate di superlativi dai viaggiatori del Grand Tour. Non era necessario conteggiare l'ovvio: il sepolcro di Priscilla, il ninfeo di Egeria o il mausoleo di Cecilia Metella. Bastavano le dimenticate meraviglie dai Colli Albani in poi. Le pietre miliari della Bonifica Pontina. I selciati tra Fondi e Itri, ancora calpestabili in solitudine, senza camion tra i piedi. Il Cisternone di Formia, antro di Alì Babà cui accedi con un chiavistello dalla strada, come da un portone qualsiasi. Ancora a Formia, il teatro augusteo nascosto in un condominio medievale abitato, tra biancheria stesa e profumo di ragù. I resti di Minturnae, a due passi dal mare, dove le sole cloache bastano a definire la grandezza di Roma.

Ci vorranno anni a smaltire ciò che abbiamo visto. La Campania Felix, terra feracissima di delizie dove la frugalità repubblicana si corrompe, diventa villa, piscina, crapula ed ebbrezza, preludendo alle mollezze dell'Impero. Santa Maria Capua Vetere, l'antica Capua che arpiona con le sue donne procaci i soldati di Annibale; città dove le pietre parlano, anzi urlano per chi sa ascoltarle, urlano nell'arena sanguinaria delle belve e dei gladiatori o nell'antro spaventoso del mitreo, dove un toro viene sgozzato in eterno con uno scorpione aggrappato ai testicoli. Vedo come in un film l'archeologa Giuliana Tocco nella rocca di Montesarchio che ci schiude un sotterraneo da Barbablù, con vasi greci appena illuminati dai led, meraviglie che al British Museum avrebbero generato code di italiani paganti e che invece lì interessano solo a pochi intimi. E ancora l'arco di Traiano a Benevento, scalato grazie a provvidenziali ponteggi, con noialtri lassù nel vento forte, sulle balaustre, muso contro muso con i legionari e i sacerdoti in pietra. E il tempio di Iside, lì accanto, zeppo di tesori egizi d'epoca romana.

Quale rinomata strada antica d'Europa poteva darci tanto? Dove avrei trovato un cammino capace di propormi in sequenza cose come le gole tremende della mattanza romana – le Forche Caudine –, poi il Sannio tellurico con le ombre dei Liguri deportati con una delle operazioni di ingegneria etnica più spietate della Storia, e poi Venosa nobilissima col fantasma di Orazio ancora lì fra la gente, a bighellonare tra i bar, le fontane e i porticati? Che incredibile sequenza di fotogrammi. Il monumentale sarcofago di Melfi, trasportato via mare e via terra da chissà dove fin nel ventre del maniero fredericiano, superbo in un roteare di rapaci; la Masseria Jesce, profumata di elicriso, cresciuta in Apulia da una stazione di posta romana. E ancora le venerabili mura di Oria con la chiesetta bizantina della Madonna di Gallana, incastrata fra due trulli e un campanile a vela, col custode che ti offre vino e freselle al pomodoro all'ombra di una pergola. Et de hoc satis.

Gli italiani erano all'altezza di tutto questo? Ce lo eravamo chiesto già alla vigilia, in una Roma assediata dal nubifragio, durante una libagione in casa Cederna, dove era stato evocato il grande spirito di papà Antonio, nume tutelare della via, ombra tuttora scomoda per le congreghe del malaffare. Poi fu la partenza con l'acqua a secchi da Porta San Sebastiano, con l'Italia dei furbi che subito si mostrò, con la faccia dell'antico che diventava residenza di lusso, ornamento per feste cafone, sfasciacarrozze abusivo, ristorante per matrimoni. Improvvisamente capivamo quanto dura doveva essere la solitaria guerra di posizione degli archeologi della Soprintendenza, spesso lasciati soli dalle istituzioni; sentivamo sulla pelle la protervia dei ricchi e il fiato delle gang sulla Capitale. Ed era solo l'antifona di un viaggio che, dopo il taglio obliquo dei Colli Albani, sarebbe proseguito – con segnaletica a pezzi e scavalco di recinti abusivi – fino al rettilineo per Terracina, il più lungo d'Italia, una fucilata di cinquanta chilometri che riduce la vecchia strada a velodromo e canalone tra due filari di pini romani.

Fin dal primo giorno imparammo a masticare, con l'incanto, l'indignazione. Davanti alla villa dei Quintili, al terzo miglio, non potevamo credere che quelle rossastre, solitarie meraviglie sotto il cielo nero fossero solo gli avanzi di un colossale banchetto durato secoli, un festino demolitorio cui avevano partecipato papi, nobiltà romana, ministri, cantautori, notissimi registi, signori del cemento e una plebe insensibile all'antico. Non riuscivamo a rassegnarci all'idea che a dilapidare il Paese non fossero stati i barbari ma gli italiani stessi, e che quella depredazione avesse conosciuto il suo acme non nel Medioevo, non nell'età buia dei particolarismi e delle pestilenze, ma negli anni sessanta del Novecento, quando cadeva ogni limite al dilagare del brutto e al diniego della memoria. Era amaro constatare che persino il fascismo aveva tutelato l'antico meglio dell'Italia contemporanea.

"In Italia gli studiosi dell'antico sono reietti della società," mi aveva avvertito con un gran sorriso amaro Aglaia McClintock, docente di Diritto romano, davanti al mare luminoso di Posillipo. Significava che una parte importante degli italiani era contro di noi, e che il nostro non sarebbe stato un viaggio, ma un corpo a corpo col Paese. Dovevamo combattere duramente, fin dal primo miglio, per conquistarci la bellezza. E questo è stato, con luminose eccezioni, il nostro viaggio: una battaglia. Uno scontro frontale che dai Colli Albani è continuato fino a Formia, Mondragone, Santa Maria Capua Vetere e oltre. Posti dove gli indigeni spesso ignoravano di abitare sulla Via Regina, o dove i comitati "Appia Antica" non servivano a difendere la via ma a difendersi dalla via, a scansare tutele, vincoli e archeologi, a facilitare l'asfalto e i parcheggi. Terre dove Roma abita in ogni giardino, ogni cantina e sottoscala, ma dove lo studioso delle pietre – come lo Stato e le leggi – è più temuto della peste, per l'intralcio che rappresenta al mercato degli appalti. I quali, come noto, rendono più della protezione dell'antico.

Dopo Benevento la via si smaterializzava e, sorvolando le montagne, si riduceva quasi a concetto astratto, ipotesi o puro fattore euclideo. Nelle campagne il frumento e il riassetto fondiario si sono mangiati ogni traccia del tempo, e da secoli la parola "riuso" è il primo comandamento dell'edilizia. Ho visto pezzi di lastricato romano disinvoltamente esposti nel prato inglese di un giardino, capitelli incastrati nei muri, reperti medievali piazzati a segnare il confine tra poderi, ville con sontuosi musei illegali esposti durante feste e matrimoni. E mentre il paesaggio si apriva con ventose praterie, i segni dell'archeologia scomparivano, si immergevano sempre più a lungo solo per ritornare di tanto in tanto in superficie come gobba di capodoglio tra le onde dell'oceano.

La Linea, la Linea. Dovevamo riconsegnarla ai viaggiatori. Quando finivamo impantanati fra i rovi o davanti a un cancello abusivo, il proposito diventava ossessione. Lasciare l'Appia in quello stato sarebbe stato un crimine, anche perché per riattivarla ci vorrebbe poco: un buon tagliaerba, qualche passerella, una segnaletica coerente e un coordinamento governativo che mettesse insieme i novanta Comuni interessati. Quanto basta a far affluire folle di stranieri innamorati della nostra Storia. Il resto può arrivare anche dopo: recupero di caselli ferroviari e case cantoniere, monitoraggi, cartografie, restauro di cippi e monumenti, messa in sicurezza del basolato. L'importante era creare subito un passaggio. Subito, prima che qualcuno in cattiva fede si impossessasse della nostra idea per svuotarla di significato.

In mezzo a meraviglie dimenticate, incontravamo svincoli terrificanti da aggirare, montagne intere svendute a multinazionali dell'acqua o del vento, cementificazioni dissennate in mezzo al nulla, sentieri invasi dai canneti, fontane e piste ciclabili appena inaugurate e già a pezzi. Pochi mesi dopo il viaggio, entrambi i terminal – Roma e Brindisi – sarebbero diventati sedi vacanti del potere, decapitati del loro sindaco dalle alchimie della politica o dall'intervento della magistratura. La stessa sorte sarebbe toccata a Capua Vetere, nell'aprile del 2016, con l'arresto del primo cittadino, lo stesso che l'anno prima era venuto a parlarci dell'importanza della Via. Importante lo era, di certo. Ma anche nel senso che, dopo aver portato a sud il segno di Roma, ora portava a nord il segno della camorra, disegnando i contorni di un Far West appena fuori la Capitale. Era una vacca da mungere, oppure da mandare al macello. Dietro paesaggi mozzafiato, dietro gli affacci immensi sul mare o il ragù alla napoletana, sentivamo costantemente la solitudine degli onesti e la protervia di una burocrazia spagnolesca, pronta a interdire il meglio e a sanare il peggio. E i giornali, lì a sparare in copertina cifre terrificanti sulla crisi economica, demografica, sociale e culturale del Mezzogiorno, come se noi si andasse in Libano, in Siria o in Iraq. Come se il Sud appartenesse già ad altri. Tutto sembrava contro di noi.

Potevamo proporre un viaggio così difficile ai camminatori d'Europa? Sì, potevamo. Proprio quando più acuta era la percezione del saccheggio, dell'assenza delle istituzioni, delle manomissioni, dell'indifferenza e del vuoto culturale, proprio quando più pesante si faceva la contabilità dei misfatti, ebbene, proprio allora il viaggio faceva del suo meglio per sorprenderci in positivo. Certo, c'era una casa costruita in sfacciata evidenza sopra il tumulo di

Casal Rotondo, al quinto miglio, ma poco oltre c'era anche il magnifico museo di Capo di Bove, strappato dallo Stato a un'area con villa romana già destinata a parcheggio. Oltre ai fumi infernali dell'Ilva, Taranto offriva un lungomare di limpidezza caraibica e il più bel museo archeologico d'Italia. A due passi dagli abusivismi cementizi di Scauri, si svelavano la ruggente Riviera di Ulisse e la sontuosa villa di Mamurra, capo degli ingegneri di Giulio Cesare. Il bello e l'onesto tenevano duro.

Ma c'era dell'altro. Più la strada si addentrava nell'osso d'Italia, più il contenuto archeologico si indeboliva e la via si trasformava in un esile filo d'Arianna, e più la temperatura umana aumentava, proponendoci sequenze di incontri che in certi momenti sembravano fatti apposta per smentire i pregiudizi sul Mezzogiorno. L'andare a piedi selezionava le persone e ci faceva incontrare il Paese migliore; e il nostro essere del Nord, lì in umiltà francescana, per capire, vedere, ascoltare e non per giudicare, coglieva gli "indigeni" di sorpresa, togliendo loro l'alibi per l'inazione e lo scetticismo. Riusciva ad accendere un orgoglio perduto. Li obbligava a prendere atto del buono e del bello, e a dire che quel buono e quel bello erano una risorsa.

Immagini. Roma antica riscoperta con Settimio Cecconi, un professore di scuola media capace di muoversi sui sampietrini con la passione di un Angelo Maria Ripellino sui selciati della vecchia Praga. Le mani grandi e generose degli agricoltori casertani, stracolme di fave fresche in regalo per noi "nel nome del Padreterno". Il ciarliero guardiano delle rovine di Sinuessa che invoca a difesa delle bellezze del Sud il dovere di "un amore morboso per 'o paese sujo". O un albergatore laziale che ci vede arrivare fradici di pioggia e chiede col cuore in mano: "Ma chi ve l'ha inflitta questa galera?".

Non c'erano le fermate dei bus? L'autista si fermava lo stesso a tirar su la gente. Panetteria chiusa? Si bussava al vicino. Il tasso di comunicazione si alzava miglio dopo miglio, compensava il venir meno dell'efficienza, generando ciò che l'amico Marco Ciriello, incontrato a Capua Vetere, definisce "il welfare del Sud". Cose come la congrega degli anziani nell'agorà di Maddaloni che, al nostro passaggio, diventa areopago, parlamento, assemblea costituente, per inondarci di consigli. Il mitico "vaffa" di un furgone di operai sbucato dalla Campania profonda, che ci notifica l'invidia dei pendolari condannati alla galera dell'asfalto. Oppure la macchina che a San Giorgio Jonico, in piena controra, rallenta in mezzo a una rotonda per allungarci una bottiglia di acqua fresca come al Tour de France. Una tammurriata sarracina che, col procedere della strada, aumentava il ritmo, diventava scatenata taranta.

Non so cosa mi sia rimasto più impresso di quest'avventura, se le facce o i paesaggi, le pietre viste o le atmosfere annusate in cammino. Di sicuro, questo è stato il più terreno e insieme il più visionario dei miei viaggi. Mentre il peso dello zaino mi ancorava saldamente al suolo, la testa vagava come un aquilone tra le nuvole, e intanto il cibo mediterraneo generava appetitosi cortocircuiti con la Storia. Melanzane fritte e Federico di Svevia. Aglianico e canti ebraici di Oria. Carciofi alla giudia conditi con le *Satire* di Orazio Flacco. Vino flegreo e i canti tribali di Vinicio Capossela con la Banda della Posta. Lampascioni sott'olio e Simon Pietro in viaggio verso Roma. Perché il viaggio, insegna Calvino, passa anche tra le labbra e l'esofago. E chi viaggiando non cambia dieta, non ha capito nulla. È come se chiedesse polenta taragna a Ischia, o pesce in rifugio.

Le parole non bastano a comunicare la percezione che abbiamo avuto, da Roma in giù, di un'energia vitale enorme e dissipata, simile a quella dei Balcani modello Kusturica, o del trascolorare di una lingua e di una cultura che dimenticano Roma sorprendentemente in fretta, e col passare delle miglia si arricchiscono di tonalità centrifughe: ebraiche, longobarde, sveve e persino saracene, per diventare Magna Grecia e Bisanzio. Come rendere per iscritto la tarantella dei campanacci delle vacche di Itri che ci tagliano la strada giusto all'inizio della transumanza, o la sorpresa dipinta sul viso di un pastore dalle parti di Melfi che segue il gregge su un'auto sgangherata e ci chiede "ma chi vi paga"? Come rendere lo schieramento degli ulivi di Mesagne, falange macedone al nostro fianco, in marcia come la foresta di Dunsinane nel *Macbeth*, o il trillo micidiale dei rondoni della petrosa Altamura, immersa in una luce che acceca?

E intanto la nostra marcia procedeva verso il solstizio in una luce vitrea e rovente, con la Via Regina che nelle plaghe africane dell'Apulia diventava fata morgana, si faceva sogno e mitologia e sete, si perdeva tra uliveti, campi di papaveri e fiori di aglio selvatico, ma egualmente non ci mollava, ci seguiva come un fantasma meridiano, in una stupefacente metamorfosi che ce la restituiva con nomi sempre diversi – paracarro, rudere, campo di frumento, strada provinciale, fontana, metanodotto, solco di carri sulla roccia viva, tiglio solitario, muretto a secco, greto, tratturo, fermata d'autobus, passaggio a livello, pelle di serpente – solo per gettarsi nelle fauci infuocate del drago, l'altoforno dell'Ilva tarantina, e poi uscirne, nuovamente intatta, a oriente.

Erravamo, ubriachi di sole, verso il tacco dello Stivale. Mentre dalla radio arrivavano le notizie sugli eserciti di siriani e afghani in cammino verso l'Europa dei ricchi a nord-ovest, noialtri, sudando per seicento chilometri nella direzione contraria, verso le sponde inquiete del Sudest, sentivamo crescere la "simpatia" per gli esiliati in fuga dal totalitarismo del Dio Unico, e nello stesso tempo capivamo di cercare oscuramente proprio i loro mondi, quelli che l'Europa allontana da sé: la Grecia, il Nord Africa, il Medio Oriente. Gli stessi che Roma aveva fatto suoi, pacificandoli con la legge e le legioni. Sul promontorio di un'Europa che perde l'anima, ogni nostro passo calpestava le macerie di un magnifico equilibrio infranto, di una koinè perduta.

L'epilogo fu africano, segnato alle ultime miglia da un canto di assetati terminali – "Voglio 'o maaaare" – cui seguiva di tanto in tanto il grido contagioso "Jateme 'a bbirra" lanciato agli uliveti dall'irpino Marco aggregato alla pattuglia, fino all'Adriatico col sole allo zenit e un biancore da Mar della Sirte, da Bengasi e Leptis Magna, con Brindisi a trentasette all'ombra, e il tuffo vestiti ai piedi della presunta colonna terminale. La malinconia della fine, la barba di un mese, il sacco sfatto, l'attesa della sera in uno svolìo di rondoni, ebbri di negramaro e origano selvaggio.

Magari qualcuno pensa che tutto questo mi fosse chiaro già prima di partire. Non lo era. Non si inizia mai un viaggio per una ragione e con un'idea precisa. Si parte perché se ne ha voglia, punto. Si parte perché è primavera o perché è autunno, si parte perché è tempo di migrare e qualcosa ti si sveglia dentro come nelle anatre quando gli prudono le ali. Si parte perché la pressione arteriosa o il mal di schiena ti avvertono che hai le scatole piene della solita vita, perché c'è un vecchio sogno nel cassetto, o perché una sera a cena con amici scatta una coincidenza, un ricordo, un racconto, qualcosa che accende la lampadina.

Con l'Appia ricordo bene com'è andata. Dopo decenni di scorribande, mi mancava un grande viaggio a piedi da raccontare. Dovevo farlo presto, prima di diventare un rudere con l'artrite, e l'Appia era nel conto. Avevo letto e riletto la *Satira* quinta del primo libro di Orazio, quel suo viaggio da Roma a Brindisi un po' sui sandali, un po' in barca e un po' in carrozza, che al liceo i prof non ci avevano fatto studiare perché contiene la storia del mancato aggancio amoroso con una cameriera, con conseguente delusione e polluzione notturna raccontate senza perifrasi.

Ovviamente questo fece della quinta *Satira* la più nota tra i morbosi liceali, e siccome il testo era denso di dettagli di varia umanità, cibi, profumi e paesaggio, me ne innamorai: mi venne la voglia, già allora, di vedere cos'era cambiato lungo quella linea adagiata in diagonale su un pezzo d'Italia così lontano dai grandi flussi. Poi la cosa entrò in sonno, come spesso accade con i sogni quando arriva l'età adulta. Col risultato che, appena finita l'età in questione, l'idea corsara tornò fuori con una forza moltiplicata dalla rimozione e dal desiderio di fare in fretta tipico dei vecchi.

Ora, siccome ho la fortuna di viaggiare per lavoro e non solo per passare il tempo, siccome in sostanza mi pagano per divertirmi – a patto che ne scriva –, ho proposto al mio giornale di fare zaino in spalla quella benedetta Statale 1. Avevo portato a termine memorabili trasferte in bici, in barca, in treno, in corriera, perfino con un'utilitaria d'epoca, ma non avevo mai proposto qualcosa che avesse le scarpe come mezzo di locomozione. Al giornale dissero subito di sì. Probabilmente pensarono, e a ragione: cosa c'è di più giornalistico della strada? Se non hai notizie, usava dire un maestro del mestiere, fatti un giro a piedi e riempirai taccuini.

Ma appena avuto il via libera mi erano venuti un sacco di dubbi. Succede spesso con i viaggi. Dopo l'entusiasmo c'è la fase del ripensamento, quella su cui contano i sedentari per farti recedere. Improvvisamente, capii che non bastava il sogno. Ero stato un matto a proporre quella strada senza saper nulla del percorso. Non avevo la più pallida idea se fosse visibile o meno, se fosse sbarrata da ostacoli o devastata dai Tir. E siccome non c'era un libro che mi illuminasse, commisi lo sbaglio di andare a chiedere consiglio ai conoscitori di strade. I quali, letteralmente, mi demolirono.

Fai un sopralluogo con un drone, osarono propormi. La strada non c'è più, si perde in campi di frumento e periferie, gli italiani se la sono mangiata. Troppo asfalto, ti arroteranno, mi avvertivano altri. Qualcuno arrivò al punto di sconsigliarmi di usare i piedi, per farmi adottare una bici a pedalata assistita. Droni? Bici elettriche? Andai in crisi. Possibile che proprio la Regina delle Vie – così la chiamavano i Romani – non fosse fattibile con le scarpe? Come potevo usare diavolerie della modernità là dove erano passate le legioni? Come avrei potuto evocare l'antico senza scandire ogni santissimo miglio con mille passi doppi alla romana?

E lì tutti a dirmi ciò che era ampiamente prevedibile: vai a Santiago. Fatti la Claudia Augusta, che i tedeschi l'hanno tutta ripulita. E via con la tiritera: c'è la Francigena, il Cammino di Francesco, la Via del Sale. L'Appia no, dicevano, è pura follia. Troverai i cani liberi, la camorra e Gomorra, la grande sete, lo Stato che non c'è più. Anche i soloni del marketing, che non rischiano per definizione, mi smontavano: il Sud non vende, era il refrain. E furono notti insonni. Nessuno che mi venisse in soccorso. Nemmeno i sacri testi archeologici. Ignoravano il presente e descrivevano la via a pezzi, senza visione d'insieme. Soltanto Lorenzo Quilici aveva tracciato una mappa completa, e fu quello il mio unico appiglio.

Fu allora che, nel mezzo della disperazione, qualcosa si sciolse e dissi a me stesso: ma chi se ne frega. Il pensiero venne, non a caso, camminando. Forse quella impercorribilità era un vantaggio. Anzi, *il* vantaggio. Significava che l'Appia forse non la faceva più nessuno, e che magari avevo qualche probabilità di essere il primo, anche se stentavo a crederci. Fu la svolta. Essere il primo a rifare, dopo decenni di oblio, la prima via d'Europa, era un lusso. Non potevo sperare di meglio. Provaci, dicevo a me stesso, il vero racconto sono proprio gli ostacoli. Alex – il collaudato film-maker con cui ho già compiuto tanti viaggi – era d'accordo. Non esiste, diceva, copione migliore di una strada. E poi, che goduria partire proprio perché tutti ti sconsigliano. Era qualcosa di eccitante e inedito.

Riassumendo: più tentavano di dissuadermi e più la voglia di andare aumentava. Non era solo il dovere civile di riconsegnare al

Paese un bene scandalosamente abbandonato. Era anche la curiosità. Com'erano quelle terre? Che umanità avremmo incontrato? Dopo il viaggio fatto nel 1902 dal presidente del Consiglio Zanardelli nella poverissima Basilicata, da quanto tempo un politico non attraversava il Sud con le scarpe per ascoltarlo con attenzione e umiltà? Al Sud ero già stato tante volte. Quel viaggio però era un'altra cosa, era l'ordalia, la prova del fuoco. Chi viaggia rasoterra non ha difese, ma vede la verità dei luoghi. Il mondo non è di quelli che pretendono di controllarlo con i talk show, i droni e gli smartphone.

Ma c'era dell'altro. La voglia di rompere lo schema fisso che equipara cammino e pellegrinaggio. Volevo una strada che non fosse solo religiosa. Qualcosa per saltimbanchi e clerici vagantes, inquieti senza terra, cantastorie e clandestini, ebrei erranti e fuggiaschi in cammino. E così, quando si formò la storica pattuglia, ci battezzammo "viandanti", categoria meno nobile ma col suo orgoglio, che rivendicava la primogenitura sulla riscoperta di quella strada tutta laica e tutta italiana. Non una moda, un'invenzione del marketing o delle aziende di soggiorno, ma una direttrice indiscutibile e solitaria, scolpita nella pietra, fatta di sangue e sudore, percorsa da legionari e camionisti, apostoli e puttane, forzati e pecorai, condannati alla crocifissione e mercanti, carri armati e carrettieri. Una linea che ci possedesse.

Solo una cosa mi è stata chiara prima ancora di cominciare. Quella diagonale italiana era roba tosta, da solo non ce l'avrei fatta mai. Avevo bisogno di una guida capace di imbroccare la Linea, di decifrare ogni traccia e isoipsa del labirinto. E siccome una l'avevo già conosciuta – si chiamava Riccardo Carnovalini, un ligure tosto col radar sotto i piedi, un domatore di rovi e torrenti, forse il massimo camminatore italiano –, un giorno gli telefonai, gli feci la solenne proposta e lui disse subito sì, perché l'Appia, con quelle A come un do di petto, ti seduce già col nome. Quando gli ventilai gli ostacoli che avremmo trovato, disse una frase che mi conquistò: "È lì il bello. Troveremo dei varchi".

Una settimana dopo lo rividi con Alex per uno "studio di fattibilità", nella hall di un albergo davanti alla stazione di Bologna. Ci stese subito. Con un sorriso che era un impasto di forza, mitezza, orgoglio e understatement, disse: “Io il viaggio l’ho già fatto”, ed estrasse dal tascapane una diavoleria simile a un citofono. Era il suo Gps. Spiegò che in una settimana ci aveva pigiato dentro montagne di dati. Le carte antiche, la tracciatura dell’archeologo Lorenzo Quilici, le tavolette al 25 mila dell’IGM (“La magnifica serie 25v,” disse, “degli anni cinquanta”), la viabilità attuale, le ortofoto satellitari del ministero dell’Ambiente, le notizie racimolate da un sito di esploratori del territorio chiamato Open Street Map. Accese lo schermo. “La strada è già tutta qui,” fece indicando una linea rossa che tagliava strade, città, ferrovie, elettrodotti, navigando imperterrita verso est-sud-est.

Era lei, la diagonale d’Oriente, aperta ventiquattro secoli prima, la Linea che andava senza deflettere, incurante dei dislivelli, con la ricerca maniacale del rettilineo tipica di quelle teste dure dei Romani. Era il sogno, o forse il delirio, di un cieco di nome Appio Claudio, l’uomo che a partire dal 312 avanti Cristo ne aveva tracciato la prima parte fino a Capua. In tutto, 360 miglia di ghiaia e possenti selciati su robustissime fondamenta, pari a 533 chilometri, che però sarebbero diventati 612 per noi miserabili contemporanei, a causa dei numerosi ostacoli messi in mezzo negli anni dello spreco: svincoli, cave, capannoni, tangenziali, recinzioni di terreni privati. Riccardo aveva studiato tutto, anche le tappe, in base ai punti di sosta reperibili e ricalcando ove possibile le stazioni romane (mansiones e stationes).

Era fatta. Saremmo partiti in quattro, a piedi come fuggiaschi siriani. Quattro matti a piede libero, senza prenotazioni di alberghi e senza auto d’appoggio. Con noi anche Irene, veneta mezza austriaca, architetto con la passione per l’ambiente, un tipo silenzioso e caparbio capace di render lieve la trasferta alla più rissosa delle compagnie. A Bologna, le sessantanove carte che Alex aveva comprato all’Istituto Geografico Militare di Firenze vennero aperte una per una, esplorate, annusate, numerate e ripiegate. Vecchie di sessant’anni, contenevano una quantità enorme di informazioni, indizi e toponimi utili alla traversata. Al loro confronto, le mappe contemporanee denunciavano tutta la banalizzazione dei territori e la distanza degli italiani dal Paese.

Celebrammo con un aperitivo, poi venne la notizia a ciel sereno: un pezzo dell'antica Via Emilia era stato appena ritrovato in via Ugo Bassi, proprio lì a Bologna, e corremmo a vedere. Sopra il basolato ancora sporco di fango, tra le benne, un manipolo di politici e pubblici amministratori si faceva immortalare da un fotografo. Pensammo fosse per sancire una restituzione. Invece no: serviva solo a tombare a cuore più leggero la via appena ritrovata. Non seguì alcuna polemica. Bologna aveva una sola paura: che l'antico bloccasse l'asfalto. Ricoprire, ricoprire in fretta, era quello l'imperativo. Era già successo a Reggio Emilia, ci dissero. Anche per la sinistra l'antichità era un intralcio. Il Nord era come il Sud. Eravamo davanti all'amnesia di una nazione.

Il bello è che nemmeno alla fine ci siamo resi davvero conto di cosa avevamo fatto. Il senso autentico dell'avventura è emerso solo settimane più tardi, ben dopo il tuffo conclusivo di Brindisi, ed è stato solo quando, a fine estate, usciti i diari di viaggio e i filmati sull'avventura, siamo tornati sul "luogo del delitto". Mi era venuta voglia di una cosa mai fatta prima: ripercorrere la strada, questa volta al contrario, anche se non più a piedi, per valutare l'effetto della nostra traversata sulle genti del Centro-Sud. Di solito, una storia si scrive anche per liberarsene, metterla su uno scaffale e non pensarci più. Stavolta la soddisfazione editoriale non bastava. Volevo capire se avevamo lasciato un segno nella Civitas.

Ero anche stufo di fare viaggi che – pur allietando i lettori – non servissero a niente e lasciassero tutto come prima. La scorribanda del 2002 sulle ferrovie secondarie d'Italia assieme a Marco Paolini non aveva cambiato di un millimetro la politica nazionale di abbandono delle linee minori. Allo stesso modo, il viaggio un po' esoterico attraverso le "case degli spiriti" – case, miniere, opifici, porti abbandonati – non aveva rallentato in alcun modo la peste dell'incuria che corrode il Paese dall'interno. Questa volta volevo che non si potesse più dire "non sapevo", e soprattutto che le istituzioni si rendessero conto che non esiste solo il Colosseo, per il quale sono in ballo cifre enormi.

Quegli stanziamenti concentrati su quell'unico, megalitico e ipervisitato monumento, rischiavano di fare del Colosseo la metafora di Moloch, di una Capitale accaparratrice di risorse a spese del territorio circostante. Per capirlo bastava dare un'occhiata a Ostia – dove Pasolini conobbe la propria fine e forse cercò il fondo della perdizione metropolitana – e attraversare la distesa delle sue pietre perse nell'incuria. O andare in posti come Tuscania, a nord di Roma, solo per trovarsi di fronte al lucchetto di un cancello malandato che blocca l'accesso a una delle aree archeologiche più importanti d'Italia. O passare per Bomarzo, spettacolare, cadente e disabitata, a due passi da uno dei giardini più belli della Penisola. Roma Capitale vampirizzava il Lazio. Era sufficiente passare in Toscana, sensibilmente più curata, per rendersene conto.

Tutto diceva che la scommessa era l'Appia, quintessenza di un'Italia minore di meraviglie nascoste. E così a settembre, su nostra iniziativa, partì da Brindisi, attraverso la stessa via ma in senso contrario, un viaggio nelle periferie del Centro-Sud, con una ventina di incontri pubblici al calor bianco, degna conclusione di un'avventura dura e grandiosa, profumata di stoppie bruciate e ginestra. Fu a tutti gli effetti una marcia su Roma. Cinquemila persone risposero al richiamo, e fu una sorpresa assoluta, con dibattiti "carbonari" che ci restituivano il senso di quanto avevamo fatto e ci svelavano di aver messo mano a qualcosa di importante. Folle impazienti sbucavano dall'Appennino per dirci: dateci l'itinerario e noi partiamo. Non aspettiamo Roma, l'Appia è roba nostra, ce la gestiamo noi. La strada che taglia le terre più emarginate del Sud poteva tornare a essere ciò che era stata: il cuore della Penisola, l'asse vitale di penetrazione dell'Italia in un "Mare nostrum" che oggi più che mai chiede ascolto e controllo. Musica per le nostre orecchie.

Il percorso di andata ci aveva impegnati in modo così totale che a tante cose non avevamo minimamente pensato. Nel viaggio di ritorno, invece, ne capimmo molte. Per esempio, che l'Appia è l'unico cammino europeo leggibile nei due sensi di marcia. Che mentre Santiago è "one way", solo in direzione ovest, la via romana racconta due grandiose storie parallele, una soprattutto per i laici e un'altra per i cercatori del Sacro. La strada verso Brindisi appartiene alle legioni, quella verso Roma è di Pietro e Paolo, del cristianesimo che sbarcava in Occidente. Due visioni del mondo diverse e complementari, che sull'Appia mettono quasi a confronto due stirpi antagoniste di viaggiatori.

Ma la Via Regina, ci disse la gente, è anche un formidabile simbolo unitario che noi del Nord avevamo offerto senza rendercene conto a quelli del Sud, qualcosa che aiutava a rileggere il senso della Penisola oltre i particolarismi, le nostalgie borboniche e i mali di pancia dei padani. Rilanciare l'antica strada significava anche dare un segno nuovo della presenza dello Stato in un territorio alla deriva, tentare di sottrarne il controllo alla malavita in combutta con certa politica. Da Terracina a Caserta l'Appia era una sequela quasi ininterrotta di Comuni commissariati, di appalti poco raccomandabili e di abusivismo edilizio inondato di sanatorie. Un segnale forte di controtendenza, in quel disastro intriso di meraviglie, bisognava pur darlo.

Questo ci diceva quell'incredibile viaggio a ritroso, e tante altre cose ancora. L'Appia era un asse che riassumeva la storia d'Italia ben oltre l'epoca romana, parlava dello sbarco dei popoli del mare, dei Greci, dei Saraceni e degli Ebrei. Narrava storie di Svevi e Longobardi. Evocava la Resistenza clandestina con l'esilio inflitto dai fascisti a Sandro Pertini e i combattimenti sulla Linea Gustav, diceva delle repressioni borboniche, dell'epopea garibaldina e della devastazione cementizia degli anni sessanta (ah, quei muraglioni della fortezza borbonica di Gaeta fatti saltare in aria proprio allora per costruire il lungomare!). Ma la via era anche una grandiosa via d'accesso alle meraviglie dell'antichità. Stare sull'Appia, in epoca romana, era un modo per mostrarsi. Ed ecco la straordinaria densità di mausolei, teatri, ville, opere di difesa, stazioni di sosta, locande. All'andata eravamo così impegnati a fiutare la strada giusta e a superare ostacoli che non ci eravamo quasi accorti che la nostra Linea procedeva in un immenso museo all'aperto. Ne era il portale.

In quel ritorno vedemmo i musei archeologici dai magazzini pieni di meraviglie, ma anche i reperti esposti alla pubblica fede senza certezza di protezione. Lo Stato era in braghe di tela, e straordinarie scoperte venivano subito interrate per mancanza di finanziamenti. Tutto diventava più chiaro. Come uno straniero, riempivo taccuini e taccuini di ragionamenti sull'Italia, come se la vedessi per la prima volta. Idee per il futuro, come questa, annotata a Santa Maria Capua Vetere: "Il museo archeologico non è pinacoteca. I quadri non nascono dalla terra, quelli li puoi portare ovunque. L'archeologia non la puoi sradicare. Non puoi scindere la sequenza scavo-studio-tutela-restauro-valorizzazione". E ancora: "A chi punta tutto su Pompei e i grandi numeri, dico che le sole Maddaloni e Montesarchio contengono ricchezze per venti musei. L'Italia minore è la nostra ricchezza. Guai a impoverirla in nome del marketing".

"Il territorio si salva raccontandolo." Così ci disse una giovane, appassionata archeologa nel giardino di una villa di Marcianise affollato di ascoltatori, mentre fuori impazzavano i botti della festa patronale. Aveva ragione. Se manca chi sa far vivere l'antico, la gente ti dice "e che so 'ste quattro pietre?", anche davanti a strepitosi rinvenimenti. Capii che nel Sud gli archeologi competenti e capaci di comunicare sono un esercito e che, se lo Stato ne assumesse un migliaio per tutelare l'antico e raccontarlo ai visitatori, raddrizzerebbe non di poco il suo bilancio. Mi resi conto che gli archeologi battono il territorio persino più dei contadini e che centralizzare le antichità è un crimine. Lavorare sui grandi musei a detrimento dei piccoli ucciderà i territori, la tutela capillare del patrimonio, e la stessa consapevolezza dell'antico.

Ci rendevamo conto, anche, che la Regina delle Vie è uno stupefacente modello di "brevitas". Tra un paese e l'altro l'Appia è quasi sempre la strada più razionale, più comoda e più diretta. All'andata, per esempio, tra Melfi e Venosa avevamo misurato diciotto chilometri di sentiero, mentre la strada asfaltata imboccata in macchina al ritorno, tormentata di curve, ne contava più di trenta. L'Appia è un monumento alla semplicità, una direttrice che ci offriva il paesaggio con la chiarezza delle quinte di un teatro e ci faceva sempre capire dove eravamo, mentre le strade della contemporaneità finivano infallibilmente per disorientarci in un labirinto di svincoli, inutili rotonde e sottopassi.

"Per i profughi siriani, seguire le strade romane sarebbe la cosa più semplice," ci dissero provocatoriamente a Terracina, terminal del più lungo rettilineo d'Europa. I paragoni con la viabilità dell'oggi erano sconfortanti. "Guardi com'è ben conservata," affermò orgogliosamente un anziano mostrandoci un tratto di basolato in condizioni perfette fra Albano Laziale e Cisterna Latina. E poi chiese: "Delle nostre autostrade cosa resterà fra ventitré secoli?". Era inevitabile, in quei momenti, pensare alla Salerno-Reggio Calabria in rifacimento da trent'anni, a fronte di una Via Appia costruita a tempo di record e fatta funzionare in saecula saeculorum. Meditare sul fatto che Roma ci aveva messo mille anni a far decadere la sua rete stradale, e l'Italia appena cinquanta.

Si evidenziò anche un paragone con la Via Emilia, strada che fu anch'essa Limes, oltre che asse mercantile e di colonizzazione. Nate dalla stessa idea grandiosa, duemila anni dopo Appia ed Emilia erano diventate cose diverse. La seconda è visibile sempre, ne vedi il rettilineo pedemontano pure di notte, dall'aereo, quando dal finestrino appare la sequenza luminosa dei Tir che trafiggono come un laser le nebulose dei "castra", Forum Popilii, Bononia, Placentia. L'Appia no, capita di non trovarla anche di giorno, tanto è mimetizzata, se si escludono i segmenti asfaltati con i filari di pini romani. Ma lo svantaggio è solo apparente. La grande via del Nord, infatti, è invivibile, soffocata dai camion e impercorribile ai viandanti. Al punto che oggi l'Emilia non è più in grado di "leggere" l'antichità bimillenaria della sua direttrice maestra, pur essendo l'unica regione al mondo ad aver preso il nome da una strada.

Oggi mi appare evidente che, mentre la terra a nord dell'Appennino ha perso contatto col suo grande mito fondativo, a sud l'Appia è ancora abbastanza sentita come epopea da una parte della popolazione. Noi stessi, camminandoci sopra, potevamo sentire il passo delle legioni e il flusso delle mercanzie, il raglio degli asini e le grida dei traghettatori. Ma è un mito ancora capace di incarnarsi nell'oggi: a differenza della Via Emilia, l'Appia può ancora essere restituita ai viandanti, diventare un modello rivoluzionario di infrastruttura leggera. Lascia spazio a una trasformazione in meglio dopo secoli di incuria e dilapidazione.

Quando arrivammo a Roma per l'ultimo di tanti incontri pubblici e trovammo cinquecento persone ad aspettarci nei giardini della Società geografica italiana, ci fu chiaro che avevamo in mano non solo un itinerario, ma anche un simbolo vivo e un modello da imitare. Era stata una trasferta sfiancante come una campagna elettorale, e magnifica come una veleggiata col vento buono. Piena di sorprese, soprattutto. Oggi rivedo Brindisi che ci accoglie nel bel mezzo della festa dei santi patroni, il centro paralizzato da majorette, luminarie e tamburi, con la gente che sembrava aver tutt'altro a cui pensare, e invece eccoti un chiostro medievale zeppo di pubblico onorato e persino stupito di quel nostro ritorno. E poi Oria, che riempie una piazza fino a mezzanotte e costruisce un "evento" con presentatrici in tacchi alti e una formazione da camera sul palcoscenico.

Taranto, con l'assemblea all'aperto tra i magnifici resti del convento dei Battendieri, un posto fuori mano a nord del Mar Piccolo; il cielo nero, la sera che scende con aria di pioggia imminente. Non verrà nessuno, penso. Invece, ecco in trecento ad aspettarci, a dire che quella strada è un simbolo di riscatto, di appartenenza comune, di una centralità perduta da riconquistare. Poi lo scroscio arriva, gli ombrelli si aprono ma nessuno si muove, e noi lì ad arringare stupefatti gente inchiodata al suo posto. E quando l'amplificazione viene interrotta causa pioggia, ecco che tutti si spostano ordinatamente al riparo di una tettoia per dialogare ancora, senza microfono, fino all'agonia del crepuscolo.

Gravina in Puglia era "una bella donna vestita di stracci," disse uno del posto, ma poi dall'incontro venne fuori di tutto fuorché rassegnazione. "Questa è una sfida alla riappropriazione dell'ambiente, della sua storicità e vivibilità. Il Colosseo è Hollywood. La realtà italiana è altro, è fatta di piccole comunità, di meraviglie sparse sul territorio." Qualcuno azzardò: "Il nostro problema è la debolezza identitaria. Siamo passivi. Accettiamo tutto quello che ci portano da fuori. Come l'Ilva". E ancora: "Il Sud non ha bisogno di soldi. Quello che ci manca è una spinta culturale che ci svegli dal torpore e ci aiuti a riappropriarci dei nostri valori e delle nostre radici". Emozione, applausi, attenzione spasmodica. E ancora: "I cammini, o sono autogestiti dai territori o non sono. Guardate la Toscana, che ha speso milioni di euro per sentieri che poi nessuno tiene in esercizio e oggi sono già invasi di sterpaglia".

Passando per Matera avevo appena avuto il più splendido dei premi: un bastone. Me l'aveva donato, in segno di gratitudine, un naturalista appassionato di archeologia dopo avermi guidato in un microcosmo di abitazioni rupestri in una gravina presso il lago di San Giuliano. Si chiamava Gianfranco Lionetti e, al momento di congedarsi, mi aveva messo in mano un legno di duro e chiaro maggiociondolo che lì, nella Meseta lucana, parve elevarmi al rango di Mosè, pastore di popoli eletti. Era tutto meno che dritto, ma all'altezza di ogni nodo aveva inciso un occhio che doveva tenermi lontano dal male. Era la conferma che eravamo sulla strada giusta.

Il Sud ci seguiva. Per qualcuno l'Appia addirittura riapriva la Questione meridionale, spostava l'asse del dibattito politico da Roma in giù. "Le colombe scappano, i corvi restano" era l'eterno adagio di chi declinava la sfiducia, l'idea che al Sud non valesse la pena restare. Ma in mezzo a tante fughe, venivano alla luce i ritorni, emergeva la consapevolezza di chi rifiutava autoindulgenze e l'alibi che "il male viene sempre da fuori". Vinicio Capossela, nato da emigrati in Germania, prendeva casa a Calitri, la terra delle radici nel cuore dell'Irpinia, per ambientarvi i suoi libri, mettere in piedi festival e baraonde, ritrovare i fauni e gli dèi perduti, narrare le leggende del Cinghiale e del Lupo. Raffaele Nigro, dopo una vita a Bari, decideva di nidificare nuovamente nella natia Melfi, per fare cultura e appartenenza, riabilitando Normanni, Svevi e Longobardi messi in secondo piano dalla memoria borbonica e spagnolesca.

Era un modo, il suo, per smontare alibi e vittimismi, per dire che nei secoli il vituperato Nord aveva portato anche un po' di bene al Mezzogiorno. Un po' di autostima non fa male ai dimenticati, e Nigro ricordava ai Lucani che le loro erano le terre più ambite da Federico II, l'imperatore sceso dalla Germania. Un uomo che mai visse arroccato in una corte, ma instancabilmente errò a piedi e a cavallo tra fiumi e montagne d'Appennino, spostandosi proprio sull'asse dell'Appia, in un territorio che oggi nemmeno i ministri della Repubblica conoscono più. Un settentrionale come Carlo Levi, piemontese che amò il Sud. O come noi quattro, camminatori dell'Appia Antica. "Dopo Levi e de Martino, siete i primi a parlare di noi con empatia," ci disse Marco Ciriello, salvo poi prenderci in giro con frasi tipo: "Vi ruberemo la macchina, così smetterete di dire che il Sud è bello".

I piedi, si sa, aiutano a incontrare, ascoltare. E le terre del Sud avevano un tremendo bisogno arretrato di ascolto. A volte toccavamo nervi scoperti, e scoppiavano polemiche. Spesso capitava che una fetta di pubblico ci imputasse di aver detto male del Mezzogiorno o di avere ricalcato i soliti stereotipi negativi, ma questo accendeva l'immediata reazione di altri, che ci difendevano per essere stati, semmai, troppo clementi e per aver dato ai luoghi una lezione di umiltà. Fuori i demoni, dunque. In un'assemblea, emerse addirittura che il nostro viaggio sull'Appia era stato, al di là di tutto, un'azione politica, perché indicava una strada di cambiamento, metteva in rete territori che tra loro non avevano mai comunicato granché, e soprattutto mostrava al Sud la direzione maestra di un progetto comune. Che volevamo di più?

Il sindaco di Ariccia, Emilio Cianfanelli, ci mostrò un bell'autodemolitore piazzato sul tempio di Diana, poi una rimessa abusiva costruita a due passi dall'Appia, sanata con l'ok della Soprintendenza. Raccontò la sua guerra di resistenza contro i ladri della memoria. Per esempio, un tale che, alla luce del sole, si era portato in giardino un bel mucchio di basoli; i quali, per essere rimessi al loro posto, avevano richiesto un'irruzione dei vigili urbani. "Il bello è che questo signore è corso dagli stessi vigili a denunciare la scomparsa delle pietre, tanto era convinto del suo diritto, e tanto era lontana da lui l'idea che la mano pubblica non calasse le braghe." Far accettare i vincoli ai privati? Tempo perso, disse il sindaco. Bisognava espropriare i terreni, demolire d'autorità l'abusivo, acquisire i beni e metterli in sicurezza. "Ma è una battaglia impari. Siamo tallonati e diffidati dalle procure."

Era dura, durissima invertire un andazzo, ma almeno l'Italia minore si autodenunciava. Assistevamo a un commovente "outing" collettivo. Amministratori in piazza ammettevano: sì, abbiamo asfaltato troppo e costruito male. Appalti marci venivano denunciati davanti a centinaia di persone. I giovani di Matera accusavano di ingratitudine i conterranei che (per invidia?) avevano mandato a casa il sindaco che aveva conquistato per loro il titolo di Capitale europea della cultura per il 2019. Emergeva a macchia di leopardo la radiografia di uno spietato sciacallaggio abbinato all'incuria: i promontori protetti di Sperlonga privatizzati, il carcere borbonico di Gaeta lasciato cadere a pezzi, le antichità di Calatia, presso Caserta, minacciate dall'alta velocità, le pietre di Mirabella Eclano esposte in ville private con la compiacenza di pubblici funzionari.

Molti ci mettevano in guardia, quasi con affetto. Ci dicevano: "Non affidate tutto questo nelle mani sbagliate". E soprattutto: "State accorti", non fatevi illusioni, perché qui c'è barbarie, perché con l'antico siamo peggio dell'Isis, perché l'Appia ha tanti nemici che non fanno rumore ma contano e fanno voti: palazzinari, concessionari di cave, sindaci che vivono l'antico come un intralcio, proprietari terrieri che negli ultimi quarant'anni si sono impossessati di migliaia di reperti rivoltati dai trattori. E poi l'Italietta delle invidie, l'implacabile coalizione dei mediocri. O la suscettibilità di certi burocrati pronti a vedere nell'arrivo di noi camminatori una fastidiosa invasione di campo, anziché una liberazione. Un po' come un'aggressiva funzionaria della Soprintendenza, che ad Ariccia ci disse al telefono "come vi siete permessi di passare senza avvertirmi?", minacciando il boicottaggio di un incontro già deciso.

Alla fine anche il pachiderma romano s'è mosso. Cinquemila persone fanno diecimila piedi, e il passo di quei diecimila ha dato la sveglia al ministero dei Beni Culturali. Sull'onda del Giubileo del 2016, l'idea di dar vita a una Santiago italiana diventava interessante anche per la politica. I governatori interessati (Lazio, Campania, Basilicata e Puglia) sono stati chiamati a raccolta per coordinare gli interventi di protezione e rilancio del patrimonio, sono stati organizzati incontri con archeologi, rappresentanti dell'Unesco, e anche associazioni locali, per impostare la manutenzione del percorso. Alla fine, è stato strappato all'Anas l'uso delle case cantoniere abbandonate e il loro riuso come ostelli lungo l'itinerario. Negli ultimi cinquant'anni non s'era mai vista, attorno all'Appia, tanta carne al fuoco. Il che comportava dei rischi. Per esempio che, nella fretta di valorizzare, si dimenticasse la tutela. O che, visti i giri d'aria del teatrino politico, tutto si fermasse dopo i grandi annunci, seminando nuove delusioni fra chi aveva sperato nel cambiamento.

"Voi non vi rendete conto di cosa avete scatenato," ci disse Gianmatteo, estroverso archeologo-divulgatore di Formia, mentre ormai noi si tornava "itineribus expeditis" verso i palazzi del Potere. "È nato un movimento; ora sapete che qui abita l'Italia che resiste," affermò solennemente, consegnandoci la voce di un territorio ferito ma ricco di focolai di resistenza e pur sempre capace di esprimere amore per la sua storia. "Dite a Roma che qui il difficile non è far arrivare i soldi, ma far fruire gli spazi, aprirli all'accesso dei viaggiatori. Il difficile è strappare il Sud alla sua subalternità, all'onnipotenza delle sue burocrazie, al suo sentirsi eternamente colonia, alla sua difficoltà a capire la ricchezza dei luoghi. Troppo facile investire su eventi spettacolari, se poi si consegna il resto della romanità all'incuria e agli speculatori. La battaglia è culturale: l'Appia diventi bandiera di appartenenza."

Per finire, questo non dovrebbe essere un libro rilegato, né un faldone di mirabilia-memorabilia. Il racconto troverebbe più agevolmente spazio in un rotolo di pergamena, capace di farci avanzare corporalmente, di parola in parola, nel tempo e nel percorso attraversato, come la processione di soldati incisa a spirale sulla Colonna Traiana. Il libro che racconta un viaggio non è un portale per lettori frettolosi che facilita l'accesso alle autostrade dell'informazione; non è logistica, centro di smistamento virtuale per la Rete, ma un atto corporale di attraversamento, dove l'*Incipit* è corridoio, vestibolo d'ingresso, scaletta semibuia che porta a una caverna rilucente di tesori. Il rotolo è dunque elemento fisico e allo stesso tempo metafora perfetta di un viaggio basato sullo spostamento lento e consapevole, libero dall'accelerazione ansiogena della comunicazione in tempo reale.

Talvolta mi è capitato di pensare questo racconto anche come spartito steso su un pentagramma, con l'*Incipit* inteso in questo caso come "ouverture". Non uno schermo per la mente e per gli occhi, ma un evento acustico organizzato per l'orecchio e per la voce, come se potessi incidere parole narrabonde sul solco ininterrotto del vinile, direttamente con la puntina di grammofono della mia voce. Ed è naturale: il nomade preferisce parole pronunciate capaci di volare, piuttosto che parole scritte condannate a "rimanere". Egli sa che la lettura silenziosa stacca dal mondo e porta alla solitudine. I caratteri della scrittura fonetica sono stati inventati per essere ascoltati e condivisi, e oggi il libro, per non morire, ha urgente bisogno di tornare a essere il luogo della voce. Canto, metrica, andatura. Tendete l'orecchio: nell'antro dei tesori la Parola risuona che è una meraviglia.

Appia

Ad Antonio Cederna

Grande Spirito ascoltaci, proteggi
questo cammino che ora s'inizia
e benedici qui le nostre scarpe.
Hai dedicato una vita alla grande
madre e regina di tutte le strade
e con l'indignazione dei tuoi scritti
ne hai difeso prestigio e monumenti
dall'arroganza dei palazzinari,
dei chierici, dei clan di malavita,
e adesso accetta di essere il nostro
faro, pilota e nume tutelare.
Come noi eri figlio delle brume
del Settentrione e anche tu come noi
spesso cercavi le terre del Sole:
adesso seguici nella ricerca
di questa direttrice millenaria.
Nel nome tuo, Antonio dei Cederna,
diremo di misfatti e meraviglie
e sempre nel tuo nome intingeremo
equamente la penna vagabonda
nel nero calamaio della rabbia
e in quello del divino incantamento
rifuggendo da sterili anatemi.
Protetti dallo sguardo tuo benevolo
valicheremo montagne e pianure
per fare l'inventario delle storie
e delle genti trovate in cammino
su questa strada antica fra tre mari.

LA PIETRA

Da Roma a Capua Vetere

Tutte le strade partono da Roma

Il detto "Tutte le strade portano a Roma" nasconde una prosopopea irritante, una fastidiosa sicumera da rendita di posizione e un'incommensurabile pigrizia. Come dire: non sono io che vado all'Italia, è l'Italia che deve scomodarsi per venire da me, col cappello in mano. È un'arroganza che mi par di leggere in ogni sottosegretario, in ogni usciere, in ogni portaborse, in ogni blasonato chauffeur e nell'aria stessa di questa città ministeriale. Credere che sia il mondo a dover accorgersi del Centro è qualcosa che con l'antica Roma ha poco a che fare. Ora è venuto il tempo di capovolgere il detto e di proclamare che, semmai, "Tutte le strade partono da Roma". Questo sarà il nostro motto, anche nella convinzione che, per emendare i peccati originali della sua unificazione, l'Italia intera andrebbe riletta alla rovescia.

Sì, tutte le strade partono da qui e noi siamo qui per imboccarne la Numero Uno. Il conteggio delle miglia, segnato da monumentali pilastri, inizia o no da questo straordinario punto zero? Se la mappa delle strade consolari è una ragnatela di canali linfatici, significa che il sistema stradale più perfetto del mondo è stato concepito per raggiungere velocemente le periferie. Poi, secoli di papato ci hanno messo in testa il contrario a suon di Francigene, cammini di san Francesco, strade di san Paolo e di san Pietro. La grande calamita del Cupolone ha risucchiato nell'oblio lo sguardo "federale" dell'antichità, con inevitabili riflessi in politica: i primi a dimenticare Roma sono proprio i parlamentari che bighellonano tra piazza Navona e via del Corso. "Noi romani," mi ha detto un amico, "dovremmo avere un tremendo complesso di inferiorità rispetto ai nostri antenati. Invece ce ne fottiamo, e forse è meglio così, perché sarebbe un peso impossibile da sopportare."

Stazione Tiburtina

Linea metropolitana da Rebibbia, ore otto del mattino. Treno zeppo di pendolari che si blocca in galleria senza motivo apparente. Proteste, mugugni. Dopo dieci minuti, una voce affranta comunica che non è possibile procedere perché il convoglio che precede si è guastato a Tiburtina, e i passeggeri, invitati a scendere per trasferirsi su un secondo treno, si rifiutano di farlo per protesta, bloccando l'intero sistema. Anarchia totale. Nella Capitale il preludio del viaggio è costellato da segni di collasso che sembrano dare alla partenza il connotato di una fuga. Mucchi di immondizia in piena zona monumentale, con festini di gabbiani grossi come maiali. Turisti tedeschi, assolti dall'andazzo generale, che buttano carte per terra, felici di derogare alla disciplina. Roma governava il mondo, e oggi non governa nemmeno se stessa.

Strisce pedonali a due passi dal Colosseo. Una grossa jeep verde oliva passa col rosso, quasi investe una ragazza, che urla insulti al guidatore. Il quale si ferma, ma non per chiedere scusa. È un energumeno con gli occhiali scuri che lascia l'auto in mezzo alla strada e insegue la ragazza, che si rifugia in un bar. Nessuno dice niente, la gente guarda altrove, non vuole aver grane. Passano due minuti, nel bar si sentono delle grida, il gorilla esce, attraversa calmo la strada, manda a farsi fottere le vittime dell'ingorgo che lui stesso ha creato e riparte, sgommando. Un signore anziano: "Roma è infestata di bande, troppo buonismo, troppa condiscendenza. C'è rabbia, e la rabbia ricade sugli immigrati, che magari non c'entrano. Vada a Ostia, non troverà un agente per strada. Comanda la camorra".

Piove, e Roma diventa il paradigma mondiale dell'impercorribilità. Giorni fa, mi dicono, un bus ha schiacciato un vespista, l'autista ha sentito qualcosa, è sceso a dare un'occhiata, non ha visto nulla ed è ripartito brontolando. A bordo nessuno ha detto niente.

Tutti chini sul cellulare, persi in un altro mondo. Dove è finita la Roma che ho amato? "La città è cambiata in pochi anni," mi dice Mauro, romano con casa affacciata sul parco della Caffarella, "ieri i passeggeri avrebbero gridato all'autista 'Aò! Ma che stai a ffà?!'. Ora è silenzio. Non ci sono più i mitici capannelli. Il livello di comunicazione diminuisce, sfiora l'omertà. E le forze dell'ordine le vedi solo davanti ai palazzi del potere."

Mi dicono che quando nel 2013 il soprintendente Adriano La Regina, con magnifica intuizione, ha aperto la passeggiata dal Campidoglio al Foro, il varco è stato chiuso dopo qualche tempo perché i vigili urbani non erano "in grado di controllare i passaggi". Non erano capaci, nemmeno lì, nel baricentro simbolico di una nazione. Capisco che questo nostro viaggio deve diventare una riconquista di spazi perduti, un manifesto che rivendichi l'accessibilità dell'Italia alla faccia della camorra, dell'ostilità dei "gommati" e dell'indifferenza dei politici di scarpa lustra. Fare questa strada significa riprendersi il Paese. E noi vogliamo tornare qui per dirlo ad alta voce, con tutta l'Appia nelle scarpe. Sperando che il Giubileo ci aiuti e l'Italia migliore si svegli.

Meglio partire da Roma che arrivarci. Il pellegrino che vi approda non trova più un ventre materno. Se ha zaino e scarponi impolverati, verrà cacciato anche dai self-service. Prima di papa Francesco, nemmeno il Vaticano faceva eccezione. Anni fa entrai in San Pietro con un monaco etiope avvolto nella tradizionale tunica nera, la stessa dei suoi confratelli a guardia del Sepolcro. Trasudava santità, al punto che i fedeli cominciarono a baciargli le mani e la veste. Ma intervennero le guardie e ci fecero uscire. L'avevano preso per un mendicante o un matto, come se matti e mendicanti non avessero diritto di accedere al Tempio. "Non c'è Dio qui dentro," concluse tranquillo il monaco. E volle essere accompagnato a Santa Maria in Trastevere, dove, finalmente appagato, si chiuse in raccoglimento davanti alla Madonna bizantina.

Campo Esquilino

Ma la sera, almeno la sera, la città ritorna Caput Mundi e le pietre cominciano a parlare. Ed è un godimento andarsene a spasso con persone come Settimio Cecconi, romano de Roma, professore di scuola media che ce ne fossero cento, mille come lui. Ti par di vedere un'altra città. Settimio, che ci accompagnerà fino alle porte di Albano, è una macchina del tempo capace di esprimere una nitida visione selettiva del mondo. I suoi racconti sono occhiali che oscurano il nuovo e lasciano vedere solamente l'antico. Te li fa inforcare e tu, ascoltandolo, vedi la città che lentamente si svuota di automobili e si anima di mercanti, centurioni, matrone, servitù, sacerdoti, plebe.

Costeggiando il tempio di Minerva Medica, mi dirigo con lui verso piazza Vittorio, poi via San Vito e il Campo Esquilino, "ager sceleratus" delle esecuzioni capitali. "Ai tempi del papato, si andava in massa a vedere il boia che decapitava sul ceppo. Quando la testa cadeva, mi diceva mia nonna, i padri davano uno scappellotto sulla nuca ai figli piccoli, come per dire: guarda cosa ti può capitare se non fai il bravo." Dopo via in Selci è la discesa verso piazza della Suburra, ignorando corso Cavour, asse post-risorgimentale che non c'entra con la rete delle antiche vie. Poi è Santa Maria ai Monti, e fino ai Fori Imperiali solitari sotto le stelle. Roma bisogna vederla di notte, quando i turisti vanno in pizzeria.

Nella sua segreta mansarda sull'Esquilino, Settimio mi fa navigare nell'*Atlante di Roma antica* curato da Andrea Carandini, un formidabile, recente lavoro di gruppo che dilata all'istante la percezione dell'antico. Ma la vera meraviglia è la carta archeologica di Rodolfo Lanciani, quarantasei tavole con tutta l'archeologia della Capitale riportata in scala uno a mille alla fine dell'Ottocento. Per costruire i nuovi boulevard di stampo napoleonico, i piemontesi stavano sventrando la città, senza misericordia per tutto ciò che non fosse anfiteatri o archi di trionfo, e Lanciani sperò di limitare i danni mostrando al Paese l'inverosimile inventario di quelle meraviglie.

Non servì a nulla. Fu snobbato dai palazzinari dell'epoca. E anche l'Accademia, invidiosa di questo outsider, ostacolò in ogni modo la pubblicazione dei suoi libri, usciti nel frattempo in lingua inglese. La carta non ebbe alcun effetto operativo. "Restò un documento accademico," scrisse Italo Insolera, "per addetti agli studi archeologici. Un pezzo di erudizione." Tutti coloro che difendevano l'antico e l'ambiente fecero la stessa fine nell'Italia unitaria.

Mi chiedo che fine faranno le nostre mappe dell'Appia, se mai le faremo.

Temporale a Testaccio

In una notte improvvisamente buia come la pece, i congiurati si danno appuntamento a casa Cederna, a Testaccio. Li aspettano Giulio e suo fratello Giuseppe. Tuona e diluvia, la Città eterna è allagata e noi, per superare le pozzanghere, ci siamo dovuti togliere le scarpe. Sul grande tavolo della cucina, accanto alla zuppa di legumi, alla bottiglia di Aglianico, al pecorino e al salame, ecco i libri e le foto del grande vecchio. Antonio che legge, Antonio in conferenza, Antonio che contempla la via seduto su qualche pietra millenaria. Siamo tutti tesi a evocarne l'ombra in una luce fioca quasi di candela, mentre dalla finestra aperta penetra profumo di glicini bagnati. Non è una cena. È una seduta spiritica.

"Per tutta la sua lunghezza," ci dice il Grande Spirito, "la Via Appia era un monumento unico da custodire religiosamente intatto, per la sua storia e le sue leggende, per le sue rovine e per i suoi alberi, per la campagna e per il paesaggio, per la vista, la solitudine, il silenzio, per la sua luce, le sue albe e i suoi tramonti... Andava custodita religiosamente, e salvata, perché per secoli uomini di talento di tutto il mondo l'hanno amata, raccontandola, dipingendola, cantandola, e trasformandola così in realtà fantastica, in momento dello spirito, creando l'opera d'arte di un'opera d'arte: la Via Appia era intoccabile, come l'Acropoli di Atene." *Era* intoccabile. Ma non lo è mai stata, nell'ultimo secolo.

Anni fa Giuseppe mi ha regalato un pullover del padre, di un bel colore nocciola caldo. Ero a dormire a casa sua, e alle tre del mattino ci eravamo ritrovati svegli tutti e due a vagare in balìa dei pensieri. In cucina, con una tisana sul fuoco, ci eravamo raccontati pezzi di vita e i motivi delle nostre inquietudini. Poi è accaduto che io lo iniziassi alla magia consolatoria degli endecasillabi, infallibile in casi del genere, e che lui, commosso, mi ringraziasse col dono del pullover. A quel punto, scherzando, avevo immortalato la storica donazione con un verso, solenne e lapalissiano, in undici battute: *Questo è il maglione di Antonio Cederna*. Da allora, qualcosa del grande vecchio è entrato in me. Ogni tanto annuso la lana che ha indossato e, quando scrivo, entro nelle sue maniche.

"Mio padre," ricorda Giuseppe, "non era un don Chisciotte e non era un isolato, come qualcuno vorrebbe dipingerlo. Il contrario: era assediato, anzi ossessionato, dalla gente che si immedesimava nelle sue parole. Non era nemmeno un passatista, perché guardava semmai al futuro, si preoccupava dello spreco del territorio e dell'eredità che avremmo lasciato ai nostri figli." Alessandra, la compagna di Giuseppe: "A parole, il Palazzo lo celebra. Ma i gangster dell'Appia, come lui li chiamava, non gliel'hanno mai perdonata. Ed è tutta gente che conta". Sento che sto per affrontare qualcosa di troppo grande per me. Intanto, fuori ulula; pare la notte piena di presagi che anticipò l'assassinio di Cesare.

Nubi negre sui selciati

Tuona sul Cupolone, sui Colli Albani nubi negre, alte come torri. E noi via, zaino in spalla. Diavolo, non potevamo partire a Pasquetta, col ponentino, i gitanti del picnic e la strada chiusa alle automobili? Noi no, figurarsi. Eccoci qua in un martedì qualunque, col monsone e il traffico libero, incollati al portale della chiesetta denominata Domine Quo Vadis, a ripararci dagli schizzi dei Suv. Al primo chilometro siamo già prigionieri. FATA VIAM INVENIANT, che sia il destino a trovare la strada, sta scritto sul frontespizio di una casa romana che conosco bene. Ma qua non c'è spazio per il destino. La nostra via è già destino. Non deflette, ci imprigiona nel bene e nel male.

Il cattivo tempo non ci farà desistere. Siamo posseduti da un demone. Non è solo la voglia di andare, è che tutto, nelle ultime settimane, mi ha fatto sentire ostaggio di un manicomio chiamato vita "normale". Un nubifragio a Bologna dove, in assenza di taxi, sono potuto saltare sul treno solo attraversando la città di corsa tra scrosci e pozzanghere tirandomi dietro la valigia a ruote. La polizia che mi ha inflitto centottanta euro di multa per mancata revisione dell'auto. La combinazione dimenticata del lucchetto per la bici, lasciata troppo tempo in cantina. Una foratura in assenza di ruota di scorta, non più prevista nelle auto nuove; sciagura e fetenzia del mercato. Tutti segni che rendevano la fuga inevitabile. E tutte rogne risolte... con i piedi.

Settimio ci aspetta a un bivio oltre Porta San Sebastiano. Brontola per il tempaccio, ma almeno, dice, "non avremo giapponesi tra i piedi". Della via conosce ogni pietra. "La strada è come la vita," sorride, "è il luogo perfetto degli incontri e degli addii", e spiega che da duemila anni qui ci vogliono stare tutti, da vivi e da morti. Nell'antichità si faceva a gara per mostrare il sepolcro più bello. "L'Appia è stata abitata ininterrottamente, da ricchi e miserabili, artisti e donne di malaffare, e questa è la sua fortuna, ma anche la sua dannazione." Apprendo che sull'Appia gli angloamericani costruirono la scenografia del loro ingresso nell'Urbe, passando con i cingoli dei carri Sherman sui basoli millenari. Anche Carlo V, dopo aver saccheggiato Roma peggio degli Unni, aveva collocato qui il suo trionfo. Dopo il quale i Romani, sorvolando sullo stupro più osceno della loro storia, applaudirono i Lanzichenecchi come liberatori. Francia o Spagna, purché se magna.

Ancora auto, scocciate di noi. Noto che sui basoli il drenaggio idraulico è nettamente migliore che sui tratti asfaltati. Ma non basta a evitare gli schizzi, così pieghiamo a sinistra per la valle della Caffarella. Ed è subito silenzio, con traffico limitato a gazze, cinciallegre, fagiani, pettirossi. Campagna piena, a un chilometro dal suburbio. Tocchiamo con mano il miracolo del cuneo verde preservato attorno alla Gran Via. Grazie alla strenua opposizione di Cederna e di una minoranza illuminata, oggi l'Appia viaggia con ai lati un polmone di boschi e praterie, penetra dentro Roma tenendo a dovuta distanza il cemento. Non esiste città europea con un ingresso così agreste. Tornando indietro verso il centro potremmo continuare senza difficoltà fin oltre Porta San Sebastiano e raggiungere il Tevere costeggiando il Circo Massimo, sempre seguendo i pini romani.

Un gregge con cani pastori, un pastore immobile come una statua, folate di pappagallini verdi e querule ghiandaie nella pioggia. Riccardo ci insegna ad allacciare l'ombrello pieghevole allo zaino, per avere le mani libere, e ora con quell'aggeggio sulla testa sembriamo tutti dei funghi, camminando verso il Circo di Massenzio. Settimio racconta e racconta, evocando immagini da par suo. Accanto a un cenotafio che porta il nome di Annia Regilla, ci mostra Erode Attico che ordina ai suoi messi di riempire il Mediterraneo di epigrafi in memoria della moglie, Annia appunto, che i malevoli dicono egli stesso avesse fatto uccidere da un servo. Ma le epigrafi sono così commoventi che, secoli dopo, il Leopardi se ne innamora – o forse si innamora della stessa Annia – e le traduce.

Ora piove orrendamente. Allargando un varco nella rete di ferro, il commando vìola un recinto chiuso per cercare riparo nel tempio di Demetra, poi dedicato a sant'Urbano. Ma è sprangato, e bisognerebbe chiedere le chiavi in Vaticano, agli uffici del Vicariato che gestisce i permessi. Figurarsi. Il tetto scarica cascate d'acqua e non c'è altro riparo. Non resta che proseguire nel fango. E poco oltre ecco un ristorante per matrimoni, costruito su rovine romane. Chiuso pure quello, solo che è stato strappato alla camorra. È l'inizio di una sequela. L'85 per cento dell'Appia è legalmente blindato da gente che ti spiega che la proprietà è libertà. Anzi, garanzia di tutela. E noi passiamo davanti a cancelli chiusi come randagi bagnati, fiutando il terreno.

Roma era le sue strade

In principio fu l'idea, l'idea generò la Linea e la Linea si fece strada. La strada saldò Roma a Capua vecchia, la città alleata, e fu percorsa da legioni e mercanti, poi duplicò se stessa fino a Benevento, per tenere d'occhio i bellicosi abitanti del Sannio. Ma non bastò, perché la Linea volle superare l'osso dello Stivale e spingersi verso Oltremare fino all'imbarco di Brindisi attraverso le plaghe riarse dell'Apulia. Nel frattempo aveva cominciato a figliare altre vie: Cassia, Popilia, Flaminia, Emilia, Valeria, e altre ancora oltre le Alpi e il Mediterraneo. Alla fine del II secolo dopo Cristo la rete aveva raggiunto le 53 mila miglia dalle terre iperboree di Scozia ai confini infuocati della Persia, dalle coste atlantiche di Spagna alla Selva di Teutoburgo in Germania, dai deserti della Libia ai monti nevosi del Caucaso.

Ma la Numero Uno restava lei, la fantastica direttrice italica firmata Appio Claudio Cieco. La via dell'imperialismo romano, l'imbarco per l'Oriente. Il porto più sicuro per navigare verso la Grecia e la Siria era Brindisi, non Ostia. Ci si arrivava evitando tempestose circumnavigazioni, in soli cinque giorni a cavallo (Catone docet), in assoluta sicurezza, su un itinerario presidiato da stazioni di posta, taverne, guarnigioni militari. Poi, a Durazzo, era la Via Egnazia, l'Appia dell'Est, ancora oggi percorribile. A Velia, in Grecia, puoi camminare su basoli intatti, più curati di quelli italiani, sulle orme stesse di Pausania, o di James Frazer che le seguì milleseicento anni dopo.

Siamo di nuovo sulla strada maestra, e Settimio racconta. Roma era le sue strade, e quando decadde, anche le strade decaddero. Le parti basse si impaludarono, la manutenzione cessò, briganti e avidi esattori di pedaggi resero i viaggi insicuri, e l'uomo medievale tornò a infrattarsi nelle terre del Lupo e del Cinghiale, tra boscaglie e dirupi, lungo le vie contorte dei pellegrinaggi e dei pastori, raccomandando l'anima sua alla protezione di un Dio unico. Anche l'Appia decadde, abbandonata per sentieri più montani, per diventare miniera. I possenti cippi miliari furono espiantati, i lastricati spolpati, le tombe e i mausolei depredati.

I Colonna, i Torlonia, i Caetani e altri grandi elettori del papa – "A quei tempi i nobili erano gente burina, violenta e incolta," azzarda la nostra guida – si piazzarono qui per incassare pedaggi, costruendo le loro torri di avvistamento con le pietre romane. Ma la magnificenza monumentale della strada e la robustezza dei suoi ponti continuarono a incutere meraviglia e timore fino alle soglie del tempo attuale, finché anche questa superstiziosa reverenza scomparve e venne lo scempio finale, con templi, sepolcri e fortificazioni sottratti alla Res Publica e ridotti a scenografia di ville private.

La grande dilapidazione

Non un vigile, non un divieto. L'Appia pubblica alla mercé di chiunque. In compenso, ai cancelli, cento videocamere, maggiordomi che ritirano posta celere, cameriere filippine che ci guardano con compatimento, netturbini che battono la fiacca da quando qualcuno ha tentato di scardinare i rapporti fra mafia e Capitale. E noi si va, zaino in spalla, accompagnati da schizzi, maledizioni, e dal tambureggiare degli pneumatici sul basolato millenario o sull'asfalto malconcio che lo ricopre. La storia di un popolo intero è in ostaggio di pochi. Un genocidio della memoria, come nell'Irpinia del dopo terremoto. Solo che Roma non è l'Irpinia e qui la rapina è sotto gli occhi di tutti.

Settimio: "Nel Nord Europa hanno imparato che le pietre parlano. Hanno per loro una venerazione ancora pagana. Accanto a Porta San Paolo, sotto le mura aureliane, c'è un cimitero di guerra inglese, tenuto a meraviglia, dove ogni anno si celebra un rito laico in memoria dei Caduti. Ebbene, l'altare della cerimonia è stato costruito con le pietre romane del Vallo di Adriano, che separa la Scozia dall'Inghilterra. Le hanno portate da lì, per unire in un simbolo i Romani conquistatori e i Britanni liberatori di duemila anni dopo. Non è emozionante?".

Alla vigilia del viaggio Rita Paris, archeologo capo alla Soprintendenza di Roma, ci ha impartito una commossa benedizione nel suo bunker al terzo piano di Palazzo Massimo, spiegandoci che fino ai primi del Novecento l'Appia era chiusa da cancelli. "Allora vi transitavano cinquanta-sessanta carrozze al giorno. Poi è iniziato lo scempio. L'abusivismo, le deroghe, i condoni." E ha aggiunto: "Ancora oggi, difendere quanto esiste è un lavoro durissimo. Aiutateci nella nostra battaglia, voi che partite per questa avventura". C'era una vena di sconforto nella sua voce. Ricordo di essermi congedato da lei con la forte impressione di aver incontrato una donna coraggiosa e sola.

Metro dopo metro, i segni della presenza dello Stato si rarefanno. Quattro quinti dei monumenti dell'Appia romana sono in mano a privati. Per vederli ti tocca suonare ai campanelli, chiedere permesso ai residenti, o a qualche pontificia commissione, oppure venire a patti con qualche clan, tipo Casamonica, padroni delle periferie. Al numero 290 della via c'è una villa che espone all'ingresso basoli tolti alla strada, e allora capisco che il nostro sta per diventare il rapporto su una colossale, smisurata dilapidazione, nel suo etimo più vero. Dilapidare, cioè "togliere pietre". Il mio taccuino coglie la foto segnaletica di un Paese che svende la terra dei padri.

L'elenco dei monumenti non visitabili, o visitabili per gentile concessione, fa quasi più effetto di quello dei monumenti visitabili. Eccone alcuni: sepolcro di Geta, primo miglio, con sopra un casale di epoca moderna; catacombe di Pretestato, terzo miglio;

catacombe ebraiche di Vigna Randanini, in via Pignatelli; sepolcro degli Equinozi, terzo miglio; sepolcro di Sant'Urbano, quinto miglio; mausoleo di Casal Rotondo, sesto miglio. Eccetera. Vien quasi voglia di scrivere la Storia al contrario: magnificare le manomissioni e denunciare i monumenti come un intralcio. Ma sì, chi se ne frega di Cederna, viva i gangster dell'Appia.

Tutta colpa di Orazio

Eppure, nonostante tutto, quante meraviglie. "Deus inest!" esclamerebbe Ovidio: questi sono spazi abitati dal Sacro. Luoghi che ci inchioderebbero qui per giorni. Siamo ancora dentro Roma, col rombo lontano dei jet in decollo da Ciampino, ma qui, in una cornice di ninfei e sorgenti sacre, è un'oasi di pini marittimi, cachi, meli, olmi, biancospini, canneti pieni di merli, papaveri, ortiche in fiore e "socratesca" cicuta. È il grande polmone, lo spazio che la civitas riempie i sabati e le domeniche della bella stagione, con picnic civilissimi e famiglie in bicicletta, senza lasciare rifiuti. È il segno che c'è una Roma che coltiva la fierezza dell'appartenenza e sente ancora questo spazio come suo.

Ecco la villa dei Quintili, di volumetria perfetta, rossastra tra i papaveri contro il cielo temporalesco, con la storia tremenda dei fratelli fatti uccidere da Commodo imperatore, figlio degenere di Marco Aurelio ingelosito da quella magnifica abitazione. C'è da perdersi. Il triclinio invernale con la grande esedra, i giardini porticati e le terme con i solitari pilastri del frigidarium, l'antiquarium con la statua di Niobe in marmo pentelico, e via di questo passo. Siamo già sazi di bellezza. Il sepolcro di Priscilla, il tempio di Cecilia Metella, la sequenza interminabile dei sepolcri. Abbiamo programmato ventinove tappe fino a Brindisi ma, se dovessimo fermarci a vedere ogni cosa, nemmeno cinquanta basterebbero.

Il posto tappa di Albano Laziale è ancora lontano, e noi dobbiamo macinare strada, non raccontare monumenti. Le soste archeologiche e i piovaschi intermittenti stanno tagliando le gambe persino al racconto. Già, come si fa a narrare una via di seicento chilometri che ha il suo "clou" il primo giorno? Cosa aggiungere di inedito su questi siti tra i più cliccati del mondo? Guai se dovessi spiegare tutto: questa storia non può essere un Baedeker. Forse l'unico modo di venirne fuori è imitare Orazio. Quando fece l'Appia fino a Brindisi e le dedicò la *Satira* quinta del primo libro, tralasciò l'ambiente e si limitò a scrivere di taverne e notti difficili, acciacchi e colossali libagioni, bevute di vino Falerno, zanzare e compagni ritrovati.

Uscito dalla Grande Roma mi accolse Ariccia/ con modica ospitalità; mi accompagnava il retore Eliodoro/ di gran lunga sapientissimo tra i Greci... Conosco a memoria quel celebre inizio, ed è anche colpa di Orazio se sono qui, se ho scelto questa via e non altre. Lo sento che mi sussurra all'orecchio: "Vecchio mio, lascia perdere le pietre... fa' che sia la strada a narrarsi". E vada così: cercheremo la Linea, e la Linea ci porterà fra i popoli che Roma dominò, fedeli ancora oggi a se stessi nonostante la tv, le lingue tagliate e la morte delle differenze. Forse l'Italia si salverà solo grazie alla pluralità degli dèi che la abitano.

Picnic tra le tombe

Merenda al museo di Capo di Bove, scrigno magico degli archivi Cederna, con panini al salamino piccante. Roba "bona", confezionata la sera prima in una salsamenteria di Testaccio. La bottiglia di Shiraz che Irene tira fuori a sorpresa dallo zaino celebra un grande inizio. Ha smesso di piovere e dal nulla sono sbucati i fratelli Cederna, venuti a fare qualche chilometro con noi. Siamo in sette, sette come Settimio, come i sette re e i sette colli, sette come le lettere di Antonio e gli angoli delle mura aureliane. Con i numeri della Cabala, ci godiamo in libertà uno spazio restituito al pubblico dopo un clamoroso tentativo di stupro. Un parcheggio ci avevano fatto, sopra uno stabilimento termale di bellezza incomparabile. Ora l'hanno sottratto ai privati grazie a un acquisto lampo della Soprintendenza.

Ora tutto è alla luce, marmi e misfatto, e il sole accende di un tremolante lucchichio i mosaici imperlati di pioggia. Giulio Cederna: "Prima di lodare l'architettura, dobbiamo imparare a capire l'arte muratoria, saper distinguere il coccio pesto, l'opus spicatum, il calcestruzzo antico, l'opus reticulatum, i mattoni bipedali. Tecniche di durata eccezionale". È ancora tutto lì, perfettamente conservato nonostante la pioggia, il vento e l'insulto degli uomini. Ed è stupendo star lì a far merenda imparando cose che a scuola non ci hanno insegnato mai. Roma era prima di tutto ingegneria, logistica, architettura. Strade, ponti, acquedotti, stazioni di posta. Non sarà un caso che "pontefice" viene da "ponte" e "architetto" da "arco", in entrambi i casi da una concreta abilità di piegare la materia.

Alcune note di Anna Pasqualini, dell'Università di Roma Due, aiutano ad andare oltre la bellezza e a comprendere il senso profondo di epigrafi che, a ben guardare, sono modernissime. Quelle delle tombe stabiliscono un rapporto speciale tra il defunto e il passante: "Straniero, ho poco da dire: fermati e leggi. Questo è il sepolcro non bello d'una donna che fu bella. I genitori la chiamarono Claudia. Amò il marito con tutto il cuore. Mise al mondo due figli: uno lo lascia sulla terra, l'altro l'ha deposto sotto terra. Amabile nel parlare, onesta nel portamento, custodì la casa e filò la lana. Ho finito, vai pure". Su una tomba tra le vie Appia e Latina si legge il lamento di un uomo cui hanno ucciso la moglie per rapinarle un bracciale d'oro: "Chiunque legga questa iscrizione," scrive il vedovo, "se è un giovane che ama la sua donna, si astenga dall'avvolgerle d'oro le braccia. Anche se ella ti cinge il collo con le sue braccia adorne, e ti supplica di poter indossare doni all'altezza dei suoi meriti, accontentala nelle vesti, ma lascia stare i gioielli: si terranno alla larga ladri e seduttori. Fu infatti un serpente vistoso sulle sue braccia a provocare la morte della mia signora che a me, il marito, ha colpito al cuore. È una ferita che porterò sempre".

"Edgar Lee Masters non aveva inventato nulla," commenta Irene, presa da questo *Spoon River* perduto nel tempo e privo di speranza nell'aldilà.

Lampi sotto il vulcano

Dopo il raccordo anulare l'Appia diventa sentiero, fango, sterpaglia e mette a nudo le sue fondamenta geologiche: una colata lavica in declivio leggero dal vulcano di Albalonga fino alle porte di Roma. Ha anche ripreso a piovere forte, e il pagano che abita in me snocciola il rosario degli epiteti di Giove, padrone dei temporali. Jupiter caelestis, Jupiter serenus, Jupiter lucetius, Jupiter pluvialis, e poi tempestas, fulgur, fulgurator, fulmen, fulminator, tonans, tonitrator. Litanie e processioni non bastano più: il cielo appenninico richiede altri dèi. E difatti qualcosa succede. La pioggia ha un effetto esilarante. Smettiamo di evitare le pozzanghere. Le cerchiamo, anzi, e con gioia, per affondarci le scarpe come i bambini. Ormai siamo ai piedi dei Colli.

Isole di selciato affiorante, qua e là, e qualche lucciola con ombrello agli incroci: più nulla a che vedere con le figure mitologiche, felliniane, che hanno fatto il mestiere nei monumenti fin quasi alla svolta del millennio. In via dell'Aeroscalo, in una cava di pietra lavica, un gigante in attesa di clienti ci minaccia per l'invasione di campo. Urla, agitando il pugno, contro la cinepresa di Alex. È un ciclope disperato, una comparsa di Pasolini, un superstite di Sodoma e Gomorra errante tra vulcani spenti inghiottiti dalle nubi. Dopo le gloriose miglia iniziali, la prima via dell'umanità muore nel pantano. Sembra impossibile che trent'anni fa fosse peggio, e invece lo era: l'autostrada spezzava il cammino e ci voleva il salto acrobatico del guardrail. Ora c'è il sovrappasso, almeno la Linea è ripristinata.

Il finale è disastroso. I Cederna ci abbandonano, Settimio salta sul primo treno per Termini e Alex centra con il cranio lo spigolo di un sottopasso pedonale della ferrovia. Sangue, cerotto, e giù tuoni, lampi, scrosci e strada che si fa torrente. Eppure ridiamo lo stesso, e chi se ne frega di Boville, il paese accanto, centro dinastico della gens Julia, dove il corpo di Augusto, morto a Nola, fa l'ultima sosta prima delle esequie solenni in Roma. La Storia è scomparsa, ora affoghiamo nel presente. Intorno, caos da rientro, clacson, ingorghi, buio che arriva, i tentacoli della metropoli che tentano di riprenderci. Siamo alla confluenza con l'Appia Nuova, Santa Maria di Mola.

Mancano cinque chilometri all'antica Albalonga e siamo caricature grondanti. Non ci resta che la Cotral, viva la Cotral, il bus passa a trecento metri. È la resa dei camminatori. Alla fermata, intavolo un dialogo che ci illumina sul pensiero medio delle periferie romane. Chiedo a un tipo robusto, munito di ombrello e mazzo di fiori: Scusi, dove potremmo fare i biglietti?

"Macché biglietti, qui i controllori non salgono."
Ah.
"Questi stranieri di m... non pagano. Perché dovreste pagare voi?"
Per dare l'esempio.
"A quelli gli hanno regalato la villetta e il lavoro, e non sono mai contenti. Io sono terremotato d'Abruzzo e ne so qualcosa."
Ma dai. È una leggenda metropolitana.
"Eeeh, leggenda... Tutto vero. E l'unico che ci può tirare fuori dalla merda è Salvini, con 'sti zozzoni che ci governano."
Quella che arriva tra due baffi d'acqua non è una corriera. È un sommergibile, saturo di pendolari e vapore. Saliamo a fatica dal retro e troviamo posto in piedi, aggrappati alle maniglie fra le due file di sedili, incapaci di capire dove scendere per via dei vetri appannati. Un maghrebino intuisce al volo: "Vi avverto io alla fermata giusta". Naturalmente ha il biglietto. E noi no.
Allo sbarco ad Albano Laziale siamo così fradici che il concierge dell'albergo, saputo che andiamo a Brindisi, mormora compassionevole "ma chi ve l'ha inflitta questa galera?", poi ci spinge quasi a forza davanti a piatti di linguine al pomodoro con capperi e olive, come se ci leggesse in fronte la fame di carboidrati che ci divora. Si informa sull'itinerario dell'indomani e brontola: "Da anni che sono qua, non ho mai visto nessuno passare da quella parte. Ma forse avete ragione voi. Effettivamente, dopo quel podere c'è una vecchia strada...". È incuriosito da noi, forzati della strada. Se potesse, ci accompagnerebbe fino a Terracina.
La sera, a suggello del nubifragio, le stanze piombano nel caos. Piovono calzini, mutande, asciugamani. Dopo aver tentato inutilmente di asciugare le scarpe con fogli di giornale appallottolati, Alex crolla sul letto vestito, in mezzo a biancheria stesa, cavi elettrici e attrezzature video, col naso a un millimetro dal pc che la notte trasferisce nell'hard disk le immagini macinate di giorno. Non ha mai camminato tanto in vita sua e in pochi secondi russa come Polifemo nella caverna. Terrificante. E Riccardo, con cui condivide la stanza, impara a convivere con un essere che pare si nutra avidamente del sonno altrui.

Al mattino, Deo gratias, gran sole e visibilità perfetta fino a San Pietro, il Gianicolo, l'Altare della Patria. È l'ultimo sguardo su Roma, poi scollineremo oltre gli Albani. La salutiamo prima di affrontare l'ignoto, come i legionari quando partivano per le campagne militari nelle terre inquiete del Mediterraneo e dell'Asia. La Linea corre a mezzacosta in pieno controluce, aggrappata alle pendici vulcaniche dei Colli Albani, nel nome di corso Matteotti. È il primo di infiniti travestimenti. Non si comprende perché non la chiamino col suo nome dall'inizio alla fine. È forse il segno che i laziali non la sentono come segno unitario di appartenenza. È l'Italia dei campanili che ricomincia, con insegne anni cinquanta: caffetteria San Pietro, pizzeria La Ciociara, istituto di bellezza Tempio di Afrodite, macello Appia Carni. E poi panni stesi, odore di sugo di pomodoro, papaveri e vigne con gran vista sul cratere di Nemi.

La città medievale cresce su trenta secoli di Storia. A monte, i "castra" della seconda legione, detta Partica, con un anfiteatro e i cisternoni sotterranei ancora funzionanti. A valle, aggrappate alla chiesa e ad altri edifici più tardi, le terme che Caracalla fece costruire per tenersi buoni i legionari di cui sopra. Dovevano essere tipetti suscettibili, gente che si trattava bene, a giudicare dai rinvenimenti in mostra al museo: tavolette in piombo per l'accesso al teatro, piatti decorati, anfore per il vino, l'olio d'oliva e la salsamenteria. Sui mattoni di molte case il marchio LIIP, appunto Legio Secunda Partica. Con la distanza da Roma e dalle orde dei visitatori, sento aumentare la leggibilità dell'antico.

Anche la lingua è cambiata. E le facce. Appenniniche, contadine. Preludio del mondo dei Lepini, degli Ausoni e degli Aurunci, popoli sottomessi e ignorati. Per terra, magnifici tombini in cotto con lo stemma civico della scrofa che è "eterna nemica della lupa", così ti dicono con inesausto orgoglio civico. La vecchia Albalonga non ha mai smesso di raccontare il duello fra gli Orazi romani e i Curiazi figli di mamma sua. E lo fa con spietati dettagli a disdoro della Dominante. Come la storia del romano vincitore, unico superstite del duello, che sgozza la sorella, moglie di un nemico curiazio, rea di aver pianto di dolore per l'ucciso. Dettagli ignorati dalle antologie scolastiche. "Con quelli abbiamo ancora un conto da regolare," ghigna un vecchietto dall'apparenza mite. "Alba è mejo de Roma." Il terreno è minato.

Al bar ci chiedono dove andiamo con quegli zaini. Saputolo, vanno al sodo: "Ah, l'Appia Antica. Pare che se la voglia prendere la Società Autostrade". La parte romana, spiegano, quella che rende. "Troveranno il modo di spremerla, dottò. Qui le autostrade le paghi sei volte di più che in Austria." Mi chiedo che ne sarà dell'Autosole fra 2300 anni. È bastato un giorno di cammino e la distanza dal mondo della velocità è diventata ontologica, più che chilometrica. L'automobile ci appare come qualcosa di blasfemo. Ad Alex – centodieci chili più zaino e cinecamera – sono bastati venticinque chilometri a piedi per prendere la decisione della vita. Rinunciare alla macchina d'appoggio. Non vuole perdersi niente. Ora anche lui ha il demone nelle scarpe.

Luppolo selvatico

Discesa tangenziale sulla destra – l'Appia cambia ancora nome, ora è via della Stella – ed è già profumo di campagna. Muretti di lava, campi di patate, autodemolizioni, un cane rauco che abbaia, patetico, dietro un cancello, un arco romano battezzato Basto del Diavolo. Ma ecco un fico con le prime foglie: per i Romani significava il tempo buono per partire. I viaggi sono sempre costellati di segni. I ponti, le salite, le soglie, non sono cose ma simboli. E noi si va per vigne, costeggiando siepi di borragine e sambuco, pisello odoroso e parietaria, talmente presi dalla Linea da seguire in quel saliscendi di vulcani spenti che ai piedi di Ariccia quasi non ci accorgiamo di passare sopra un monumentale viadotto.

È la prima rampa dell'antichità, nientemeno che questo. Un gigante di duecentotrenta metri vecchio di diciannove secoli, con cui l'Appia affronta la prima importante salita, dal fondo di una conca fin su verso Genzano. Lo affrontiamo per la massima pendenza, e il passo cambia: non è più quello delicato dell'esametro, e nemmeno quello leggero dell'endecasillabo. Ora si marcia al ritmo minaccioso degli anapesti, unduetré, unduetré, unduetré, come i tamburi delle legioni prima degli scontri frontali.

Intorno a noi, una topografia di meraviglie ignorate. La Via Sacra, per esempio, strada pre-romana dai basoli perfettamente conservati. Sale a Montecavo per un itinerario misterico, solitario, defilato rispetto all'Appia e risparmiato dall'insulto dei barbari moderni. Ma la cima è deturpata da una foresta di ripetitori, e con la cima anche il sito del tempio italico di Jupiter Latiaris, antenato di Giove Ottimo Massimo in Campidoglio. In un colpo solo hanno sputtanato mitologia e Storia: Montecavo è il luogo scelto da Ascanio – figlio di Enea e fondatore di Albalonga – per il sacrificio annuale del toro bianco e il banchetto dei popoli laziali federati.

"C'è qualcosa di grifagno nelle ferite che la bruttura dilagante ci assesta." Così Vittorio Gassman in una lettera "di pancia" dedicata a Roma, scritta a un quotidiano negli ultimi anni della sua vita. Lo stiamo imparando anche noi. Ormai abbiamo capito che il nostro Grand Tour andrà avanti così, in bilico tra rabbia e meraviglia, tra un tuffo al cuore e una pugnalata nel costato. Poi, come sempre, l'Italia del buonincontro finirà per consolarci. Come il cercatore di luppolo selvatico che, in cima alla salita, ci mostra il mazzetto e grida: "Aò, so' bboni! La fine del mondo colla frittata!". E poi aggiunge: "Buona camminata, beati voi!".

Poco più in là scopriamo che il primo sbarramento della direttrice millenaria non è la frana di un monte, il collasso di un muraglione o lo straripamento di un torrente. È il bar Fly di Genzano laziale. Tutto è di una sconcertante evidenza. Sopravvissuta al Grande Raccordo Anulare, al traffico della Statale 7, alle discariche edilizie, al rombo dei decolli da Ciampino e al pantano ai piedi dei Colli Albani, la linea indefettibile, capace di resistere persino ai cambi di nome (corso Matteotti, via della Stella, via Alcide De Gasperi, via Remigio Belardi e quel che segue), si arresta davanti a una banconiera che ci chiede cosa vogliamo bere.

"Un succo di pomodoro, grazie."

Dietro il bar, un blocco di condomini. Oltre, a trecento metri, la doppia linea dei pini marittimi – segnale infallibile – che ripristina la direzione. Ci tocca deviare sulla sinistra, per una salita che porta in mezzo al paese, con immediata, sgradevole sensazione di smarrimento. Che ci facciamo qui? Che c'entra piazza Salvatore Buttaroni con l'effigie di Maria Santissima, benedetta da Pio VII "con concessione di giorni trecento di indulgenza da applicarsi alle anime del Purgatorio"? E che cosa vuol dire, oltre il viale alberato che segue, quel bivio sconcertante fra l'Appia Antica e una sedicente Appia Vecchia, come se già l'Appia Nuova non complicasse le cose?

Come una danza balcanica

Appena fuori dal paese il nodo si scioglie in trecento metri di lastricato intatto e solitario sotto una cascata di glicini. La via, testarda, resiste alle manomissioni, riemerge appena la lasciano respirare. Oltre Genzano ci regala un muretto per fare merenda e noi ce lo godiamo nella brezza leggera, in uno svolìo di rondini, discutendo di Orazio Flacco con pane casereccio, pecorino e una bottiglia di Primitivo di Manduria. Siamo gioiosamente consci della nostra missione. I pezzi si riconnettono, si mettono in fila, svelano attraverso tenui segnali la traccia che li unisce.

Io sto calligrafando la mia strada.
Ogni mio passo è un punto di sutura.

Laborioso viavai di api, profumo forte del glicine. Sento a occhi chiusi la danza a undici sillabe del nostro andare. Essa svela che il nostro è un lavoro paziente, da chirurghi e amanuensi. Il contrario del "wandering", l'erranza senza meta dei romantici anglosassoni. Loro avevano la testa fra le nuvole, noi siamo incollati al terreno. Ma dopo poche centinaia di metri la camminata torna a farsi irregolare, il gomitolo appena ritrovato si perde e subito il ritmo si spezza come in una danza balcanica. Ogni cento passi dobbiamo fermarci per fiutare il terreno, filmare, annotare, consultare mappe, cercare conferme nel Gps.

Fra Genzano e Cisterna, il rettifilo è traguardabile solo nelle aerofotogrammetrie o nelle vecchie carte IGM dell'Italia post-unitaria. Su quelle mappe – mirabilmente precise e ricche di toponimi – l'Appia esiste ancora, come mulattiera, carrareccia o sentiero, segnata da toponimi come Ponte di Mele, Casale San Mauro, Casa Troiani. Ma sul terreno cosa ci sarà? Gli archeologi segnalano tratti accessibili di basolato originale, certo: ma la linea che li congiunge esiste ancora? Non ne abbiamo la minima idea.

Interrotta da edifici, mangiata da cancelli e poderi, coperta da scampoli di campagna, la Linea certifica l'eclissi dello Stato e la restaurazione di quegli stessi particolarismi contro cui Roma ha lottato per secoli. È in questo labirinto che la diavoleria elettronica di Riccardo, collegata a venti e passa satelliti, inizia la sua danza. Appena si allontana dal tracciato, il Gps lo avverte. "Ma attenti, non è lui che comanda," ci tiene fieramente a dire, "sono io che prima della partenza gli ho detto dove dobbiamo andare." Significa che il nostro non è un viaggio teleguidato, ma una ricerca dove alla fine saremo noi, anzi i nostri piedi a decidere. "I piedi capiscono tutto, se li lasci liberi. Il flusso va dalla terra alla testa, non viceversa."

Ed è un andare a cuor leggero, in discesa lieve dai Colli Albani, col Tirreno lontano sulla destra e greggi al pascolo dall'altra parte. Il paesaggio è in continua metamorfosi. Ora la terra è grassa e nera come una torta Sacher. Primi fichi d'India, primi annunci mortuari con Cristo e padre Pio effigiati con allarmante pari evidenza. Primi lunghi serpenti che tagliano la strada. Soprattutto, primi cani liberi – leggi abbandonati – a guardia dei rispettivi territori.

Scopriamo che hanno una tecnica di difesa speciale. Il branco non si mostra subito, manda avanti i componenti più deboli, quelli che devono scalare tutta la gerarchia del gruppo e che di solito abbaiano senza mordere. Una specie di deterrente acustico. Se questo funziona, e gli intrusi battono in ritirata, non succede altro. Se invece non funziona, il maschio alfa o la femmina che fa da capobranco esce allo scoperto con i suoi ringhianti pretoriani. È in quel preciso momento che bisogna mostrarsi decisi. Di solito basta guardarli senza paura e raccogliere una pietra, e loro scappano.

"Ce n'è un milione almeno, a sud di Roma," avverte Riccardo, che in Italia ha macinato trentamila chilometri a piedi e di cani si è fatto un'esperienza mondiale. "Attenti ai cani di Cisterna," ci hanno detto ridendo all'uscita da Genzano, a conferma della credenza popolare che da sempre i cani più infidi sono quelli degli altri. Quando attraversavo in bici i Balcani, i croati mi dicevano "attenti ai cani serbi" e i serbi ammonivano di stare "attenti ai cani bulgari", spostando sulla zoologia i loro antagonismi nazionalistici. Ma gli uomini erano di regola peggio dei quadrupedi.

Raramente ho avuto problemi con i cani liberi, se non in bicicletta. Di solito, più si va a sud e più sono affamati, assetati, disperati, solitari e di conseguenza inoffensivi. Qui mi inquietano di più quelli reclusi. È da Albano Laziale che li sentiamo abbaiare ininterrottamente dietro la sequenza dei cancelli, in tutte le possibili varianti. Rauca, isterica, svogliata, ululante, demoniaca, depressa, nevrotica e ipercinetica. Nella colonna sonora del nostro viaggio c'è sempre questo accompagnamento canino. I vigliacchi se la prendano con chi cammina, sempre e solo con il viandante, benedetto Iddio, e non con le automobili che spadroneggiano con arroganza.

In Italia, chi va a piedi è un'anomalia. Persino i vucumprà guardano con sospetto l'italiano che viaggia a piedi. Un giorno Riccardo si trovò a camminare con lo zaino lungo la Riviera romagnola affollata di bagnanti, un giovane senegalese carico di mercanzie lo avvicinò, gli mise una mano sulla spalla e gli chiese: "Cosa vendi?". Lui rispose: "Niente". Al che l'africano, guardandolo fisso negli occhi, replicò: "Non ci credo. Tu mi imbrogli".

Quando ci fermiamo davanti a un cancello (numero 97 di una via che si chiama finalmente Appia Antica) per consultare le mappe, una voce ansiosa di femmina ci chiede ripetutamente dal citofono "chi è?" senza che noi si sia suonato alcun campanello. Gli umani pensano subito al ladro, al clandestino o al pezzente, e gli animali domestici si adeguano, segnalando il pericolo alle tribù indigene. Non bastavano i cani. Ora anche delle oche inferocite ci puntano in formazione serrata, e con quelle, si sa, non ci ragioni. Come quelle del Campidoglio, fanno un casino tale che una pantera della polizia passa per indagare chi siamo.

Territorio in allarme, sprangato, impaurito, aggrappato alle videocamere e chiuso da cento divieti di accesso. L'Italia dei campanili è inquieta, non digerisce un mondo che in vent'anni si è riempito di facce forestiere. "Chi è quello che viene?": che sia in Alto Adige o in Sicilia, leggo questa identica e atavica domanda negli occhi di chi mi vede arrivare. Fino agli anni sessanta in Italia ci si tirava le pietre tra villaggi vicini e i ragazzi facevano ancora a botte tra bande rivali. Oggi ci hanno insegnato ad accettare il cinese, il tagiko, l'etiope e l'indiano, ma noi siamo rimasti quelli degli anni sessanta. E quelli degli anni sessanta erano ancora gli stessi del Mesolitico.

Tramonto di nubi leggere

Di nuovo lucido, nero basolato lavico che emerge come schiena di testuggine. Le auto ci passano sopra senza misericordia, traballando, con la faccia dell'autista che esprime sempre lo stesso concetto: "'Ste pietre di m... cosa aspettano a levarle". Poco oltre la strada diventa sterrata, sbarrata da un certo punto con una catena. In fondo, tre ragazzini con una carriola e un cane lupo. Scavalco e vado a parlamentare. I tre mi guardano impietriti senza aprir bocca e senza richiamare il cane. Gli dico che vorremmo andare oltre. Unica risposta: "Ce sta 'o fuoss". C'è da superare un fosso. Sottinteso: sono cavoli vostri. E noi si scende guardinghi nell'impluvio sotto querce enormi, spostando una foresta di canne.

Oltre il guado, rieccola, la linea maestra. Ci aspettava, come potevamo avere dubbi. Anche il lastricato riemerge con le sue schiene di testuggine. Chiedo a un vecchietto col bastone: "Ma la gente lo sa che questa è l'Appia Antica?". Lui: "Quasi nessuno", ed è come se dicesse "se gli uomini se ne dimenticano, la via scompare". Non è la pietra che fa la via, ma l'atto ripetuto del camminare. La memoria è legata al cammino, perché solo chi cammina sa decifrare i segni che la via ti lascia, come i sassolini di Pollicino.

Dopo la confluenza con la Statale 7 per Cisterna, il tracciato antico diventa asfalto e rettifilo, dunque percorso di guerra. Fino a Cisterna rombo di camion, marciapiedi striminziti, spietati guardrail e Rottweiler ai cancelli. La chiamano Appia Nord, come una tangenziale qualsiasi. Persino in Albania la romanità è meglio in evidenza, e questo non è solo bestiale, è stupido. È l'Appia la grande scommessa di Roma. Non il Colosseo o la Domus Aurea, ma la percorribilità ritrovata della prima via del Continente.

E noi si va avanti, fiutando avidamente l'odore erboso dello sterminato Agro Pontino, piatto e pullulante di acque vive, di cui Cisterna segna l'inizio. Tramonto di nubi rosa, leggere, transumanti. L'asse della cittadina è affollato di uomini che fanno capannello fuori dai bar o attorno alle panchine del parco pubblico. Le facce e le lingue indicano un sovrapporsi di immigrazioni. Veneti, campani, abruzzesi, siciliani, indiani, pakistani. Se ci fosse il suono della pianola di un saloon, sarebbe un perfetto stradone da Far West, con mandriani e pistoleri.

Nulla ricorda il senso antico del luogo; la grande cisterna neroniana se ne sta ben nascosta nei sotterranei di Palazzo Caetani. E Roma è lontanissima.

Scusi, Cisterna esiste da tanto?

"Eh, tantissimo. Almeno dagli anni quaranta."

La linea delle acque vive

Ma la notte, almeno la notte, rinnova i suoi misteri. Grilli, fruscii, richiamo di uccelli, mormorio di acque di risorgiva. Scrive di questa terra umida il tedesco Gregorovius a metà Ottocento: "Chi mai attraversa le paludi pontine per recarsi lungo l'Appia a Terracina, e crede che si tratti di una putrida e nauseabonda Maremma, si inganna. Vi sono, è vero, stagni in quantità, ma nascosti da boschi dove errano cinghiali, istrici, cervi, bufali e buoi quasi selvaggi. Nei mesi di maggio e giugno la regione è quasi un mare di fiori". Anche noi siamo qui su un tappeto di fiori di maggio. In una notte così nitida, nonostante la bonifica fascista abbia messo a regime le paludi, il fascino primordiale del luogo è ancora avvertibile.

Siamo sazi e felici. Una cameriera bruna dal sorriso radioso ci ha servito birre e pizze monumentali – la mia, memorabile, alle zucchine crude grattugiate – e ora il locale è posseduto dal brusio ciarliero di una tavolata di matrone che vien da definire littorie, figlie della bonifica mussoliniana, piccole e autoritarie, che più italiane non si può. Fuori, sulla terrazza, la Notte pascola le sue stelle sopra una linea ininterrotta di montagne nere, ai piedi delle quali, a contatto con la piana, corre una seconda traccia, la linea pullulante delle acque vive, con il Giardino di Ninfa, un'oasi sotto il monte che è una disdetta non poter vedere e che rappresenta solo uno dei magnifici parchi di acque sorgive, come Tivoli, Bagnaia, Bomarzo e Frascati.

Il declivio vulcanico degli Albani è finito. Ora tocca a voi, Monti Lepini, con le vostre fortezze preromane sull'orlo di strapiombi; e a voi, boscosi Ausoni, che avete dato all'Italia il nome antico; e a voi, lunari, cavernosi Aurunci, dalle spettacolari fioriture di narcisi e orchidee a picco sul mare e il Garigliano. Cosa è rimasto dei popoli che vi abitavano, voi, avanguardie dei monti del Lupo e del Picchio, i Piceni, gli Irpini e gli altri della costellazione sannitica? Cos'è rimasto in Italia dell'anima degli Osci, degli Enotri e degli Japigi?

Roma vi ha sconfitto. Talvolta ha raso al suolo le vostre città. Ma oggi la vostra leggenda pulsa nella notte, nella sequenza di piccole nebulose che segnano il bordo della linea nera. Siete ancora lì, accampati come Cheyenne, arroccati nei canyon, mentre altri dominatori e altri schiavi spremono oggi la piana delle acque mormoranti. Dietro quelle luci, le mura megalitiche di Segni, le rovine formidabili di Norba e l'acropoli di Sezze, fondata da Eracle sterminatore dei Lestrigoni, dicono un'altra storia rispetto a quella del rettilineo implacabile che abbiamo scelto di seguire.

Miei vecchi sentieri italici, eravate labirinti di libertà, atti di creazione consensuale nati dalla consuetudine del rapporto fra le genti. Eppure eravate solo tracce approfondite dall'uso, raccordi, modeste scorciatoie, diagonali, tracciati di mezzacosta, piste ricurve di animali poi sfruttate dall'uomo. In questa notte stellata sento che la linea retta dei Romani irrompe in tutto questo e lo destabilizza. È qualcosa che mi mette in contraddizione con me stesso. La mia anima imperiale contro la mia anima bracconiera.

Annibale sfuggì alla morsa delle legioni infrattandosi per quindici anni in quei sentieri. Si eclissava in Puglia per ricomparire nel Lazio. Si arroccava nei monti della Calabria per poi dilagare nella Campania Felix penetrandovi per strade minori, spesso in alleanza con i popoli che la Dominante aveva piegato. Roma non riuscì mai a stanarlo dalla Penisola, perché timorosa di abbandonare le grandi vie e di perdersi nella complessa orografia del Paese. Roma non sapeva attraversare gli spazi selvaggi. Sapeva solo addomesticarli.

Noi tireremo dritto

Imperterrita. Inflessibile. Sconcertante. Totalitaria. Come definire questa retta che, dopo aver tagliato i Colli Albani con una diagonale indifferente alle isoipse, ora prosegue nell'Agro Pontino senza deflettere di un millimetro, formando il rettilineo più lungo d'Italia? Forse è un segno d'imperio. Forse è banale senso pratico: i Romani andavano al sodo e lì bisognava costruire un asse breve fra Roma e Terracina, stop. Ma forse è semplicemente il comando di un cieco, quale fu appunto Appio Claudio il Censore.

"Anxur!" deve aver detto, tranciando l'aria con la mano tesa a indicare una linea maestra. Anxur era Terracina, e Anxur fu. E siccome anche l'obbedienza è cieca, un esercito di architetti e agrimensori obbedì senza discutere, senza riguardo per l'orografia e senza misericordia per gli abitanti. Le vie romane spesso seguivano il tracciato di strade preesistenti. Qui no, si solcava il grande nulla, una terra di nessuno di boschi e paludi, apposta per tenersi lontani dalle strade degli italici, foriere di agguati.

Figurarsi cosa accadde quando nel cielo d'Italia apparve l'uomo che disse: "Noi tireremo dritto". Vide l'Appia e uscì di testa. La Linea era il simbolo della romanità ritrovata e il nesso del destino con la Via Emilia, il mitico rettifilo del Nord presso il quale egli era nato. Ma l'Appia era soprattutto l'asse millenario su cui innestare ad angolo retto un nuovo reticolo di strade a palla di fucile, quello delle bonifiche littorie. Le quali estirparono la malaria, diedero lavoro ai contadini, ma calarono un'ossessiva geometria nello spazio pontino, fino ad allora terra di butteri, bufale e canneti selvaggi. L'era delle tangenziali, dei Tir e dei Rottweiler ai cancelli completò la de-naturalizzazione.

Abbiamo davanti a noi il famoso rettifilo di cinquanta chilometri, il più lungo d'Europa. Roba capace di far uscire pazzi gli automobilisti, che infatti corrono alla disperata e si schiantano. Ma peggio ancora è la centuriazione littoria ai lati della Linea. Con i suoi incroci improvvisi ad angolo retto in mezzo al nulla, genera una delle più alte densità planetarie di frontali. Rottami contorti segnano la strada, come i carri sovietici arrugginiti in Afghanistan, fra Kabul e Jalalabad. Nel parcheggio della carrozzeria Falso – nome strepitoso per un soccorso stradale che è anche "deposito giudiziario" – troveremo un'auto nera col motore incastrato nell'abitacolo e altri fenomenali esempi di Far West rotabile.

Al pedone va ancora peggio. Diventa un miserabile, un rifiuto dell'umanità, un uomo da marciapiede. Fra Cisterna e Terracina non c'è via di scampo. La Via Appia Nuova è costruita integralmente sul terrapieno di quella vecchia, che ha offerto alla prima una base di solidità ideale sopra gli acquitrini dell'Agro. Oggi è il clamoroso monumento a una via divorata dalla sua stessa razionalità. Fu papa Pio VI, nel Settecento, a riportare alla luce il manufatto – argine, pietre miliari e lastricato – inclusi "li ponti, che furono giudiziosamente costruiti da' nostri maggiori per dare passaggio alle acque", per riattarla all'uso viario. Peccato che l'antico fu ricoperto e in gran parte demolito per lasciar posto al nuovo.

E noi dovremo affrontarlo, questo velodromo senza misericordia e senza il diversivo di un saliscendi, altrimenti ci toccherebbe ripiegare, sconfitti, sulla parallela via Francigena del Sud, che corre sui Monti Lepini. L'Appia, perlomeno, è alberata, corre tra i fatidici filari di pini romani, piantati dai papalini, e questi offrono al viandante un'ombra provvidenziale. Ai tempi di Appio Claudio non erano previsti, perché le legioni dovevano aver campo libero e poter guardare lontano per evitare agguati. Grazie a quei pini, il viandante potrebbe camminare all'ombra e fruire di una minima ma provvidenziale corsia di salvataggio ricoperta da un soffice tappeto di aghi.

Bulli a zonzo

Ma il traffico è tale che alla fine decidiamo per il bus. Una deroga sofferta al cammino, per soli venti chilometri, fino a Borgo Fáiti, l'antica Forum Appii, per poi tentare l'affondo su Terracina in un giorno solo.

Al botteghino ci guardano strano.

"E che ci annate a fa' sull'Appia? Non ci abita nessuno."

Inoppugnabile. L'Appia è solo un asse, perfora il vuoto. Le fattorie, le città e i poderi sono tutti ai lati. Per andare a Borgo Fáiti dovremo deviare per Latina e aspettare la coincidenza. Si fa prima ad andare a piedi. Ma è l'unico modo per evitare il velodromo.

"Aò, 'ndo vanno quelli?" sento dire di noi.

"Se fanno 'a Franciggena."

"Ma chi je lo fa fa'?!"

Partiamo, ma è tremendo lasciare la Linea. Il Gps va subito in tilt e nel gruppo serpeggia lo spaesamento, mentre la corriera divaga e ci depista, sguazzando nella toponomastica littoria – Montello, Podgora, Bainsizza, Borgo Piave, via Enrico Toti – con la Grande guerra che ci insegue anche qui, tra campi piatti sterminati e grandi nubi abbacinanti. A Latina Mussolini incombe con architetture squadrate, in un'arietta polverosa, un po' texana, di frontiera. Ed è attesa di un'ora e mezzo del bus per Borgo Fáiti. Bulli a zonzo tra le pensiline dell'autostazione, locandine di giornale che invocano PISTOLE PER I VIGILI URBANI, la cosca dei Casalesi che spadroneggia e risale la via di Appio Claudio verso Roma.

Le taverne di san Paolo

Si riparte tra uliveti, ronzio di idrovore, sterminati campi di carciofi, un cancello con feroci mastini napoletani, distese di kiwi popolate di Sikh. La corriera viaggia in una topografia ortogonale ossessiva, intrisa di lavoro e sudore. Qui si muore di fatica, lo sanno i figli di chi si ammalò di malaria per fare le bonifiche, lo sanno gli immigrati veneti di epoca fascista, lo sanno gli stranieri di oggi, reclutati dai caporali.

Ma il torpedone ci fa perdere Borgo Tre Taverne. Ce ne accorgiamo quando è troppo tardi. Mollare il cammino è sempre un errore, e questo è un errore madornale. Tres Tabernae era la prima "mansio" per quelli che partivano a piedi da Roma, ed è il posto dove san Paolo, sbarcato a Pozzuoli, incontra i primi cristiani venutigli incontro dalla Capitale. Leggenda? No, fatto storico accertato. Atti degli Apostoli: "I fratelli di là, avendo avuto notizia di noi, ci vennero incontro fino al Foro di Appio e alle Tre Taverne. Paolo, al vederli, rese grazie a Dio e prese coraggio". Attorno a quell'incontro memorabile è nata una piccola città – il terreno è saturo di rinvenimenti – che potrebbe, si dice, diventare visitabile nell'anno giubilare.

In fondo, visibile da ovunque, il doppio filare di Pinus Pinea segna la direttrice di Appio Claudio. Difficile ignorare che su quel rettilineo si consuma l'epopea cristiana delle origini. Anche san Pietro è passato di lì, e lungo quella strada, nelle catacombe di San Sebastiano, i due martiri hanno avuto la prima sepoltura. Sempre sull'Appia le reliquie vennero aspramente contese fra i cristiani di Roma e i pellegrini d'Oriente. Ma da quella direzione, lungo l'Appia, arrivarono anche altre religioni misteriche. La disciplinatissima Legione Partica, accampata ad Albalonga, registrava un'anarchia di fedi, quasi sempre venute da oriente.

Domanda inevitabile: perché vinse proprio il cristianesimo? Cosa aveva di più del culto del dio Mitra? Perché quella piccola credenza eretica, emanazione del giudaismo, riuscì a diventare egemone in pochi anni, conquistando non solo i poveri, ma anche molti potenti di Roma? È affascinante chiederselo camminando sulla Linea. Più che affascinante, obbligatorio. L'Appia è così centrale nella storia della cristianità che non si capisce perché non sia stata ancora riaperta come via di pellegrinaggio. O forse sì, si capisce. L'idea della fede come fattore itinerante è stata così lontana dal Vaticano prima di papa Francesco che persino questa formidabile linea di sutura tra fede d'Oriente e fede d'Occidente ha finito per cadere nell'oblio.

Corpo a corpo con i Tir

A Borgo Fáiti un buon albergo sulla strada, unico punto di sosta che spezza l'incubo del rettifilo. Ce n'era uno già ventitré secoli fa, e, come allora, vi scorre accanto il fiume Cavata, che irrompe, fresco e verde, giù dai Lepini per infilarsi sotto l'Appia con un robusto ponte antico e formare un canale parallelo sul lato sud della via. La soluzione furba per continuare ci sarebbe: un paio di canoe. Ad averle, arriveremmo senza sforzo a Terracina in favor di corrente. Esattamente come i Romani, che qui potevano proseguire su chiatte agganciate a muli o cavalli.

"Fastidiose zanzare e rane palustri allontanano il sonno," racconta Orazio del suo imbarco notturno in questo punto. E prosegue: "Il traghettatore e un passeggero, sbronzi di vino andato a male, cantano a gara l'amica assente, finché il viandante stanco inizia a dormire e il marinaio, pigro, lega a una roccia le briglie della mula per mettersi a russare" anziché iniziare la navigazione, per la quale ha già incassato il denaro. Ma dopo un po' un passeggero imbestialito afferra una verga e mena il malcapitato per farlo ripartire sul far dell'alba.

Tentiamo l'affondo sul rettilineo. In teoria, per farcela ci basterebbe ignorare il traffico e prendere un buon ritmo legionario. In pratica, siamo lentissimi rispetto agli antichi. "La via è lunga cinque giorni di cammino di uomo aitante," scrive Procopio nel *De bello Gothico*, VI secolo dopo Cristo, della tratta fra Roma e Capua, che è di duecento chilometri buoni. Cinque giorni! Noi ne abbiamo previsti nove. Ma ecco cosa dice ancora il cronista medievale delle pietre romane: "Né malgrado il molto tempo passato, e l'essere state giornalmente calcate da tanti carri e giumenti d'ogni sorta, avvenne che in alcun modo fosse turbata la loro compagine, né che alcuna fosse spezzata o consunta, o perdesse alcunché della sua nitidezza".

In anni di cammino ho perfezionato al massimo la tecnica dell'astrazione, quando si tratta di costeggiare strade trafficate. Mi chiudo nel mio scafandro, mi isolo dagli sguardi laterali come un cavallo col paraocchi, alzo contro il mondo un usbergo di pensieri. Punto sull'orizzonte e basta. Ci sono situazioni in cui riesco a isolarmi in modo così totale da saper esprimere l'identico passo in mezzo a una prateria come tra file di grattacieli tipo Quinta Strada.

Ma qui chiudere i boccaporti non basta. Le macchine passano strombazzando a centocinquanta orari e i Tir provocano spostamenti d'aria tali da farmi volare il cappello. Per loro non siamo che un lampo nel retrovisore. E non c'è ombra di polizia. Che disperato atto d'amore è, questo nostro viaggio. Le piante dei piedi pulsano, irrorate dalle arterie. Pare che tutto il sangue si concentri lì. Tra le dita e il tallone i nervi non ne possono più di asfalto. Costretti a battere sempre sullo stesso punto, chiedono disperatamente aria e pediluvio.

"Romolo Numa Pompilio Tullo Ostilio Anco Marzio Tarquinio Prisco Servio Tullio Tarquinio Superbo", poi di nuovo da capo. Provo con una tiritera scolastica, ma non serve a niente.

Le acque di Mussolini

Esausti, ci buttiamo a mangiare la nostra frutta a margine di un campo, dopo esserci tolti le scarpe. Ma da una casa esce subito, allarmato, il padrone col nipote.

“Ragazzi, dovreste chiedere prima di fermarvi qui.”

“Ma siamo sul bordo e facciamo solo merenda. E poi non si sa mai, se mi avvicino forse vi allarmate di più. E magari avete pure il cane.”

“Ma no, siete gente civile. Piacere, so’ Franco Molina, maestro di ballo, Via Appia chilometro 74.” Gigioneggia, fingendo di pettinarsi con la mano davanti alla cinepresa.

“La gente corre troppo,” gli dico.

“Qui veniva Taruffi a fare il chilometro lanciato. Ma almeno chiudevano la strada. Adesso so’ tutti Taruffi. E sull’Appia se more.”

“C’è qualcuno che fa il canale in barca?”

“Colla barchetta ce passano i rumeni per annà a rubà.”

“E allora cosa ci consiglia?”

“Prendete l’argine, è tutto pulito fino a Terracina. Se arriva dritti dritti. Il ponte per andare dall’altra parte è a due chilometri.”

Bar Bocca di fiume, chilometro 76. Una banconiera un po’ brasiliana – Paolo Conte ci scriverebbe su una canzone – ci serve panini con una Falanghina fredda alle dieci del mattino e ci magnifica con l’occhio mistico il “ponte di Mussolini”, sotto il quale confluiscono “tutte le acque dell’Agro Pontino”. Insomma, che diamine: dobbiamo essere consci di avere a due passi “il ponte di tutti i ponti” e “l’acqua di tutte le acque”, perché questo è il centro del mondo e tutto questo esiste grazie a Lui.

Qua il fascismo non è credo politico, è leggenda. Parla dalle scritte cubitali sbiadite delle fattorie (LEGA NAZIONALE COMBATTENTI, CREDERE OBBEDIRE COMBATTERE), dai casali, i canali, i poderi e i consorzi di bonifica. Migliaia di famiglie accorsero qui dalla miseria e dai soprusi dei signorotti della Bassa Padana per trovare acqua e terra a volontà. Lo Stato garantiva la cuccagna: diciotto ettari a famiglia, una casa nuova con stalla, due buoi per l’aratura e una mucca da latte, più gli attrezzi necessari. I coloni avevano diritto a una parte del raccolto e potevano riscattare il terreno.

Con la leggenda – quella di Roma, ovviamente – il duce degli italiani aveva un rapporto intimo. Tracciava il solco come Romolo. Saltava ginnico su un trattore, tirava la manetta e partiva traballando in mezzo ai gerarchi a segnare col vomere il perimetro sacro delle nuove città. Così nacquero, in pochi mesi, Littoria, Aprilia e

Pontinia, disegnate da fascistissimi architetti ebrei che di lì a poco sarebbero stati scaricati con le leggi razziali.

Dicono che piovesse sempre alla vigilia dell'inaugurazione, e che poi all'arrivo di Mussolini arrivasse regolarmente il sole. Ma il duce aveva il meteorologo personale, e questo sapeva far coincidere ad arte il suo arrivo col miglioramento atmosferico. La stessa cosa accadeva con i vulcanologi. Se c'era un'eruzione in corso sull'Etna, Lui arrivava e la colata lavica rallentava miracolosamente.

La ballata dell'argine selvaggio

Oltre il famoso ponte mussoliniano, l'argine per Terracina inizia che è una meraviglia. Campi di erba medica giallo elettrico punteggiati di papaveri, tipo quadri di Seurat e di Klimt, e vista grandiosa sul rettifilo, vicinissimo. È il trionfo di maggio: tra la via e il terrapieno, coperto di iris e ranuncoli, il canale di acqua corrente – verde e limpidissima – è frequentato da paperette e aironi; lo stesso canale dove fino a cinquant'anni fa passavano le chiatte, cariche di merci e tirate da buoi, con gli stessi ritmi millenari del viaggio oraziano. A distanza, bufale emergono dalla prateria o scendono all'abbeverata. Dall'altro lato, il filare dei pini e, sotto monte, la linea delle verdi risorgive. La visibilità è perfetta.

Che magnifica alternativa! In quattro ore potremmo arrivare a destinazione. Ma basta un chilometro e comincia un inferno di rovi che pare debba proseguire fino a Terracina. È la ballata dell'argine selvaggio. Alex perde pezzi della macchina da presa, Irene si strappa i pantaloni e tutti, al primo ponte, escono sacramentando dal ginepraio, sporchi, laceri e graffiati da capo a piedi, nuovamente in cerca di un bus sullo stradone maledetto. Un contadino ci spiega che il sentiero dell'argine è stato inaugurato anni prima, ma non c'è stata manutenzione e in breve tempo è diventato impercorribile. Soldi buttati al vento.

Ora è la litania dei bei tempi andati. "Una volta questo era demanio statale, la manutenzione era perfetta. L'erba era ben tagliata fino a dieci metri dalla strada. Spazio strategico militare, lo chiamavano. Oggi è tutto alla malora."

Pare che ai tempi del papato lo sfalcio fosse ancora più drastico, duecento metri per lato.

"Qua era peggio del Far West, c'era l'assalto alla diligenza. Nun ce stavano solo i butteri, che erano meglio di Buffalo Bill. Le paludi erano piene di briganti. Chi li stanava? I soldati avevano paura di entrare lì dentro per via della malaria."

Riccardo chiede al contadino dove sono le fermate del bus, ma non lo sa nemmeno lui che è del posto.

"Nessuno fa l'Appia, qua le corriere fanno zigzag."

Incredibile: navighiamo alla cieca sulla strada più evidente d'Italia. Tutto è aleatorio, orari, direzioni, punti di sosta. Riccardo prova a piegare a destra verso Borgo Pasubio, una deviazione di qualche chilometro, ed ecco un bar con rivendita di biglietti dell'Atac. Finalmente.

"Quattro corse per Terracina, per favore."

Cassiera: "Per Terracina?".

"Già, per Terracina. Quanto viene?"

Cassiera: "Mah, non ci va mai nessuno. Gigi, quanto je faccio pagà a questi?".

Barista: "Mah, non so, faje due euro".

Cassiera: "Vabbè, facciamo così. Le do quattro biglietti per otto euro, dovrebbe andare".

Ma degli orari non c'è traccia, così fermiamo un bus alla disperata. È quello giusto. Al tramonto siamo in vista di Terracina.

La Rupe di Leano

Alle porte della città, la strada si stacca dalla Statale e piega a sinistra sotto un ripido monte chiamato Rupe di Leano, coperto di ulivi secolari come il Getsemani. Poi taglia una conca che prende il nome dalla chiesetta di San Silvano, fauno cristianizzato cui sono dedicate favolose grigliate e processioni. Oltre ancora, la costa piatta del Tirreno diventa roccia a precipizio, spalancata a sud-est come uno specchio ustorio, così densamente coperta di agavi e fichi d'India da dare l'illusione di un cambio di latitudine. L'Appennino si affaccia sul mare con un roccione che sbarra la strada e obbliga l'Appia ad affrontare le prime curve e la prima salita dopo miglia di piattume pontino.

È una mutazione che sconcerta chi arriva qui suonato dal Rettilineo. Quella prima deviazione imbroglia il gomitolo del viaggio, imballa l'andatura delle scarpe, getta lo scompiglio nel giornale di bordo, nelle mappe IGM e nella memoria del Gps. Siamo a un grande snodo. Aggrappata al pendio, la vecchia Terracina – satura di grandiosi resti romani – presidia la strada e il porto antico, oggi interrato, che ai tempi di Roma dev'essere stato un approdo fondamentale. Poco oltre, in cima al promontorio – a picco sui faraglioni che solo Traiano violerà, secoli dopo, scalpellando la parete a bassa quota –, ecco un grandioso tempio solitario, forse dedicato a Giove Anxur, ma più probabilmente un faro, dove ogni notte veniva acceso un rogo di piante resinose per le navi al largo.

In due chilometri (ora l'Appia Antica è chiamata finalmente col suo nome) si snodano una serie di meraviglie: due ponti romani, la sorgente verdissima della ninfa Feronia, un fascio di centuriazioni ancora abitate con case e orti, pezzi di lastricato e un'infilata di tombe a bordo strada. Ma la visione selettiva, che ho imparato da Settimio, diventa quasi obbligatoria. È l'unico modo per ignorare le pecche e gli scippi visibili in questa strepitosa sequenza. Il ponte sul Fosso Granci, intatto, ti incanta con le sue pietre ciclopiche, ma del più famoso ponte Alto non è rimasto quasi nulla, perché nel '43 i tedeschi in ritirata l'hanno fatto saltare in aria e poi nessuno l'ha rimesso in piedi.

Sotto i resti dell'antico tempio italico di Feronia – dove gli schiavi benemeriti venivano affrancati con un rito – esce un fiume spettacolare di frescura, ma l'acqua sacra se la cuccano il Mulino Cipolla e la pizzeria Steak House, la quale si autoassolve dallo scippo esponendo all'ingresso l'effigie di un Cristo benedicente e di una Maria santissima. Le centuriazioni, che ieri erano vigne di moscato, oggi sono villette recintate, e le villette si sono mangiate pure le tombe, che ora convivono con antenne tv e barbecue. Il basolato? Una meraviglia, ma sopra ci passano le auto e il ponte di una superstrada. Il tutto segnalato alla buona e senza coerenza.

Venceslao Grossi, presidente dell'Archeoclub di Terracina, ha ottimi motivi per avere il dente avvelenato. "Fino agli anni settanta qui era stupendo, poi è arrivato il cemento. E tu vaglielo a spiegare, ai politici, che solo la Storia tiene in piedi l'Italia. Sono stati loro a interrare il porto traianeo per farci sopra le case popolari. Ora il sito è coperto di sterpaglia... I parchi pubblici sono quasi tutti chiusi... Mi dica lei come può un giovane innamorarsi della Storia, se teniamo l'antico in queste condizioni?"

Peccato, gli dico, che quei politici li votino gli italiani della villetta con barbecue, pur di avere licenza di sequestro per tombe, acquedotti e mausolei. Gli stessi che hanno i cani ai cancelli e ci guardano come ficcanaso dietro le tendine delle finestre.

"Certo che li votano," replica l'altro, "perché quelli gli garantiscono la sanatoria. Qui sono stati presentati decine di progetti di tutela. Ma hanno sempre vinto gli altri."

E poi qualcuno vorrebbe dichiarare l'Appia un bene dell'umanità...

"Senta un po', qui corre tutta la storia di Terracina. L'Appia è la nostra mamma... Ma come possiamo chiedere il timbro Unesco se il 90 per cento della strada resta inaccessibile? Mi dica come, se non abbiamo le palle per riprenderci i pezzi recintati abusivamente, e non siamo capaci di sfornare uno strumento urbanistico che lo consenta!"

Ma almeno sul Foro c'è il divieto di parcheggio.

"Sì, ma con un milione di deroghe. Per il sindaco, per il vescovo, per i matrimoni, per i funerali... Tutti che parcheggiano sui basolati... Ecco perché la Questione meridionale non si risolverà mai."

Gli spiego che da noi sarebbe la stessa cosa, ma non mi crede. L'autostima non è di casa nel Sud della Penisola. Roma se l'è già consumata tutta.

La stazione perduta

All'ingresso della cittadina, ecco la stazione ferroviaria, aperta ma deserta. Un manifesto appeso sulla porta recita quanto segue: "È passato più di un anno e ancora quei papponi facce di c... dei nostri politici non riescono a sistemare la ferrovia dopo la caduta della frana eccetera eccetera... il che non ha impedito loro di incassare 116 milioni in contributi elettorali". Anni fa un masso è caduto accanto ai binari ed è ancora lì, mentre alla Regione non è parso vero di chiudere l'unica linea che collega Terracina al resto d'Italia. La grande Roma è una piovra, svuota e spolpa tutto ciò che la circonda. In compenso la stazione, già coperta di sterpaglia, è stata elevata al rango di "Polo trasporti". L'Italia abbonda di eufemismi truffaldini.

Il paragone con l'antico è umiliante. Ieri Roma costruiva strade e oggi chiude ferrovie. Marginalizza spazi che furono centrali. Prosciuga territori come un'idrovora. A Terracina la decadenza è leggibile in perfetta successione stratigrafica, come su un manuale di geologia. In alto la meraviglia del Foro romano, poi, scendendo, la pietra più instabile delle mura medievali, poi le strade papaline con la zuccherosa piazza Valadier a ridosso del pendio, e infine, in basso, la speculazione edilizia con le discoteche sulla spiaggia e il cemento che ha ricoperto l'antico. "Qui ci vorrebbe la penna al veleno di Ceronetti," ghigna Riccardo. "Ah, se Guido venisse con noi, me lo porterei sulle spalle come Anchise."

A piedi nudi sul Foro

La pavimentazione del Foro, quasi intatta, è di un liscio biancore che acceca. Levate le scarpe, lasciamo che le piante dei piedi celebrino liberamente gli dèi che abitano questo grandioso palcoscenico costruito sul vuoto, un'altana fatta per dominare il Tirreno. Siamo soli in un luogo magico, è l'ora della siesta, e sul marmo c'è solo un cane che dormicchia al sole. Vento forte sulla città vecchia, profumo di soffritto agliato, panni bianchi, rossi e gialli stesi come bandiere fra case distanti anche dieci metri, muraglioni coperti di capperi rampicanti e segnati da un complicato sovrapporsi di epoche. Ah, la bella Italia. La chiesa spagnolesca del Purgatorio incita alla penitenza con uno scheletro di pietra e la scritta HODIE MIHI CRAS TIBI, ma la vicina osteria Purgatorio rivendica il primato del godimento col cartello QUI NULLA DI SACRO, TRANNE IL CIBO.

Scende la sera viola. Su queste spiagge, scrisse nell'Ottocento il tedesco Gregorovius, puoi sentire "il fremito della Creazione". Ma a noi non capita. È sabato, la Luna è appena sorta dall'Appennino, e proprio quando arriva l'ora magica della risacca, ecco che davanti al nostro albergo la spiaggia diventa bolgia di musica bum-

bum, con ragazze assatanate a dimenarsi e orde in preda all'epidemia del selfie. Tutto il Lazio sembra essersi riversato davanti al nostro albergo: giovani, ma anche famigliole con nonnetto e bimbi vestiti come damerini. "What's happening on the beach?" sento dire da una coppia di svedesi allibiti nella terrazza con vista contigua alla mia. Non sanno che in Italia la gente ha paura del silenzio.

Ci butteremmo nella mischia, ma siamo esausti, il Rettilineo ci ha schiantati. Sete da ingoiare un fiume, dolorini articolari, vesciche. Alex ha una ferita sul tallone del suo piede enorme. Fuori, la baraonda dei decibel. Abbiamo pasteggiato alla grande – la pizza con zucchine fritte e pecorino valeva da sola la trasferta a Terracina –, ma dormirci sopra è impossibile. Aspetto mezzanotte, finché il bordello si attenua. Ma ecco svegliarsi i cani. Tutto un chiamarsi di quadrupedi chiusi nei loro recinti, eccitati da altri quadrupedi allo stato brado. Insomma, un canaio. Sul lato a monte, sopra il mare di cemento, Terracina antica scintilla nella brezza. La nostra strada passa lassù, e se ne fotte del frastuono.

Alti sul Tirreno

L'indomani ripartiamo, sazi di libagioni e incontri. In poche ore, a Terracina ci sono piovuti addosso il caldo benvenuto dell'Archeoclub, un'interminabile cena a lume di candela presso la scuola alberghiera, i buoni consigli di due guide appassionate e il concerto en plein air di un giovane violinista-libraio di nome Francesco Ciccone. Ma la città della rupe non ci molla ancora. In tre si offrono di accompagnarci nella circumnavigazione dei Monti Ausoni, un terreno arduo, dove Roma pare si sia spesa in opere ingegneristiche strabilianti. Sono Giovanni Iudicone, un appassionato di archeologia col piglio da senatore romano, Franco Perrozzi, camminatore incallito dalla corporatura stagna e l'occhio attento di faina, e Cataldo Popolla, azzimato mediatore ortofrutticolo di Fondi. La voce si è sparsa, ed eccoti i primi seguaci. Riccardo apre il cammino come il pifferaio di Hamelin.

Sotto di noi, sul lato mare, la variante traianea taglia i faraglioni e prosegue dritta verso la piana di Fondi evitando la salita, ma noi restiamo fedelmente incollati al percorso antico. Siamo o non siamo arrivati fin lì per fare la Numero Uno delle strade d'Europa? Nessun dubbio dunque, si va avanti sul monte. Ed ecco che, appena si stacca dal Foro, la Linea impazzisce. Buca una casa settecentesca, si infila nei vicoli, s'impenna, si accartoccia, si sporge sulla costa con alta vista sul Circeo, disegna le prime spire esibendosi in curve e tornanti, si caccia in un grumo inestricabile di pietre venerabili e villette, fermate d'autobus e mura millenarie, garage e iscrizioni latine, per emergere finalmente – oltre il colle col tempio di Giove Anxur – in una valletta piena di orti e ulivi.

Ci supera il furgone di una panetteria, pilotato da una bionda che fa le consegne a domicilio.

Ci regala un sorriso radioso: "E bravi, che andate a piedi...".

Ci spiega che Terracina è il paese dei centenari, perché "qui c'è l'aria buona", e proprio in quell'attimo da una scaletta interpoderale a precipizio sul mare sbuca un ultranovantenne asciutto di nome Guido con coppola blu di traverso. Non gli sembra vero di trovare forestieri per alzare il suo lamento.

"Ho quattro figli e tanti nipoti, ma non mi guarda più nessuno. Questo è un mondo di merda. E Terracina è diventata un bordello, proprio."

Che cosa succede, Guido?

"Guarda, manco la monnezza raccolgono. Ai tempi nostri era tutto pulito. Oggi dicono che manca il lavoro, ma allora come mai la campagna è abbandonata?"

Da quel punto la strada si distende, disegnando un percorso solitario a mezza costa con vista mare, su terra battuta alternata a pezzi di selciato originale, fino a un selvaggio belvedere chiamato piazza Palatina, dove il fiato ti manca e appare la piana di Fondi coperta di serre. "Da duemila anni," spiega Franco Perrozzi, "chi controlla questo punto ha la chiave della strada fra Napoli e Roma. Nel '44 gli americani sono passati proprio di qui, perché i tedeschi avevano minato solo la strada bassa."

Proposte da non rifiutare

L'ossessione del filo d'Arianna ha trasformato il mio andare. Sono diventato cane che annusa la pista e piscia per segnare il territorio. Non vedo, non sento altro che il terreno. Il mondo si orizzontalizza, perde la dimensione verticale, e il taccuino si riempie di notazioni pignole, al punto da ridursi a un elenco. Cose così: "Pezzi di architravi romani tra le ginestre. Tombe. Lentischi, asparagi, orchidee selvatiche. Cento metri sotto, a picco, l'Appia Traiana devastata da svincoli e cemento. Paesaggio già 'casalese'. Lunga discesa a mezza costa. Casa isolata con videocamera puntata sull'ingresso e panni a stendere blocca la strada. Via di fuga a sinistra, oltre un cancelletto".

Devo ammetterlo. Sogno che la strada prosegua senza più archeologia. Senza capitelli, iscrizioni o pietre miliari. Vorrei si riducesse alla linea e all'umanità che la percorre. Dopo la casa isolata con videocamera, l'Appia si fa pista di bracconieri, diventa un saliscendi a mezzacosta, su terreno cosparso di aculei di istrice e arbusti puntuti chiamate spinesante.

Chiedo a Franco: perché "sante"? Per la corona di spine?

"No, perché se pungono si bestemmia sicuro."

C'è un'afa tremenda, e la via scompare, cancellata come da un cataclisma. Sembra impossibile che gli americani siano passati di qui con i loro cingolati. Ci dev'essere qualcosa di grosso, più oltre. Difatti c'è. Una cava chiusa, immensa, una piramide di Cheope in negativo. Milioni di camion di pietrisco – mezza edilizia italiana – hanno polverizzato la Linea là dove planava sulla piana di Fondi. Ma bisogna andare lo stesso, ignorare l'orrore, ritrovare il bandolo della matassa. È quello il nostro mandato. Siamo così concentrati sul rasoterra che non ci guardiamo nemmeno intorno. Non vediamo le cime degli Ausoni incappucciati di grigio, la selvaggia panoramica sulle spiagge di Sperlonga, i pietrosi Aurunci che paiono ruotare su se stessi e lievitare in altezza, il tetragono promontorio di Gaeta e l'andirivieni dei traghetti tra Formia e le isole di Ponza e Ventotene.

Che un'altra Italia comincia lo annuncia la Torre cinquecentesca dell'Epitaffio, ovviamente sprangata da una recinzione privata, che fu confine tra Stato Pontificio e Regno delle Due Sicilie prima che l'Italia allargasse il Lazio fino al Garigliano. Una lapide avverte coloro che si inoltrano nel regno dei Borbone. "Se vieni come amico, sappi che qui i cattivi comportamenti sono contrastati da buone leggi" si legge più o meno in latino, con sotto la firma del viceré di Napoli, duca di Alcalà, un grande di Spagna che al Meridione succhiò il sangue.

All'ombra di un'acacia enorme, Cataldo celebra l'ingresso nei suoi "possedimenti" facendoci trovare quattro bottiglie di moscato di Vallemarina, freddo di ghiacciaia, e panini alla mortadella. Con la complicità della moglie, ci mette di fronte a una via di mezzo tra un agguato brigantesco e un benvenuto. E noi cediamo alla... violenza, con la sensazione che in quel punto, esattamente in quel punto, si spalanchi fino ai monti della Persia lontana e oltre, il mondo dell'ospitalità irresistibile e delle proposte che non si possono rifiutare.

Mausoleo di Galba

Dura affrontare in stato etilico il rettilineo per Fondi (qui la Statale 7 si sovrappone all'Appia come nella piana pontina), infilandosi nei pochi decimetri tra i camion in corsa e un guardrail più affilato di un rasoio. Spostamenti d'aria, effetto Doppler di un'ambulanza, prime bufale, praterie di fiori gialli e gracidar di rane. In fondo, sulla sinistra, accanto a una casa con un bell'albicocco e camicie colorate ad asciugare, appare come un miraggio una costruzione funeraria imponente. Il corpo di fabbrica è solido, quadrangolare, ben curato e soprattutto avvicinabile. È il cosiddetto mausoleo di Galba. Sull'Appia, metà dei monumenti hanno quel "cosiddetto" davanti al nome. Qui la paternità incerta è cosa comune: tra Roma e Brindisi nemmeno Cicerone e Seneca pare siano sicuri della loro tomba.

Sbuca il padrone di casa, gli chiediamo se è venuto qualcuno da Roma per la manutenzione.

"L'ultima volta saranno quindici anni fa."

Ma allora chi ha tenuto così in ordine il monumento?

"Mia moglie. È lei che si è dedicata al rudere."

Rudere?

"Di solito i ruderi so' quelli che stanno cascando. Questo è un rudere che si è conservato. Mia moglie è inglese e allora ci tiene, s'è fatta comprà 'o tagliaerba. Per le persone che vengono è tutto bello, qua."

Ma lei e sua moglie come vi siete incontrati?

"Aeee, a raccontare ci vuole tempo! Eravamo su una nave, io andavo in Australia, lei andava in Australia. Ci siamo sposati in Australia, abbiamo fatto un figlio australiano."

E poi?

"Sono andato in Inghilterra e ci ho vissuto qualche anno, ma il clima non mi piaceva, perché la notte, o quando aspetti il tram o l'autobus che la neve ti si attacca sotto i piedi per il freddo..."

Capisco.

"Guardi qua, ho il mare, lo vedo dalla finestra... Mmmm, l'Inghilterra è bellissima, la gente è stupenda, ma..."

È fatta per gli inglesi.

"Bravo. È fatta per gli inglesi."

Sangue e miele

Delizia di pediluvio. Fonte antica a bordo strada, miracolosamente intatta. Il posto è segnato da muretti a secco, limpida acqua sorgiva e ombra. Ma sopra incombe il viadotto dell'alta velocità ferroviaria e, poco più in là, il ristorante Art & Sound ammonisce il passante con mura carbonizzate. Forse è la storia di un pizzo non pagato. Incanto e desolazione, dolcezza e violenza segnano il territorio legandosi intimamente. "Sangue e miele," si direbbe nei Balcani, che hanno conosciuto il tallone del Turco. Maggio, il mese di Maja, grida imperiosamente la sua supremazia sugli altri tempi dell'anno ricoprendo di fiori le praterie della bonifica, ma nei canali ristagna l'immondizia. Per rendere più bella l'Italia basterebbe un minimo di cura e manutenzione.

Davanti alla stazione di Monte San Biagio, sotto una tempesta urlante di rondoni, la veranda del bar dei Platani è piena di uomini assorbiti dal tressette, mentre la cameriera serve birre, pane e ceci, e una radio locale trasmette *O campagnola bella, tu sei la reginella*. Un avventore spiega come usare i petardi contro i cani inselvatichiti, che da queste parti sono una piaga. Ma un amico lo smentisce, argomenta che solo le pietre funzionano, quelle di una certa dimensione chiamate mazzacani. Un gigantesco pensionato parcheggia intanto il suo camioncino abusivo di ortofrutta al dettaglio per unirsi alla compagnia. Nel furgone, fra le cassette di fave, fragole e ciliegie, un cartello con la scritta PER LA MIA MISERIA NON SI FA CREDITO A NESSUNO.

Regno delle Due Sicilie

Ma dove sta scritto che la geografia è morta? Hanno prolungato il Lazio cinquanta chilometri più a sud, a spese della Campania, ma il vecchio confine borbonico si sente ancora. Terracina resta Stato della Chiesa, Fondi resta Regno delle Due Sicilie. Leggi la mutazione dalla lingua, dai sapori, e da un certo modo di spadroneggiare del maschio. Lo capisci dal modo di fare "ammuina", dall'andatura provocante delle femmine, dalle elaborate acconciature maschili e dal conseguente, prodigioso aumento di parrucchieri per uomo. È come se proprio la terra del matriarcato (ci avviciniamo a Capua, la terra delle Grandi madri) fosse segnata dall'acme della vanità maschile.

Nel magma dei popoli italici colonizzati dalla tv, le identità e le differenze resistono e disegnano mappe precise. Un mio vecchio sogno è viaggiare sui confini dello Stato Pontificio, del Granducato di Toscana o dell'Austria-Ungheria tra Veneto e Trentino. Abbiamo creduto che il mondo si omologasse, appiattito dal web; ci siamo illusi che le montagne, i fiumi e i confini secolari non contassero più, e invece ecco la vendetta della geografia e della storia, ecco che il vecchio mondo, nascosto dietro nuove acconciature e nuovi linguaggi, riemerge dalla Catalogna all'Afghanistan, fa marameo ai nostri web e ai nostri melting pot, e fa rinascere frontiere che credevamo morte e sepolte.

E lo Stato dov'è?

L'Appia spacca Fondi a metà come una mela, e la sera il decumano diventa un canalone di struscio. Sull'impianto romano la città medievale è ricoperta di selciati secolari e tracce di culture diverse. A nord-est le case degli Ebrei col candelabro a sette bracci sugli architravi. A sud-est, antichi monasteri e il ricordo di un'incursione sanguinaria del pirata saraceno Barbarossa. Al centro, la chiesa, con un turbine di bambini intorno a un pallone. A ovest, sotto Palazzo Caetani, un matrimonio con tacchi a spillo e applauso di amici e parenti.

Il luogo non ha limpida fama, per via del gigantesco mercato ortofrutticolo all'ingrosso (Mof) che ha scatenato gli appetiti della camorra. Pare che il pool antimafia abbia cercato per tre volte di sciogliere il consiglio comunale della città, senza riuscirci. Il politico più importante di Fondi, il senatore Claudio Fazzone, ex autista di Nicola Mancino entrato nella commissione antimafia, sarebbe sempre riuscito a sventare il blitz. Non facciamo in tempo ad arrivare che tutti si affannano a smentire le maldicenze, e a dirci che l'onorata società altro non è che intromissione dei politici nel mondo del lavoro.

"Ci accusano di essere diversi," argomenta Cataldo al bar, "ma dov'è lo Stato da Roma in giù?" Enzo Simoncelli, chef del ristorante M'blò – che qui significa "piano", forse indiretta dichiarazione di appartenenza alla filosofia Slow Food –, ci scodella una frittturina imperiale di gamberetti e anche lui, senza che noi si sia sollevata la questione, spiega che la mafia è arroganza dei notabili eletti, al Sud come a Roma e come al Nord. E che Ciarrapico, padre e padrone dell'edilizia romana, se l'è presa con i politici di Fondi perché pigliavano troppi voti e così ha massacrato la reputazione della città sui suoi giornali.

L'indomani è ancora Cataldo – in formato auricolare bluetooth e Mercedes nera – a portarci a tutti i costi al mercato, facendoci ritardare la partenza. Il complesso è grande come dieci campi di calcio ed è accessibile solo con scheda magnetica. Dentro è un tripudio arcimboldesco di melanzane, fragole, zucchine, pomodori Pachino e vampate di aglio profumatissimo. Ma è anche l'apoteosi dell'ortofrutta a chilometro mille. Cedri, banane, cumuli di mango. Trovo anche mele del Trentino. Da spedire al Sud? Non è detto. Il collega di "Repubblica" Attilio Bolzoni seguì per mezza Italia un carico di pomodori di Fondi che raggiunsero il Nord per poi tornare al Sud con lauti guadagni per gli autotrasportatori locali.

Leggo i nomi dei mediatori stampati sopra le saracinesche dei depositi: MILLENNIUM, DE FILIPPIS, FERRARO, ORTOFONDI, CAVOLO

FELICE. Ditte rigorosamente "indigene", perché qui se non sei del posto difficilmente entri nel giro. Ed è tutto un gioco di bancali e ancora bancali che vanno e vengono, in un movimento frenetico, da gioco delle tre carte. Mai visto tanto ben di Dio, nemmeno ai mercati di Milano. Quanto durerà la pacchia? Chissà. La tua anima ambientalista vaga fra montagne di cibo con un pensiero ombra che non la molla: cosa accadrà quando la Terra si stancherà di essere spremuta?

Ma a Fondi si lavora più per mediare che per spremere il grembo di Gaia. E difatti, appena riprendiamo la strada a piedi, al termine di un lungo filare di platani, un piccolo venditore di olive – ben piazzato accanto a una fontana all'ombra di un grande gelso – brontola contro il Mof che lo strangola con i prezzi, per non parlare delle Asl che lo asfissiano di regolamenti al punto, dice, da obbligarlo "alla clandestinità". Ah, se tornasse Fra Diavolo, il brigante amnistiato dai Borbone che qui sull'Appia diede filo da torcere ai soldati francesi. Forse, scherza, raddrizzerebbe le cose. Meno di ventiquattr'ore dopo, neanche a farlo apposta, sapremo dai giornali dell'arresto di Nicola Pagano, boss dei trasporti tra i più noti di Fondi.

Un millenario autogrill

"Fundos libenter linquimus": ci lasciamo alle spalle Fondi, senza rimpianti, "dove è pretore Aufido Lusco, ridendo alle lacrime delle insegne di quel vanesio scribacchino". Così Orazio: e pare che descriva alcuni attuali, notissimi marpioni della zona, o alluda al municipio all'ingresso della città, grande più di un ministero e più luccicante di un palazzo dell'Unione europea. Il Sud è anche questo, lampi di compressione del tempo. Anni fa, a Capua Vetere, mentre seguivo l'ombra di Annibale, per strada non sapevo mai se avevo accanto una Venere Callipigia (letteralmente "dalle natiche belle") riemersa dalla Grecia antica o una commessa dell'hinterland napoletano.

Non capisco se i nostri piedi affondino nel passato o nel presente. L'unica cosa certa è che, all'altro estremo del corpo, la testa viaggia da chilometri nell'era augustea. È come se, col procedere del viaggio, il passato fosse più presente del presente stesso. Accogliamo dunque con naturalezza il fatto che, a una manciata di chilometri da Fondi, l'Appia ridiventi sentiero per sboccare in uno dei tratti meglio conservati del suo percorso: la valle di Sant'Andrea, che taglia gli Aurunci verso Formia. Dopo un solitario ponte cinquecentesco, il selciato è un sovrapporsi di epoche – romana, rinascimentale, borbonica – a conferma della straordinaria continuità d'uso della via. Due turiste amburghesi ci fotografano, incredule del nostro viaggio e della potenza della pietra.

Ed è tempo di far merenda con pomodori e pecorino. Il luogo buono è una pietra miliare ispanica, piantata dal superbissimo viceré di Napoli. Sempre lui, il duca di Alcalà, smantellatore di cose romane come pochi nella Storia. Che meraviglia, questo pezzo di strada finalmente ben tenuto e segnalato. In mirabile sequenza, appaiono muri in opus reticulatum quasi intatto, una piazzola di sosta per i carri davanti a una specie di autogrill dell'epoca, un tempio di Apollo che deve aver macinato visitatori come Lourdes e Međugorje. Un santuario così famoso che i cristiani si videro costretti a ribattezzare la valle nel nome di sant'Andrea, pur di estirparne la tenace paganità. E via oltre, per una salita irregolare, tra frassini fioriti, asfodeli e arcadici escrementi di mucca, tagliando pazientemente le curve della Statale. Il nostro passo legionario si rompe, assume il ritmo asimmetrico dell'asino sul tempo dispari della musica greca e balcanica. "È quello il tempo migliore," mi disse un giorno Alfredo Lacosegliaz, amico musicista di Trieste, "perché impedisce agli eserciti di marciare."

Transumanza

Itri è un veliero che fa rotta a sud-est. Con cento e cento lenzuola stese al vento, questa città lineare, cresciuta tutta sulla nostra via, naviga tra i monti come un cutter transoceanico. Fiocchi, controfiocchi e velaccini si gonfiano nella brezza dell'ora media in modo così sorprendente che Irene lancia l'idea di goderci lo spettacolo con una spaghettata in piazza, fuori dal bar Centrale. "Spaghetti!": è incredibile la velocità con cui la voglia di un cibo si diffonde in un plotone in cammino. Basta che uno nomini la cosa giusta al momento giusto, e sei fregato. L'istinto famelico divampa nel gruppo come in una donna incinta. Alla quale, si sa, tutto è concesso.

Negli anni novanta, durante una vacanza in Indonesia, dopo giorni e giorni di riso e verdure, quel criminale di mio figlio Andrea evocò la finocchiona. Non il salame, la mortadella o lo speck. No, la finocchiona. Precisamente quella. Ebbene, da quel momento il maledetto insaccato, introvabile in Asia, divenne un supplizio di Tantalo. Cominciammo a sognarla ossessivamente, in tutte le possibili varianti, con sottaceti o abbinata a un buon pane toscano senza sale. La stessa cosa fu in Turchia con le melanzane alla parmigiana e in Norvegia con il Prosecco.

A Itri, per fortuna, gli spaghetti non sono un sogno impossibile. Sono lì, concreti e grondanti pomodoro, davanti a noi. Li addentiamo in letizia, finché nelle velature tese sopra le nostre teste si insinua uno scampanio sommesso che cresce, cresce fino a riempire la valle intera. È una grossa mandria di vacche podoliche, di una bianchezza soprannaturale, che irrompe nella piazza, ci passa davanti e prende trottando la strada del monte. Il viaggio costruisce grandi coincidenze, e a noi regala l'inizio della transumanza. Le bestie, precedute e seguite da un fuoristrada con lampeggianti accesi, attraversano l'Appia, poi imboccano la salita verso un posto chiamato Campello, governate da tre mandriani dall'occhio brigantesco. E tutto il paese sta a guardare.

Un pastore in libera uscita si ferma al bar per farsi un caffè e chiacchierare con noi, strampalati forestieri. Ha barba nera senza baffi, due denti rotti e un parlare simpatico che i taciturni pastori del Nord non hanno mai avuto.

"Lo vedi che le mucche vanno al monte senza i vitelli? È per via dei lupi che ci stanno a inguaià. Le mucche sanno difendersi, i piccoli no. Quelli del Parco li hanno buttati dentro, i lupi. Ma potevano almeno dargli da mangiare, così non venivano a disturbare noi."

Riccardo obietta che magari si tratta di cani inselvatichiti.

"No, i cani ti mordono alle gambe, non ti prendono al collo come i lupi. Mi ricordo bene quando li ho sentiti, una sera. Ho detto: ci stanno i lupi. Gli altri allevatori mi hanno preso per pazzo. La notte dopo sono spariti cinque agnelli."

Quanti sono?
"Tanti. Un giorno ne abbiamo visti ventidue. Si dice che siano capaci di attraversare sette Comuni in una notte. Mo' stanno qua, e il giorno dopo stanno là, a cinquanta chilometri. Lo so perché alcuni hanno il microchip, col collare come i cani."
Ma voi che fate?
"I nostri antenati li hanno fatti sparire, e ora sono ritornati. Che dovrei dire? È giusto per la natura, ma è sbagliato per noi. Fate buon viaggio, non vi affaticate."

Dove passa il malaffare

La nostra breve sosta è sufficiente per capire che la bella Itri, con le sue transumanze, i suoi monti selvaggi, i lampioni e le stradine curve in salita, non è affatto un'isola felice. È proprio in posti così idillici e dimenticati che si annida il Vampiro. Apprendo che il Comune ha assegnato a una ditta un faraonico rifacimento dell'illuminazione pubblica. Il quale, oltre a privatizzare il servizio, trasformerebbe il borgo in qualcosa di simile a una base spaziale, oltretutto violando la legge regionale in materia di inquinamento luminoso. Altrove, una sentenza del Tribunale amministrativo del Lazio ha già dichiarato la ditta non idonea per quel tipo di lavori, ma la giunta comunale pare vada avanti a rullo nonostante una petizione popolare e un esposto alla Procura, ostacolando l'accesso dei cittadini al bando di concorso.

Al bar puoi apprendere che con lo stesso appalto-fotocopia, che si dice "pieno di grossolani refusi", la ditta contestata ha vinto "identiche gare milionarie in parecchi altri Comuni fra il Casertano e il Sud pontino", e scopri altresì che quei Comuni sono in gran parte allineati sulla nostra via. Ma guarda un po'. San Felice Circeo, Fondi, Gaeta, Formia, Minturno, Spigno, Matelica, Campi Bisenzio, Guidonia Monticello, Santi Cosma e Damiano. Lo stesso giro, mi dicono, che governa il Mercato ortofrutticolo di Fondi. Lo stesso sistema di penetrazione negli uffici tecnici comunali. Lo stesso paesaggio edilizio. E soprattutto la stessa strada. Dal suburbio napoletano fino alle porte dell'Urbe.

Come in una radiografia, ho davanti agli occhi il senso capovolto della mia via. L'Appia che nell'Italia unita avrebbe dovuto portare al Sud il segno di Roma, porta invece al Nord il segno del malaffare. Non mi era mai apparso tanto chiaro che ciò che rende la Capitale ingovernabile è un virus che segue fedelmente la nostra via, la percorre in un incessante andirivieni, passa per le stesse forche attraversate dalle legioni, fa marameo ai busti venerabili di Ottaviano Augusto, di Galba e di Traiano, rimbomba sopra i nostri basoli tombati e passa ogni giorno sotto gli occhi della Stradale. Basta appostarsi in luoghi insospettabili come Itri per intercettarne il flusso e capire.

La terra degli schiavi

Un mitreo, appena riscoperto in un canneto fra due terrazze coltivate a ulivi, subito fuori Itri. Uno dei tanti tesori italiani alla mercé di chiunque. Scendiamo a fatica nell'antro dell'uccisione del toro, col cuore in gola come Howard Carter quando aprì i sigilli del sarcofago di Tutankhamon. L'altare, i cunicoli per l'acqua piovana, la vasca. È tutto ancora lì, eppure quella meraviglia potrebbe scomparire da un momento all'altro, inghiottita dal vuoto sottostante, per via di una cava che s'è mangiata la montagna e ora – tanto per non smentire un andazzo – si avvia a diventare deposito di inerti. È stato un gentiluomo napoletano di nome Pasquale Valentino a portarci lì, dopo aver saputo del nostro passaggio e della nostra meta.

"Questo antro fu il rifugio di molti abitanti di Itri e Gaeta durante l'occupazione tedesca, poi se n'è persa la memoria. L'abbiamo ritrovato da poco, e già sappiamo che potrebbe sparire nuovamente, e per sempre. Qui non capiscono il valore dell'antico. Ci sono stranieri che mi cercano ogni anno, vengono qui fuori stagione solo per esplorare queste meraviglie nascoste e vivere con noi, mangiare le nostre cose, sentire la nostra lingua e le nostre storie. Perché gli italiani no? Perché le scuole organizzano gite a Parigi e a Berlino, quando potrebbero fare una settimana qui, a costi di gran lunga inferiori?"

Sulla Statale 7 passa un funerale, con codazzo di macchine dietro un'auto color panna. Dentro l'auto, la bara bianca di un bambino. Duro morire a quell'età, quando fioriscono i papaveri. "Sull'Appia vedi di tutto," commenta Pasquale, "di qua passa il mondo, e ancora di più lo vedi passare sulla Domiziana, nella terra dei Mazzoni... una strada borderline, tra l'asfarto e 'a campagna... 'ncopp'a strada americana... Questa era terra di schiavi, erano tutti qui a sgobbare attorno alle viti del Falerno, a Sinuessa ne furono crocifissi quattromila dopo una rivolta... Mondo spietato allora come oggi... Gli schiavi li vedi ancora, se fai attenzione, nei campi da Latina fino a Maddaloni e oltre. E poi queste donne venute dall'Africa, che scappano da un inferno per finire in un inferno ancora peggiore, sotto gli occhi e nell'indifferenza di tutti..."

Pasquale è un bell'uomo dal narrare rotondo e di grande efficacia. Lo ascoltiamo incantati. "Una volta, nei pressi di Mondragone, viaggiando di notte, ho incrociato una processione di fedeli, con tanto di candele, stendardi, fiaccole e preghiere, diretti al santuario della Madonna della Civita, la Madonna Nera, Vergine Odigitria venuta da Costantinopoli. Una scena potente, attorno alla quale ho costruito una piccola messa in scena in lingua napoletana.

"Coloro che per devozione si facevano cinquanta chilometri a piedi per pregare una Madonna venuta da Oriente, ora additavano, vestendo di volgarità e razzismo le loro parole, una povera Madonna che sul ciglio della Statale 7, esposta a mille pericoli, nonostante l'ora tarda, magari costretta dai suoi sfruttatori, esercitava il mestiere più antico del mondo, dimenticando le parole di Cristo innanzi alla Maddalena.

"In quella scena si azzeravano in un lampo i sentimenti di fratellanza, solidarietà, accoglienza, amore per il prossimo. Si azzerava il senso della stessa Redenzione. Si azzerava il passato recente di noi gente del Sud, emigranti e poveri da sempre. Eppure i nostri nonni hanno conosciuto l'abbandono della terra, l'emigrazione, il razzismo, lo sfruttamento, lo sradicamento. Alcuni anche il naufragio, la tragedia. Capite perché ho dovuto scriverci su una storia..."

Walking down the Route 66

Ci rimettiamo in marcia, e il Sud diventa quello della Guerra civile americana. Al punto che mi chiedo se non abiti qui, e non sulla Via Emilia come si strombazza al Nord, il mito transoceanico della Route 66. L'Appia romana in questo punto è solo un nastro d'asfalto chiamato Statale 7, eppure sento un ritmo sincopato salire dai piedi. Prendo l'armonica a bocca, attacco *Nine hundred miles*. Funziona. *I am walking down the track, and I got tears in my eyes...* Anche l'ambientazione è da blues: un distributore, un camion ogni tanto, la ferrovia, una donna nera sulla strada, stranieri al lavoro, monti sassosi tipo New Mexico. Vuoi mettere con la diagonale di Marco Emilio Lepido, divorata dalle rotonde e dal dirigismo rosso? No. La leggenda, con tutto il suo carico di dolore, abita al Sud.

Per trentaquattro chilometri, da Itri a Sinuessa, il navigatore non serve. La via è una fucilata. Percorsa senza interruzione da ventitré secoli, è stata letteralmente annichilita dalla sua stessa razionalità. In più punti non è rimasta che la Linea. Ma quella linea basta e avanza, perché una strada come l'Appia non è solo pietre miliari e basolato. È donne ai balconi, pasta con le melanzane, rospi schiacciati, vento nei canneti, immigrati in cammino, una volpe che taglia la strada, aglianico e sartù di riso, cave abusive, la mamma e padre Pio. È pane cafone, fiori su un guardrail, caffè alla nocciola, processioni, more di gelso e cani perduti. Chi, per evitare l'asfalto, devia per sentieri sassosi lontani dal mondo, si perde tutto questo.

"Ehi, vi ho visti già a Fondi! Dove andate?"

Una signora in auto rallenta e attacca discorso, curiosa di noi. La parola "Appia" lanciata in risposta suona come una schioppettata e illumina di senso tutto il paesaggio circostante. In macchina non sarebbe successo. "Dove andate?" ci chiedevano i contadini serbi mentre pedalavo con due amici verso il Bosforo, e alla parola "Istanbul!" lasciavano cadere la zappa, folgorati. C'era voluto un forestiero perché sapessero di abitare sulla strada del mito.

Minacce dall'aldilà

Cicerone. Ci mancava lui e la sua pomposa tomba con vista mare, alle porte di Formia. Ancora lì, a menar vanto di sé dopo duemila anni. Al liceo chiedevamo eroi e battaglie campali, e invece i professori ci infliggevano lui, il verboso avvocato che parlava pro domo sua. Uno che con argomenti spudorati difese un assassino come Milone, amico suo, reo di aver accoppato – proprio sull'Appia, in un agguato dalle parti di Frattocchie – l'avversario politico Publio Clodio Pulcro, tribuno della plebe. Insulto doppio: alla giustizia e alla nostra strada. Mi vendicherei volentieri su quelle vecchie pietre, ma pare che porti scalogna persino toccarle. Le epigrafi lungo l'Appia sono piene di minacce ai passanti malintenzionati.

A Roma, poco fuori Porta San Pancrazio, hanno trovato questa iscrizione: "Caio Cecilio Floro, liberto di Gaio e di una donna, visse sedici anni e sette mesi. Chi piscerà e cacherà su questa tomba abbia l'ira degli dèi del cielo e delle tenebre". Tale deprecabile uso dell'antichità è svelato anche da Petronio nel suo *Satyricon* (71, 8); quando Trimalcione, nel bel mezzo di una cena, parlando della sua tomba, annuncia di voler mettere a custodia del sepolcro uno dei suoi liberti, "perché la gente non si precipiti a cacare" sul monumento.

Stesse minacce contro coloro che si servivano delle tombe per incidervi i loro pensieri volanti e diffondere i loro annunci elettorali. Esempio, tratto sempre dalla nostra fatidica strada: QUOIUS CANDIDATI NOMEN IN HOC / MONUMENTO INSCRIPTUM FUERIT REPULSAM FERAT NEQUE HONOREM ULLUM UNQUAM GERAT – il candidato il cui nome sarà stato scritto su quel monumento sarà condannato a essere sconfitto e non assumere mai più altre cariche. Vere e proprie jettature, formalizzate su pietra.

Ma dalla vendetta sul sepolcro dell'avvocato mi trattiene anche la memoria scolastica di una morte onorevole. Rammento come detestai il vecchio Cicero quando dopo il trionfo di Cesare, che aveva criticato, corse a baciargli le mani. Ma ricordo anche che poi, durante la guerra civile, il nostro ebbe il fegato di esprimersi contro Antonio, il quale lo mise subito sulle liste di proscrizione – l'equivalente di una condanna a morte. Scovato dai sicari mentre si muoveva in portantina dalle parti di casa sua, pare sia morto con dignità, offrendo la gola al coltello.

Formia antropofaga

"Benvenuti in Lestrigonia." Le pietre, se non hai uno che le narri, non dicono niente, e quelle di Formia ci offrono un narratore speciale. È un giovane archeologo, entusiasta e per giunta napoletano, di nome Gianmatteo Matullo, che con noi esordisce a effetto, spiegando che i giganti antropofagi che distrussero la flotta di Ulisse – i Lestrigoni, appunto – aspettavano proprio qui i naviganti per ammazzarli. Plinio il Vecchio scrive: "Formiae, Hormiae prius dictae olim, sedes antiqua Lestrigonum". Già alla prima occhiata il luogo appare assai propizio alle leggende. La costa verso Gaeta è tutta orientata verso il sorgere del sole e il mare è ventosissimo, di un blu mitologico, con traghetti che vanno e vengono in direzione di Ponza e Ventotene.

"Approdi stupendi per i Micenei," si frega le mani Gianmatteo, come se il mare fosse cosa sua, come se le navi salpate dal Peloponneso stessero attraccando in quel momento. "Vennero in cerca di miniere, perché i metalli di Cipro non bastavano più. E le trovarono, in Toscana e in Sardegna. Stabilirono empori, importarono vasi con la famosa effigie del polipo. Ma ebbero filo da torcere con la nostra gente, qui a Gaeta, che li aggredì. Forse da questo nasce la storia dei divoratori di uomini."

Ci sediamo insieme accanto a una fontana all'ingresso della città, su una montagna di basoli nerastri di potenza impressionante. Penso che le vie sono cocciute, che non vogliono morire, che lasciano il segno per millenni, e penso che ci vuole un'energia immensa, un'energia simile all'accanimento, per fare sparire un segno simile. Gli italiani ce l'hanno, quell'energia. Sono ineguagliabili nella capacità di distruggere le loro bellezze. La montagna dei basoli dice che la nostra strada è esposta alla buona fede di chiunque.

È un festival funerario l'ingresso di Formia. Dappertutto, tombe mimetizzate fra le case. La nostra è una "promenade" con lussuosa vista mare, dove i ricchi si mostravano già dai sepolcri. "Formia era un resort estivo, un po' come Ercolano rispetto a Pompei, e i suoi dintorni riassumono la storia del Mediterraneo." Tremila anni fa qui si vide la migrazione in massa dei popoli del mare, ed era solo l'inizio di un'epopea che continuò con la Magna Grecia, Roma, Bisanzio, i Longobardi e le invasioni dei Mori.

Pare che questi ultimi abbiano lasciato tracce non solo in decine di toponimi tra Gaeta e il Garigliano, ma anche "nelle facce dei locali, come per esempio i casi di pelle più scura". In una villa sulla costa è stato scoperto da poco un bassorilievo romano con quattro personaggi così simili agli attuali abitanti di Formia che si sta pensando a un concorso fotografico alla ricerca delle presunte... reincarnazioni. La nostra guida allarga le braccia, come per scusarsi dell'entusiasmo che lo travolge: "Che volete, la Storia è il film più bello che c'è".

Se non hai un narratore come Gianmatteo, qui nessuno verrà a dirti che sotto il canalone senza marciapiedi di via Angelo Rubino, intasata di automobili, c'è la nostra Strada Regina. Non vedrai che le devastazioni, come la via Flacca, costruita senza misericordia negli anni sessanta sopra alcune delle più belle ville romane sul mare. Nessuna indicazione stradale ti metterà in evidenza i criptoportici sotto i giardini della villa comunale, o le vasche degli antichi vivai ancora visibili a pelo d'acqua tra una motovedetta della Finanza e un moletto pieno di gabbiani. Nessuno ti mostrerà la villa di Marco Emilio Scauro, un riccone tipo Berlusconi travolto dagli scandali e sempre salvato dai suoi avvocati, o le mura megalitiche di Pirae, fondata dagli antichi Ausoni, possenti come quelle di Micene e anch'esse ben nascoste, in un parcheggio tra due case.

Senza un narratore non sapremmo che su questo mare si affacciavano le sontuose ville dei luogotenenti di Cesare: personaggi come Mamurra, capo degli ingegneri che nella campagna delle Gallie costruirono le macchine d'assedio di Alesia e il formidabile ponte sul Reno, o Lucio Monazio Planco, la carriera del quale è riassunta in un'iscrizione ancora leggibile dalle parti di Gaeta. In assenza di una guida non sapremmo che Formia va letta a strati come un deposito alluvionale: in basso le antiche ville a mare, poi – salendo – la Via Appia, poi la ferrovia e infine l'acropoli, che se ne sta arroccata, al riparo dalle devastazioni, e che pochi vanno a visitare.

Profumo di fritto all'arena

"La vera Formia è sopra la stazione," spiega l'archeologo guidandoci in un dedalo di scalette in salita fino all'anfiteatro augusteo, chiamato Il Cancello ("Gliu canceglie" in lingua locale), mimetizzato in un grumo di case medievali.

Ininterrottamente abitata da ventun secoli, l'arena ti compare all'improvviso oltre i panni stesi al vento, il profumo di zeppoline fritte che esce dalle finestre aperte su colonna sonora di stoviglie smosse. Potresti essere a Cordova, a Salonicco, o nella vecchia Algeri, e invece sei in Italia, in balìa di un turbine di epoche dove l'antico pare cosa di ieri e il tempo diventa palpabile, meglio che in cento musei. È arduo descrivere l'inaudito che si incarna in questo condominio a terrazze, di forma concava, imbiancato a calce, con porte, finestre, scale interne e inquilini che si chiamano tra loro come nei Quartieri Spagnoli di Napoli: il tutto incapsulato in gradinate che, grazie alla saldezza dell'opus reticulatum, tengono botta da millenni sotto una montagna di peso supplementare.

Egualmente mimetizzato è il Cisternone, e lì non c'è manuale che ti possa descrivere questo lago sotterraneo di silenzio, accessibile da un portone come un altro sulla strada, quest'immensa, cavernosa cripta in fondo a una gradinata buia, dove il tempo è scandito dal lento gocciolio del soffitto e dove l'acqua, debolmente illuminata, è così limpida da sembrare assente. Come fai a capire, se non hai un accompagnatore col chiavistello giusto e la capacità di chiamare in vita le ombre? Come fai, se negli opuscoli c'è scritto "imponente struttura ipogea, scandita in senso longitudinale da file di pilastri che suddividono l'ambiente in quattro navate coperte da volte a pseudo-crociera"?

"Il difficile," brontola Gianmatteo, "non è far arrivare i soldi, ma far fruire gli spazi. Perché non è possibile prendere un aperitivo, la sera, sulle antiche pietre? Perché non portare i ragazzi a scavare con le loro mani sotto la sorveglianza degli archeologi? Perché non servire, con decoro, un bicchiere di vino Falerno sulle rovine di Minturnae o di Sinuessa? C'è un intero popolo di innamorati dell'Italia che si metterebbe in moto, di fronte a un minimo segnale di controtendenza. Il vostro viaggio a piedi è uno di questi segnali. Fa capire alla gente la ricchezza dei loro luoghi."

Che peccato, vorrei dire, che qui si sottovalutino tanto. In realtà non dovrei dire "qui", ma "ovunque". È l'Italia intera che manca di orgoglio di appartenenza e ignora le sue meraviglie; che sono molte, nonostante la sistematica dilapidazione. Formia è l'esempio perfetto dello scempio, ma anche di un salvataggio ottenuto dall'utilizzo prima che dalla tutela. L'anfiteatro dimostra che la romanità abitata resiste, quella musealizzata un po' meno. Della valorizzazione meglio non parlare: rischierebbe di diventare una volgare sceneggiata all'americana finanziata dalla camorra.

Il teatro della vicina Minturnae, rimesso a posto, è stato subito usato per recite, concerti e feste paesane. Sono venute famiglie intere, anche da Roma, ed era bellissimo vederle accamparsi con sdraio e ombrelloni in mezzo alle vecchie pietre. Poi il palcoscenico s'è crepato e ora non ci sono i soldi per ripartire. Così si lascia aumentare la distanza degli italiani dalla loro storia. Oggi a Roma milioni di stranieri si accalcano attorno al Colosseo, mentre i romani se ne escono dalle sale da concerto già prima della fine degli spettacoli.

Scende una sera di delizie. Luna piena che sorge da una parte, faro di Gaeta dall'altra, tripudio di fuochi artificiali oltre il monte, verso Sperlonga. In una locanda dietro la fontana della darsena, un cameriere napoletano serve fritture di paranza. A est, l'ombra gigantesca di un vulcano che pare il Vesuvio ma è Monte Santa Croce, il cratere di Sessa Aurunca e Roccamonfina, all'ombra del quale passeremo in direzione di Capua.

Quei dilettanti dell'Isis

Un marciapiede interminabile. Ecco cosa diventa l'Appia da queste parti, per chi si ostina a farla a piedi. Potrebbe essere una ciclopista, ben segnalata e aperta ai viaggiatori leggeri dal Brennero alla Sicilia, invece è una striscia di cemento in mezzo a una conurbazione lineare. E meno male che c'è: sennò ti arroterebbero. E poi c'è di buono che non ci si annoia. Insegne formidabili, tipo: SERVIZIO CIMITERIALE, TRASPORTO CON CAVALLI, CREMAZIONE, MACCHINE DI LUSSO. Oppure: MAGO DI MINTURNO, CARTOMANTE, CHIROMANTE, VEGGENTE DI FAMA MONDIALE. E poi OSTERIA ALL'ARREMBAGGIO, APPIA GRAND HOTEL CON BINGO, KEBAB IL TURCO NAPOLETANO. E ancora: MISERIA E NOBILTÀ, TUTTO A CINQUANTA CENTESIMI. Dal numero abnorme di macellerie deduco che Lestrigonia è rimasta terra di carnivori.

Ogni tanto un frammento di Storia, buttato lì tra gli oleandri in fiore, in un disordine edilizio che non valorizza nulla: un cippo miliario, una cassetta delle lettere col simbolo della Regia posta, un pezzo di calcestruzzo romano tra due palazzi, un'autofficina incastrata sotto l'arco di un acquedotto romano. C'è anche una lapide a ricordo di Antonio Gramsci imprigionato dai fascisti, che qui "fece olocausto della sua vita" il 27 aprile 1937 e che certo si rivolta ancora nella tomba. Ovunque i segni della devastazione. I promontori di Sperlonga privatizzati. Le dune costiere – dette "montagnelle" – distrutte.

I fanatici dell'Isis che hanno preso Palmira a picconate sono dilettanti al confronto. In Comune di Scauri – un posto che Italo Calvino avrebbe amato descrivere – hai quattro milioni di metri cubi di case abusive, premurosamente sanate tra gli applausi degli elettori. Tutto questo a ridosso della Riviera di Ulisse, grandioso parco che da anni vive in stato d'assedio, circondato dalla speculazione. E meno male che gli uffici comunali non si sono accorti del "castrum" che hanno in casa: altrimenti avrebbero tirato giù anche quello.

La coabitazione assolutamente casuale di antico e moderno qui è di vecchia data. Risale come minimo al Medioevo. A monte dell'Appia hai casali settecenteschi cresciuti sopra ville rustiche di centurioni, come la Masseria Grotte, fondata su formidabili muraglie in opus reticulatum. Il tutto in una lussureggiante cornice di serre, campi di pomodori e agrumeti alternati a campeggi, rivendite di automobili, agenzie di pompe funebri e fabbriche di matrimoni con Mercedes nera. Un amalgama da mal di testa. Un labirinto dove ti perdi, ma dove ti salva un altro ben di Dio, fatto di caponata, mozzarella, alici e un melone bianco che in Padania se lo sognano. Senza il cibo, a ben guardare, non ci sarebbe differenza tra il caos urbanistico di qui e l'anarchia lombardo-veneta di banche, villette e capannoni che si mangia la campagna. Terroni sleali, vi fate perdonare tutto con una fritturina di paranza.

Mi accorgo di viaggiare in un'umanità che si trasforma in modo sempre più rapido. Bastano pochi chilometri e tutto cambia. Le femmine si fanno più sciantose, autoritarie e menagramo: tipetti che ti sfiancano con interminabili telefonate al cellulare, gesticolando per la strada con una king size tra le dita dalle unghie laccate. Aumentano la munnezza e il numero delle farmacie, dei parrucchieri per uomo e dei cani liberi. Si fa più visibile la presenza delle case non finite con i ferri sui tetti. Nello stesso tempo la campagna diventa più fertile e meglio coltivata. Agrumi, ciliegie, fave. I contadini hanno le mani più grandi e il ritmo della comunicazione aumenta, ci spiazza per la sua rapidità.

Anche la lingua subisce una metamorfosi veloce, lo capisce anche una testa dura del Nord come me. Dopo Formia, "sopra" si dice "'ncoppa" e "lui" è diventato "isso". A Scauri il saluto si riduce a una vocale, "jaa", cui segue in risposta "jee", e non sai se per pigrizia o per praticità. La mutazione delle parlate mi rassicura, la vivo come garanzia del persistere delle diversità. Ho sempre diffidato delle persone senza un'ombra di accento che ne sveli le origini. Detesto i giovani virgulti sul Frecciarossa che ti parlano con la voce asettica da navigatore satellitare. È bello, invece, che la parlata ti avverta dei luoghi, come in questo pezzo d'Italia. Qui dove è l'accento, prima ancora del paesaggio, a dirmi che la Terra di Lavoro – leggi provincia di Caserta – è alle porte.

Noli stomacare

"Marco Gaudio Apicio, primo chef della Storia, ci ha lasciato una valanga di ricette e aveva in questo golfo la sua base." Gianmatteo spiega amorevolmente che qui c'era il meglio di tutto. Il vino più dolceamaro, la carne più tenera, l'olio più amabile, la frutta più profumata e il pesce più fresco del Mediterraneo. Il grande Apicio, cuoco degli imperatori, lo sapeva bene. Pare che avesse cercato i gamberoni migliori in tutto il Mare nostrum, dalle Colonne d'Ercole al Monte Libano, solo per concludere che quelli tra Gaeta e il Garigliano erano di gran lunga i più grandi e i più gustosi.

Le meraviglie dell'anfiteatro di Minturnae, racchiuse nell'ambulacro sotto le gradinate, confermano l'esistenza di un Bengodi di cui la maggioranza degli indigeni sembra non avere percezione. Statue augustee che viaggiano per mostre in tutto il mondo e che l'Italia ignora. Orci giganteschi usciti intatti dall'invasione dei Goti e dall'occupazione tedesca dell'ultima guerra. Un'Afrodite senza testa che oggi fa da superstar al museo archeologico di Atene, e fu trovata qui alla fine del Settecento, restaurata da Canova, poi trasferita in Inghilterra e infine comprata da un mercante greco.

Le epigrafi della tomba di Quintus Caelius, architectus navalis, dicono che qui si lavorava alacremente a far triremi e navi onerarie, ma anche che la vita andava goduta senza darsi troppi pensieri. "Se sei in ansia per qualcosa," puoi leggere su uno dei marmi esposti nella penombra dell'ambulacro, "'noli stomacare', non farti venir l'ulcera e vai a bere in compagnia, perché tanto poi si muore." Tutto già spinge all'oraziano Carpe diem. Le dediche dei "salinatores" (i proprietari delle saline), tratte dai templi della zona, ringraziano gli dèi per l'abbondanza degli affari. Chi l'avrebbe mai detto che Formia era il baricentro gaudente del Mediterraneo.

In un simile ambiente, tutte le funzioni vitali appaiono foriere di godimento, persino la defecazione. A proposito della quale si narra che i piemontesi, quando videro i primi bidè portatili nella Reggia di Caserta appena conquistata, li inventariarono come "oggetto per uso sconosciuto a forma di mandolino". Chissà cosa avrebbero detto davanti alle pubbliche latrine romane di Minturnae, piene di mosaici e scritte inneggianti al buonmangiare ma anche alla soddisfazione di vuotare gli intestini. I Romani dell'Impero avevano digestione difficile per via delle troppe salse, e la liberazione era forzatamente laboriosa. Ma egualmente il tutto avveniva "socialmente", in pubblico, senza alcuna inibizione.

La latrina civica è a pochi metri da un pezzo di Appia Antica perfettamente conservato. Un ambiente di sette metri per quattro, con sedute prive di séparé e deflusso sotterraneo in uno degli impianti fognari più grandiosi dell'antichità. Se dai una scorsa ai graffiti, par di leggere facebook. Se non fossero in latino, li diresti appena incisi. "L'ho fatta che è una meraviglia!" esulta qualcuno per celebrare l'evento memorabile. Ed è il massimo della raffinatezza, perché poi si scade in cose come "Mangiati la merda", "La mamma di Caio pratica la fellatio", "Che tu possa farti fottere", oppure "Il sedere di Sempronio è peloso e non lo vuole nessuno". E poi, italianamente, un florilegio di dettagli genitali attorno all'inevitabile baricentro del "cunnum".

A Minturnae è ancora tutto da scoprire. Il labirinto delle cloache in opus reticulatum, il mercato delle derrate alimentari, le terme, l'acquedotto. Per non parlare degli spazi che, in assenza di fondi pubblici per la tutela e la valorizzazione, sono stati ricoperti di terra in attesa di tempi migliori. Il problema è che i tombaroli non aspettano, e quelli di Minturnae hanno fatto strage, depredando ovunque possibile. La vecchia darsena è stata passata al setaccio nel silenzio delle autorità locali. Il tempio della dea Marica – luogo misterico di prostituzione sacra – l'hanno fatto addirittura saltare in aria con la dinamite, in cerca di tesori.

Ma il grosso delle meraviglie della città del Bengodi era già emigrato da secoli, in tempi di vacche meno grasse, in direzione della sua gemella medievale, Minturno, arroccata a pochi chilometri in collina, con immensa vista mare. Le colonne corinzie di Minturnae oggi le ritrovi lassù, dominus vobiscum, a reggere il campanile di San Pietro Apostolo, et cum spiritu tuo.

L'ombra che si perde

"Lassate fare 'o guaglione," pare abbia detto il re di Napoli a chi esprimeva dubbi sulla scelta di fare un ponte a una sola campata sul fiume Garigliano. Il "guaglione" era il progettista, cui il sovrano aveva dato fiducia piena. Il ponte resse alla grande ed è visibile anche oggi, con i suoi leoni di pietra e le sue catene monumentali, chiuso come una reliquia da cancelli e transenne, in mezzo ad altri tre ponti, quello della Statale 7, quello dell'autostrada e, poco più a nord, quello della ferrovia. Il suo predecessore romano era crollato nel Medioevo ed era stato sostituito da un traghetto che incassava montagne di denaro e aveva cambiato in Traetto il nome stesso di Minturnae. Il fiume fangoso segna l'inizio della Campania e va tra i canneti verso la foce solitaria. Il posto è segnato dai resti di una torre bizantina rimasta in piedi fin quando i tedeschi in ritirata la fecero saltare nel 1944 e nei quali gli scavi sono stati inspiegabilmente interrotti.

Appena oltre il fiume constato che la mia ombra fedele s'è persa, non mi segue più. Il sole giaguaro se l'è mangiata, complice l'ora media. Mi ha sempre camminato un po' dietro, sulla sinistra, bisbigliando pensieri, memorie e suggerimenti. La cerco inutilmente sull'asfalto chiazzato di sterco di bufala. Perdere l'ombra è cosa che ti getta nella solitudine, e io me ne sto lì, a camminare in coda al plotone che procede in fila per uno, in un forte odore di selvatico. L'ager campanus ci avvolge, anche olfattivamente.

Una rivendita di formaggi ci accende voglia di merenda e una mozzarella appena fatta plana sul tavolo sotto un pergolato. Riccardo la morde sentenziando che "cigola sotto i denti", perché "cigolare", sostiene, è l'unico verbo adatto a descriverne quel preciso contatto con la mascella. Il rito si consuma in una cornice di lampascioni, taralli e pomodorini secchi. "Sapere," filosofeggia Irene masticando, "viene da sapore, dal latino sapio, gustare. È la conoscenza che passa anche attraverso i sensi." E aggiunge, deliziandosi: "Mi sa tanto che sapere è meglio di capire".

Come nell'Agro Pontino, anche qui l'Appia è rettilineo e mattatoio. Croci, su entrambi i lati. FORTE PASQUALE, LA FAMIGLIA A RICORDO POSE, sta scritto su marmo accanto a un corrimano. La foto è di un giovane. Giovane come Fabio Verchini, cui è dedicata un'aiuola con fiori freschi. O Laura Ucci, bella mora con i riccioloni, uccisa a un incrocio con la Provinciale 291. Sono i Caduti dell'Appia. Impossibile saperne il numero, perché bisogna mettere in conto anche gli americani e i tedeschi dell'ultima guerra. E gli schiavi crocifissi. Seimila furono quelli della sola rivolta di Spartaco, inchiodati al palo da Roma a Capua, uno ogni trenta metri. Roma, insuperabile in edilizia e spietatezza.

Un'auto esce alla cieca da un incrocio, fa bang e finisce nel fosso. I due nell'abitacolo escono dal finestrino e se la cavano con ferite leggere. Tentiamo la fuga, ma ci tocca aspettare la polizia per fare da testimoni, sotto un sole da paura. Alex si lamenta sommessamente. Un'infiammazione inguinale lo ha costretto a camminare a gambe larghe, come un Golem, per chilometri. Con quel passo largo, l'occhio febbricitante e il treppiede impugnato come una clava faceva davvero paura. Ora tenta di rimediare, rovistando nel mio nécessaire in cerca di una pomata.

Vino Falerno

"Voglio 'o maaare!" L'urlo di Riccardo, versione napoletana dell'immortale "thalassa, thalassa" lanciato dai soldati di Senofonte dopo la traversata dell'Anatolia, ci avverte che il Tirreno è vicino sulla destra, oltre una fila di eucalipti e uno stradone costeggiato da case di vacanza con la scritta VENDESI. Detto, fatto. Molliamo l'Appia per qualche chilometro per arrivare a Sinuessa antica dalla parte della spiaggia. La voglia è troppa. Ci leviamo le scarpe e via, sulla battigia, in un fuggi fuggi di granchietti, in formazione come il quarto stato nella tela di Pellizza da Volpedo. Poi ci buttiamo in acqua, sazi di sole, asfalto e archeologia.

Dietro una siepe di canne, le rovine della città, magnifica e depredata per secoli, segnano l'inizio del "ferace agro Falerno", ai piedi degli Aurunci diafani nella vampa. Le avviciniamo scalzi, con le scarpe appese allo zaino, ed è un errore fatale, perché è l'una e la sabbia è incandescente. Iniziamo una ridicola danza per decongestionare i piedi, senza pensare che in quella situazione l'unica cosa da fare è cercare la sabbia più fredda, appena dieci centimetri sotto. È in quel momento che, telefonino in una mano e pacchetto di sigarette nell'altra, foulard e T-shirt verde chiaro su un florido corpaccione, il signor Giuseppe Brodella accorre per difendere come un mastino napoletano le vecchie pietre. Prima ci guarda di brutto come ficcanaso, poi – saputo chi siamo – ci fa entusiasticamente da guida.

Parte da una pianta di vite contorta, che accarezza teneramente come una reliquia.

"Guardate come cresce sulle dune della spiaggia. È antica assai. Non sappiamo se viene da Roma o da prima, sappiamo solo che sta lì e si fa i fatti suoi. Non fa neanche una cassetta di uva. Però, che uva..." dice portando i labbroni sui polpastrelli riuniti a mazzetto.

Qui anche l'archeologia passa per lo stomaco. L'oralità tiene duro, alla faccia delle scartoffie, e il rapporto con la Storia deve fare i conti con la gola. Figurarsi il paesaggio. Lo dice anche Calvino: nella società dell'immagine, un luogo si conosce anche inghiottendo il cibo che produce. Il fatto è che qui anche le parole hanno sapore. L'immagine della vite che "si fa i fatti suoi" è geniale.

Chiedo se non sia una vite del mitico Falerno, che una volta si usava maritare agli olmi.

Si intromette Francesco Goglia, titolare dell'hotel Sinuessa, dove finiremo per alloggiare. Ha mani come badili e un piglio fra l'autorevole e l'autoritario. "Io ho avuto il piacere di assaggiarlo. Ma il piacere maggiore è poterlo regalare. Perché il vero Falerno non si vende. Si dona."

Il guardiano conferma: "Il Falerno è cosa che si dà con affetto a chi è buon amico".

L'albergatore: "La vinificazione antica è un po' dolciastra e anche un po' pesante. Però, come si sposa bene con la mozzarella!".

Pare che attorno a quel vino, in epoca romana, fosse cresciuto un business floridissimo, con un gran traffico di capitali e schiavi spremuti fino all'osso. Con il suo inevitabile contorno di banditismo e malversazione da parte dei politici romani. Situazione attualissima, se è vero che qui si dice: "Quello che non hanno fatto i barbari, l'hanno fatto i Barberini", come dire i ricchi venuti dall'Urbe.

Il guardiano mostra i basoli dell'Appia e spiega come la città venne sommersa da un maremoto. "Tutto quello che vedi qua è periferia. Il centro sta tutto sott'acqua." Ma le ombre, aggiunge, popolano ancora il luogo, "come quando abbiamo sentito come dei cavalli al galoppo".

Cavalli?

"Mi pare ancora di sentirli, facevano burubum burubum... Li abbiamo sentiti davvero, non era suggestione. E intorno non c'era nessun cavallo."

Con gesto teatrale, si mette la mano aperta sul cuore. "Io sono mondragonese doc, mi sento onorato di esserlo, e dico che a Mondragone ci dobbiamo pensare prima di tutto noi del paese. In ogni luogo la gente deve tenere un amore morboso per 'o paese sujo. Perché quello che resta, resterà per i figli, per i nipoti e per i nipoti dei nipoti. Non voglio che sparisca tutto, come è sparito qua."

Poi si commuove: "La Storia racconta un sacco di cose". Si china e raccoglie un coccio a caso. "Lo vedi? Questa è la Storia. E guarda questa pietra miliare, è... alla mercé di tutti, eppure nessuno la tocca. Non è come l'anfiteatro, che se lo sta godendo qualcuno nel suo giardino, in America."

Gli chiedo come sia potuto sparire un anfiteatro.

"Guarda che non è una leggenda metropolitana. In qualche foto vecchia lo vedi ancora, e adesso non esiste più. Dicono che è stato smontato pezzo a pezzo e caricato su mezzi anfibi americani, quelli usati per lo sbarco di Anzio, e portato via. E a noi non resta che piangere."

Il sortilegio delle mappe

All'hotel trovo un libro di era fascista che rimette le cose a posto e accusa della dilapidazione l'infame dominio spagnolo. È la *Storia di Mondragone* di tale Biagio Greco. Leggo: "I sacri resti di Sinuessa servirono a elevare torri e torri sul mare per paura dei Saraceni, e ponti, come quello del Fusaro, dove si osò scrivere CELEBRITATEM APPIAE MAGNIFICENTIA LONGE SUPERANS, a firma di Pedro Afán de Ribera, duca di Alcalà", tipico esempio di una stirpe di despoti vanitosi, "pieni di albagia e jattanza". Gente che a Sinuessa si distinse nella "criminosa asportazione degli eterni blocchi che la lastricavano".

L'indomani ci aspetta una tappa difficile, non solo per la lunghezza – trentasei chilometri fino a Capua –, ma anche perché i segni dell'antica via sono scomparsi quasi ovunque. Sarà una gincana fra tenui segnali: un pezzo di lastricato presso il cimitero di Mondragone, un sepolcro in località Ciaurro, la vaga indicazione oraziana di un "pons campanus" non lontano dalla ferrovia. Il resto, tutto mangiato dalla campagna delle bufale e dei frutteti. Biagio Greco descrive uno "sconvolgimento diabolico" del terreno, a causa dei "vignaioli della Caldana", "sacrileghi sovvertitori", che sono stati "presi dalla tarantola di piantare l'ormai inutile vigna" asportando i basoli dell'Appia anche "per inghiaiare le rotabili dei dintorni".

Riccardo è alle prese con il Gps, le vecchie mappe dell'IGM e l'itinerario descritto da Lorenzo Quilici. È in preda a una concentrazione quasi mistica. Se ne sta seduto a un tavolino accanto a una finestra, senza nessuno tra i piedi, tutto teso a decifrare i segni come Champollion davanti alla stele di Rosetta. In uno spazio dove l'antica traccia è cancellata, tutto diventa significativo: l'allineamento delle tracce precedenti, un toponimo, un filare di alberi, un tumulo di pietre, un rudere. E lui ci naviga, chiamando in soccorso i suoi quarant'anni di esperienza sulle strade del mondo.

Con le mappe, per quanto mi riguarda, ho un rapporto non analitico ma fantastico. Ne amo i colori, le isoipse, le sfumature, i simboli. Quando sono a Londra, Varsavia o Parigi, vado in cerca di mappe. La mia libreria ne è piena. Le uso per segnare i viaggi prima che per orientarmi una volta sul posto. Ne ho bisogno per capire il contesto in cui mi trovo e concedermi il lusso di una digressione imprevista. Arrivo al punto di farmele da me, quando preparo un viaggio difficile. La carta geografica è il pentagramma su cui scrivo lo spartito dei miei passi.

Sinuessa! È il posto dove Orazio incontra Plozio, Vario e Virgilio, "anime che più sincere non ne produce la Terra, e alle quali nessuno è più attaccato di me", per poi continuare la strada in loro compagnia fino a Benevento e Brindisi. Ma sul terrazzo dell'hotel, vicino a una storica sorgente solforosa, ben ventilato e aperto sulle campagne di Mondragone, ce ne dimentichiamo volentieri davanti a un enorme piatto di trofie saltate a regola d'arte con rucola e pomodoro. L'albergatore racconta di essere stato sindaco di Casal di Principe. "Ah. E i camorristi?" gli chiedo. E lui, mostrando la manona contadina: "Bastava dar loro una pacca sulle spalle, così, e chiedere di cosa avevano bisogno. E se ne stavano bbuoni".

In posti così ti passa di colpo la voglia di faticare. Il nome Campania Felix vorrà pur dire qualcosa. Fu probabilmente questa sua secolare felicità nell'abbondanza a corrompere i soldati di Annibale e poi i Romani stessi. Nel *Satyricon* si narra di due giovinastri, Eucalpio e Gitone, che dalle parti di Napoli si diedero alla pazza gioia, combinandone di cotte e di crude. Al tempo di Roma, la Campania era la terra degli arricchiti, che vi costruivano ville sontuose con vasca per le murene dove buttare gli schiavi non abbastanza servizievoli. Ancora oggi, senti che questo è il perimetro fertile dove va a morire l'austerità repubblicana e nasce l'Impero cosmopolita.

I contadini di Gomorra

La Terra di Lavoro è degna del suo nome. Appena fuori dal caos cementizio di Mondragone, la campagna formicola di gente che zappa e cura alberi da frutto. Campi interi rivoltati a mano dai "sacrileghi sovvertitori" dell'antico, che qui sono contadini formidabili, dalle mani grandi e generose. Terreno da Camel Trophy, con l'Agro Falerno che rimastica tutto, fave, basoli, pesche, immondizia, concime. Penso che, se scatta la crisi alimentare, qui se la cavano alla grande. I campi sono un monumento all'abbondanza e all'onesta fatica. L'altra faccia di Gomorra.

Siamo soli, Riccardo e io. Alex ha preferito filmare i dintorni di Mondragone e Irene ha trascurato le vesciche al punto che ora sanguinano e non riesce a camminare. Si sposteranno in bus fino a Capua, l'antica Casilinum, dove ci ritroveremo, dopo il ponte sul Volturno. Marciamo in silenzio lungo una carrareccia polverosa e sconnessa, col pensiero che vola con invidia al magnifico selciato della strada Parigi-Roubaix, ben più recente ma celebrata ogni anno da una grande gara ciclistica e tenuta in efficienza da belgi e francesi come una reliquia. Qui, nulla di tutto questo. La via Numero Uno è uscita dalla memoria.

Un cartello BUCHE IN FORMAZIONE sancisce la resa totale all'incuria. Un altro avverte di ANIMALI VAGANTI, accanto alla decalcomania di una volpe schiacciata sull'asfalto. Poi è lo scheletrone di un condominio incompiuto, con attendamento di immigrati stranieri al pianoterra. Qui non si butta nulla, anche i forestieri l'hanno capito, e ora riabitano l'abbandono come il paguro la sua conchiglia vuota.

Mi siedo a bordo strada per sistemare meglio le scarpe e, mentre parlo con Riccardo, da oltre la siepe arriva la voce di un indigeno invisibile.

"Chi è?"

"Come 'chi è?'," rispondo. "Chi siete voi, piuttosto. Non sono io quello che si nasconde."

Ma la voce insiste: "Chi site? Pulacchi?".

Ci alziamo in piedi e oltre la siepe del terrapieno appaiono tre robusti anzianotti al lavoro tra alberi di pesco.

Mi dichiaro: "Siamo italiani, e andiamo a piedi".

"Dal parlare non site 'taliani. Nun tenete l'accento."

"Io sono di Trieste e lui è ligure."

"L'avevo detto io che site stranieri. Qui siamo tutti di Napoli e di Caserta."

"Avete un bel frutteto."

"Vulite faticà? Vi prendiamo subbeto."

"Abbiamo già le nostre campagne. E poi ho quasi settant'anni."

"E che problema c'è? Quanti credete che ne tengo io? Se vulite vengo io a lavorare il campo vostro."

"Ora dobbiamo andare, facciamo la Via Appia Antica."

"Bravo, è la strada dei Romani. Pe' dove jate?"

"Torre Ballerino e Masseria Campariello."

"Ma allora sapite 'a terra! Site 'e qua! Site 'e Mundragone?"

"No, abbiamo solo studiato le carte."

"Bravi, jate, v'accumpagno c'o pensiero."

"Stateve accuorte"

Serre, trattori. Un corvo morto appeso per le zampe. Aglio e una treccia di rossi peperoncini simili a corna contro il malocchio. Rassicuranti indizi di paganesimo annidati persino negli anfratti dei non luoghi, simboli apotropaici in cui sono incerto se includere anche un padre Pio che mi squadra truce da un cancello. Non ho troppa confidenza col frate, specie da quando a Napoli, un giorno, mi hanno spiegato che è il santo preferito dalla camorra.

Masseria Aciti, Masseria Santo Janni, mastini dietro una barriera. Un pezzo di Appia ignorato da un millennio, ma con un rettilineo così evidente che non fa nulla se manca il basolato. Ponte sul torrente Savone, con una vaga memoria del passaggio di Orazio. Api sulle robinie, pressione 1017 millibar – sempre la stessa da Albano Laziale – con caldo da crepare e l'Agro Falerno che non finisce mai. Non un bar, non una fontana. Assenza totale di punti di sosta. Qui hai un solo tiranno: il lavoro.

Ma ecco due contadini sui cinquanta accanto a una casetta riparata alla buona. Portano magliette intrise di sudore. Panze ragguardevoli, mani grandi e gestualità spettacolare. Lo spazio di comunicazione si fa sempre più largo, ma la lingua diventa nettamente più stretta.

"'A ro' venite?"

"Da Roma, a piedi."

"Ebbravi. Venite, tenimme acqua fresca 'e puzzo."

"Grazie, fa un caldo bestia."

"Siete stanchi, assettateve 'nu poco. E se tenite fame, pigliateve 'na vrancata 'e fave. Sta tutto pagato."

"Grazie. Ci basta un mazzetto."

Conosco le mani di questi contadini. Le ho già viste da bambino. I miei mi avevano portato nella campagna del Salernitano e lì, in un vigneto, un contadino volle farmi mangiare con lui l'insalata cafona. Aprì un pentolino con patate lesse, olio e sale, poi prese il resto dalla terra. Pomodori, cipolle, basilico e peperoncino verde. Ripulì, affettò sapientemente, poi mescolò il tutto e disse "mangiate". Io mi girai a guardare dov'erano gli altri, perché non avevo mai sentito usare il "voi". Alla fine mi diede anche del vino, che bevvi con la trepidazione di un rito iniziatico.

"Pigliate, pigliate, è lavoro fatto da Dio."

"No, l'avete fatto voi."

"Nuje seguiamo solo 'a legge 'e Dio. Isso dice che quacche frutto 'ncopp'a pianta lo devi sempre lasciare là per far mangiare 'e passarielli, e pure chill'e mmiez'a via, qualcuno che passa 'a qqua comm'a vuje. Me l'ha insegnato mio padre quann'ero piccirillo. Quello che hai fatto agli altri l'hai fatto a te. 'A legge di Dio ci protegge dal male."

"Senta, e se eravamo stranieri?"

"Con gli stranieri non ci si capisce più niente. Che stanno a venire tutti 'sti cristiani? Magari vengono da terre meglio della nostra, e non la seminano, nun 'a faticano. Nun sacce quant'e lloro tengono davvero voglia di lavorare."

I due posseggono una cosa che la gente di città ha perduto. Il senso del limite. La percezione nitida che la terra non la puoi spremere all'infinito. È sotto questa luce che leggono le tempeste migratorie. Semplicemente, senza preconcetti o ideologie.

"Bisogna starci dietro alla terra."

"Ah. È come una figlia mia. La terra è vita, e il contadino è un bellissimo lavoro, l'ha creato Dio proprio."

"Qui cresce roba buona."

"Ce stava 'nu vecchietto, qua, teneva 'nu piezz'e terra, piccolo, manco dieci metri per dieci, e semmenava 'e tutto: 'nsalata, pummarole, cucuzzielli, mulignane, puparuoli, e tanta era la robba che faceva, che 'a regalava pure a mme."

"Però voi non siete ricchi."

"Eggià. A nuie chi ce pensa? Nun ce pensano 'e giurnalisti... e nemmeno 'e politici. Quelli stanno là a Roma e non aiutano. Nun parlammo dei delinquenti che tengono le banche o di quelli delle rassicurazioni, che so' peggio 'e tutte quante. Nuie simme muorte 'e fame e chilli ci levano 'e soldi nuostre. E stanno inguaiando tutte cose."

"Ora dobbiamo andare, fino a Capua è lunga."

"Che Dio v'accumpagna. 'O munno è piccirille, è facile che c'ancuntramm' n'ata vota."

"Ma non vi ho mai chiesto come vi chiamate."

"Giuseppe, e lui è Franco. E vuje?"

"Lui Riccardo, io Paolo."

"Ah, Paolo vi chiamate, un nome importante. Era uno dei migliori discepoli di Gesù. Purtaje 'a religione a Roma."

"Buone cose. Grazie delle fave. E dell'acqua."

"Che il Signore v'assista. E stateve accuorte, che qua ci stanno i bravi e pure i malamente."

La linea tra i campi

Terzo incontro. Sbuchiamo dal nulla nella Masseria Sant'Aniello, capannoni con tremila bufale dell'azienda Garofalo. Anche qui non me li vedo a sudare, i fighetti inglesi del Grand Tour. Non vedo nemmeno Goethe, che si muoveva in carrozza e con la borsa piena di zecchini. Noi vediamo un Sud che forse nemmeno gli indigeni conoscono. Stiamo intessendo una rapsodia italiana in piena regola, un tale amalgama di archeologia, inchiesta, paesaggio, etnologia e impressioni personali che mi chiedo come farò a trasformarlo in scrittura.

Il labirinto ci ha messo a dura prova: è arrivato il tempo di bere e fare il punto. Ci fermiamo a guardare le mappe accanto all'unica residenza della masseria.

Ma ecco uscire come un fulmine il padrone. "Che fate?"

"L'Appia Antica a piedi, veniamo da Roma."

L'altro cambia faccia e sorride mostrando il suo viale alberato in perfetta direzione est. "Sì," dice, "l'Appia passa qua davanti."

"Ah. Lei è il primo che lo sa."

"Se volete arrivare a Capua, dovete andare dritti fin dove sta la cabina elettrica, poi girate a destra, passate il ponte sul canale fino all'altra masseria, seguite il recinto e ritroverete la linea tra i campi."

"Grazie, da soli non ce l'avremmo fatta."

"Piacere, Garofalo Giuseppe. Noi facciamo questo lavoro da cinquant'anni. Ma entrate, bevete un po' d'acqua fresca."

Ci fa accomodare in cucina, prende una caraffa dal frigo e mette sul tavolo tre grossi limoni.

"Noi offriamo sempre qualcosa a quelli che passano. Poi magari li mettiamo a lavorare..."

"Mi dica di questa azienda."

"Qui la terra è buona. Verso Villa Literno lo è ancora di più, ma è anche più inquinata. Rosa! Vieni qua. Indovina da dove vengono questi signori?"

"Veniamo da Roma, signora."

"A piedi? E perché? Vi allenate per Santiago?"

"A noi Santiago non interessa. Lì ci vanno tutti come pecore. Noi siamo anarchici, ci piace scegliere."

"Madonna, ma traversate a piedi la campagna! Non lo fa più nessuno! Prendete almeno questo dolce, l'ha fatto la mia mamma. Migliaccio si chiama."

"Signora, se insistete ci tocca davvero restare."

Le bufale e gli schiavi

Mandrie inquiete di bufale trottano nei campi della Masseria Sant'Ermine, recintati con guardrail da autostrada. Ci hanno sentito, e ora sono pervase da fremiti improvvisi come colpi di vento. Emanano a distanza l'odore selvatico della caccia grossa, non dell'allevamento in batteria. Bestie lucide, muscolose, scure, con un'attaccatura delle corna a mezza fronte che produce sul pelame una scriminatura quasi da parrucchiere. Sono tutte fuori dalle stalle, attente a ogni segnale circostante e divise tra timore e curiosità. Si avvicinano muggendo con infinita prudenza, protendendo le narici umide verso di noi. Poi basta uno starnuto ed è una fuga generale al galoppo, in una nube di polvere, verso una savana che non c'è. Vento leggero, grandi nubi bianche, sole allo zenit, tremolare delle immagini rasoterra, inquietante assenza di figure umane.

Dal bordo di un boschetto di robinie, Riccardo fotografa una scena africana, da abbeverata sul Lago Tanganica.

Siamo nel cuore antico dell'Agro Falerno e l'Appia è totalmente scomparsa. La campagna, le bonifiche e il riassetto fondiario se la sono mangiata. Bisogna navigare a vista, annegati in un mare di colza giallo elettrico, con qualche raro albero isolato. A est, a una decina di chilometri, il lungo crinale del Monte Tifata, punto nave millenario che fa da avanguardia all'Appennino col santuario di Diana, oggi convertito in chiesa di Sant'Angelo in Formis. Anche lassù la densità dell'antico è inimmaginabile: è sufficiente buttare le fondamenta di una pala eolica o di un ripetitore perché emergano iscrizioni e capitelli. In zona Teano è bastato scavare una trincea per fibre ottiche per far saltar fuori un pezzo della Via Latina. Intanto la colza finisce e cominciano i campi di grano: un grano basso, argenteo, non ancora maturo e punteggiato di papaveri tremolanti.

Le bufale, i papaveri, le ombre. Procediamo come al rallentatore, in una bolla di silenzio. Strade e automobili sono lontane. Non si sente più il gorgheggio dei merli, il calpestio sull'erba e nemmeno il vento incandescente tra gli alberi. Mi accorgo che, per un sortilegio, anche i colori sono entrati in metamorfosi. La luce accecante del sole ora è plenilunio, un mezzogiorno al negativo. I papaveri sono neri e il frumento bianco come la neve. Forse anche la data del calendario è cambiata, il tempo dell'anno, i secoli e i millenni. È come se la scomparsa dell'archeologia, su questo pezzo di strada, rendesse più nitida la presenza del passato. Sotto le nostre suole pulsano milioni di segni lasciati da coloro che ci hanno preceduto.

Spartaco. Mi chiedo se qui ci sia anche lui, con i suoi seimila crocifissi. Chissà se nel silenzio della campagna l'urlo dei condannati è ancora udibile. Le voci evitano le Forche Caudine della scrittura. Si affidano piuttosto ai racconti, viaggiano per trasmissione orale di generazione in generazione e talvolta si imprimono nel terreno come su un vecchio vinile, lasciando tracce avvertibili solo dai viandanti. Di notte, sulla cima del Monte Pasubio crivellato dalla Grande guerra, li puoi sentire ancora i festini delle anime. Nei villaggi abbandonati attorno a Verdun, con la pioggia, se fai attenzione puoi udire il rintocco della campana parrocchiale, la voce del maniscalco o il martello del ciabattino. Altre volte i segni sono più evidenti, visibili. L'erba del Monte Grappa è ancora satura di bossoli e di ossa di soldati. Dopo un secolo, sul fronte dell'Isonzo, le rocce continuano a friggere nel temporale, attirano i fulmini per il tanto ferro che hanno inghiottito.

Suggestione? Può darsi, ma chi se ne importa. La lanterna magica chiama in vita i fantasmi meridiani, trasforma la nostra marcia nel grano. Saranno forse i papaveri, gli stessi che riempiono i campi delle Fiandre, simbolo dei Caduti di tutte le guerre, a evocare la morte nei suoi più tremendi dettagli. I chiodi di ferro, le torce, la pece, la minuziosa supervisione del luogo da parte dei magistrati e dei carnefici, i pali piantati sul bordo della strada a una distanza tale da poter essere visti uno dall'altro, le assi trasversali – chiamate "patibulum" – distribuite dai legionari, l'arrivo degli schiavi in catene, la fustigazione, i corpi stesi a terra, il ferro che penetra a martellate alla base dei polsi e nelle ossa dei piedi, i corpi issati in cima allo "stipes", lontano dal terreno che non dev'essere contaminato dall'infame, il tutto romanamente legiferato, con tempi, regole, prezzi e ditte autorizzate di pompe funebri.

Come l'esecuzione pubblica dei nemici durante i trionfi, anche qui la pena è volutamente spettacolare, diventa "exemplum", normale a quei tempi se inflitto a sottouomini che hanno infranto le regole e rotto la pace sociale. Ed ecco l'agonia, la notte infinita, le fiaccole che allungano nei campi l'ombra dei condannati, i cani e i lupi che scendono dai monti a sbranare le parti basse dei corpi indifesi, i corvi che completano l'opera attirati dall'odore del sangue, la deposizione, il divieto di sepoltura, i cadaveri lasciati a marcire, e il traffico sulla strada che procede senza fermarsi, indifferente, perché nessuno di quegli schiavi è "cives romanus" e non c'è nessun motivo di scandalo o pietà.

Gladiatori allo stadio Piccirillo

In un distributore di benzina alle porte di Brezza, paese affacciato sul verde serpentone del Volturno, tracanniamo birra e ci togliamo finalmente le scarpe. È fatta. Anche tra Sinuessa e Capua, il filo d'Arianna è steso. I piedi liberi fumano nella brezza meridiana dopo aver fatto il loro dovere. Hanno auscultato il terreno come uno stetoscopio, hanno evocato le Ombre e ne hanno registrato le storie per trasmetterle alla memoria. Ma la pratica spiritica è cosa che sfianca, e ora la fatica ci cade addosso come sullo stregone dopo il vaticinio. Il grande silenzio sospeso della campagna si è dissolto; sono ricominciati i suoni, fuori e dentro di noi. La cassa toracica si espande e si contrae come un mantice, sprigiona un fragore di cascata, il cuore batte come un tamburo. Una grande, difficile traversata.

Capua è costruita a valle di un meandro dall'inconfondibile forma ellittica. La strada scavalca il fiume con un ponte che non ha più nulla a che fare con quello originale. Il capostipite è rimasto in piedi per duemila anni, prima che nel 1943 i tedeschi in ritirata lo facessero saltare in aria. Poi è arrivato il colpo di grazia: la ricostruzione cementizia. È da questo punto che l'Appia ridiventa visibile e dritta, per tagliare la pianura con lo stesso atto d'imperio espresso nella bonifica pontina. Ora punta a est-sud-est per un'interminabile linea maestra attorno alla quale si agglomera lo spazio metropolitano forse più lungo e caotico d'Italia. Da Capua a Santa Maria a Vico, sotto le Forche Caudine, saranno venticinque chilometri di traffico, asfalto e marciapiedi, attraverso Santa Maria Capua Vetere, la periferia di Caserta, San Nicola la Strada e Maddaloni. Sul lato nord, le prime balze d'Appennino scarnificate dalle cave. A sud, Aversa e l'hinterland napoletano, e l'ombra del Vesuvio lontanissima a sud-est.

Alla reception dell'hotel Capys il signor Francesco Chianese si sente così onorato del nostro arrivo da insistere per raccontarci la sua personale battaglia per la Storia, in un territorio che alla Storia non fa quasi più caso per eccesso di archeologia, o forse perché esso stesso è Storia vivente. Goethe diceva che per capire come si viveva al tempo dei Greci e dei Romani bisognava andare nel Sud Italia. In nessun posto come nel Casertano abbiamo un simile amalgama tra antico e moderno. Un impasto tale che è diventato impossibile distinguere l'uno dall'altro, al punto che delle vecchie pietre non si accorge quasi più nessuno. O peggio: l'antico sopportato come intralcio e jattura anziché come risorsa.

Una battaglia controcorrente, quella del bravo albergatore, combattuta a colpi di rievocazioni spartachiste, statue di santi riportate in processione dopo decenni di dimenticanza, scontri armati tra giovanotti muscolosi in costume romano nell'anfiteatro di Capua Vetere, visite guidate alla Reggia di Caserta. E che dire delle gite del dopolavoro ferroviario sull'antica via, della squadra di calcio Gladiator che scende in campo allo stadio Piccirillo, o dei combattenti contro le fiere riprodotti in un diorama nel museo accanto all'anfiteatro? Commoventi tentativi di tenere in piedi la leggenda. Ma alla fine, dice allargando le braccia, il problema è sempre lo stesso: "Qui di antichità ce n'è anche troppa".

Perché non Via Claudia?

Appia. Ma perché Appia? Tutte le altre strade romane hanno il timbro della "gens", non del nome proprio. Via Emilia da Marco Emilio Lepido, Via Flaminia da Gaio Flaminio Nepote. Perché la via di Appio Claudio non si chiama Claudia? Forse è il segno di una personalità particolarmente forte, di un culto della personalità, o di un determinatissimo arrampicatore sociale. Ma allora chi era davvero il costruttore della linea indefettibile fra Roma e l'antica Capua? Perché, per cominciare, il soprannome di Cieco? I miei appunti traboccano di mistero. Cieco nel senso di accecato. Cieco perché punito dagli dèi per aver impiantato a Roma culti non graditi. Cieco per aver sbagliato un rituale. Cieco per malattia, o forse cieco dalla nascita. Cieco come Omero, portatore di una formidabile oralità. Cieco perché veggente, uomo capace di vedere lontano. Cieco perché solo un cieco può concepire una linea retta così ossessiva e perfettamente avulsa dall'orografia.

Il cursus honorum è da mal di testa. Censore, dittatore, questore, due volte console, due volte edile curule e altrettante pretore, tre volte interrex e altre tre tribuno militare. Poi c'è la costruzione della prima via moderna d'Europa e del primo acquedotto romano, pure quello col suo nome, e ci sono le vittorie sugli Etruschi, i Sabini, i Sanniti, e ancora il memorabile discorso in Senato che convince Roma a non accettare una pace disonorevole con Pirro. Ma non basta: Appio Claudio è colui che, con la complicità di un liberto, sottrae con un clamoroso furto il monopolio sulla conoscenza giuridica alla casta sacerdotale e rende pubblici i codici del diritto civile. Come poteva un cieco avere una vita così attiva?

La cecità e l'eccezionale cumulo di cariche ce lo fanno immaginare anziano anche al momento della costruzione della Gran Via: e invece no, a quell'epoca il Nostro ha appena una trentina d'anni. La sua scalata al potere è agli inizi. Molte fonti ce lo dipingono come membro di una famiglia "superbissima", "crudelissima" e "imperiosissima", criticato se non odiato da tanti, uomo duro e senza amici che gestisce la sua "domus" da autocrate. Ma allora come si spiega la sua potenza? A Roma era impossibile arrivare a una simile posizione senza una legione di clienti e di sostenitori. Qual era allora il segreto di Appio Claudio? Perché non pensare che a determinarne il potere sia stata proprio la via su cui consumiamo le nostre suole?

Viene il dubbio che la chiave di tutto non stia tanto nel senso militare e nemmeno in quello commerciale di questa pazzesca opera pubblica che dissangua l'erario, ma nel suo senso clientelare. Le oligarchie delle tribù dislocate lungo l'Appia – tribù dai nomi dimenticati di Scaptia, Pomptina, Oufentina, Teretina e Falerna – traggono un enorme vantaggio in termini di prosperità e sicurezza dalla costruzione della via e non possono non pagare un forte debito di riconoscenza al suo costruttore. Per non parlare dei nobili di Capua, da sempre alleati di Roma, che ora si ritrovano a sole cinque giornate di viaggio dalla Dominante e possono rinsaldare i rapporti con la gens Claudia cui Appio appartiene. Un gioco di alleanze tra famiglie.

È grazie alla nuova strada, portata a termine in tempi brevissimi con largo uso di schiavi e condannati ai lavori forzati ("damnatio in opus publicum"), che quest'uomo con pochi alleati a Roma riesce a conquistare consenso muovendosi fuori Roma. È l'Appia che permette ai suoi sostenitori di raggiungere facilmente la città nei giorni dei comizi. Per certi aspetti, niente di nuovo sotto il sole. Anche oggi il Sud è pieno di strade costruite a spese dell'erario per comprare voti. Ma il lavoro ciclopico di Appio Claudio è ancora lì da duemila anni, trasuda utilità e incute soggezione, e sarebbe ancora intero se gli italiani non fossero gli italiani. L'Appia vive, dopo ventitré secoli. Le strade del Duemila sono monumenti all'inutile che finiscono a pezzi in vent'anni.

Ma perché non pensare che la chiave del potere di Appio sia proprio il rettilineo in sé, un rettilineo così perfetto che il genio militare dell'Italia post-risorgimentale si serve ancora dei monumenti della via per i rilievi cartografici? Tracciare una linea è un atto sacrale, anzi regale, qualcosa che conferisce a colui che lo compie un rango superiore, esattamente come Romolo che disegna i confini della sua città. In un bel testo di Diritto romano ho trovato un'affascinante connessione fra tre parole: "religio", religione intesa come regola; "rex", colui che traccia il solco; e "regio", spazio delimitato all'interno del quale vige un corpus di leggi.

Qui va tenuto conto di una cosa. Quando Appio costruisce la strada, Roma non ha dato ancora nulla alla letteratura. Differenza più grande non può esservi con la Grecia, che all'epoca non ha strade decenti ma ha già conosciuto Eschilo, espresso la sofistica e prodotto un'affascinante mitologia. Roma è altro: una civiltà di legislatori, sacerdoti e ingegneri; gente pratica, che va al sodo, ma per la quale la legge, il sacro e la posa della prima pietra finiscono per diventare la stessa cosa. Come "rex", anche "pontifex" e "architectus" sono termini che indicano un potere speciale, legato a una visione sacra dell'urbanistica e dell'edilizia. Figurarsi di quali poteri si carica il costruttore di strade.

Dove lo Stato non esiste

Luna che cala, afa, abbaiare di cani. Finestra su uno spazio insonne e devastato. Tremolare di luci in direzione di Pignataro Maggiore, la più grande discarica abusiva d'Europa di rifiuti tossici. Storie di veleni interrati con tutti i camion che li hanno portati a destinazione. Dall'altro lato, sui Monti Tifatini dove si accampò Annibale, le cave di marmo disegnano gironi danteschi attorno a meraviglie come San Leucio, Sant'Angelo in Formis e Caserta Vecchia, rendendole inguardabili. Incombono sull'Appia come una mascella cariata di balena, rappresentazione scenica perfetta di uno spazio extraterritoriale che non è Italia ma appartiene ad altri.

Come avevano ragione i nostri contadini della Terra di Lavoro. La strada taglia un arcipelago dove abitano i "buoni" ma anche i "malamente". Isole di resistenza e isole dove lo Stato non esiste. A est si annunciano i cementifici tra Caserta e Maddaloni, piazzati in mezzo a una delle aree più abitate del mondo, impianti altamente inquinanti legati a fin troppo noti costruttori di Roma o di Afragola. Gente cui è meglio non tagliare la strada, come fece il sindacalista Franco Imposimato, fratello del giudice Ferdinando, ucciso in un agguato dai Casalesi anche per il suo impegno sul tema dell'ambiente. Gli amici casertani mi dicono che la pressione sulla cittadinanza è tale che su giornali come "Il Mattino" di Napoli la parola "cave" non la puoi quasi scrivere.

Tra i pochi a rompere il silenzio, nel 2010, l'arcivescovo Raffaele Nogaro, con una coraggiosa lettera di denuncia di un "nefasto imbonimento a mezzo stampa" che fa sì che la popolazione, dopo una protesta iniziale, alla fine si sottometta o precipiti nel baratro dell'indifferenza. Parole tremende, come "dissacrazione e contaminazione ambientale", "Maddaloni ridotta a lazzaretto", presenza di "leucemie, neoplasie e altri abomini". Ma poi succede che il Sud ti sorprende lanciandoti, a un tiro di schioppo da Capua, un segno luminoso di speranza: la reggia borbonica di Carditello, strappata all'incuria e alle mire dei Casalesi, restaurata e riaperta ai visitatori per intervento di un bravo ministro dei Beni Culturali di nome Massimo Bray. Un'isola dove lo Stato esiste.

Caserma Andolfato

Capua, culla del femminile campano, terra delle Grandi Madri di carne e di pietra. Se ne stanno in assemblea nelle sale del museo archeologico, emblemi della fertilità che gridano nella penombra la loro millenaria supremazia sul maschio. Sotto la scritta SPQC – Senatus PopolusQue Capuanus –, sporgono i petti generosi verso il corso Appio, la Porta Napoli, fino al Monte Partenio e al Tifata che crepitano di temporali nell'afa. La città è marchiata da insegne ottocentesche: il brefotrofio, l'Istituto Pirotecnico Militare, la lapide in onore di Alessio Simmaco Mazzocchi, prete indomito che sotto i Borbone salvò dalla rapacità dei "malamente" l'archeologia della Terra di Lavoro.

"Guardatevelo bene il Museo campano, prima che ce lo chiudano per sempre," ci dice a sorpresa un signore anziano e distinto, cui evidentemente l'antico sta a cuore. "Il Comune non ha più un soldo," risponde alla nostra allarmata richiesta di chiarimenti, "la Provincia l'hanno abolita, la Regione fa il pesce in barile e lo Stato è come se non ci fosse. Tutti parlano e parlano e parlano, ma nessuno fa niente per questo gioiello assoluto. Voi che siete del Nord, sappiatelo, qui non c'è solo la camorra. C'è anche del buono. Solo che il buono ce lo tolgono, e il peggio rimane."

Ed è l'interminabile periferia est di Capua, che sempre lungo l'Appia si salda con il suburbio della gemella Capua Vetere. Stazione delle corriere, parco giochi, case popolari, un sassofonista che suona *Besame mucho* su richiesta, sotto la finestra di una femmina campana, e per noi improvvisa una tarantella dopo averci chiesto se siamo inglesi. Un tizio svuota un contenitore di abiti lasciati ai poveri e indossa disinvoltamente quello che gli sta meglio. Un altro urla di voler chiamare i carabinieri perché Alex filma la strada. Al Sud sono così, iracondi o ospitali. Niente vie di mezzo.

Caldo immobile. Per camminare non resta che il pilota automatico. Si va lenti, regolari e quasi assenti, come dromedari. Nel film scorrono concessionarie e serre, statue di padre Pio che ringhiano contro il malocchio, cartelloni che esortano DIMAGRIRE SI PUÒ, liste di nozze, negozi di abiti da sposa e lampadari. Ed ecco, dopo il caseificio delle fattorie Garofalo – le stesse incrociate nell'Agro Falerno –, l'immensa caserma Ezio Andolfato, carcere militare, ex Centro di identificazione ed espulsione per immigrati illegali dato alle fiamme dagli immigrati medesimi alcuni anni fa. Prima ancora è stata caserma di carristi, nella quale venivano mandati a far la naja gli ufficiali degradati per problemi mentali insieme a un'altra bella categoria, i figli dei camorristi, ovviamente esentati da tutti i servizi.

Costruita sotto il Fascio per le truppe italiane in partenza per l'Abissinia, fu occupata nell'ottobre del '43 dalla divisione corazzata tedesca Hermann Göring, che la fece a pezzi al momento della ritirata. Poi la caserma è entrata in una fase surreale, degna del miglior *Satyricon* di Petronio, di cui si tramandano immagini inverosimili. Camorristi dai colli taurini che giocano a carte in minaccioso silenzio, altri che di notte sparano fucilate ai randagi come in un safari, lanciando tremende urla gutturali. Due visitatori che mostrano la pistola all'ufficiale di picchetto e chiedono di un soldato – che per fortuna è altrove, all'ospedale – e vengono fatti tranquillamente accomodare. Si narra perfino di un ufficiale pazzo che ordina di "arrestare" due cani finiti in mezzo a un alzabandiera.

In questo magma delirante di miseria e nobiltà, l'Appia ti offre un salvagente con i suoi marciapiedi sconnessi e la sua umanità strampalata. E a noi, che ci camminiamo sopra, vien quasi da pensare che persino l'abbandono può avere i suoi vantaggi, per la caotica potenza evocativa che sa sprigionare. È un po' come entrare nel magazzino di un robivecchi chiuso da secoli. I Romani e gli Etruschi qui li vedi già dalle facce per strada, e con loro i Greci, gli Ebrei, i Sanniti. Tutto intorno, i segni di una terra feracissima contesa da secoli. Come nei Balcani, anche nel Casertano eventi antichi paiono appena accaduti, solo che qui la percezione è ancora più forte. La voce della Storia e del sangue versato la senti oltre il rombo del traffico, le grida delle comari e l'ululare dei randagi.

"Trent'anni fa sono entrato nel santuario di Sant'Angelo in Formis, che versava ancora in uno stato di totale abbandono," ci ha raccontato Settimio Cecconi, nostra guida romana sul tratto iniziale della Gran Via. "È arrivata una ragazzina, che è andata a cercare le chiavi e ci ha fatto entrare in una sagrestia polverosa ingombra di statue barocche contorte, in mezzo a montagne di materiale liturgico secentesco coperto di ragnatele. Era come avvicinarsi al sarcofago di una mummia nello scantinato di un museo egizio. Nessun luogo istituzionale poteva regalarmi un brivido simile. Sentivo la voce dei secoli. La mia passione per la Storia è nata in posti così."

Con l'avvicinarsi di Santa Maria Capua Vetere, la coabitazione fra pietre vecchie e cemento raggiunge una dimensione narcotica, psichedelica. Qualcosa di simile lo trovi solo nel labirintico palazzo di Diocleziano a Spalato, ininterrottamente abitato da diciotto secoli, o nel Duomo di Siracusa incastonato in un magnifico tempio greco. Ma qui l'integrazione fra epoche è più caotica. Alex filma paracarri secolari usati per attaccarci motorini, architravi romani fuori dai garage, iscrizioni funerarie sulla porta di un bar. Davanti al famoso sepolcro chiamato Conocchia, restaurato da Ferdinando IV "padre della patria", hanno messo un mega-tabellone dei Supermercati Nuzzo. In questo guazzabuglio, dove l'antico più venerabile non si distingue dal vecchiume, la gente te ne parla dicendo:

"Ah sì, quelle quattro prete". Laddove "prete" altro non sono che "pietre" senza la "i" e con le consonanti invertite.

Le "prete" nel Casertano sono fatte per essere usate, e che diamine. Il riuso è una necessità secolare. La cattedrale di Caserta Vecchia, che pullula di colonne di spoglio, ne è solo l'esempio più vistoso. "L'Appia," ti dicono altri, e talvolta non puoi dar loro torto, "è inutile ostinarsi a cercarla soltanto nei marmi e nell'opus reticulatum. Quello che parla è in primis l'impianto urbanistico. La Linea. A Santa Maria Capua Vetere, Roma è già abbondantemente rappresentata dal reticolo delle strade. Salite sull'Arco di Adriano e capirete. Al Nord non esiste un luogo dove il nuovo sia così permeato d'antico. Non ci siamo ridotti come la Via Emilia, tutta a camion, rotonde o isole pedonali." Una mora spettacolare, incontrata a un crocicchio, ci chiede dove andiamo e poi si mette a ridere, per dirci che la nostra fatica è inutile perché tanto il meglio dell'antico è invisibile, nascosto. "La questione è che qua, appena tocchi un muro, arriva l'archeologo e blocca tutto. Non se ne può più." Significa: ma che andate a cercare. Lasciatele al letargo quelle cose. Stanno bene dove sono.

L'urlo dei rivoltosi

In duemila anni, le piogge hanno dilavato il sangue e l'erosione ha addolcito i profili delle pietre per meglio ingannare i sensi, e ancora oggi, giorno dopo giorno, con pazienza, il tempo addomestica l'asprezza dei marmi, dilapidandoli. Eppure lo senti ancora, a Capua Vetere, il grido dei gladiatori scannati sulla terra battuta e l'urlo dei rivoltosi di Spartaco. È quel grido, nel sole tremendo dell'ora media che ci saluta, in fondo al tunnel di un'infinita e vociante periferia, nell'attimo stesso in cui l'anfiteatro romano appare sulla sinistra oltre una vasta spianata erbosa. Il tratto di strada costruito da Appio Claudio finisce così, con arcate che si alzano nel vento come le cime levigate dell'Hoggar in mezzo al Sahara, forti di una saldezza quasi geologica. Muraglie capaci di esprimere una potenza superiore persino a quella del Colosseo, il circo che gli imperatori costruirono – pare – ispirandosi proprio al modello capuano.

Nonostante secoli di ladrerie più o meno autorizzate, Capua

Vetere è ancora piena di tesori. L'Arco di Adriano, il criptoportico, l'acquedotto, le ville, i monumenti funerari, il museo archeologico. Eppure, qui a pochi viene in mente che l'archeologia è una formidabile risorsa e che di antico si può campare. Qui solo i romantici sperano di poter cavare dalle pietre qualcosa di più di un biglietto d'ingresso. Il pregiudizio permane, ostinato, e semina incuria un po' dovunque. Si estende persino alla Reggia di Caserta, gioiello mondiale all'altezza di Versailles. Sento storie di turisti lasciati al sole in piena estate in coda fra le transenne, di un parco infestato di venditori abusivi, o di potenti cui è consentito servirsi dei giardini e delle fontane per le loro feste private. Pare ci sia stato un boss con le chiavi del parco a gentile disposizione per la sua oretta di jogging, e che una banda di adolescenti si sia servita liberamente della fonte di Diana come piscina.

Poi, come sempre, il Sud ti regala meravigliose eccezioni. Gente come Bruno Zarzaca che, nel suo punto di ristoro davanti alle rovine, ci cattura con un profumato piatto di melanzane alla ricotta salata. È stato capace di allestire un ristorante biologico con attrezzatissimo info point, e di farlo marciare alla grande. Programma semplice, il suo: fornire ai viaggiatori un punto di sosta non solo mangereccio e non lasciarli allo sbaraglio davanti alle infinite bellezze della città. Il marketing all'italiana, incollato a stereotipi da autogrill, ovviamente gli sconsigliava investimenti di quel tipo, tanto è vero che nessuno prima di lui ci aveva pensato. E così il Nostro – lo vedo mentre istruisce lietamente cuochi e camerieri – si è trovato ad agire senza concorrenti e senza intralci camorristici: oggi può vantarsi di aver portato la sua Arena Campana da novemila a cinquantamila clienti l'anno, beffando i colossi del catering e della ristorazione.

È lì, con le vetrate aperte sul meglio dell'anfiteatro, che ci capita di ascoltare gli alti lai dei tutori delle vecchie pietre, anzi "prete". "Qui persino gli architetti ci guardano come rompiscatole," si lamenta a nome della categoria l'archeologa Diletta Colombo, che si offre di accompagnarci per un pezzo di strada insieme alla collega Ida Stanislao. "Davanti all'antico la gente ti chiede solo quanto vale, a pochi importa davvero che cosa rappresenti." Nell'aria, raccontano, si sente qualcosa di simile al terrore, o all'irrisione, di fronte al ritrovamento archeologico. "Ma lei non è orgoglioso di possedere un supermercato con strada romana incorporata?" pare abbiano chiesto a un imprenditore della zona. Al che lui avrebbe risposto: "E che volete che sia avere quattro basoli sotto terra? Qui teniamo tutti una strada romana in cantina".

Il racconto è dettagliato e crudo, pieno di esempi circostanziati. Annoto ogni cosa, con l'intento (poi realizzato) di scriverci sopra, senza sapere che le malcapitate, per il solo fatto di aver espresso francamente il loro pessimismo, subiranno di lì a poco un sommario processo pubblico. Un putiferio di indignazioni, curiosamente giocate in gran parte al femminile. Un maggior consiglio di grandi madri campane, con relativo vespaio via facebook, grida di tradimento, iettature, vesti stracciate in pieno consiglio comunale, lapidazioni a mezzo stampa, interrogazioni parlamentari. E frecciate persino ai camminatori venuti dal Nord, che figurarsi se la strada l'hanno fatta a piedi per davvero.

È un Sud bipolare che emerge, un Sud che passa dall'amarezza inconsolabile di alcuni alla negazione totale dei demoni da parte di altri, quelli che ti spiegano che tu, essendo forestiero, non potrai mai capire. E non serve dire agli uni e agli altri – gli sconsolati e gli ipersuscettibili – che al Nord la situazione non è diversa, che in tutta Italia i tutori dell'antico sono all'ultimo gradino della scala sociale, che anche nella mitizzata Padania il rapporto con i secoli oscilla tra l'abbandono, lo sfruttamento, l'imbalsamazione e la valorizzazione cementizia. Non si quietano nemmeno se gli spieghi che un pezzo di Via Emilia, appena portato alla luce nel cuore di Bologna, è stato subito tombato, che per carità non intralciasse il moderno, o che nella vicina Reggio tutti contenti ci hanno rimesso sopra uno strato di cemento dopo un'effimera apertura al pubblico. Hai un bel dire che non è il Sud ma è l'Italia intera ad aver paura della Storia. Fatica sprecata. Qui si riterranno sempre unici, nel bene e nel male. La differenza col Nord è tutta lì: nel grado di autostima, che qui è a livello zero. E nel vittimismo, che in Campania è a quota mille.

"Qui ci pugnaliamo da soli"

L'Appia è femmina. Gli archeologi che ci hanno aperto e ci apriranno la strada sono quasi sempre donne. Soprattutto in Campania, dove il dialogo assume spesso, ellenicamente, il tono acceso dello scontro. Provo a mettere insieme le loro voci, registrate fra Capua Vetere, Napoli, Benevento, Avellino, Marcianise e Mirabella Eclano, anche in successive perlustrazioni. Ne viene fuori, più che un contraddittorio, un contrappunto per voci e antiche pietre, cui manca soltanto il coro greco di sottofondo. Un botta e risposta che contiene in nuce un po' tutta la problematica sull'antichità derelitta del nostro Paese. Un dialogo socratico che finisce spesso in rissa.

"Qui nel Mezzogiorno, nella terra di Pompei ed Ercolano, noi archeologi non passiamo e non contiamo. Persino gli architetti ci guardano come rompiscatole, quando veniamo a fare i controlli sugli scavi di fondazione."

"Ascolti, glielo dico con infinito affetto: si rasserení, si prenda una vacanza, venga qui per passare un po' di tempo. Per puro 'otium', come i soldati di Annibale. Non vedrà che meraviglie; i nostri musei archeologici all'estero se li sognano. E banchetterà ogni giorno con delle delizie."

"Vi ringraziamo di essere venuti qui, voi dell'Appia Antica. Abbiamo tutti enormemente bisogno dello stimolo contenuto in questo viaggio... L'Appia lega tutti i luoghi del cuore della mia esistenza... Ma, per favore, non date di Capua Vetere un'immagine falsata."

"Ma quale immagine falsata e immagine falsata! Questi sono stati anche troppo buoni! Era tanto che qualcuno non veniva qui ad ascoltare con tanta umiltà le voci del territorio! Questi sono venuti a dirci dove abitiamo, che noi non ce ne accorgiamo nemmeno più."

"Io rappresento la Soprintendenza e dico che qui ci sono un sacco di musei, e i musei non nascono se non c'è dietro il territorio. La gente semplice ama le vecchie pietre. Lo vedo ogni volta che apriamo le porte di una mostra. Il vero problema è che noi archeologi non riusciamo a scavare perché non ci sono soldi e vorremmo fare molto di più."

"Ma che dite? C'è un milione di euro fermo da un anno per i restauri di Sant'Angelo in Formis, e li bloccate voi della Soprintendenza! Se i lavori non partono dipende da voi. E poi che la gente ami le vecchie pietre andate a raccontarlo a qualcun altro."

"Ma se la Grecia è mille volte peggio di noi! Loro sì che se ne fottono della memoria antica, non vedono che Bisanzio... Andate a vedere come hanno cementificato Argo, il porto da cui sono partiti gli Achei per Troia! Uno scandalo."

"A me è chiara una cosa sola: più soldi arrivano, peggio è. Questa è una terra difficile... E voi sapete cosa voglio dire. Il rilancio dell'Appia, o avviene dal basso o non funzionerà mai. Bisogna uscire dall'idea che la cultura è cosa per pochi addetti ai lavori. La tutela non è solo vincolo, la tutela vera la fanno i cittadini. Oggi la cosa giusta sarebbe rimetterla in ordine impegnando i giovani senza radici e senza lavoro. Come fai a sapere cosa sono le nostre terre senza la Storia? Come fai a capire posti come Marcianise se non sai che il nome viene dalla macerazione della canapa?"

"È uno scandalo che questa via sia stata trattata in modo così osceno. L'Appia è la spina nel fianco del mondo archeologico. Qui siamo rimasti a Garibaldi, poi non si è fatto più niente. Lui disse subito che la via andava tutelata in blocco come simbolo di riunificazione nazionale. Invece la si è lasciata andare in pezzi, pur di non restituire al Sud il suo destino antico di grandezza."

"Aaah, ci risiamo con questa balla del Nord che uccide il Sud! Qui ci pugnaliamo da soli! Ma ve lo ricordate il ministro Ruggero Bonghi alla fine dell'Ottocento? Legiferò la tutela dell'Appia e i parlamentari del Sud fecero di tutto per vanificarla. La stessa cosa per Fiorentino Sullo: un altro galantuomo. Volle togliere l'edilizia dall'anarchia e fu fatto fuori da Aldo Moro."

"Cari signori, questi quattro che vengono a dirci di cambiare registro sono tutti del Nord... Hanno visto le cose e si sono sporcati le scarpe... Pensate a Manlio Rossi Doria: guai se i suoi studenti non avevano le scarpe impolverate! I politici sono di scarpa lustra, invece... e noi dobbiamo stare attenti a quelli lì. Sarebbero capaci di sfruttare questa riscoperta della via per cementificarsela tutta. Siamo davvero sicuri che non accadrà? O che non chiamino a occuparsene uno straniero, invece di uno dei nostri?"

"Attenti, attenti a chi gestirà la strada! Qui c'è il rischio di un nuovo pateracchio. La via va curata dal terzo settore, che ha il polso del territorio... ovviamente sotto il controllo della Soprintendenza."

"Ma figurarsi! Il messaggio del governo italiano è che noi, per crescere, dobbiamo rinunciare a noi stessi, alle nostre culture autoctone, in nome dell'export e della tecnologia! Ci infliggeranno valorizzazioni all'americana, curate da gente che non sa nulla di noi. Qui dobbiamo dire no, mobilitare la nostra gente migliore, quella senza complessi di inferiorità. Guai a scimmiottare il Nord!

Guardate il tanto decantato pane di Gravina, guardate come ha perso il marchio Doc a furia di servirsi di grano canadese..."

"Tutta questa storia è pura utopia. Ma chi volete che si occupi di questa strada? I campani, se potessero, scapperebbero in massa da qui. L'Appia per loro è il segno di una condanna, è illusione pensare che la gente la ami. E poi un cammino solo laico non ha speranza, l'Appia non sarà mai Santiago. I pellegrini la diserteranno. Perché devo sgobbare per andare a Brindisi? E che è Brindisi? Niente di niente è. Io a Brindisi ci vado in autostrada! In macchina. Ve lo dovevo dire."

"Statti zitta, che non capisci niente di Storia! A Brindisi ci si imbarcava per le crociate! San Pietro e san Paolo sono passati per l'Appia per arrivare a Roma, te ne sei dimenticata? Siamo al solito: gli italiani non sanno quello che hanno, vanno sempre a cercare all'estero... E poi questo spregio dei cammini laici... Tu sei di quelle che credono agli onorevoli e ai camorristi che si lavano l'anima nera battendosi il petto alle processioni e pagando i fuochi d'artificio delle feste patronali. Non ne posso più di ipocrisie e vittimismi."

Il toro e lo scorpione

Mi aspettava nelle tenebre, il dio dal mantello stellato rosso e blu. Stava lì da duemila anni col coltello in mano, concentrato nell'uccisione rituale. I dettagli emergono man mano che l'occhio si abitua al buio. La testa del toro bianco tirata indietro per le narici, l'occhio stralunato dell'animale, la daga che gli recide le arterie del collo, lo scorpione che gli attanaglia i testicoli mentre un cane corre a leccare il fiotto di sangue, il serpente. Per un attimo credo di essere rimasto da solo nel mitreo, davanti alla "tauroctonia" che si compie nelle fondamenta di Capua Vetere, via dal formicolare della vita di superficie. E invece ecco accanto a me due portatori di fiaccole con berretto frigio e ramoscelli sacri, effigiati a colori sulle pareti. E c'è anche un adepto nudo e bendato che brancola nel semibuio, condotto per mano da un severo sacerdote in tunica bianca.

Che tempesta di simboli, e che incommensurabile distanza da Appio Claudio in tutto questo. Non c'è più nulla, nell'antro, della dura religione civile delle origini. Ma il mitreo segna una cesura anche della nostra strada. Narra il tenebroso potere dei sacerdoti che ritorna, con l'idea prima inconcepibile della discendenza divina del potere, con l'influsso della Persia e dell'Oriente. Sono di fronte a un rito misterico, a qualcosa di molto più tardo dell'epoca repubblicana: le liturgie di una società segreta legata da un giuramento di élite all'ombra del trono imperiale. Mitra, il sosia di Gesù, nato anche lui in una grotta e morto a trentatré anni solo per ascendere al cielo e risuscitare a vita eterna. Culto da buio catacombale, portato a Roma da mercanti e legionari esattamente come il cristianesimo. Anch'esso lungo la Via Appia.

Nel buio sento passare soldati, schiavi, carriaggi, barbari, Vandali, Saraceni, Svevi. Ma forse sono solo le ombre dei vivi che stanno di sopra, nella luce forte dell'ora media. Dalla camera oscura del mitreo leggo in negativo il film della strada che si ridistende, diventa pentagramma, arazzo di Bayeux, si riempie di voci, suoni, tonalità, grida. Ma c'è qualcosa di assolutamente nuovo nella visione. Non è più la direzione delle legioni in cammino verso le periferie del mondo. Non è più il nostro senso di marcia, quello della potenza che nasce e si espande. Ora è tutto un concitato andare verso la Capitale. Il riflusso di un'onda di marea. La via letta al contrario. Roma che diventa Grecia, Oriente, Libia, Eufrate, Nilo.

Sento che inizia un viaggio contromano. Dall'antica Capua in poi dovremo farci largo in un flusso che si è invertito, una corrente che non cerca più il sole ma spinge verso il tramonto. I viaggiatori del tempo non ci cammineranno più accanto ma ci verranno addosso. Un fiume di gente. Li vedo già arrivare, urtarci, costringerci a sgomitare. Vedo Pietro e Paolo, stanchi e guardinghi, sulla strada verso l'Urbe, con nel cuore il nuovo Verbo venuto da oriente. Il corpo di Augusto, morto a Nola in pieno agosto, che torna a Roma, viaggia di notte per via del caldo e di giorno riposa nelle basiliche o nei templi. La processione dei decurioni dei municipi e delle colonie che lo trasportano a braccia tra ali di folla. I canti, le fiaccole, il passo dei soldati, l'ululato dei cani, le mosche. E ancora Virgilio, che muore a Brindisi e viene sepolto a Posillipo, il nastro che si riavvolge lungo la stessa strada che il poeta ha disceso in compagnia di Orazio. Un cielo temporalesco, una *Marcia funebre* di Mahler, un *Notturno* di Richard Strauss. Echi, risonanze, tonalità e suoni incanalati nella Gran Via.

IL VENTO

Da Capua Vetere a Venosa

Irpino e peripatetico

Il Sud comincia a seguirci proprio quando ci lasciamo alle spalle Appio Claudio per entrare nella seconda parte della strada, quella costruita dai suoi epigoni verso Benevento. L'irpino Marco Ciriello, giovane amico di vecchia data, munito di zaino, rossa bandana e buona lena, ha scelto di scortarci nella marcia di avvicinamento al Sannio montuoso. Giornalista e scrittore, sa viaggiare sul filo difficile che lega sport e cultura, campionato di calcio e reportage. È un tipetto che va maneggiato con cura, trattandosi di greco peripatetico, cinico per giunta, spietato nei giudizi e fulmineo nei dialoghi. Ma con questo trapezista acquistiamo le chiavi, la lingua, l'energia e la mimica indispensabili a entrare in situazioni complesse, precluse a noi stupidotti del Nord. Anche lui, a suo modo, sancisce la trasformazione in atto. L'ellenizzazione della strada romana.

Caldo afoso, crepitare di temporali senza pioggia e vortici di "piumini" liberati da pioppi in fioritura. Sarebbe tempo da pilota automatico, da passo distratto su nastro trasportatore d'aeroporto, ma ci pensa il nuovo arrivato a tenerci desti spezzando l'andatura. Prima rallenta per filosofare con Alessandro su Márquez "che è Stephen King più Gadda" e per questo è scrittore vero, mentre Joyce "è uno che se ne fotte del plot, intesse lievi madrigali, fa montare la lingua e alla fine ti lascia esausto". Poi, appena il viaggio si spezza e si imballa nella discussione, ecco che l'irpino ti accelera verso una "vittima" all'orizzonte, piomba come un falchetto in mezzo agli anziani intenti nel tressette al bar del dopolavoro, sfotte garbatamente le comari in adorazione di qualche icona, oppure chiede a una ragazzina persa col navigatore in mano "scusi, dove passa l'Appia Antica?", solo per mostrarci, dalle risposte spaesate, la distanza incommensurabile tra la gente e il territorio.

Davanti all'ennesimo parrucchiere da uomo, approfitto dell'indigeno per sciogliere il mistero di questa crescente vanità maschile che registro procedendo a sud-est. Non c'è paragone col numero di acconciatori per signora. Non è solo che in Campania il barbiere è un canale di informazione fondamentale, un centro di pellegrinaggio come non esiste più in altre parti della Penisola. È che, per ragioni del tutto estranee alla mia calvizie, non riesco a comprendere l'attenzione spasmodica ai capelli leggibile nel maschio del Sud. Non capisco come si concilia, questa sua vanità femminea, con il machismo ostentato in ogni dove a queste latitudini. Da Roma in giù non c'è testa d'uomo giovane che non sia acconciata o non assomigli a quella di un grande del football. Persino i carabinieri hanno il gel.

La spiegazione dell'irpino è sorprendente. "Che vuoi, qui il maschio parla attraverso la testa. Al Sud il barbiere è quasi un prete, perché è l'unico che ti mette le mani in faccia, un gesto di sottomissione che tu non concedi fuori dalla sua bottega. Nel Meridione mettere le mani in faccia, anche per una carezza, è cosa che si fa solo con i bambini. Mai con gli adulti. Se io, che sono più giovane di Paolo, gli tocco la faccia, è per sottometterlo, per dirgli che è più debole di me. Quindi non lo farò mai. Ma non c'è solo la sacralità del barbiere. C'è che il barbiere declina le mode. È quello che ti scolpisce la testa e quindi realizza i desideri. È attraverso i capelli che gli uomini parlano. Soprattutto i ragazzini. Finché non hanno raggiunto la maturità amorosa le provano tutte. Per le ragazze è diverso, non fanno esperimenti. Sono più composte nel taglio di capelli, hanno più classe, più stile, sono meno volgari. Ovunque, la donna è più matura dell'uomo."

Il guazzabuglio

Anche dall'aereo capisci dove passa l'Appia Antica fra Capua Vetere e Maddaloni. Basta traguardare il punto in cui la ferrovia

Napoli-Caserta incrocia l'Autostrada del Sole. Una X perfetta. In mezzo a quell'incrocio passa la Via Regina. Solo che non è l'Appia che è andata a infilarsi in quel guazzabuglio. È la mano sovrana dei lavori pubblici che ha pensato bene di sbarrarle il passo con una ferrovia invalicabile e il sorvolo su piloni del principale asse nord-sud del Paese. L'impatto, per chi va a piedi, è un disastro che obbliga a una complicata deviazione per un umido sottopasso e un interminabile cavalcavia, e guai a chi spreca la nobile parola "ponte" per questi tronchi di cemento informe che ci siamo dovuti sorbire, unici umani a piedi, con gli automobilisti a guardarci male quasi fossimo clandestini in fuga.

La Linea? Dov'è la Linea? Alla fine del periplo sembra di essere arrivati e invece no, c'è ancora una strada chiusa. Ne veniamo a capo solo oltrepassando le transenne, con l'esercizio del nostro diritto primordiale all'utilizzo dei varchi. Ed è incredibile che anche qui, su uno dei rettifili più lunghi d'Italia, se ne possa venir fuori solo con un'infrazione al codice della strada. Un chilometro e duecento metri in più, per oltrepassare una linea ferroviaria. Ma l'insensatezza continua sul tratto seguente, con la via derelitta che entra in una zona industriale dai cancelli blindati e priva di umani in cammino. Consorzi agricoli, concessionarie d'auto, motorizzazione civile, parco giochi Meravilandia. Il solo essere vivente è un enorme, peloso pastore maremmano, dimenticato dietro un'inferriata, che mendica disperatamente carezze e piange vedendoci ripartire.

L'unica direttrice cui è consentito filare senza ostacoli è la Statale 87 Napoli-Caserta, che incrociamo al termine dei capannoni, con la reggia borbonica che appare sulla sinistra e che, nonostante la distanza, ruba tutto il palcoscenico alla nostra via. L'unico segnale che tenta di restituirle il primato è il nome del paese che segue, San Nicola la Strada, che porta sullo stemma un'inconfondibile striscia di basolato e una pietra miliare, simboli sui quali pochi indigeni si soffermano a riflettere. Anche qui, amnesia. Le vecchie case in tufo sono abbandonate e cadenti, ed è vano ostinarsi a cercare la strada attraverso le pietre. Non c'è che la Linea. Spezzata in continuazione, ma c'è. Tieni duro, vecchia Appia. Portaci fuori dal labirinto.

Pini marittimi, qualche scampolo di campagna, poi i torrioni di Calatia, antica città osca. Oltre un recinto, i segni della cinta muraria allineata al decumanus maximus. Antiche pietre coperte di licheni tra la nostra strada e le prime alture dell'Appennino. Ma nessun cartello dice ciò che sappiamo già da tempo, e cioè che il sito è condannato. Su Calatia saranno piantati i piloni della ferrovia ad alta velocità Roma-Bari. C'è stata qualche protesta a Maddaloni e dintorni, ma senza risultati. Sono cose davanti alle quali persino la penna di Antonio Cederna diventa insufficiente. Ti arrendi. Dici: ma sì, i campani hanno ragione a fottersene dell'Appia e a bistrattare la Storia, se questo è il segnale che arriva dall'alto. Che amore per se stesso dimostra un Paese che lascia gli archeologi alla fame e pianifica l'alta velocità ferroviaria sopra una città antica?

Incontriamo un insegnante di scuola media di Marcianise, si chiama Tommaso Rossano e cammina con passo da sognatore. Saputo il senso del nostro viaggio, si ripromette di inserire nel programma gite a piedi lungo l'Appia per le sue classi. È pazzesco, borbotta, che sia gente del Nord a venirci a spiegare dove abitiamo. "Mio nonno," racconta, "mi portava sulle montagne intorno e mi spiegava il senso delle pietre. È stato lui a farmi capire che la nostra storia è tutta fuori dalle grandi direttrici... Oggi chi le dice più queste cose ai giovani? Le autostrade ci hanno disabituato a guardare, non conosciamo più i sentieri. Il web ha abolito la geografia, la storia è diventata un collage di pezzi di Google. Eppure, è solo a scuola che si può costruire l'amore per il territorio. Storia e paesaggio sono il nucleo del turismo, sono elementi così intrecciati da essere indivisibili. Che cosa meglio della strada unisce storia e geografia?"

'O professore racconta che il Club alpino di Caserta lavora da tempo a una capillare sentieristica provinciale e ci indica un sito – "transcasertana" – che cartografa piste, tratturi e mulattiere. Sono in tanti, in questa zona, a lottare contro l'amnesia e il degrado. Capisco che il nostro viaggio è per loro come uno squillo di tromba. Ma Calatia resta il simbolo di una battaglia persa. Sindaci e Trenitalia se ne fregano. La camorra, figurarsi. "Pare che i costumi degli Osci fossero tanto corrotti," sta scritto in un vecchio dizionario, "che dal nome di questi popoli siasi formato l'aggettivo 'osceno'." Ecco, forse solo una parola oscena potrebbe definire quanto accade nella terra degli Osci. I quali, duemila anni fa, partorirono commedie di trama e linguaggio così indecenti – le "atellane" – che l'imperatore Tiberio chiese al senato di abolirle.

Sarebbero da resuscitare, se non fosse che oggi nemmeno un turpiloquio da angiporto sarebbe capace di smuovere i ladri facce di bronzo dell'Appia Antica.

Una birra a muso duro

"Vaffanc..."

Da un furgone con quattro operai, che ci affianca, esce la più italiana delle benedizioni. Lunga, modulata, in Fa diesis. E noi rispondiamo con un'allegra raffica di "evviva!". Sappiamo che non c'è per forza l'insulto nell'esclamazione proletaria. Il camminatore è un'anomalia che eccita grumi di passioni e risveglia uno spettro di sentimenti che vanno dalla curiosità al sospetto. Dunque, l'anatomia di un "vaffa" che lo riguarda è di ardua lettura. Dentro c'è la sorpresa per l'incredibile, la commiserazione per i non gommati, l'invidia oscura del pendolare per chi ha tempo a disposizione. Ma c'è anche l'incertezza. Chi sono questi qua?, si chiede la gente: extracomunitari allo sbando o ricchi borghesi che hanno fatto una scelta snob?

Marco brontola: "Noto spesso ostilità verso chi cammina. Quando attraversavo la Basilicata a piedi mi sono preso un sacco di insulti. C'era gente che si preoccupava di abbassare il finestrino e di offendermi, dicendo 'vai a lavorare'. In realtà stavo lavorando... ma loro vedevano solo l'evasione. Da un anno non ho la macchina e la gente non fa che propormi macchine. Faccio quattro chilometri a piedi ogni mattina per prendere i giornali e provo ogni volta un senso di libertà. È bellissimo, tanto che comincio a vivere la macchina come un problema. I giornali non mi piacciono più, forse vado a comprarli solo per fare quei quattro chilometri".

La conferma dell'effetto destabilizzante del nostro passaggio ci arriva all'agriturismo La Masseria, in Comune di San Marco Evangelista, ma quasi alle porte di Maddaloni. Quando ci vedono arrivare a piedi, quelli alla reception mettono il muso. Non se l'aspettavano, e noi del resto al telefono non gliel'avevamo detto. Non tentano nemmeno un approccio basato sul rituale "chi siete, a chi appartenete". Ci trattano subito come miserabili. "Non vorrete lasciare qui gli zaini, che poi arriva gente a cena," chiariscono prendendo malvolentieri i nostri documenti. Par di essere sui traghetti della Tirrenia, dove ogni richiesta è un fastidio, anche il numero della cuccetta.

Ovunque in Europa l'auto passa di moda, ovunque si recuperano il corpo e il paesaggio. Qui no, la macchina è ancora un mezzo di esibizione sociale. Se arrivi in un posto simile senza un mezzo a ruote, sei un miserabile o un cretino. Ci chiediamo come andrà a finire. Portiamo via gli zaini, e vabbè. Li portiamo anche se sono le sei e i clienti arriveranno non prima delle nove, e vabbè. Le camere non sono ancora fatte, e ancora vabbè. Ci beviamo intanto una birra all'aperto, servita a muso duro pure quella, e quando finalmente raggiungiamo le stanze – non senza avere respinto a sassate l'agguato di quattro cani attaccabrighe nutriti dai proprietari – non è finita ancora, perché quelli della reception vengono a bussare mentre siamo sotto la doccia, per chiedere il pagamento anticipato. Temono una nostra fuga all'inglese di primo mattino. Fantastico.

L'ospitalità greca dei bravi contadini della Terra di Lavoro è andata a farsi benedire. Avverto nell'aria la stessa ostile protervia dei camerieri della vecchia Jugoslavia comunista, pastori-guerrieri convertiti a forza alla civiltà del servizio, e rimasti incrollabilmente propensi alla rapina, più che all'accoglienza. In ogni loro frase era implicita la minaccia del soldato costretto alla compiacenza col nemico. Anche questi dell'agriturismo, per Marco, sono ancora pastori. Non c'è l'oste benevolo, la bellezza del dire "vi vedo stanchi... prendetevi il vostro tempo, sedetevi, accomodatevi". Sono sempre mandriani. Cowboy che ti dicono: togliti, che dai fastidio alle bestie.

La cena è un'altra storia: camerieri simpatici, servizio efficiente, pizze e fritturine speciali, a dimostrazione che come sempre il meglio degli italiani si rifugia nel cibo. È lì che si annidano gli dèi commensali, presenze silenziose al nostro fianco. Per il resto, il variopinto pubblico del ristorante è Dallas, non Caserta. Famiglie con mamme tiratissime in tacchi alti, bimbi con capelli laccati e telefonino che diventano padroni assoluti di una sala enorme tipo vecchio West, un megaschermo sintonizzato su un serial tv made in Usa. Questi, pure se si arricchiscono, non faranno mai un viaggio a Parigi, rimangono qua, si fanno la casa più grande per esibire i soldi. Vengono al ristorante soprattutto per essere riconosciuti come abbienti. Assistiamo a una messa cantata in cui si celebra il taglio delle radici.

I bambini sono una sciagura. Hanno trasformato la pizzeria in un campo giochi urlante, nella certezza dell'impunità. L'interazione tra loro e la mamma italiana genera mostri. Marco: "Qua, se un bambino spara a un altro bambino, la mamma di quello che ha sparato dirà che la vittima si è messa nella traiettoria del proiettile. Tutto quello che la società civile percepirebbe come deviazione dalle regole diventa esibizione di machismo. È là che comincia tutto. Quando si trovano di fronte all'autorità, per esempio i professori e i maestri, questi la mettono subito in discussione. Viviamo in un paese dove non c'è più autorità. Siamo tutti di sinistra e ci troviamo a invocare l'autorità, una cosa che mai avrei ritenuto possibile".

La camorra compatibile

Mezzanotte. Torniamo alle nostre stanze. I cani orribili non ci sono più; per l'arrivo degli ospiti di riguardo li hanno fatti sparire. Fuori è rombo di temporali, sgommate in parcheggio, turbini di polline di pioppo nei fari delle automobili.

Marco, c'è stato un tempo in cui la camorra aveva una sua utilità?

"Esisteva, prima che qui si cominciasse a sparare in orizzontale, stile Tarantino."

Era gente abbordabile?

"Ci potevi parlare. Propiziava constatazioni amichevoli. Potevi chiedere di risolvere problemi, dal posto macchina alle liti condominiali, evitando di affollare i tribunali. Conveniva un po' a tutti, garantiva ordine dove c'era il caos, e là dove non entrava lo Stato, si infiltrava e coabitava. Tu li conoscevi, sapevi dove non dovevi andare, loro conoscevano te. Bastava non intralciarli."

Un mondo parallelo...

"Sembra un paradosso, ma c'erano due binari dove passava lo

stesso treno, che poi era Napoli, la Campania. Avevi a che fare con una camorra adulta, che aveva un terreno comune col resto della società: il calcio, la religione."

E oggi?

"Si ha a che fare con una camorra adolescenziale senza nessun terreno comune. Ci sono le gang stile messicano, facebook e i social network. Più che un quartiere hanno un marciapiede, e c'è quell'incremento di violenza che fa clamore e dice che questi hanno poco futuro e nessuna regola."

Ma cosa impedisce alla camorra di risciacquare i soldi in cause pulite? Cose tipo un'edilizia sana, o un'economia verde?

"Ci ho sempre pensato. In fondo questi dichiarano sempre, platealmente, un amore immenso per la loro terra. Una camorra compatibile, che investe nel politicamente corretto."

Ma non succede.

"E se succede non è per coscienza, ma per opportunità. Per loro il nucleare e le piste ciclabili sono la stessa cosa, se portano soldi."

Sì, ma se succedesse?

"Toccherebbe votarli senza essere minacciati. Una spirale di paradossi."

Io non credo che succederà. Questi sono incapaci di concepire il bello e il buono. Sarebbero svelati dall'estetica.

"È probabile. Le radici vengono fuori quasi sempre. I dittatori sudamericani più massacravano e più edificavano architetture barocche. Quasi ci si dovesse vergognare di un muro pulito."

L'altro paradosso è che c'è sempre meno differenza tra loro e il banditismo finanziario di certe banche.

"Anche questo è vero. Buonanotte."

Meno male che c'è la nostra strada. Mi ci aggrappo come a un salvagente nella tempesta. La mia paranoia dell'orientamento fa sì che persino quando dormo so esattamente dove si trova rispetto al letto. Ora è dietro, a sinistra, a ore otto. L'Appia non mi abbandona mai. È la mia bussola. Specie in notti così, piene di cani, di strepito e di nulla.

Maddaloni

Al mattino ci sveglia uno scampanio a distesa, accompagnato da botti. L'Appia intera crepita, tintinna e risuona fino alle Forche Caudine. Che succede? Consultiamo il calendario. È la festa della Mamma, e la mamma italiana, si sa, non è una mamma come le altre. Quella del Sud, poi, è ancora più speciale, perché al Sud il Divino è femmina e la mamma si identifica in tutto e per tutto con Maria santissima. La festa laica è diventata religiosa. È domenica, a Maddaloni i fiorai sono aperti e tutte le chiese spalancate, con capannelli di uomini e nonnine invalide portate di peso in piazza. Gesù scompare in un giorno simile, persino l'invadente padre Pio passa in secondo piano. Oggi c'è solo lei, in un tripudio di fiori e canzoncine da *Zecchino d'Oro*.

Ma spesso dietro a Maria si annida la matriarca regina delle jatture. Una ci attraversa la strada con passo superbo e pretende cinque euro. "Vi porterà fortuna," dice, ma nel gesto, nello sguardo e nella voce c'è già la minaccia. La quale scatta fulminea non appena la preda si sottrae all'estorsione: "'E muort'e chi t'è muort, 'e muort'e chi t'è stramuort," urla in mezzo alla strada, "'e chi t'è sonate e campane a muort!". E poi, ancora: "Che puzzate i' sott'a 'na machina". Meno male che poco più in là, in un mercatino di maghrebini, un giovanotto a cavallo di un Vespino neutralizza la sfiga benedicendoci con un sonante: "Bravi! Vi accompagno col pensiero!". Questa è la terra del magico, più che del religioso, e i sentimenti si estremizzano. Si ama o si detesta, l'indifferenza non esiste.

Il ritmo impossibile del Casertano non nasce dalla difficoltà di trovare la via, che qui è indiscutibile. Nasce dalla densità di scenette che obbligano a soste impreviste ora uno ora l'altro componente della pattuglia. Alessandro non ce la fa a fissare tutto quel ben di Dio nella cinepresa: a volte resta indietro anche di mezzo chilometro, e in quel caso è come se un elastico invisibile si tendesse tra di noi fin quasi al punto di rottura. Il passaggio sull'Appia è notato da tutti, genera codazzi e capannelli. Ed è uno spettacolo assistere allo stupore del contado campano quando scopre gente del Nord che non passa per conquistare, giudicare, pontificare, redimere, imporre la propria morale o osservare con l'occhio freddo dell'antropologo, ma per ascoltare, vedere, condividere. In umiltà, a piedi. Marco sostiene addirittura che è dai tempi di Ernesto de Martino che nessuno faceva nel Mezzogiorno un viaggio simile, fra la gente. Quanto alla linea percorsa, io non riesco proprio a immaginare di aver fatto qualcosa di storico. Ma il dubbio comincia a rodermi. Devo convenire che, da quando siamo partiti, non abbiamo scoperto la minima traccia di altri passati prima di noi.

Centro affollatissimo di Maddaloni. Sorpresa di una chiesa dai campanili a cipolla, molto austriaca, firmata Vanvitelli. Clima risorgimentale: lapide garibaldina, con l'eroe dei Due Mondi che ti guarda come da un buco nel muro, la sede della banda municipale e del coro e quella dell'Associazione ciclistica maddalonese. Su un lucido lastricato lavico ottocentesco, un imponente schieramento di pensionati in giacca e cravatta davanti alla porta della Pro Loco diventa all'istante comitato d'accoglienza. Li ascolto farsi in quattro per consigliarci la strada giusta, in un mare di indicazioni contrastanti. Noi la strada la sappiamo benissimo, ma il bello è tutto lì: proprio perché sappiamo già dove andare, siamo in grado di decifrare il loro cruccio. Temono che ci affatichiamo troppo e ci depistano verso scorciatoie per affetto.

Quante cose da capire. Al bar Gelo chiedo un caffè e metto venti euro sul bancone. Un bambino, velocissimo, porta via la banconota ed esce di corsa. Mi allarmo, e subito il barista, sorridendo, spiega che il piccolo è andato a cambiare i soldi nella vicina tabaccheria. Sarà il bambino stesso a mettermi il resto in mano un attimo dopo, facendomi sentire una bella merda. Poco più in là, sull'uscio di un circolo dopolavoristico c'è un cartello con su scritto: STATEVE ZITT ARET'E CARTE, e lì mi occorre la traduzione. Sarebbe "state in silenzio dietro alla mano di gioco". Significa, spiega Ciriello, che c'è una figura nei circoli e nei bar che è quella dell'uomo che sta dietro ai giocatori e che, senza giocare, diventa tecnico, di qualunque tipo di gioco, l'esperto di qualunque cosa, e sentenzierà sulle carte. "Quindi il cartello ti mette in guardia e dice che quella è una cosa che non si deve fare. Ma così facendo annulla anni e anni di bar."

Poco oltre, Marco strafà. C'è una popolana incantata davanti a una statua del solito corrucciato padre Pio che non guarda da nessuna parte.

Dice a se stessa, come in trance: "Vulesse parlà cu mme".

E Marco, veloce come il vento: “Ah, e che vi dice?”.

La donna, ipnotizzata: “È come se guardasse a mme”.

Lui, spietato: “No signora, veramente guarda dall’altra parte. O vi spostate più in là, oppure non vi guarda”.

Lei si sposta, obbediente, alla sua sinistra.

Marco: “Ecco, ora vi guarda”.

La donna, sorpresa, constata che è vero. “Ovvì, guarda a mme.” Ma poi si sposta ancora e dice: “Pure se mi avoto ’a ccà”, mi guarda comunque, anche se mi muovo ancora. E prova a trasferirsi ancora più a sinistra, verso un albero del pepe.

“Eh no, signora, dovete stare ferma là se volete che vi guardi e vi parli.”

Solo allora la popolana, non del tutto convinta, se ne va. E anche noi ce ne andiamo, attenti a non ridere davanti a padre Pio, che non si sa mai. Quello è uno che s’arrabbia. Pare che il compositore Roberto De Simone, grande vecchio della cultura napoletana, autore de *La gatta Cenerentola* e del *Requiem per Pasolini*, abbia definito “inciarmatore” il frate di Pietrelcina, vale a dire mago imbroglione. Questo dopo averlo già abbondantemente sminuito nel suo *Satyricon a Napoli ’44*, libro magistrale, nato dalla strada, cui può essere imputato tutto tranne che la puzza sotto il naso.

Ma se capita

Montedecoro, Messercola. Santa Maria a Vico, Crisci. Lungo gli ultimi paesi di pianura, la strada piega verso l’oriente astronomico in una sequenza orizzontale di immagini, luoghi, brandelli di frasi. Ingorghi, folla di domenicali, la valle si restringe. Rintocchi dell’*Ave Maria*. Una sfida a calcetto con gli indigeni. Scuola materna Padre Pio. Sala slot machine. Associazione culturale islamica Ennour. Monumento agli immigrati della Valle Caudina, poi un altro monumento dedicato a ciabattini e braccianti, poi ancora lo strano campanile col bulbo a pera di Santa Maria a Vico. Non siamo in un posto qualunque. Una pomposa lapide recita: MESSERCOLA, FRAZIONE DEL COMUNE DI CERVINO, CIRCONDARIO DI MADDALONI, COLLEGIO ELETTORALE DI CASERTA, DISTRETTO DI CASERTA, PROVINCIA DI TERRA DI LAVORO.

È un corpo a corpo. Non c'è solitudine, non c'è tempo per immaginare. L'io è scomparso. Tutto è al plurale, diluito in un mare di gente. Al bar Raffaello, popolato di bambine vestite da sposa per la comunione, un simpatico, sedicente elicotterista – Pietro Della Rocca dell'Air Service srl di Acerra – insiste a darci il suo biglietto da visita nel caso dovessimo perderci sui monti. "Non capita," premette per esorcizzare l'eventualità, "ma se capita..." Non riusciamo a togliergli dalla testa che noi in montagna non ci andiamo, restiamo incollati alle strade. Anzi, a un'unica strada. Ma quello insiste a offrirci il servizio, perché... non capita, ma se capita... La frase diventerà un adagio del viaggio fino all'arrivo a Brindisi. La "summa" dei nostri imprevisti.

Meno male che i piedi sanno il fatto loro. Sentono la via, sotto l'asfalto. Avvertono la presenza delle innumerevoli sequenze di basoli tombati. Ne hai dappertutto. A Messercola in contrada Zi' Michele. A Santa Maria a Vico sotto l'ex Palazzo Palermo. Ad Acqua Vitale, chilometro 233 dell'Appia Nuova. Ma ecco che la strada si alza e prende quota nel vento. Barometro a 1022 millibar, aria pulita dopo il temporale. Emergiamo, finalmente. Respiriamo a pieni polmoni. Liberi da uno spazio anossico simile a un mare che ristagna senza vento. Un'ultima birra e un unico desiderio: aumentare l'andatura, ascoltare il ritmo dei passi. Anche Alex, normalmente ultimo per il lavoro supplementare che gli dà la cinepresa, serra i ranghi. Ora lo sguardo si allarga su campi coltivati, trattori al lavoro, filari di cipressi, gente in tuta che corre a bordo strada.

Vorrei essere un drone per vedere dall'alto questo nostro andare di villaggio in villaggio, lo zampettare del quintetto sul filo del quarantunesimo parallelo tra il monte chiamato Taburno e il crinale del selvaggio Partenio, con il cono del Vesuvio in vista, e davanti, a oriente, la rampa che porta alle Forche dove i Romani furono mazziati dai Sanniti. E a un certo punto lo sguardo si eleva sul serio, raggiunge altezze smisurate, fotografa in un colpo d'occhio la piana delle serre e delle bufale che si trasforma in bosco, montagna, campo di grano e tabacco; coglie la metamorfosi dell'Appia che incrocia i tratturi antichi degli Irpini, dei Dauni, dei Lucani, dei Messapi. Sento che anche la narrazione cambia, si slega dalle spiegazioni, annega finalmente nel paesaggio e va oltre, da visione prospettica si fa retrospettiva, comincia a radiografare il flusso del tempo.

Con l'agguato delle Forche, i Sanniti tornano ancora nelle leggende del posto. Una quindicina di anni fa, sull'Appennino, i Nostri erano diventati persino di moda, in parallelo al ritorno dei Celti in Padania. Ma ancora oggi, se chiedi ai ragazzi del Beneventano che cosa si sentono, la risposta sarà priva di esitazioni: "Sanniti". E se domanderai ancora "che cosa avete fatto?", ti diranno festosamente, in coro: "Un mazzo così ai Romani". Anche il nome di Annibale continua a riscuotere successo, incollandosi a toponimi nei luoghi più impensati. Da Albalonga in poi, il rapporto dei popoli italici con la Dominante resta di antagonismo. Il nostro cammino corre sul filo di un conto millenario da regolare.

Salita verso le gole dell'agguato, col manualetto di Lorenzo Quilici in mano. A sinistra e a destra la topografia delle masserie, dei conventi e delle chiese ricalca quella delle ville e delle fattorie romane. Sensazione che la via non sia nulla rispetto ai tesori che nasconde la campagna circostante. Camminiamo tra boschi, un campetto di calcio, un torrente e una strada sterrata che si infossa nell'impluvio, alla ricerca inutile di un punto esatto che nemmeno gli archeologi conoscono. Sopra di noi, quel giorno fatidico del 321 avanti Cristo, gli uomini di Gaio Ponzio si erano dispiegati sulle alture, decisi a combattere. I loro capi, e certamente anche le loro spose, li avevano spinti alla pugna dicendo che le legioni non avrebbero accettato da loro nient'altro che "il sangue da bere e le carni da sbranare".

La gola, il fiume, le montagne offrono una cassa di risonanza perfetta alla lettura ad alta voce di Tito Livio, *Ab Urbe condita*. "In eum campum via alia per cava rupem Romani demisso agmine..." I Romani, discesi con tutto l'esercito nella radura per una strada ricavata nelle rocce, "quando vollero attaccare senza indugi la seconda gola, la trovarono sbarrata da tronchi d'albero e ammassi di poderosi macigni". Dopo quell'attimo di smarrimento, più che la sconfitta, fu il disonore. Il passaggio dei consoli e dei soldati seminudi sotto il giogo, "in mezzo ai nemici armati che li ricoprivano di insulti e scherni", poi il ritorno a Roma nel segno della vergogna.

Ho imparato che, per evocare, il libro non è sufficiente: serve anche la suggestione dei luoghi. Nelle Forche la compressione del tempo è forte, quasi intollerabile. Ventitré secoli diventano un soffio di vento. Nel borgo di Arpaia, in cima alla salita, la lapide ai Caduti della Prima guerra mondiale e quella in memoria del "giogo" imposto dal vincitore sannita si fiancheggiano ai lati della porta d'ingresso della Pro Loco, per dirci che è il mito che conta, non la Storia, e che nel mito il tempo non vale. Sull'altro lato dello stradone, al numero 156, due formidabili cippi miliari quasi intatti decorano il patio di uno studio legale, come se una squadra di muratori li avesse appena piazzati lì e incollati al terreno con una gettata di cemento.

Manutenzione dei piedi

Vento forte sul rettilineo per Montesarchio, l'antica Caudium. Tempo di una sosta sull'erba. Irene ha ancora i piedi sofferenti, da un po' la vedevo stringere i denti. Ora accetta di farsi medicare. Ma alla fine tutti ci mettiamo scalzi. L'ora media è alle spalle, il corpo reclama i suoi diritti. Sdraiati sul campo, scende su di noi il silenzio religioso del rito della manutenzione personale.

I piedi hanno le loro tavole della legge. Primo comandamento, santificali in ogni istante: essi portano il tuo corpo e senza di loro non vedresti il mondo. Secondo, ascoltali: ti mandano un milione di informazioni pur stando lì alla cieca, chiusi in una scarpa. Sono loro e non la testa a sapere dov'è la strada. Terzo, curali. Intervieni con un cerotto al minimo segno di bruciore, che è il primo stadio della vescica. Quarto: lavali e rinfrescali a ogni torrente. Non avrai bisogno d'altro, né creme, né pomate miracolose. Quinto: dedica loro del tempo, ogni sera, a cammino finito, perché non abbiano a soffrire il giorno seguente. Sesto: sceglierai buone scarpe, possibilmente in cuoio. L'ideale sarebbero i sandali, che però scarterai in caso di rovi. Settimo, ottavo eccetera.

All'ombra di un castagno, in mezzo al verde Sannio, Riccardo snocciola il suo decalogo. È da giorni che tengo d'occhio il rito serale della cura dei suoi collaudatissimi piedi. Ci spende una ventina di minuti. Ha alle spalle un'esperienza camminatoria immensa. Tutte le coste italiane, le Alpi, gli Appennini, la Scandinavia da Göteborg a Capo Nord e infiniti altri viaggi francescani. L'ultimo, il più originale, quello compiuto e descritto in un libro (*PasParTu*, Edizioni dei Cammini) con Anna Rastello, la sua compagna: l'Italia attraversata con un itinerario disegnato, giorno dopo giorno, da chi offriva loro cibo, letto, tempo e parole. Un bel grimaldello per mettere in rete il meglio del Paese.

Quando cammina, Riccardo non impressiona. Il suo è un transumare metodico e quieto. Non ha garretti poderosi. Il femore sinistro, fatto a pezzi da un vecchio incidente in bicicletta, gli dà ancora noie al ginocchio. Ma va, inesorabile, tranquillo, indifferente agli ostacoli. È conscio – e persino orgoglioso, direi – di avere in tasca il gomitolo del viaggio. È il meno pesante di noi, e anche il suo sacco è quello che pesa meno. Tutto in lui è frutto di una spasmodica ricerca della leggerezza. Scarpe come piume (pare che cento grammi in meno sui piedi siano come mezzo chilo in meno sulle spalle), posate in titanio che il vento fa quasi volar via, miniforbici pieghevoli che maneggia come un amuleto, ricambi ridotti al minimo. E niente acqua nella borraccia: si beve solo quando e dove Dio vuole.

Ombre lunghe a Caudium

La rocca medievale di Montesarchio, l'antica Caudium, si eleva nella piana caudina tra i monti, regalandoci finalmente una visione d'insieme. Non è solo l'Appia, è la percezione della complessità orografica della Penisola, un labirinto che nessuna autostrada riuscirà a dominare. Sul nido d'aquila, col rettilineo che pare bronzo fuso nel controluce, Marianna Franco, appassionata archeologa della Soprintendenza di Roma, ci fa il censimento dei siti, quasi sempre ri-tombati per assenza di fondi. Lastricati originali da Maddaloni ad Arpaia. Una grandissima villa ai piedi del Taburno, coperta da un cimitero. E ancora taverne diventate masserie, "mansiones" dilapidate dal tempo. Brivido di un viaggio che entra finalmente in una terra incognita.

A cento metri dalla rocca, a picco sulla piana, la torre arcigna che racchiude le prigioni borboniche. In un vortice di giri d'aria, con cigolio di cardini e sferragliare di chiavistelli, un custode gentile ci conduce in un dedalo buio di celle senza finestre, affacciate su uno spazio centrale a cupola simile alla tomba di Agamennone a Micene. Il famoso vaso greco col ratto di Europa pare sia stato trovato qui e rubato da ignoti, per finire in America nelle mani di Paul Getty che poi l'avrebbe restituito al legittimo proprietario. Tra le celle, quelle del patriota risorgimentale Carlo Poerio che "qui sognò i destini dell'Italia austeramente soffrendo". Ma tutto questo poco importa. La torre si è adeguata ai tempi, prostituendosi come pista di decollo per droni e sfondo per foto matrimoniali.

La sera, con le ombre lunghe, ci raggiunge anche Giuliana Tocco Sciarelli, ex soprintendente che ha compiuto il monitoraggio totale dell'Appia in Campania e Puglia. Un'altra donna. È dalla partenza, dopo l'incontro romano con Rita Paris, ma soprattutto da Capua Vetere, che queste vestali delle pietre – anzi, "prete" – si danno il cambio nel seguire la nostra esplorazione con occhio benevolo e nel riversarci la loro sapienza senza considerarci intrusi. "Questa strada avanza con l'avanzare di Roma," ci spiega Giuliana. "Da Benevento in poi segna la conquista definitiva del Sannio e, successivamente, la proiezione mediterranea della Repubblica."

Ma chiedo cosa sia rimasto di questa proiezione. Poco o nulla. Qui non solo Roma, ma Napoli stessa, pare un altro mondo. Perché ci sentiamo così distanti da tutto, mentre siamo al centro di tutto, nel cuore del Mare nostrum? È il Nord che ha allontanato il Sud, o è il Sud che ha allontanato se stesso dal resto della Penisola? Sento che il nostro viaggio ripropone la Questione meridionale da un'angolatura nuova, ristabilisce un contatto, riannoda un legame che nessuna alta velocità ferroviaria, nessuna autostrada, può essere in grado di costruire. Noi non sorvoliamo i territori, li penetriamo. Ascoltiamo con pazienza le ragioni dei popoli che li abitano, senza concedere loro l'alibi del vittimismo.

Una finestra sul tempo

Il nostro arrivo con telecamera e blocchetto di appunti nel museo archeologico ospitato dalla rocca di Montesarchio sveglia dal letargo i custodi avviati all'ora di chiusura, generando una situazione comica. Un'addetta compie il capolavoro, tutto campano, di trasformare il dispetto per la scocciatura in una difesa a spada tratta delle regole di un codice che sta solo nella capa sua.

"Lei non può entrare col microfono," intima ad Alex con voce alterata. E quando il regista chiede dove stia scritto il divieto, risponde: "Non lo so, ma da qualche parte sta scritto".

Con noi c'è Giuliana Tocco Sciarelli, come dire la persona che ha rifatto da cima a fondo il museo, ma siccome la guardiana continua a non riconoscerla e a sollevare obiezioni alla nostra irruzione con mancato preavviso, ecco che l'ex soprintendente decide di qualificarsi. L'impiegata, capito di essersi cacciata in un vicolo cieco, trova la via d'uscita compiendo un secondo capolavoro.

Come davanti alla Madonna di Pompei, trasforma in un decimo di secondo l'ostilità in adorazione. "Professoreeeessa Tooooccoo," urla quasi, come in un melodramma, "che piacere rivederla, quante volte ho firmato carte mandate da lei eccetera, lei capirà che non potevo dire di sì a questa visita senza essere avvertita eccetera eccetera eccetera."

Il mirabile intermezzo si rivela quasi propedeutico alla meraviglia che segue. Il museo è un autentico gioiello. Demolisce l'immagine scolastica dei Sanniti come bellicosi burini e la sostituisce con quella di una grande, raffinata civiltà sepolta. I crateri ellenici a figure rosse trovati in questa terra e accortamente illuminati in fondo a celle semibuie simili a finestre sul tempo, svelano un mondo capace di percepire il divino in modo straordinariamente semplice e gioioso. Nei crateri, gli antichi mescolavano il vino con l'acqua, atto che doveva essere il nucleo forte della loro convivialità.

Ma in queste urne in particolare, il tripudio e l'appagamento bacchico danzano assieme agli dèi e agli eroi vermigli su fondo nero. Nemmeno nei musei di Londra e Berlino ho visto qualcosa di simile. Grande doveva essere il Sannio. Ma se tutto questo è vero, e se è vero – come scrive Cicerone – che il padre del vincitore delle Forche sapeva discutere di filosofia con Platone e il tarantino Archita, forse non basta il tallone della Dominante a spiegare come mai oggi questa terra di montanari abbia smarrito se stessa condannandosi all'anonimato e alla marginalità.

Annotta. Chissà dov'è la villa di Cocceio, ci chiediamo cercando una locanda sotto una Luna zafferano, mentre l'assiolo trasmette il suo bip ultraterreno dal folto dei tigli. Sappiamo che nell'antica Caudium l'allegra banda di Orazio, Virgilio e Mecenate ha fatto sosta per un'indimenticabile baldoria, resa ancor più memorabile da una lite fra il messo Cicirro e il buffone Sarmento. "Hinc nos Coccei recipit plenissima villa, quae super est Caudi cauponas." Caudium era città di ville e osterie, e l'evocazione conviviale latina sembra fatta apposta per smuoverci più appetito. Alla fine è proprio Orazio a metterci sulla strada buona.

In fondo a una notte fredda e limpida di montagna, notte appenninica con l'ultimo chiarore aranciato sul lato di Capua, ci appaiono una luce e un'insegna alle porte del paese e, oltre quell'insegna dal nome intrigante di Basilico, una cena sannitica come si deve. Una cameriera con occhi da lupa, bruna e autorevole, fa volare delizie fra la cucina e i nostri piatti – frittura di moscardini in cartoccio, crocché di patate, pizza fritta, vino Taurasi e altro – in mezzo ai tavoli dei silenziosi irpini, mentre fuori crepitano gli ultimi botti per la festa della Mamma.

Ranuncoli e aglio selvatico

Dodicesima tappa, pressione 1025 millibar, gran sole e aria di montagna. Irene ha raccolto un bouquet e se l'è fissato allo zaino. Esili fiori di lino color azzurro tenue, un papavero rosso che palpita nella brezza, lo scopino corto di un giallo tarassaco, un pisello odoroso simile a una piccola orchidea color ciclamino. A ben guardare si trova anche il blu notturno della pervinca, il bianco candido della carota selvatica a forma di ombrellino e il viola intenso di un fiore di aglio selvatico che pare il botto finale dei fuochi di Santa Rosalia.

Nelle tappe seguenti, il mazzolino si adeguerà alle fioriture dei luoghi, rinnovandosi ogni giorno e fornendo una mirabile sintesi botanica del percorso e del progredire della stagione. Così, sullo zaino di Irene vedremo ancora la spiga viola argento della salvia, la spada gialla della ginestra, il pompon rosa scuro del trifoglio, la coppa giallo oro del ranuncolo e la spiga violetta dei muscari. E lei se ne va, quietamente, unica donna della pattuglia, celebrando la primavera. Irradia calma a ogni passo.

L'Appia non è più rettilinea, ora segue piste più antiche, definitivamente lontana dalla folla, si attorciglia al torrente Corvo e alla linea ferroviaria Napoli-Benevento, e taglia un po' esitante lo spazio sannita punteggiato di masserie. La mappa IGM ne elenca centinaia, segno di un'autosufficienza alimentare oggi perduta. Annoto toponimi arcani: Maccabei, Confini, San Leucio. Sonorità greche, ebraiche, longobarde. Beltiglio, Ripabianca, Squillani. Basolati borbonici malamente coperti di asfalto, ortiche, guardrail da superare. Il terreno libero pullula di piante commestibili: lampascioni, asparagi, germogli di luppolo, fichi d'India, carletti, finocchi selvatici, alberi inselvatichiti di fico. Se potessi completare il menu friggendo con la pastella qualche ombrello di sambuco e qualche grappolo di fiori d'acacia, e magari rubacchiando una manciata di ciliegie, non avrei bisogno di scorte alimentari.

La nostra andatura è migliorata: nei tratti asfaltati in cui l'Appia Antica confluisce su quella Nuova, gli automobilisti ci guardano con più rispetto. Siamo eretti, soddisfatti, lieti. Anche Alex, il panzer, è diventato leggero, ed è per giunta l'unico – a parte l'inossidabile Riccardo – a non soffrire di vesciche. Vento, vento, benevento: bene fecero i Romani a cambiare il nome di Maleventum dopo la vittoria su Pirro. Boschetti di acacie contorte che si gonfiano. Processioni di nubi distanti fra loro come isole. Una ventina di satelliti russi e americani ci tengono d'occhio, e ci avvertono che siamo vicini alla metà del percorso fra Roma e Brindisi.

Primo, si dice buongiorno

È la tappa dei grandi ponti crollati. I ponti sono la prima cosa che le guerre si portano via. Tra Montesarchio e Benevento, i tedeschi in ritirata nel '43 ne fecero saltare parecchi, di cui tre romani, tutti sull'Appia Antica. Si chiamavano Tufara, Apollosa e Corvo, ed erano lì da duemila anni. Non fosse per la sterpaglia e i canneti, i loro nobilissimi resti sarebbero ancora ben visibili. Non ci vorrebbe niente a dar loro una ripulita, ma anche qui la gente sembra aver dimenticato che in quelle magnifiche arcate spesso si nascondono gli dèi del luogo. I Sanniti di oggi non si rendono conto di abitare in un'Arcadia forse più bella di quella greca, e non si preoccupano della manutenzione delle vecchie pietre. Il ponte di Mostar, i bosniaci non ci hanno pensato un attimo a rimetterlo in piedi così com'era. Qui di ripristino nessuno parla. L'asfalto nasconde meticolosamente ogni traccia dell'antica via.

Per vedere bene il basamento romano del grande ponte di Apollosa bisogna scendere nel greto del torrente Corvo, attraversando una boscaglia di ontani e robinie, canne palustri e piccoli stagni popolati da biscioni neri inoffensivi, detti biacchi. Una cascata di vegetazione dal piano stradale scende per una decina di metri fin quasi alle sponde di ciottoloni bianchi, senza peraltro coprire la base dei pilastri. Il segreto è un'oasi di silenzio dalla quale è penoso staccarsi. Al diavolo la tabella di marcia. Avremmo goduto volentieri di merenda e pediluvio. Poco oltre il ponte, un grumo di vecchie case e il toponimo Taverna – romano al cento per cento – segnano l'ennesima confluenza con l'Appia Nuova.

Mi sporgo dentro la porta aperta di un'interessante, piccola chiesa diroccata, ma un vecchio mi urla: "Vada via di lì, questa è mia proprietà". Rispondo al volo: "Primo, si dice buongiorno. Secondo, non c'è nessun cartello. Terzo, se è sua, la tiene malissimo". Al che l'indigeno, che ci ha evidentemente presi per clandestini erranti, si rabbonisce e si giustifica: "È la Regione che non mi dà i soldi per il restauro". Che magnifico sensore dell'umanità è il cammino a piedi.

Poco oltre, in una rivendita di bibite, gelati e tabacchi, la banconiera riscatta la reputazione del Beneventano facendosi in quattro per noi. Ci porta delle sedie per farci accomodare all'aperto, sul lato in ombra della casa, e ci porta un magnifico vassoio di birre.

È già ospitalità greca, da tovaglia bianca sul mare e caraffa di ouzo gelato. Dentro, il tempo si è fermato agli anni cinquanta. Su una mensola è esposta una guida all'interpretazione dei sogni per giocare i numeri al Lotto e una risma di suppliche già scritte per questo o quel santo dell'Olimpo locale. Il rumore del fiume e quello della littorina in transito completano la delizia della sosta. Magnifico silenzio. Mi tornano in mente due versi dai *Songs of Travel* di Robert Louis Stevenson: *Home no more home to me, whither must I wander?/ Hunger my driver, I go where I must.* Appena mi rimetto in cammino, il passo mi regala anche la musica giusta per cantarli.

Benevento – e chi se lo ricordava? – apparteneva ai papalini ed era un'isola di relativa tolleranza pontificia nello spazio più vasto della repressione borbonica. Il confine del suo territorio col Regno di Napoli è segnato da una torre chiamata "epitaffio", simile a quella incontrata alle porte di Fondi, a poca distanza dalla quale, in un orticello di fave davanti a casa sua, un signore ci saluta cordialmente e ci chiede dove andiamo. Sopra il terreno ben zappato campeggia una scritta: A TOCCÀ SO SEMPRE I STESSI, A TIRÀ SO SEMPRE I FESSI.

"Prendete signora, non tenete vergogna," dice a Irene offrendo una manciata di fave.

"Grazie assai. Che mestiere fate?" risponde Irene, adeguandosi all'istante all'uso del voi.

"Ho fatto il camionista per quarant'anni."

"Ah! Noi, come vede, andiamo a piedi."

"Da dove venite?"

Da Roma.

Risata omerica.

Chiediamo: che cos'è l'Appia per lei?

"Cavalli! Lì alla casa gialla c'era la taverna con la stalla per il cambio. Quello era punto di sosta anche dei Romani."

Siamo di fronte a una trasparente memoria orale, o anche a una funzione – la stazione di cambio – che dev'essere rimasta intatta per duemila anni.

L'uomo delle fave vorrebbe chiacchierare con noi, ma la figlia lo chiama imperiosamente, perché il pranzo è pronto. Lui esita, vorrebbe chiacchierare ancora, ma dopo un minuto esce la matriarca. "Alfredo! Dentro! Sta a tavola."

Alfredo allarga le braccia e rincasa dopo averci augurato buon viaggio.

Benevento ci aspetta, con quel suo nome che si attaglia perfettamente alle colline dolci, al sole fresco e alle nubi in corsa di una giornata spettacolare. L'avvicinamento alla città è tutto un gioco di saliscendi, l'Appia molla il traffico e scende a sinistra per una strada fortunatamente chiusa oltre la linea ferroviaria. Tramontana che disegna onde lunghe sui campi di grano, un cavallo nero al galoppo, galli che chiamano e, lontano, l'ombra del Taburno che pare una dormiente. Villette con rose rampicanti e sambuchi, i resti di un mausoleo coronato da fiori secchi e un Cristo in abbandono. Sento tutta la felicità del viaggio, quella che nasce dal fare e disfare il bagaglio ogni giorno. Dopo una tappa così filante riesco a organizzare i pensieri senza sforzo, e ramifico la cartografia della mente con l'impressione che copra il mondo intero come un baobab. Che libertà, dopo l'intasamento casertano.

Ed è il ponte Leproso sul fiume Sabato, passaggio a schiena d'asino gloriosamente riservato ai pedoni su arcate borboniche sostenute da poderosi conci romani. "Calatrava non ci riuscirebbe," ghigna l'implacabile Ciriello. Siamo al grande bivio.

Il bastione di marmo

Ululano nel vento i ponteggi dell'Arco di Traiano. I teloni di copertura, strattonati dalle raffiche, sbattono come una vela di fiocco durante una strambata. La formidabile struttura in pietra sembra posseduta dagli spiriti, è come se l'intera provincia di Benevento volesse svelarci il senso del suo nome. Ed è di nuovo una donna a condurci per mano nelle meraviglie del passato, l'archeologa Luigina Tomay, allertata dal tamtam delle colleghe. Non ci ha dato nemmeno il tempo di mollare gli zaini e siamo già quassù con lei, in un dedalo di scalette e tubi Dalmine, a vedere un arco romano da vicino come non ci era capitato mai. Credevamo che la protezione ce lo allontanasse, e invece eccoci a pochi centimetri da una folla di sacerdoti, tribuni e legionari illuminati dalla luce color senape del tramonto.

"Quest'arco è solo la punta dell'iceberg della romanità in questo luogo," spiega la nostra guida. "Gran parte del resto è nascosto e riusato in altri edifici. Lo capirete in via San Filippo, dove una facciata medievale è fatta quasi interamente con resti romani assemblati a caso." Ai tempi dell'Impero, Benevento era il cuore dell'Italia, la sua gente sannita dialogava alla pari con Roma. Basterebbe quest'arco per capirne l'importanza. Il marmo è stato trasportato qui da lontano, forse dall'isola di Paro, e offre ancora fotogrammi di nitidezza impressionante. Il toro che piega il collo e un uomo a torso nudo che affonda il coltello, mentre altri tengono fermo l'animale. La plebe con i figli in braccio che fa la fila per ricevere i contributi alimentari. L'interminabile trionfo di Traiano, "optimus princeps", dopo la vittoria sui Daci. Ne puoi sentire i tamburi.

La Tomay è una donna tosta: se non sei tosto, da queste parti non puoi farti rispettare, soprattutto se fai l'archeologo e vai a ficcare il naso in tutte le opere di fondazione. Ci accompagna in un tempietto longobardo poco più in là, dove un'altra donna ragguardevole, Carmen De Luca, custodisce il museo dedicato all'Arco di Traiano. Siamo finalmente al riparo dal vento e Luigina butta fuori quello che ha sullo stomaco: il fondatissimo timore di un cambiamento che completi la desertificazione culturale dell'Appennino. "Il museo archeologico non è una pinacoteca," dice con forza Luigina, "i quadri non nascono dalla terra. Non puoi sradicare l'archeologia in nome del business. La nostra ricchezza è nel piccolo. Guardate i depositi dei reperti antichi a Montesarchio: lì dentro c'è materiale per cinquanta musei. È una ricchezza inestimabile da valorizzare. Non accetto una logica centralistica che si traduca in un impoverimento dell'Italia minore."

L'Arco di Benevento ci impone una scelta. Il bastione di marmo segna l'inizio dell'Appia numero due, chiamata appunto "traiana", che raggiungeva Brindisi con un tragitto più breve e costiero anziché lungo i monti dell'Irpinia e della Basilicata, dove correva ancora l'Appia originale. Tutto dovrebbe spingerci nella nuova direzione: la maggiore evidenza della traccia, le pietre miliari magnificamente conservate, i monumenti, le indicazioni di Lorenzo Quilici. Ma noi non cerchiamo il facile. Vogliamo trovare la Numero Uno, anche se si ridurrà a una linea nel grano o a una pura ipotesi. Brindiamo in un bar all'aperto alla dirittura che non deflette, e intanto sul decumano i Sanniti passano con profili di bronzo nell'ultimo sole che arroventa il selciato in controluce e disegna ombre lunghe come nelle notti bianche del grande Nord. Contro la parte già buia delle case, i candidi piumini di pioppo, ancora illuminati, generano una scintillante nevicata fuori stagione.

Il sacro perimetro

Aglaia McClintock – ancora una donna – è una complessa creatura di competenza romana, nome greco, cognome celtico e anima partenopea. Figlia d'arte di una mitologa italiana e di un archeologo scozzese, trasforma la cena da Nunzia – tradizionale locanda beneventana – in una diatriba sul senso stesso della Dominante. Camminando sulla Gran Via ho accumulato una serie di dubbi che di sera, davanti a una bottiglia di Aglianico, vengono in superficie come una colata lavica. Aglaia è docente di Diritto romano all'Università del Sannio. L'ho conosciuta da poco a Napoli, nella sua casa di Posillipo a picco sul mare, un mattino di gran sole e vento di tramontana, con le cannonate dei frangenti sotto la sua terrazza, e ne ho subito amato la passione per il mondo antico.

Alla base di tutto, una constatazione che mi tormenta fin dalla partenza. Se Romolo uccide Remo solo perché oltrepassa il limite appena segnato della nuova città, allora Roma è fondata sul fratricidio. Ma allora con che coerenza Roma può dirsi fondatrice della civiltà del diritto? E poi, cosa sancisce il solco tracciato da Romolo? Solo il perimetro di una città, o qualcos'altro? La linea, il solco, il diritto, la strada. Per continuare il viaggio devo sciogliere questi nodi che tengono in ostaggio il nostro andare.

"Il punto è proprio questo," mi risponde Aglaia, "Roma nasce dal suo confine. Chi è dentro è cittadino, chi è fuori non lo è. Remo irride il potere fondato dal fratello, oltrepassa la linea che fissa chi è dentro e chi è fuori. Posta una norma, una regola, il diritto è uguale per tutti, e anche l'applicazione della pena deve prevalere sulla parentela, altrimenti si produce familismo amorale. Se Romolo non uccidesse il fratello non potrebbe fondare la civitas. Uccidendolo, crea invece le basi di un potere sovrano centrale. Il diritto non può iniziare con un'eccezione! I Romani hanno scelto il modo più forte di raccontare cosa vuol dire obbedire alla legge. Inculcano quale dev'essere il comportamento corretto di fronte a una serie di scelte."

Notte di vento su Benevento. Raffiche che si insinuano nei vicoli, penetrano nelle canne fumarie, fischiano nelle fessure delle finestre. La donna che ha il nome di una delle tre Grazie difende tenacemente il suo punto di vista. La sua gestualità italiana si sposa senza difficoltà con l'aspetto di figlia della brughiera. Con pazienza, mi spalanca le porte dell'antichità.

"C'è sempre un buon motivo familiare o sentimentale per non applicare la norma. La Storia si ripete quando Bruto, il primo console leggendario che ha cacciato i re, uccide il figlio che ha congiurato contro la neonata repubblica. Ma sappiamo anche che l'altro Bruto uccide il padre e amico che crede sia divenuto un tiranno perché opera al di fuori della legalità."

"Questa storia non mi convince. Anche la Bibbia inizia con un fratricidio, quello di Caino contro Abele. Per quale motivo Caino è maledetto per sempre e invece Romolo ottiene il favore degli dèi?"

"Paolo, il racconto di Caino e Abele è su un piano molto diverso. Romolo e Remo sono di fronte al diritto. Caino e Abele di fronte al trascendente. Romolo applica il diritto insensibile al legame di sangue. Caino è un omicida."

Nel frattempo Nunzia, la padrona di casa, ci fa planare sul tavolo una carrettata di troccoli allo scarpariello, spaghettoni a sezione quadrata con sugo di pomodoro, basilico, formaggio e peperoncino.

Ora tocca a me. "Il mio pregiudizio è più forte di me e del tuo ragionamento. Nella guerra tra nomadi e sedentari io terrò per i primi, anche se, in entrambi i casi – la Bibbia e la leggenda di Roma –, chi soccombe è colui che sfida il contadino detentore del solco. Io detesto colui che traccia la linea: è l'anticipatore dell'enclosure, che ha affamato i popoli nell'era industriale. La Bibbia mi dà ragione: ribadisce il primato del pastore. Roma invece esalta colui che stabilisce frontiere. Io starò sempre con la Bibbia, con Mosè e con Abramo."

"Non devi avere una concezione troppo negativa del diritto romano. Sono d'accordo che alcuni concetti vanno superati. Ma il diritto prodotto dai Romani non è un recinto di steccati che ingabbiano, è piuttosto un'apertura di strade mai percorse prima. Senza regole non è possibile la vita in comune, ognuno farebbe come gli pare e troverebbe sempre una giustificazione per il suo comportamento. Tipo: ho ucciso perché l'altro era cattivo, perché se lo meritava, perché mi ha tradito, perché mi ha offeso, perché è straniero. Il diritto romano permette alle donne un'autonomia e un'autodeterminazione senza eguali nel mondo antico. La società è sì patriarcale, ma meno maschilista di quella greca. Consente l'integrazione dei plebei nelle maglie della politica, l'inclusione degli alleati e così via."

"D'accordo, ho capito. Ma io, se non avessi violato le linee e gli steccati, non avrei ritrovato l'Appia. Li ho oltrepassati esattamente come Remo. Io sono per Remo. Che differenza c'è tra i recinti illegali che si moltiplicano sull'antica via, e la traccia di Romolo? Un'autorizzazione divina?"

"Non dico che tutto sia perfetto. Ma il diritto è la leva che permette al più debole di prevalere. Altrimenti prevarrebbe solo la forza fisica, e davvero vi sarebbero solo furto e rapina."

Nunzia signora dei fuochi interrompe il dialogo sedendosi autorevolmente al nostro tavolo. Ha visto gli zaini, ci chiede se facciamo la Francigena. Ci guarda con occhio grigioazzurro e un sorriso imperioso di grande madre appenninica. "No signora, facciamo l'Appia, che è un'altra cosa." Come risposta, arrivano polpette e salsiccia rossa piccante.

La prof riattacca. "Il diritto ha tante fonti. I giuristi creano norme, e con loro i magistrati, le assemblee legislative del popolo, le assemblee della plebe e talvolta anche il senato. Lo ius è anche controversum, su questioni nodali coesistono soluzioni diverse espresse da orientamenti diversi. Non vi è un'unica prevalenza ma pluralità."

"Va bene, però resto dell'idea che dietro alla lex romana ci sia la sacralizzazione di un furto, anche se da quel furto ha origine una polis. L'idea di una civitas che conquista il mondo nasce dopo, e noi non possiamo sacralizzare un'azione ex post..." Sento che le mie obiezioni sono sempre più fievoli.

"Il mito di fondazione è molto complesso e parla anche di aggregazione di popoli diversi, dice che Roma è nata anche come rifugio di banditi. Pensa: la città dove è nato un diritto che si è diffuso in Europa era stata un rifugio di proscritti."

"Questa non la sapevo. Ma dimmi: tracciare il solco è diritto o religione?"

È arrivata una bottiglia di Taurasi, annuncio di una deriva conviviale alla quale Aglaia tenta debolmente di resistere.

"C'è un atto di fortissimo valore simbolico, quello delle terre di diversa provenienza che si gettano nella stessa fossa. È un modo per creare un propria terra dalla mescolanza. Maurizio Bettini, storico del diritto, lo definisce un rituale cosmogonico, che va oltre le pratiche usuali di fondazione. Rimescolare terre significa rimescolare gli uomini che arrivano a fare di Roma una terra di asylum. Questa versione del mito dice che la cultura romana si basa non sulla chiusura ma sull'apertura."

Cedo le armi. L'idea di Roma come spazio franco e rifugio di banditi: ecco qualcosa di affine. C'è qualcosa di antico nell'immagine del fuggiasco che viaggia nella tempesta, vede una capanna, bussa e viene accolto. Il templum. Il sacro perimetro che ti salva. Il luogo rifugio che nelle lingue del Mediterraneo d'Oriente ha lo stesso nome della santità. Barak. La baracca. Che poi sta alla radice di Barka, la gens di Annibale, e di Barcellona. Il vino ha chiuso il cerchio. Ha vinto Aglaia, ma fingo di credere a un onorevole armistizio.

L'ortica e gli spini

Il mattino dopo è tutto rondoni, praterie nel vento e cielo pulito, peluria verderame di campi di grano punteggiata di papaveri, accesi come rossi abat-jour nella prima luce. Partiamo presto, da Benevento in poi è terra incognita e la giornata si annuncia difficile. Anche la minuziosa guida del Quilici qui si arrende. Avremo pochi segni certi per trovare la strada, forse uno soltanto: un ponte romano rotto sul fiume Calore. Fuori dalla città, il terreno è un dedalo di colli e masserie, e il nostro tragitto diventa subito la risultante di una serie di errori e tentativi. Riccardo consulta le mappe, poi il Gps, scende in mezzo ai roveti, regolare come un diesel ma leggero e preciso come un trapano da dentista. Desiste, risale, riprova, e sempre riesce a venire a capo dei passaggi più difficili, finché la bussola gli conferma l'allineamento col decumano di Benevento.

"L'ortica, le acacie con gli spini: ecco il mio habitat," gongola, felice come una lepre che ha minchionato i cacciatori. Penso che senza la sua testa dura di ligure non verremmo mai a capo di questo itinerario. Mi sento pieno di gratitudine nei suoi confronti. Per tutta la vita ho fatto da guida agli altri, il che significa spesso essere caricati di responsabilità non dovute. Vuol dire che se piove è colpa tua, e che se la strada è più dura del previsto e i letti del posto tappa non sono adeguati, la pattuglia verrà a lamentarsi da te.

Ecco: essere sollevato da questo rognosissimo compito di battistrada mi fa sentire leggero come una piuma.

Anche in noi si sta rimettendo in moto una cosa ancestrale che si chiama senso dell'orientamento. A furia di camminare siamo entrati nella testa dei costruttori di strade; come dire che i nostri piedi hanno imparato una serie di regole che ci aiutano a indovinare il percorso anche su terreni privi di tracce. Una regola è la capacità dei Romani di trovare la linea di minor resistenza dell'orografia. Significa che bisogna guardare a lungo il gioco delle isoipse, prima di decidere. Studiarne le convessità, l'esposizione al vento, la solidità del terreno.

Un'altra regola è la ricerca ossessiva della linea retta, che su terreno mosso significa indifferenza ai saliscendi. Tra un itinerario a curve e tornanti e un itinerario fatto di salite e discese, il romano sceglie sempre il secondo. Ma c'è anche il bisogno delle legioni di non farsi intrappolare in un impluvio tipo Forche Caudine e di camminare laddove possibile su linee di cresta, quelle con la massima visuale. C'è anche la vicinanza alle fonti d'acqua e di approvvigionamento. Ma c'è soprattutto l'istinto, quella cosa che i navigatori fanno di tutto per cancellare.

Qui varrebbe la pena soffermarsi sui danni del Gps, marchingegno a mio parere utile soltanto nelle metropoli devastate dalle rotonde e dai sensi unici. Il mini-schermo fluorescente agganciato ai satelliti non si limita a liquidare le carte geografiche come anticaglie fuori moda, azzerando tutto ciò che esiste fra partenza e arrivo, come dire l'essenza stessa del viaggio. Fa di peggio: riempie il mondo di gente che farebbe assai meglio a starsene a casa. E qui non metto in conto casi estremi come il camionista sperduto nella tormenta o il neopatentato spinto dal navigatore in un burrone dopo una baldoria. È la normalità dello smarrirsi che fa spavento.

Una notte d'inverno a venti sotto zero in mezzo alle Alpi del Sud Tirolo, ad Anterselva, un amico in vacanza va a fare quattro passi nella foresta e lì, nel folto del bosco, trova un'auto con dentro una giovane coppia in lacrime che il Gps ha spinto dentro una pista di sci da fondo. Sono lì, sprofondati nella neve fresca, barricati nell'abitacolo, paralizzati dalla paura. Il segnale già debole del web ora si è spento, e i due ignorano di essere a trecento metri dall'albergo che devono raggiungere. In assenza di una mappa, non sanno a che santo votarsi. Lei insulta lui, grida, ma l'uomo non osa affrontare la realtà, una volta uscito dal virtuale. È allora che il passante venuto dal mondo dei vivi esce dal buio, bussa sul parabrezza, li calma e li aiuta a raggiungere a piedi l'hotel. Mostra loro come è facile. Bastava uscire dall'auto e guardarsi attorno.

So di una ragazza italiana in Campo de' Fiori, a Roma, che ha chiesto a un libraio dov'era piazza Farnese – notoriamente lì a due passi – e poi, per essere certa di non sbagliare, si è messa comunque in cammino con l'aggeggio infernale proteso in avanti come il bastone bianco di un non vedente. Ma il navigatore non ha ucciso solo l'orientamento. Ha inibito anche la nostra capacità di spiegare, specialmente al telefono, la strada a chi ci chiede un'informazione. A destra, ti dicono, ma a destra rispetto a che cosa? Duecento metri, d'accordo: ma in che direzione? I punti di riferimento si sono inabissati nel nulla. Il declivio in cui scorre il fiume, l'est e l'ovest, il monte e la pianura. La comunicazione diventa un disperante dialogo fra sordi.

In assenza di protesi elettroniche siamo diventati così incapaci di muoverci che a rischio è la sopravvivenza stessa di un istinto vitale maturato nei millenni. Da qui l'importanza di tener duro, perché questa capacità così faticosamente acquisita non si atrofizzi. Dovremmo abituarci a fare spesso delle gare di orienteering con noi stessi. Un collega tedesco, Roman Arens, corrispondente dall'Italia per la "Frankfurter Rundschau", anni fa è andato senza mappa col suo Vespino da Monaco a Roma, semplicemente chiedendo alla gente, col risultato di valicare le Alpi su strade che altrimenti non avrebbe mai visto in vita sua, provando un brivido simile a quello di Goethe al passaggio del Brennero in diligenza.

Mio fratello, che è veterinario, viaggia ogni giorno un centinaio di chilometri per andare al lavoro e tornare a casa, ed è in grado di prevedere al minuto secondo il tempo d'arrivo, miscelando non so come i dati relativi al traffico, l'ora e le condizioni atmosferiche. Conscio di questa capacità, si rifiuta di accendere il navigatore preinstallato sul cruscotto. Deve avere sviluppato questa dote negli anni di apprendistato, spesi nella profonda campagna francese, quando i navigatori non esistevano e i cellulari nemmeno, e per raggiungere una stalla persa nella nebbia non esisteva altro che la mappa.

Cancellate, cancellate pure la geografia dalle scuole. Consegnerete la terra ai predoni delle ultime risorse. Non vi basta aver clonato una specie umana che ha ripreso a camminare curva in avanti stile Neanderthal e in più non alza mai gli occhi né verso i suoi simili né verso il paesaggio? La percezione del territorio muore così, con la fine delle immagini che lo raffigurano. In questo, Riccardo ha una formazione rigorosa. Ha conosciuto dall'interno il leggendario Archivio fotografico del Touring Club Italiano, forse la collezione più mirabile – e fino a ieri la più aggiornata – delle bellezze d'Italia, e pure il centro iconografico della De Agostini, uno dei meglio strutturati in Europa quando era pilotato da una donna straordinaria di nome Maria Serena Battaglia.

Oggi camminare servendosi di mappe cartacee equivale a un atto di disobbedienza civile. Questo raddoppia il mio piacere di acquistare cartografie dei luoghi più remoti del pianeta o di ordinare all'Istituto Geografico Militare quintalate di mappe al 25 mila. Rivendico il diritto di scrivere in libertà la mia strada, come un surfista scrive la sua rotta tra le onde. Cosa c'è di più bello di scegliere una linea adattandola all'orografia, di tagliare bene un pendio, di aggirare sapientemente un ostacolo, di procedere tenendo conto di mille variabili come la luce, il vento, la consistenza del terreno? E già che ci siamo, cosa c'è di più intrigante di decidere la strada da prendere semplicemente prolungando la traccia alle nostre spalle sulla topografia del terreno ancora da affrontare?

Camminare seguendo le carte è calligrafia allo stato puro. La risultante di un istinto così consolidato che sono certo che se tornassi sui miei passi dieci, venti, trent'anni dopo, attraverserei quello spazio scegliendo la stessa linea, muovendo i piedi con lo stesso ritmo e calpestando le stesse zolle. Anche qui, sulla Via Regina, la mappa non è che il pentagramma sul quale scrivo lo spartito dei miei passi.

Il guado

Ma eccola che riemerge. Si era acquattata nel frumento, ora fila in superficie lasciando una traccia appena visibile tra una masseria e uno spuntone roccioso. Irene si diverte a camminarci sopra a occhi chiusi nel silenzio, come se ascoltasse il bip di un sonar, per esprimere la sua totale fiducia nei piedi. L'Appia è un sommergibile che naviga a quota periscopio, e il viaggio somiglia sempre più a una navigazione in mare aperto. Mancano le boe, manca l'indicazione della rotta, ma intorno i grandi punti di riferimento sono sempre più visibili con l'aumentare della quota. A nord-ovest il bastione del Matese con i canaloni ancora ingombri di neve, a nord le cime tormentate del Molise. A sud-ovest la cresta affilata del Partenio col suo cappello di nubi. A sud i severi Monti Picentini e il pilastro arcigno degli Alburni. Davanti a noi, verso est, la lunga dorsale navigante del Formicoso, in bilico fra Tirreno e Adriatico. Li traguardi, tracci delle linee, e trovi il tuo punto nave con facilità irrisoria.

Essiccatoi di tabacco, noceti, grano e vento. Ragnatele imperlate di goccioline in controluce. VENDESI TERRENO CON RUDERI, METRI QUADRATI 18 MILA, TEL. 348 ECCETERA. Camminiamo a braccia alzate, come per arrenderci alla strada, in un mare di spighe coperte di polline di pioppo, le ginocchia bagnate di rugiada. In zona San Nicola Manfredi l'Appia diventa per un tratto un inutile e deserto vialone asfaltato costeggiato da lampioni in mezzo al nulla, un costo di 2 milioni e 824 mila euro che grida vendetta all'erario ma rassicura il popolo bue che "la Campania cresce in Europa".

Ci stiamo avvicinando alla schiena dell'Appennino. In località Calvi, un cartello stradale con la scritta APPIA ANTICA conferma che non brancoliamo nel buio.

Voce di donna da un campo: "Dove andate?".

"A Brindisi!"

"Ah, è lontano assai."

"Come vi chiamate?"

"Teresa!"

"Quando lo piantate il tabacco?"

"Ora."

"Da quando lo lavorate?"

"Da quando sono nata."

Inizia una lunga, leggera discesa verso il fiume Calore. È la chiave di volta: il Ponte Rotto, segno dato per sicuro da tutti gli archeologi. Peccato che accanto al ponte rotto non ci sia nessun ponte nuovo e la strada finisca. La mappa parla chiaro: si preannuncia il guado. Il passaggio, che segna anche l'ingresso in provincia di Avellino, dipende solo dall'altezza dell'acqua. Scendiamo lietamente allo sbaraglio oltre una masseria popolata di grandi vacche bianche. Al mandriano che ci chiede preoccupato se la nostra meta è il fiume, Marco risponde ridendo: "Se non ci vede tornare vuol dire che siamo passati. O siamo morti".

Ma eccolo, il ponte, oltre un boschetto di pioppi centenari. Sorge da un greto di ciottoli bianchissimi. Un'unica arcata è ancora in piedi, il resto sono piloni mozzi pieni di commovente dignità per avere resistito a duemila anni di piene. L'abbandono è totale: alberi ci crescono sopra e con le radici spaccano le pietre al punto che, se non si interviene a breve, in poco tempo il ponte non ci sarà più. Esistono lettere dell'inizio del Novecento, dove i sindaci già denunciano alla Soprintendenza il disfacimento e il furto continuo di reperti, lapidi funerarie reimpiegate nei piloni in epoca tardoantica. In qualsiasi altro Paese un monumento così sarebbe segnalato e consolidato, qui no. Pare che il manufatto, trovandosi al confine fra tre Comuni, veda un indecoroso palleggio di responsabilità sul restauro e la manutenzione.

La fregatura dell'abbandono è che genera un'estetica, una bellezza che ti distrae dalle responsabilità dei malfattori e ti spinge quasi ad assolverli. Ti ritrovi là, inebetito davanti a magnifiche, solitarie rovine come un ponte romano crollato, meditando che la meraviglia del luogo nasce proprio dal crollo di quelle vecchie pietre. Come Goethe e Baudelaire, Chateaubriand e Benjamin, anche tu rifletti sui destini delle cose umane davanti a fantasmi di pietra di un'epoca perduta, smarriti in mezzo a campi di grano o fiumare. Come è possibile, ti chiedi allora, dopo aver assistito a tanti misfatti, lasciarsi portar via da romanticherie da Grand Tour? Sono italiano, non tedesco o francese: e da italiano soffro come un cane a vedere il ripudio della memoria di casa mia. Eppure, eccomi qua ad auscultare come un medico il respiro delle rovine di un ponte, dicendo a me stesso che un rudere è meglio di un museo e che un manufatto restaurato non mi darebbe mai lo stesso brivido di quel solitario abbandono.

È ogni volta così. La vittima copre chi l'ha stuprata e offesa, finisce per nascondere la sciatteria, l'accanimento, la svendita delle radici. Anche qui camminiamo immersi in un innegabile sortilegio, così soli che la nostra potrebbe essere una valletta afghana, una di quelle miracolose oasi dai pioppi tremolanti così ben descritte da Bruce Chatwin e Peter Levi. L'acqua è verde, fredda, veloce, pulita. Una meraviglia. Si porta giù piccoli arcipelaghi di fiori di pioppo. Ed è bassa abbastanza da consentire il passaggio a braghe arrotolate sopra il ginocchio. Si va, in precario equilibrio, tastando guardinghi il fondale di pietre con le piante dei piedi, e il guado diventa battesimo, comunione. Certifica il primato assoluto del camminatore.

"Mi sento fesso e contento," mormora l'inimitabile Ciriello addentando un panino al salame sui ciottoli dell'altra riva. Alessandro, scalzo, disteso sulla battigia come Gulliver sulla spiaggia di Lilliput dopo il naufragio, russa impercettibilmente dopo aver girato immagini da Indiana Jones. Anche la nostra guida è felice. Sa che ora non ci resta che la salita verso il passo di Mirabella.

"Di' la verità," chiedo a Riccardo, "in quanti hanno già fatto questo viaggio?"

"Nessuno. Siamo i primi. A quanto ne so, non esiste archeologo che di recente abbia fatto tutta l'Appia a questo modo. E l'Appia è una strada che si può fare solo a piedi."

Non l'ho mai visto così sicuro di sé.

Prima della nostra, abbiamo conoscenza di una sola traccia. Quella di Francesco Maria Pratilli, figlio benemerito di Santa Maria Capua Vetere, che nel Settecento percorre tutta la Via a piedi e a cavallo, descrivendola minuziosamente nel libro *Della Via Appia, riconosciuta e descritta da Roma a Brindisi.* Anno Domini 1745. Poi, quasi nulla.

A chi appartenete?

Un'ora dopo, risalendo i campi verso Mirabella Eclano in una luce forte segnata da sfolgoranti apparizioni di una gialla e irraggiungibile birra alla spina, uno scuolabus dello stesso colore si accosta alla nostra pattuglia in marcia e il conducente, sporgendosi dal finestrino, ci chiede se per caso facciamo l'Appia Antica.

Ma lei come la conosce, chiediamo noi, stupiti.

"Qui sono uscite fuori montagne di basolati una quarantina d'anni fa, quando sono entrati in azione i trattori grossi. Lapidi, pezzi di tombe. Nel Vallone dei Morti ne troverete di sicuro."

Il Vallone dei Morti?

"Sì, lo chiamano così perché ci hanno trovato un sacco di tombe."

Ma perché dovrebbe essere proprio l'Appia?

"I nostri vecchi lo sapevano. L'avevano saputo dai loro nonni. E poi quindici anni fa è venuto qui un professore con i suoi allievi proprio a cercare gli ultimi pezzi della strada."

Un archeologo non terrebbe in minima considerazione una testimonianza orale. Noi sì, invece. Talvolta è l'unica traccia, e l'autista ce ne offre una, tenendo allegramente a bada una ciurma ingovernabile di ragazzini affamati diretti a casa. È un simpaticone con baffi e zazzera da gaucho, bianchi come la neve. Ha pure un bel nome, Michele La Vita. Il nostro è un viaggio indiziario e ogni minima pista è buona. L'indicazione dell'autista lo è.

Poco dopo, in località Cifurio, troviamo una vecchia casa con l'angolo di un muro maestro che poggia con evidenza su robusti basolati romani. Non lontano, in un giardino con prato inglese in contrada Casapiatto, pezzi di selciato romano sparsi nelle legnaie, sotto gli essiccatoi del tabacco, sul bordo dei campi. Oltre una masseria con una robusta trebbiatrice e una dozzina di cani furiosi, Alex filma due poderose cornici di tombe con accanto un bel pallone da calcio. Ma ormai siamo all'antica Aeclanum, quintodecimo miglio da Benevento. La gente ci guarda con stupore, come al passaggio dei ciclisti al Giro d'Italia. La meraviglia nei confronti della fatica si è semplicemente trasferita dalle bici alle scarpe.

"Chi siete? A chi appartenete?" L'irruzione in uno spazio disabituato ai viaggiatori a piedi innesca la domanda chiave e impone come risposta un atto di dichiarazione anagrafica. È come chiedere chi sono "li maggior tui". Un po' come l'uso del patronimico nel mondo slavo-bizantino. Conta più sapere chi è tuo padre che conoscere il luogo da dove vieni. Le radici esibite come garanzia.

Nel bar della stazione di servizio Shell a due chilometri dal passo di Mirabella, un camionista interviene nel nostro argomentare sull'itinerario. "Qua sarebbero capaci di fare sparire 'nu mausoleo in una notte, se lo trovassero nel loro campo. La gente ha terrore della strada dei Romani. Se trovano vecchie pietre, non vogliono rogne né spese. Le fanno sparire subbeto e si guardano bene dal dirlo, tanto lo sanno che non sape chiù niente nisciuno della via."

"Be', noi gliela ricorderemo," tentiamo penosamente di rispondere.

"Avrete tutti contro, fatevi la croce! Hanno rinunciato già in tanti... Nemmanco lu governo se raccapezza! Qua ci sono dei potenti che si comprano ettari di tombe e poi non vogliono spendere un euro per gli scavi."

L'Appia bene in vista potrebbe richiamare turisti, obiettiamo.

"Mah. Qua 'a specialità è asfaltare dove non serve e lasciare a pezzi le strade che servono. Fate la 303: buchi come case. In Basilicata è peggio, e in Puglia peggio ancora. I mezzi pesanti delle pale eoliche hanno scassato tutto. Bestie grosse. Vuarda lu camiòn mio che sta là fuori, è 'na piuma al confronto."

E lì facciamo la più scema delle domande: come spiega questa incuria?

"Uuuh, signore, vi devo imparare pure queste cose! La manutenzione è 'n'appalto povero. Si costruisce male apposta per poi riparare e guadagnarci ancora. Pe' questo l'Italia va a pezzi. Ma ora devo andare. Fate buona strada."

Nostra Signora delle Pietre

Pensi a un'archeologa e immagini un rudere: ma il viaggio non fa che smentire il pregiudizio. Succede anche a Mirabella. "In paese avete le rovine di Eclano," ci hanno annunciato al telefono da Roma, dove seguono con ansia ogni nostro spostamento sulla Via Regina, "e lì vi aspetta un'archeologa per mostrarvi il luogo." Il fatto è che siamo sfiniti, con troppa birra in corpo, e non ne abbiamo voglia. Un'altra donna, un'altra città sepolta, un'altra lezione: che palle. Ma pazienza, la missione ci chiama.

Quando arriviamo sulla soglia delle rovine di Eclano, ecco venirci incontro un elfo carico di leggiadria sotto una cascata inquieta di capelli rossi. Sandra Lo Pilato si chiama. È simpatica, debordante di passione, e ci costringe alla resa. Viva le archeologhe! Ci lasciamo guidare docilmente sui resti di quella che dev'essere stata una grande città commerciale, cresciuta proprio grazie all'Appia.

Un posto con grande vista sulle montagne. Le mura racchiudono ventidue ettari di resti archeologici, di cui è emerso solo il 5 per cento. "È stata l'Appia a determinare la fortuna della città," racconta indicando nella luce dorata del tramonto un paesaggio di peristili, forni, vasche, epigrafi, colonne, muri in opus incertum. "È interessante constatare che già nel tardo antico si riutilizzavano i basoli... Il saccheggio esisteva già allora... Quello che fa male al cuore è vedere uno scavo lasciato alla mercé delle intemperie. Se una cosa non puoi conservarla, meglio non scavarla nemmeno."

Fatalmente, trasciniamo Nostra Signora delle Pietre sulla storia dei mausolei che spariscono in una notte. Un bluff, chiaramente, ma Sandra ammette che una parte di vero esiste. "Quando si fece lo scasso di una vigna di Taurasi, saltarono fuori basolati. Ebbene, solo pochi giorni dopo, nel momento in cui ci permisero l'accesso al terreno, già non c'era più nulla. Ma la cosa più triste è che, quando si trova un reperto, tocca pure ricoprirlo, perché mancano i soldi per la manutenzione."

Cemento inutile e mancata manutenzione. Conferma delle parole chiave di un Paese che si autodistrugge. Tra noi e la riscoperta dell'Appia, argomenta l'irpino Ciriello, ormai c'è di mezzo De Mita, il vecchio padre e padrone. Ma c'è soprattutto l'Italia che egli interpreta e blandisce.

"Le ultime remore sono cadute col terremoto. I contributi te li davano solo se dimostravi che la casa vecchia era inagibile. Così abbiamo buttato giù case buone e sepolto il nostro passato."

Ma Ciriello, che è irpino doc, reagisce come punto da una vespa: "Basta con le lamentele, il sogno di quei contadini era legittimo: avere una casa nuova, perché quella vecchia faceva schifo. La legge consentiva alle famiglie in coabitazione di avere finalmente una casa per nucleo. Questa è la verità. Il vero problema è che a quel sogno si è risposto nel peggiore dei modi".

Sandra, stizzita: "D'accordo, ma qua il discorso è un altro. Io dico solo che tu non puoi fare quello che vuoi di una tomba antica, solo perché sta nella tua proprietà".

La voce di Marco si fa stridula, lo scontro sale di tono. Tesi e antitesi estreme, alla greca maniera. Saltano fuori L'Aquila e gli archeologi esautorati, l'identità perduta, le case nuove rimaste vuote, l'inganno in cui è caduta l'intera Irpinia. E saltiamo fuori pure noi italiani, che non siamo poi così diversi dall'Isis che fa a pezzi Palmira.

"Laviano! Guardate che fine ha fatto Laviano! Nella città vecchia non ci abita più nessuno, e quella nuova è un orrore da cui la gente sogna solo di scappare! Abbiamo perso l'identità contadina e ora non siamo più nulla."

"Il tuo è sentimentalismo senza fondamento. Qui devono prevalere la ragione, i dati, le risposte. Se sei sentimentale, la civiltà contadina è strabella. Ma se la vedi con i numeri hai un quadro spaventoso di ore lavorative, di scolarizzazione bassissima o nulla, di violenza su donne e bambini, convivenza con gli animali e sincretismo. Non considerare questi dati significa non essere illuministi, non volere bene a quella gente. Ora decidete voi chi tra me e Sandra vuole più bene alla civiltà contadina."

Solo il migliore degli argomenti eviterà lo scontro finale: una cena di cavatelli e agnello alla brace. Ma sarà tregua breve, perché il convivio propizierà ulteriori polemiche con altri indigeni, tra i quali un certo professor Cecco Genzale che, alzando la voce a un livello terrificante di decibel, metterà sotto accusa Stato, burocrazia e soprintendenze fino ai massimi livelli di governo.

"Ci dipingete come barbari che fanno sparire interi mausolei. Non è vero! Siamo noi, i piccoli privati, che tiriamo fuori le vecchie pietre e le restituiamo alla collettività! Quando dobbiamo fare dei lavori siamo obbligati a chiamare l'archeologo, e l'archeologo non lo paga certo lo Stato, lo paghiamo noi! È la legge. Lo paghiamo perché... non faccia il nostro interesse... Capite? Ma lo facciamo lo stesso. Voi non avete idea di quanti reperti siano stati tirati fuori a nostre spese.. Per i furbi è diverso: quelli hanno un solo desiderio... farsi ispezionare da tecnici compiacenti, scarsi o distratti. È una stortura della legge che crea una pressione tremenda sulle soprintendenze."

Siamo finiti in un vespaio, in una terra dove l'archeologo è al centro di polemiche inaudite, vittima di pressioni micidiali, bersaglio di ricatti e maldicenze. Non è più la guerra tra pubblico e privato, ma tra onesti e furbi, con i primi che devono obbedire alla legge e i secondi che fanno quello che vogliono. Un putiferio nel quale si torna al punto di partenza, e cioè al fatto che la roba sparisce sul serio. "Voi non avete idea di quanti pezzi di Appia finiscano dentro le case private," sbotta un altro commensale, citando un certo Palazzo Angrisani, o una Villa Orsini, legata ai proprietari di un hotel che sarebbero riusciti a ottenere un'uscita dall'autostrada "come un pubblico autogrill". La villa sembra che abbia il suo bel museo privato, esposto al pubblico con reperti regolarmente dichiarati in Soprintendenza.

"Vi pare giusto," interviene un indigeno alla mia sinistra, "che io, per vedere quei reperti, debba essere invitato a una festa o a un matrimonio? Quella è gente che pure si vanta e dice: 'Guardate come tuteliamo l'antico. Altro che lo Stato che se ne fotte'. Così vanno le cose in Irpinia."

"Magari sono gli stessi," gli fa eco un altro, "che quando devono costruire un ipermercato sull'Appia, davanti a una villa romana scoperta nello scavo delle fondamenta, butterebbero via tutto come una monnezza. L'antico va bene finché resta ornamento nelle ville o se ne sta buono nelle sue riserve indiane."

Antonio Cederna aveva già visto tutto sessant'anni fa, quando scrisse i primi furibondi articoli sui dieci chilometri iniziali della via. Mi accorgo che nel prologo romano dell'Appia c'era già tutta la Storia. Anzi, c'è. Usiamolo, il tempo presente. Qui non è cambiato nulla. Semmai è peggiorato. Mi chiedo cos'è questo nostro viaggio: la ricerca di un'antica strada, o piuttosto uno spaccato dell'Italia di oggi, un carotaggio nella stratigrafia più profonda dei nostri vizi e delle nostre virtù? La Regina delle Vie non porta più il senso dello Stato verso le periferie, se non come controllo vessatorio. Canalizza in compenso verso Roma il peggio di noi stessi, sublimandolo. Non ho mai avuto così forte come qui, nel cuore dell'Appennino, il senso più deleterio della metafora secondo la quale "tutte le strade portano a Roma".

"Viva l'Italia," ghigna Marco, "questo è il Paese che amo."

L'osso dello Stivale

Al passo di Mirabella l'Appia si stacca sulla destra dalla Statale 90 tra fabbriche e supermercati, e prende quota come non ha fatto mai. Tornanti! Da un momento all'altro la linea retta, cui ha derogato solo al centesimo chilometro per superare lo scoglio di Terracina, smette di essere l'implacabile comandamento della via. Il filo si spezza in una serie di curve in mezzo alla campagna per raggiungere la dorsale del Formicoso, una convessità che fu terra di brigantaggio e segna impercettibilmente l'osso dello Stivale. Per una cinquantina di chilometri viaggerà in simbiosi con la sinuosa Statale 303, la quale a sua volta è come se cedesse alla supremazia di tracce molto più antiche, consolidate in millenni di passaggi di uomini e animali.

Le nostre vecchie carte IGM al 25 mila svelano una densità inaudita di toponimi, segno di una presenza agricola millenaria e capillare. Che nomi! Aria delle Corde, Montesicco, Toppolo dei Venti, Stoccafierro, Venticano, Fontana Pisciariello. C'è persino una Taverna di Annibale. È la memoria lunga dei territori. Ma ormai solo pochi indigeni ricordano quei luoghi e conoscono il senso di quei nomi. Riccardo scuote la testa davanti a quella sinfonia topografica. "Paolo," mormora, "guarda le mappe degli anni cinquanta e vedi com'era l'Italia solo ieri. Poi piangi."

Ci alziamo nel vento, la pressione non è mai stata così alta, 1026 millibar. Irene intona una cantilena imparata da Francesco, il bardo di Terracina: "*Seta moneta/ le donne di Gaeta/ che filano la seta/ la seta e la bambagia/ Madonna chi ti piace?/ Mi piace il bel Giovanni/ che batte le castagne/ le batte troppo forte/ da far tremar le porte*". Si naviga già verso l'Adriatico, la vista si allarga, intercetta montagne nuove come isole nuove. A quelle già traguardate da Benevento se ne aggiungono altre: l'ombra del Gargano a nord-est e il cono vulcanico del Vulture a sud-est. Il secondo svela le forze plutoniche annidate nella pancia d'Appennino: la Mefite, sfiato velenoso che è anticamera degli inferi, i sismici tremori di Persefone, regina del profondo.

Nel frattempo siamo diventati sei. Oltre a Marco si è aggiunta Sandra, la giovane archeologa di Eclano. Ha mollato tutto per seguirci in uno svolazzare di foulard con la felicità di un levriero cui è stata tolto il guinzaglio. In una complicata topografia di paesi arroccati su crinali o cocuzzoli chiamati "coppoloni", il viaggio prende una dimensione talvolta aeronautica. Siamo alti fra i campi di grano così ben arati da Borea, dio fecondatore di cavalle, che una cavalla bianca dalla lunga criniera scende a filo di staccionata per cavalcarci accanto col suo puledro.

Siamo leggeri come alianti fra praterie di spighe, in un frastuono di grilli, che qui friniscono anche di giorno. La Statale 7, abbandonata a Benevento, è già lontana, bassa sulla destra, verso Sant'Angelo dei Lombardi. Dall'altro lato corre il mitico tratturo Pescasseroli-Candela. Pale eoliche e ripetitori avvertono che ci avviciniamo al nevoso spartiacque dello Stivale, dove il cielo genera tempeste di vento e di onde elettromagnetiche.

Un ciclista di nome Guido ci affianca e attacca discorso in inglese.

"Where are you going?"

"Tu, piuttosto, dove vai con quella bici?" rispondiamo al volo.

Italiani in cammino! Al ciclista non sembra vero. Ci abbraccia per la felicità e poi, per mostrarci l'amore per la sua terra, ne elenca i monti, visibili dallo strepitoso balcone della 303.

"Fate attenzione, quello là è il Terminio, poi più in là c'è il Calvello. In fondo potete vedere il Toppo di Castelgrande, sopra Pescopagano, e subito oltre c'è Muro Lucano. Laggiù, verso Eboli, le sorgenti del Calore. Ma guardate quella cima solitaria: è l'Eremita."

Siamo davvero in mezzo a tutto. Sotto di noi l'Ofanto tauriforme che scende in Adriatico e dilaga – scrisse Orazio – come le legioni di Cesare in Germania. Dall'altra parte la valle dell'Ufita, serpeggiante verso Benevento e il Tirreno.

Chiedo al ciclista: "Secondo te siamo pazzi a fare questo viaggio a piedi?".

"Ma beati voi! Io lascerei quell'ufficio che mi sta facendo soffrire e verrei insieme a voi. Direi a mia moglie: ci vediamo fra un mese."

Mi accorgo che il suo sguardo si perde verso le plaghe riarse dell'Apulia, la nostra meta. Amore e invidia allo stato puro.

Riattacco: "Guido, lo sai? Da queste parti, anni fa, mi hanno fatto uno dei più begli auguri della mia vita: t'accompagno col pensiero".

"E io ti dico: 'a Maronna t'accumbagne. L'ha detta il cardinale Sepe al papa... e io ve la restituisco. La Maronna v'accumpagni, veramente."

Marco si infila a gamba tesa nel discorso: "Ci avete creduto nella parabola della speranza di De Mita?".

"No, non ci ho creduto. Il nostro presidente De Mita viene dalla speranza, mai dalla gratitudine, perché una volta che un elettore ha avuto quello che vuole, non garantisce più il consenso. De Mita ha creato la cultura dell'aspettativa del posto di lavoro, e questo è grave, perché in fondo non ha reso il cittadino libero."

Io: "Esatto, è così che un popolo di pastori e contadini diventa un popolo di uscieri e portaborse. Funziona a questo modo in mezza campagna italiana".

Sandra: "Il nipote di De Mita è uguale anche fisicamente a lui. Parla uguale... è nato già vecchio".

"Il nipote è un gregario," dice Marco, usando apposta una metafora ciclistica.

E l'altro, risalendo sul sellino: "Il leader è stato e sarà sempre il vecchio, e l'altro andrà nella tomba con lui".

Senza bar non c'è paese

Quota novecento. Ci infrattiamo per stradine agresti che si avviluppano come bisce alla Statale, in un ronzio di pale eoliche e arnie, finché, oltre una curva, eccoti l'amico Vinicio Capossela, bardo umorale e generoso, avvertito pure lui del nostro andare. È sbucato all'improvviso, come un "bravo" manzoniano, per tenderci il primo di quella che si preannuncia già come una fatale serie di agguati. È salito in quota dall'avita valle dell'Ofanto assieme all'amica Michaela Molinari, fisico perfetto da maratoneta, e ora si attacca a noi per un pezzo di strada. L'ebreo errante che lo abita non ha resistito al richiamo.

Andiamo confabulando, socratici e peripatetici, verso le terre del Levante. In apparenza siamo otto, un bel treno che va, ma in realtà siamo di più. Mille occhi ci seguono, dalle tendine scostate delle finestre, dai sentieri nei campi, dai parabrezza delle automobili. Da Mirabella fino alle porte della Puglia, tutta la Statale 303 sa che stiamo passando. This is South Italy, che diamine, un posto dove la voce corre più veloce del vento. "Da noi l'omertà non esiste," ride il cantautore irpino Luca Pugliese, venuto pure lui a omaggiare gli esploratori. "Ormai tutti sanno che andate a piedi fino a Brindisi."

Al bar di Frigento siamo sequestrati da una banda di pingui compagnoni sedentari, incuriositi dal nostro passaggio. In una società di campagna il bar è tutto, ci ha spiegato Ciriello. È come la chiesa. Se non c'è bar non c'è paese. Il bar fa da tribunale, scuola, centro sociale, sportello informazioni e tante altre cose. C'è chi ha fatto l'università al bar. Giocare a carte è una scuola di vita. Impari a campare. E poi le donne non ci entrano. "Mia nonna si fermava a dieci metri di distanza, e mandava altri dentro, a parlamentare."

Difatti sono tutti maschi quelli seduti sulla porta. Ci guardano deporre gli zaini e ordinare da bere, poi un tipo con gli occhiali e la barba attacca discorso con Irene. "Signorina, qua noi andiamo in macchina pure al gabinetto..." dice burlando se stesso.

Il tasso di autoironia si rivela subito alto, cosa che depone a favore del paese. Noto che la banda ha saltato a piè pari la domanda "a chi appartenete?", avendo avuto già tempo a sufficienza per inquadrarci. Si instaura un'immediata familiarità.

Il barista grassoccio: "La macchina è buona, però a piedi è meglio".

Michaela: "Sono d'accordo".

Il barista: "Eh, ma poi si fanno le bolle sotto i piedi".

Irene: "Sapesse quante me ne sono venute di bolle! Poi passano anche quelle".

Il più pesante della banda: "Eh, lo so, però... c'è il peso... porto a spasso più di cento chili di mamma mia. Sono centotrentasei chili. Non si vede? La bilancia ieri non la potevo prendere perché scappava in avanti".

Con la coda dell'occhio vedo due giovanotti che hanno identificato Vinicio e diramano la notizia via sms. Bisogna filare alla svelta, ma la scenetta è troppo gustosa per mollarla a metà.

Quello con la barba: "Il dottore mi ha detto che mangiare molto fa bene".

Il grasso: "A me ha detto di mettermi a dieta, ma una pancia come la mia costa trecentomila euro... Io non ho mangiato mica maccheroni, ma agnelli, bistecche... Mi vuoi far perdere trecentomila euro in due mesi? Con 'sta crisi che c'è in Italia?".

Sandra: "Poi le tiene compagnia, ormai".

"Ormai è più fastidio che compagnia. L'altro giorno sono andato dal dottore... È entrata prima la pancia e poi sono entrato io. Mannaggia la miseria, ma mo' la devo levà."

Vinicio, passando al voi: "Cosa pensate di fare per toglierla?".

Di nuovo il grasso: "Mangiare poco, alzarsi presto la mattina, fare movimento. Una volta l'ho seguita la dieta, e sono calato trenta chili. Ma non mi riconoscevo più, ho guardato lo specchio e mi sono detto: non sono io. Così, pian piano ho ripreso i trenta chili perduti e, già che c'ero, qualche interesse in più... perché qua ci piace mangiare, è inutile, qua ci piace man-gia-re". E pronuncia la parola "mangiare" con la "c", "manciare", che fa molto più appetito.

Io: "Mi sa che c'è di mezzo la mamma italiana".

"Difatti. Mia mamma crede che se uno non mangia non sta bene. Quando fece una cura, aumentò di tre chili, perché il dottore ci disse 'tu devi mangiare il riso, perché il riso si mangia tutti i grassi', e lei mangiava normalmente il pasto suo, poi si mangiava un chilo di riso. Capisci? Una volta il dottore mi ha detto 'devi mangiare l'insalata e un po' di agnello', allora ho comprato dieci chili di insalata... e dopo non ce la facevo più."

Irene: "Ti vengono le visioni, vedi la Madonna".

"Io la Madonna la vedo se non mangio. Già a mezzogiorno."

Filiamo all'inglese, prima che arrivi la richiesta di un selfie.

La bestia nel grano

Il problema del Formicoso è che, oltre alla folla dei vivi, hai quella degli spiriti, che non ti mollano un istante. Già il paese di Gesualdo ci ha avvertito che stiamo varcando la soglia di un mondo arcano, popolato di ombre. Il suo maniero turrito in cima a una collina, ben visibile sotto la strada, racchiude la leggenda di un uomo che è stato insigne madrigalista e insigne assassino: quella di Carlo Gesualdo, il "principe dei musici". A Napoli uccise la moglie e l'amante di lei, colti in flagrante adulterio, poi tagliò a pezzi il corpo della donna e si rifugiò nel feudo avito per evitare ritorsioni dei parenti.

Marco racconta che Stravinskij, sedotto dalla storia, venne in pellegrinaggio a cercare spunti in ciò che restava del castello. Anni dopo arrivò pure il regista Werner Herzog. "La cosa particolare è l'atteggiamento dell'aristocrazia napoletana: accusavano il nobile non tanto di aver ucciso la moglie e di averla fatta a pezzi, ma di aver fatto tutto questo con le sue mani, invece di lasciarlo fare ai servi. Sporcarsi di sangue: una cosa volgare per un principe. Io invece penso che sia stata una cosa istintiva, da artista. Non aveva resistito e, pazzo di gelosia, aveva smembrato la moglie. E c'è questo madrigale che a me piace molto, si chiama *Beltà poi che t'assenti...* che è un po' quello che capita a noi, no? Perdiamo la bellezza e poi magari la ritroviamo. Senza lamentarci."

Gli spiriti, dunque. Appena restiamo soli con la campagna, nel sole abbacinante della controra, Vinicio – perfettamente a suo agio tra i miti, gli dèi e i fantasmi della sua terra natale – non ha che da chiamare la folla di anime che lo circonda. Con sapienza da mago borbotta formule avite ed ecco che, in men che non si dica, intorno a noi è tutto un vorticare di presenze. Satiri che ingravidano fanciulle addormentate sotto gli alberi, incubi meridiani che succhiano lo spirito di chi cede alla pennica, l'urlo del mietitore che al rintocco di mezzogiorno chiede scusa del lutto inflitto con la falce a madre natura e "sente la necessità di un sacrificio per compensarla". Per non parlare della Bestia nel grano, che "serpeggia tra le falci, e sempre sfugge e non può essere vista da più di una persona alla volta".

Vinicio racconta ed evoca, evoca e racconta, sempre tormentandosi la barba all'ombra del suo Panama, e intanto semina cose come le briciole di Pollicino. Il cellulare, poi il cappello, poi le sigarette e un cd appena ricevuto in dono. È il suo modo inconsapevole di segnare il territorio, ma anche di legare a sé le persone. A cinquant'anni, giocando all'eterno adolescente, è ancora abilissimo a reclutare eserciti di angeli custodi che si fanno carico di lui. E difatti tocca a noi recuperargli cellulare, cappello, sigarette e cd. "'Sto figlio mio," mi dirà sua madre, "così inquieto fin da piccolo. Ha sempre dormito poco e ha sempre fatto cose strane..."

Anche Sandra è a suo agio con l'Altrove. Da brava archeologa, conosce i segreti delle sulfuree divinità dell'Oltretomba e non può rinunciare ad aprirci la strada della Mefite, il cratere ribollente di sfiati – per l'appunto mefitici – dove abita la divinità italica dallo stesso nome, garante della fertilità e guardiana della porta fra la vita e la morte. Pare che sia la più forte emissione gassosa d'Europa di tipo non vulcanico: sfiaterebbe più CO_2 di Stromboli e Vulcano messi insieme. Per arrivarci, bisogna fare una deviazione lunga, ma ne vale la pena. "Nun ci jate! Se more," mi aveva avvertito una vecchia di Rocca San Felice cui avevo chiesto anni fa la strada per l'Averno. Ne aveva ben donde, la megera, perché poco tempo prima una tedesca era stata uccisa dalle esalazioni per essersi avvicinata troppo. Poi morì una coppia di italiani in cerca di reperti. Un pastore mi disse di aver tirato fuori da lì il corpo di un uomo di centoventi chili.

Vediamo l'archeologa scendere senza paura oltre il cartello PERICOLO DI MORTE, strattonata dal vento, in uno svolazzare un po' streghesco di blusa e capelli ramati, seguita da un cane randagio che però alla fine arretra davanti alle fauci del pentolone. Siamo a contatto con qualcosa di infinitamente più distante di Roma e delle sue legioni: la macchina dei secoli che romba e stantuffa nel profondo. È come se guardassimo il Tempo dal buco della serratura. In fondo è facile vedere cadaveri putrefatti di cinghiali, volpi e cani. I quadrupedi muoiono prima degli umani, là sotto, perché annusano il terreno, ficcano il muso proprio nello strato gassoso più basso e letale. Chissà, magari è questo l'ombelico del viaggio. La voragine irpina che, in un soffiar da mal di testa di miasmi, fischia come un nido di serpenti, tuona e ribolle di fanghi grigio argento.

Miscallà

Col sole alto, l'unità di misura della distanza non è il chilometro ma la birra. Il numero di bottiglie che ci si propone di bere aumenta col passare delle ore. E allora, in assenza di un bar, il primo negozio di alimentari di Borgo Le Taverne che ci appare a pochi chilometri dall'arrivo viene svaligiato e trasformato d'ufficio in punto di rifornimento. Tutte le sedie sono requisite e messe fuori sulla terrazza con vista sulla valle dell'Ufita, una decina di bottiglie sono tolte dal frigo, un chilo di pagnotte divise in due e un intero salame affettato, poi si mangia in gruppo e si tracanna, evocando il viaggio di Orazio, il cui tragitto si è ormai staccato dal nostro e prosegue sotto di noi in direzione di Canosa di Puglia per una non ben precisata variante di età augustea.

Satira quinta, libro primo: "Da quel luogo la Puglia inizia a mostrare i monti che lo scirocco asciuga, una terra dove si paga anche l'acqua che ovunque è gratuita e dove il pane in compenso è squisito". Dalla terrazza del negozio di alimentari anche per noi la vista è sconfinata, e anche a noi appare a nord-est l'Apulia abrasa dal sole, segnalata dal prisma inconfondibile di Sant'Agata, piramide mezza monte e mezza paese. Capossela è felice, ha deciso di cenare con noi e di convocare per la serata conviviale anche due amici, con la mamma e il bravo Crocco, il bastardino trovatello senza coda battezzato col nome di un brigante irpino. Se lo terrà ben stretto, vista la presenza di cani allo stato brado in giro tra i paesi.

Poco dopo, scendendo in testa al gruppo verso la valle dell'Ufita, dove ci aspettano per il pernottamento in una vecchia masseria, Marco incontra un pastore col gregge e alcuni cani e dà vita a un dialogo lampo che spiega molte cose.

I cani abbaiano e il pastore chiede all'intruso: "Non tieni paura dei cani?".

Marco: "No, non tengo paura".

"Allora vuol dire che sei uno buono." La tensione si è sciolta. Il pastore ha ricambiato col rispetto l'assenza di paura del forestiero, e in più si sente rassicurato dal suo accento familiare.

"Quante pecore tieni?"

"Ottanta."

"Allora il buono sei tu."

"No, il buono sei tu, perché vai a piedi e risparmi."

"Mo' scendono degli amici miei che tengono un cane. Ripara i tuoi."

"Ma io ne tengo nove di cani."

"Ottanta più nove: con te fanno in tutto novanta cristiani."

Il pastore ride di cuore, chiama i cani e dice al capo della muta: "Statte buono".

"Ma dove state andando?"

"A Brindisi, sull'Appia Antica."

"Lo vedi bene che sei uno buono."

Tutto il dialogo si è mirabilmente imperniato attorno all'aggettivo "buono", più volte ripetuto, che qua non significa affatto mite o docile, ma anzi, forte, valente, saldo nelle sue idee. "Bùono" con l'accento sulla "u", come si dice da queste parti. Una fonetica mediterranea che aggiunge al senso morale la concretezza del gusto e il profumo terragno inconfondibile del cibo campano. Ascoltando lo scambio di battute, mi rendo conto che tutto il mio scrivere altro non è che una faticosa risalita all'oralità delle origini, un tentativo di registrare le voci dei luoghi.

E siamo alla recondita masseria dei Ricciardi, che ci aspetta con lenzuola fresche e camino fumante nel tramonto. La sera nella conca dell'Ufita è di una bellezza struggente. L'ultimo sole riluce sui coppi della fattoria, uno dei pochi tetti tradizionali rimasti intatti nell'Irpinia dopo il terremoto. Muri vecchi di tre secoli, che hanno tenuto duro. Silenzio, grilli, qualche cane lontano, e la nostra biancheria lavata stesa nella brezza su una corda tirata fra due pali in mezzo al giardino. Posto speciale, di quelli che si conoscono solo per passaparola.

Seduto su una poltrona in vimini della veranda, Marco spiega la sua strategia d'approccio con i quadrupedi. "Il cane da pastore è quello da temere meno, è abituato a difendere il gregge e se tu stai dall'altro lato della strada non ti attacca. Soprattutto, si preoccupa più degli animali che degli uomini. Quello randagio invece ha bisogno di sentire in te il capobranco, e allora devi urlargli qualcosa. A me hanno insegnato una parola che finora ha funzionato sempre, da Napoli a Catania: 'Miscallà'. Così: 'Mi-scal-lààà!'. Però bisogna usarla con tono autorevole, con una voce brutta, non bisogna essere gentili. Poi bisogna avere in mano una mazza per mostrarsi pronti a colpirli. Funziona sempre. So che gli animalisti si arrabbieranno, ma io so che se sulla strada ci siete solo tu e il cane, quel cane ti riconoscerà come autorità e si guarderà bene dall'attaccarti."

Miscallà. Magia in tre sillabe. Chissà che dentro non ci sia l'invocazione al dio del Jihad, udito da un pirata barbaricino, da un mercante siriano o da soldataglia turca sbarcata per un'incursione sulle coste del Tirreno. Mistero di parole migranti deformate e accolte nell'uso comune dal popolo. "A Napoli," conferma Marco, "per dire sgradevolmente 'togliti dai piedi', si grida 'fatt'allà'. Forse l'origine è la stessa."

Tutto il male viene da Napoli, anzi no. A cena nella Masseria Ricciardi s'è radunata mezza Irpinia attorno a una portata fumante di cavatelli al pomodoro, e il dialogo dei montanari si aggroviglia attorno a un antagonismo millenario, quello tra città e campagna. Partecipano attivamente i nuovi venuti: Antonietta, la mamma di Vinicio, con uno stuolo di amici del Nostro. Ma c'è anche Nicola, venuto da Avellino a riprendersi Marco, c'è Luca il cantautore, e c'è un vignaiolo magro di nome Luigi. Tra i piedi della compagnia, il bastardino Crocco, portato dalle terre dell'Ofanto, spadroneggia dopo aver bucato a morsi un pallone in giardino.

Non ancora ammorbiditi dal vino, gli animi si affrontano per contrapposizione estrema. I napoletani sporcano, accusano alcuni: quando vengono a fare picnic sul fiume Calore o sull'Ufita, lasciano un immondezzaio di sacchetti di plastica. Niente vero, controbattono altri, sono gli irpini che sporcano e per giunta se ne fottono dell'antico. Risposta: noi non abbiamo mai chiuso a chiave le porte di casa e ora dobbiamo barricarci dentro, ed è colpa della camorra, che viene da dove se non da Napoli? "Ma basta con questa storia che il male viene da fuori," è la controreplica, "i napoletani sono sporchi, è vero che buttano la spazzatura, ma noi irpini non siamo da meno; siamo quattrocentomila, come gli abitanti del quartiere del Vomero a Napoli, e sporchiamo come loro, solo che si vede meno perché il territorio è più vasto."

Luigi, il viticoltore, che di cognome fa Tecce, primeggia con argomenti resi più efficaci da un gran rotear d'occhi e da una gestualità indescrivibile. Le mani, agitate in coppia ai lati del viso come due auricolari, amplificano il senso delle parole formando quasi un'antenna parabolica. Il viso è magnetico e donchisciottesco, da *Entierro del Conde de Orgaz* di El Greco, persino patibolare a prima vista: ma si anima e s'illumina di lampi di ironia che spiazzano i commensali e ri-orientano il discorso senza bisogno di troppe parole. Eduardo, allo stato puro.

Accade soprattutto quando la tavolata scivola su temi sensibili come padre Pio, il frate clonato in migliaia di statue che ormai presidia ogni crocicchio della nazione.

"Non c'è che dire, c'è bisogno della superstar anche nel mondo dei santi. Prima c'era un legame religioso territoriale costruito da una società che si muoveva a piedi... ogni paese aveva la sua sacra effigie ed era collegato a quell'effigie, ogni luogo aveva un referente. Vedi la Madonna di Montevergine che sovrasta Avellino e protegge Napoli dalla notte dei tempi... Oggi la nuova offerta colonizza anche quegli spazi, soppianta i santi locali... C'è voglia di nuovo in ogni ambito."

Marco Ciriello tenta un traversone verso un'altra area del campo: "Diciamo che padre Pio vince contro gli altri santi. Talvolta batte persino Gesù. Ma a Napoli perde contro san Gennaro".

"Senza ombra di dubbio. San Gennaro è oooltre... È un'altra cosa, per il napoletano: va dal sentimento popolare al cabaret. La cosa bella è l'affezione del popolo a quell'effigie. Anche se funziona un giorno solo all'anno, e poi passa in cavalleria... Però alla lunga sono Fatima e Međugorje che fanno la parte del leone. Non stai bene? Vai dal medico. Ma se hai un problema grave vai lontano, in una clinica famosa, come se andar lontano fosse garanzia di salvezza. È l'idea del pellegrinaggio applicata alla medicina. Stessa cosa per Fatima e Međugorje. Più chilometri fai, più grande è la soddisfazione. Il miracolo ottenuto in trasferta dà più garanzie."

Vinicio: "Anche la religione si globalizza, la logica del supermercato è entrata pure lì".

Luigi: "Facciano pure, io tengo duro. Le mie vigne continuano a chiamarsi San Nicola, Santissima Trinità, Sant'Andrea, come una volta, quando ogni zona aveva un nome e una croce come ombrello di protezione. Resto attaccato agli usi di quella che, nel bene e nel male, è stata la tradizione cattolica".

Pietro, il padrone di casa, molla al centro della tavola una forma intera di pecorino detto Carmasciano, stagionato col miele, insieme a una cinquina di bottiglie del miglior Taurasi. Quando le apre, la stanza si riempie in un attimo di fragranze floreali. Essenza di primavera, zefiri allo stato puro. Bevendo, ho la percezione nitida che questa terra non abbia ancora imparato a conoscere e a esprimere le sue potenzialità, e che vi sia un nesso profondo tra la dilapidazione delle necropoli e la marginalità dell'Irpinia. Il problema è identitario, prima che economico. Si è abbandonato un modello di sussistenza senza averne un altro nuovo in mente. Per mancanza di memoria. Il contadino umbro o toscano è fiero della storia dei suoi padri. Qui no, c'è il ripudio. Il divorzio dalla cultura appenninica e la voglia di scopiazzare inutili modelli subalpini.

Conosco la terra di Luigi, le vigne avellinesi fra Atripalda, Montemarano e Paternopoli, poco a sud della nostra strada. Una terra vulcanica generosa e mai stanca, cui basta poca pioggia per farti ricco. Un brulicare di biodiversità senza eguali, da tempo scomparso nell'Italia dei pesticidi. Una ricchezza della quale l'Irpinia mostra di non tener conto a sufficienza. Qui dalle botti si spillano vini dai nomi antichi come Fiano, Sciascinoso, Mantonico, Serpico e Piedirosso. E sempre qui, dalle parti di Taurasi, ho incontrato anni fa una vigna vecchia di almeno tre secoli che aveva resistito a tutto: alla peste europea della fillossera, alla barbarie delle potature industriali, alla tirannia degli enologi – partigiani di vini perfetti e senz'anima –, alla dittatura della genetica sui profumi del territorio. Era passata indenne anche attraverso il dilagare delle monocolture e le infezioni epidemiche dei vivai industriali.

Il patriarca era lì, indifferente a tutto questo, con un patrimonio genetico antico come gli ulivi del Getsemani e un gusto dolcemorbido che arrivava dritto dalla Magna Grecia. Era rugoso e rinsecchito come un vecchio Navajo, ma brulicante di vita e abitato da merli, scoiattoli, cinciallegre e calabroni. Spremeva un vino carico di componenti antiossidanti sette volte più forti che in qualsiasi altro rosso. Si chiamava Sirica, perché era arrivato da Siri sullo Jonio, alla fine di un itinerario partito dall'Asia centrale. La struttura a spalliera, mi spiegarono, era la stessa che i Sanniti avevano imparato dagli Etruschi di Capua. La vecchia vite era, in tutto e per tutto, un libro di storia.

Quel libro vegetale racchiudeva il mistero italico di una terra fertile, sismica e inquieta, che la notte si riempiva di ululati e luci tremule fin sulle cime dei monti, raccontava i luoghi di Pitagora e Zenone, diceva di Orazio e Giulio Cesare, rappresentava il mitologico approdo dei Greci nella Penisola, mostrava i tesori di un Paese unico che era stato laboratorio di contaminazione fra Sanniti, Romani, Longobardi, Etruschi, Arabi, Slavi, Ebrei, Albanesi, Svevi, Normanni. Mi rendevo conto di essere nel baricentro mediterraneo di una rete di sapienze manuali inestimabili e leggibili in ogni albero. C'era quasi più storia nelle piante che nelle pietre. Come mi stupì, dopo aver appreso tutto questo, scoprire che dalla

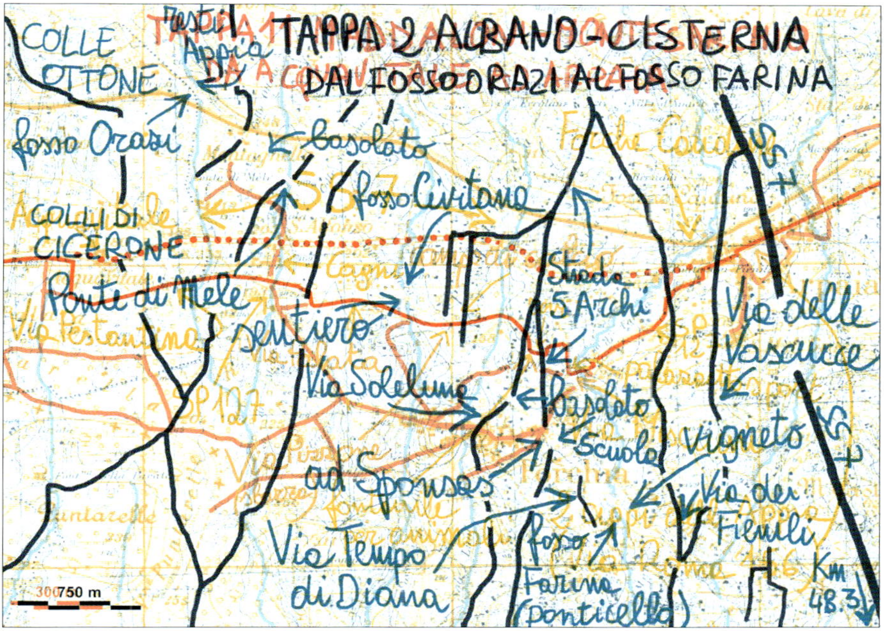

TAPPA 2 ALBANO-CISTERNA
DAL FOSSO ORAZI AL FOSSO FARINA
COLLE OTTONE
Appia
fosso Orazi
basolato
fosso Civitana
COLLI DI CICERONE
Ponte di Mele
sentiero
Strada 5 Archi
Via delle Vasucce
SP 127
Via Solelune
basolato
Scuola
vigneto
ad Sponsas
Via dei Fienili
Via Tempo di Diana
fosso Farina (Ponticello)
Km 48.3
750 m

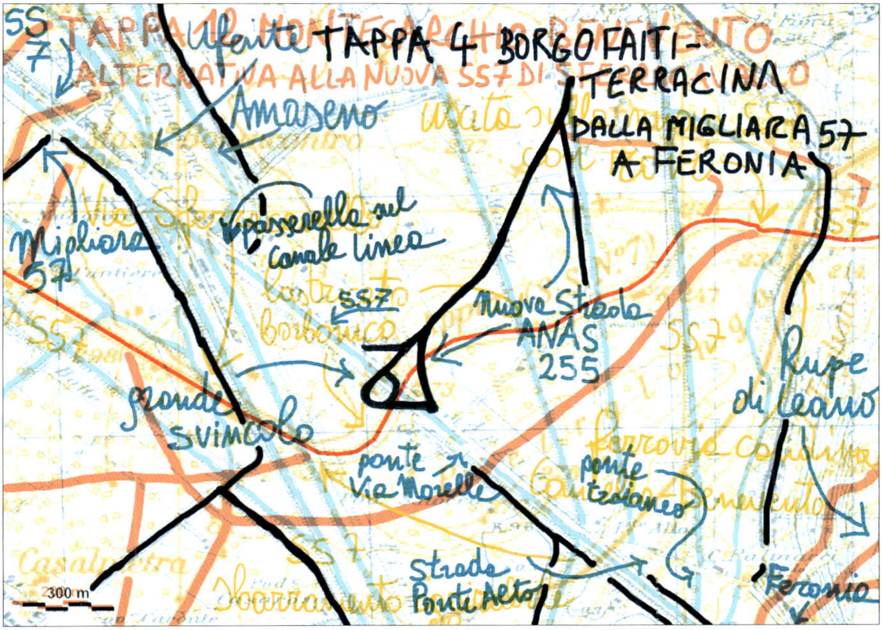

SS 7
Ufente
TAPPA 4 BORGO FAITI-TERRACINA
DALLA MIGLIARA 57 A FERONIA
Amaseno
passerella sul Canale Linea
Migliara 57
SS7
Nuova Strada ANAS 255
Rupe di Leano
grande svincolo
ponte Via Morelle
ponte traianeo
Strada Ponte Alto
Feronia
300 m

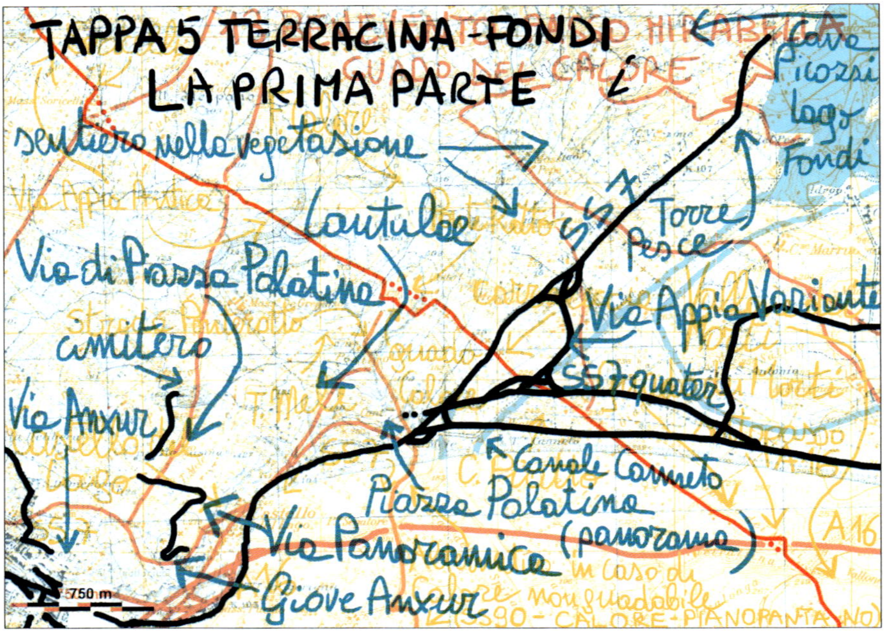
TAPPA 5 TERRACINA-FONDI
LA PRIMA PARTE
sentiero nella vegetazione
Lautulae
Via di Piazza Palatina
cimitero
Via Anxur
Via Panoramica
Giove Anxur
Piazza Palatina
(panorama)
Canale Canneto
SS7 quater
Via Appia Variante
Torre Pesce
SS7
Cave Picozzi
lago Fondi
A16
750 m

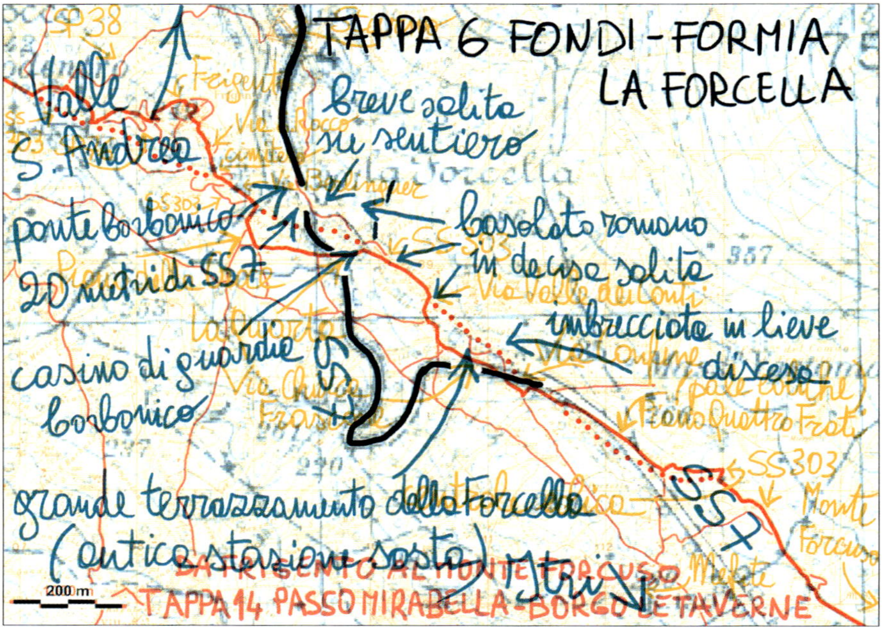
TAPPA 6 FONDI-FORMIA
LA FORCELLA
Valle S. Andrea
breve salita su sentiero
ponte borbonico
20 metri di SS7
basolato romano
in decisa salita
imbrecciata in lieve discesa
casino di guardia borbonico
grande terrazzamento della Forcella
(antica stazione sosta)
Itri
SS7
SS303
200 m
TAPPA 14 PASSO MIRABELLA-BORGO LE TAVERNE

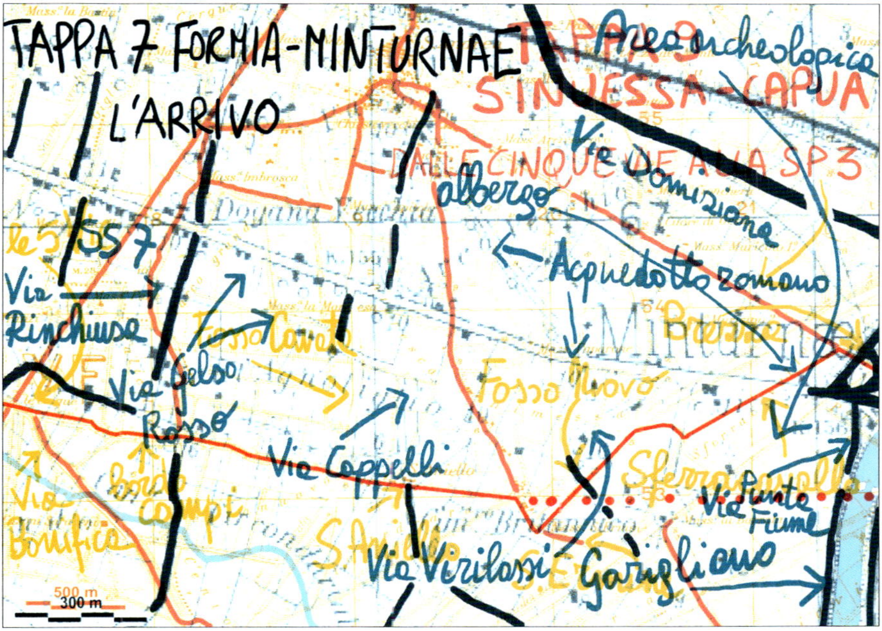
TAPPA 7 FORMIA-MINTURNAE
L'ARRIVO
Area archeologica
SINUESSA-CAPUA
Via Domiziana
albergo
Acquedotto romano
SS7
Via Rinchiuse
Via Gelso Rosso
Via Coppelli
Fosso Nuovo
Via Virilassi
Garigliano
Via Ponte Fiume
Via Bonifica
500 m
300 m

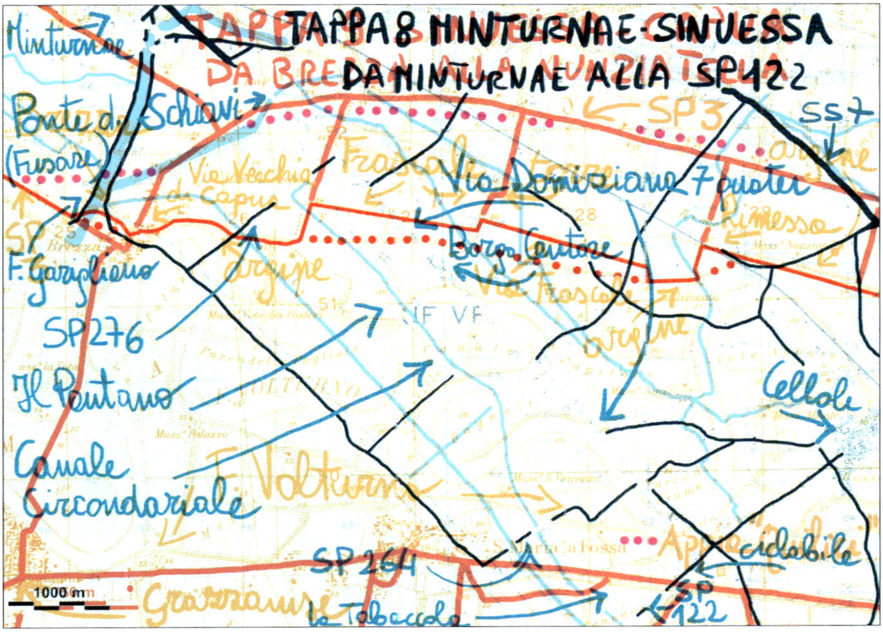
TAPPA 8 MINTURNAE-SINUESSA
DA MINTURNAE ALLA SP122
Minturnae
Ponte d. Schiavi (Fusaro)
SP3
SS7
Via Vecchia d. Capua
Via Domiziana 7 quater
Borgo Centore
Via Frasca
F. Garigliano
SP276
Il Pantano
Canale Circondariale
F. Volturno
Cellole
ciclabile
SP264
SP 122
Le Tabaccole
1000 m

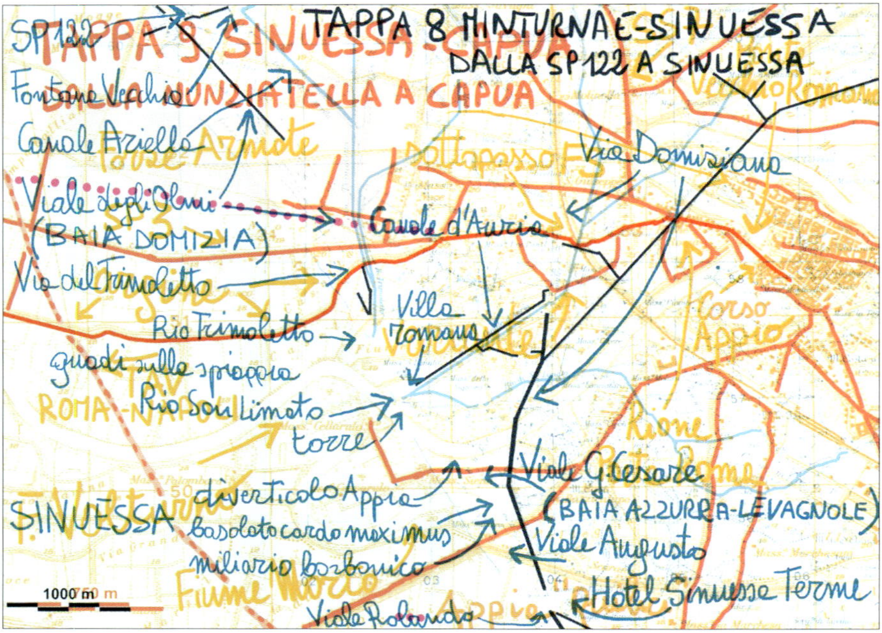
TAPPA 8 MINTURNAE-SINUESSA
DALLA SP122 A SINUESSA
SP122
Fontane Vecchie
Canale Aziello
Viale degli Olmi
(BAIA DOMIZIA)
Canale d'Auria
Via Domiziana
Via del Trimoletto
Rio Trimoletto
Villa romana
guadi sulla spiaggia
Rio Sau Limoto
torre
Viale G. Cesare
(BAIA AZZURRA-LEVAGNOLE)
SINUESSA
diverticolo Appio
basolato cardo maximus
miliario borbonico
Viale Augusto
Hotel Sinuessa Terme
Viale Rolando
TAPPA 9 SINUESSA-CAPUA
Corso Appio
1000 m

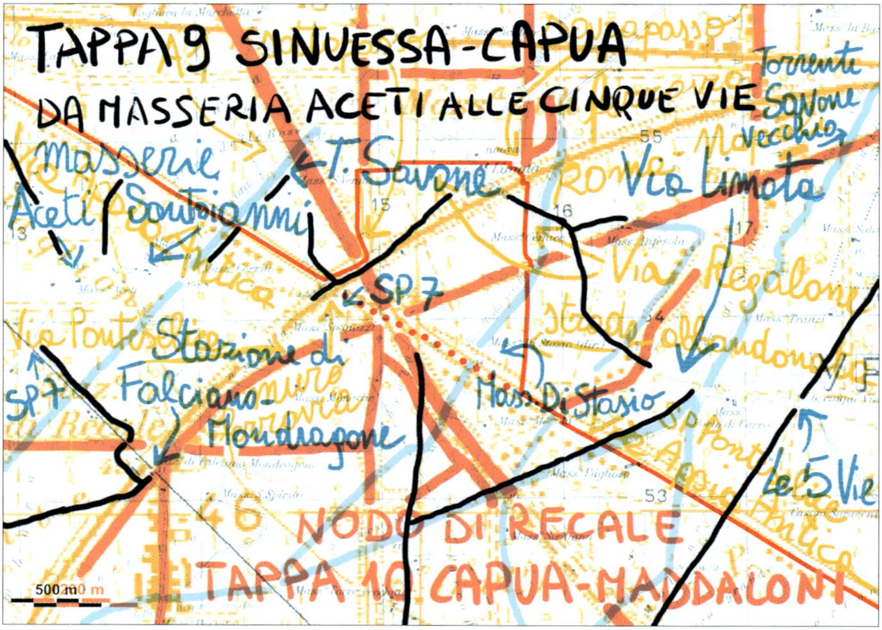
TAPPA 9 SINUESSA-CAPUA
DA MASSERIA ACETI ALLE CINQUE VIE
Torrente Savone vecchio
masserie Aceti
Santagianni
T. Savone
Via Limata
Via Regaloni
SP 7
SP7
Stazione di Falciano-Mondragone
Mass. Di Stasio
Le 5 Vie
NODO DI RECALE
TAPPA 10 CAPUA-MADDALONI
500 m

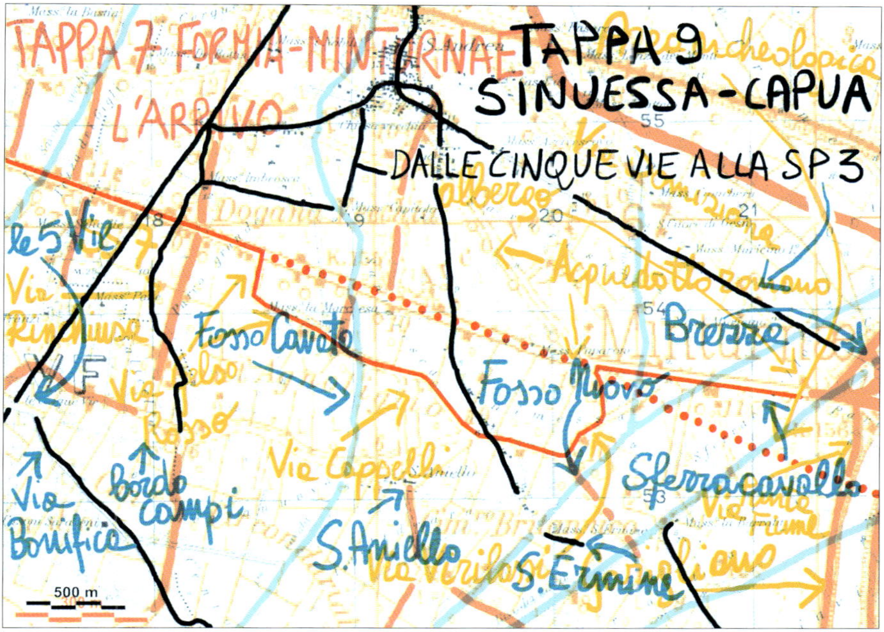
TAPPA 7 FORMIA-MINTURNAE
L'ARRIVO
TAPPA 9
SINUESSA-CAPUA
DALLE CINQUE VIE ALLA SP3
le 5 Vie
Via Rinchiuse
Fosso Cavato
Fosso Nuovo
Brezza
albergo
Acquedotto romano
Via Bonifica
Bordo campi
Via Cappelli
S. Aniello
S. Ermine
Sferracavallo
500 m

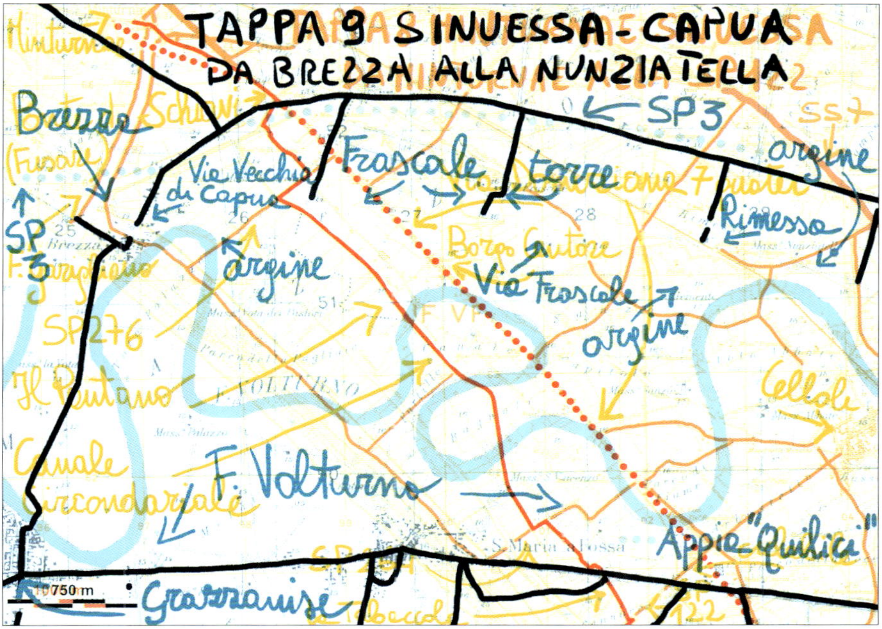
TAPPA 9 SINUESSA-CAPUA
DA BREZZA ALLA NUNZIATELLA
Minturnae
Brezza
(Fusaro)
SP 3
Via Vecchia di Capua
Frascale
torre
SP3
SS7
argine
Rimessa
Borgo Cutore
Via Frascale
argine
SP276
Il Pantano
Canale Circondariale
F. Volturno
Cellole
Appia "Quilici"
Grazzanise
750 m

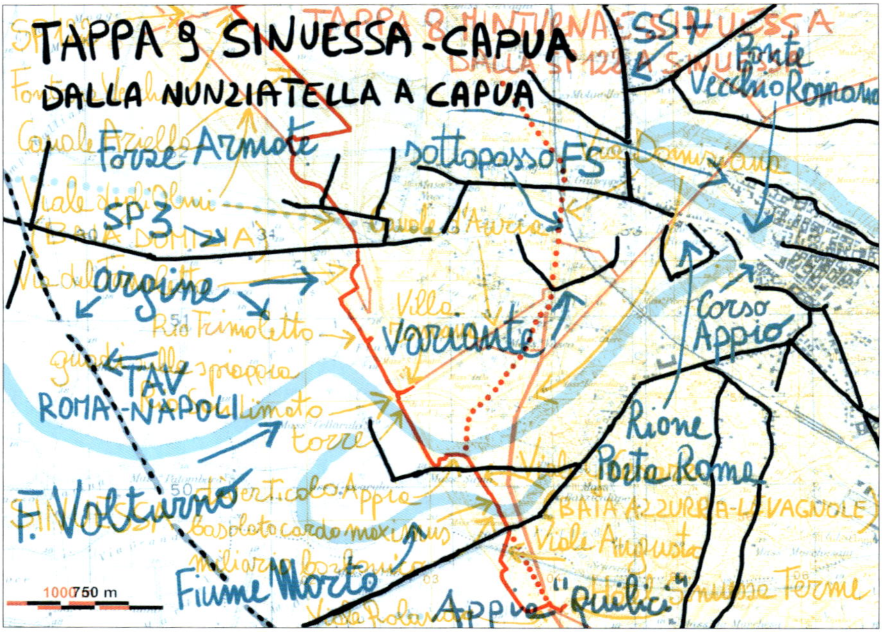
TAPPA 9 SINUESSA-CAPUA
DALLA NUNZIATELLA A CAPUA
SS7
Ponte Vecchio Romano
Forze Armate
sottopasso FS
SP3
argine
Variante
TAV
ROMA-NAPOLI
F. Volturno
Fiume Morto
Corso Appio
Rione Porta Roma
Appia "Quilici"
750 m

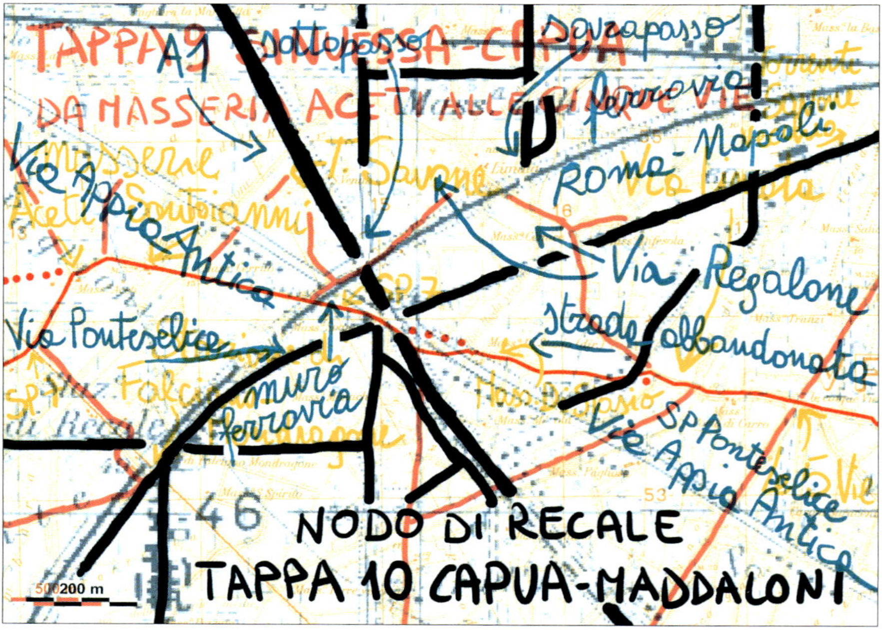
A1
sottopasso
sovrapasso
ferrovia
Roma-Napoli
Via Appia Antica
Via Ponteselice
muro ferrovia
Via Regalone
strada abbandonata
SP Ponteselice
Via Appia Antica
NODO DI RECALE
TAPPA 10 CAPUA-MADDALONI
200 m

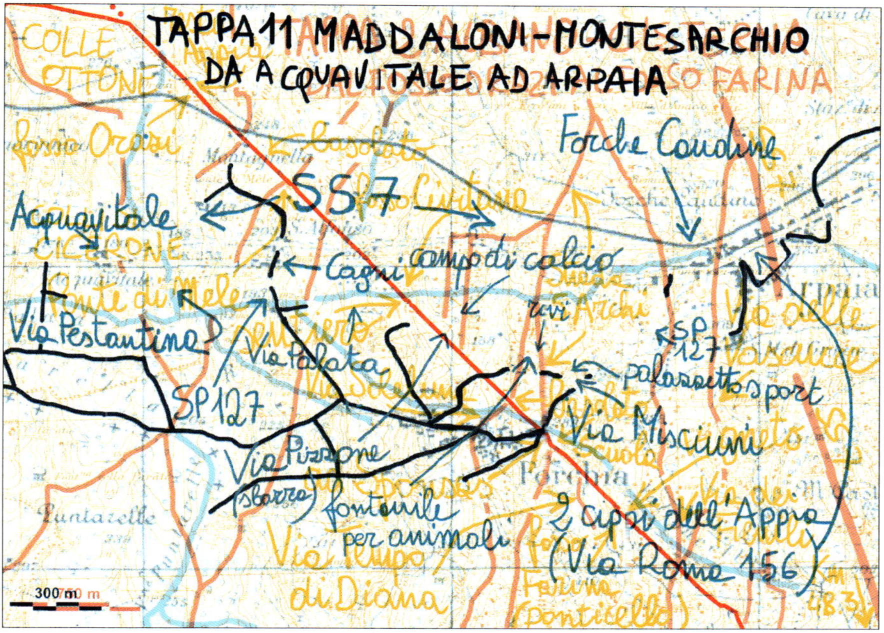
TAPPA 11 MADDALONI-MONTESARCHIO
DA ACQUAVITALE AD ARPAIA
Forche Caudine
SS7
Acquavitale
Cagni
campo di calcio
Via Pestantine
Via Palata
SP 127
palazzetto sport
Via Misciuni
Via Pizzone
(sbarra)
fontanile
per animali
2 cippi dell'Appia
(Via Roma 156)
300 m

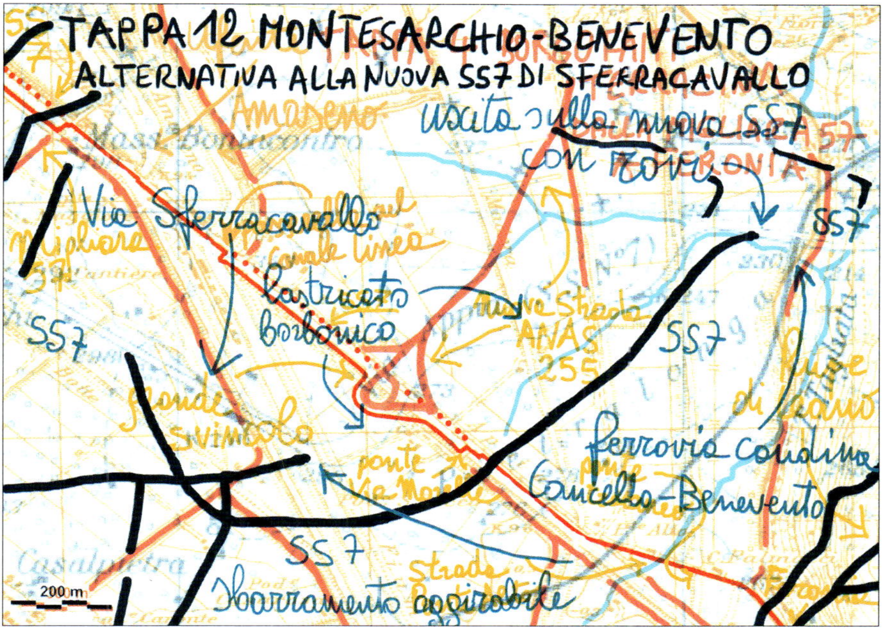
TAPPA 12 MONTESARCHIO-BENEVENTO
ALTERNATIVA ALLA NUOVA SS7 DI SFERRACAVALLO
uscita sulla nuova SS7
con rovi
SS7
Via Sferracavallo
lastricato
borbonico
SS7
ferrovia caudina
Cancello-Benevento
SS7
sbarramento aggirabile
200 m

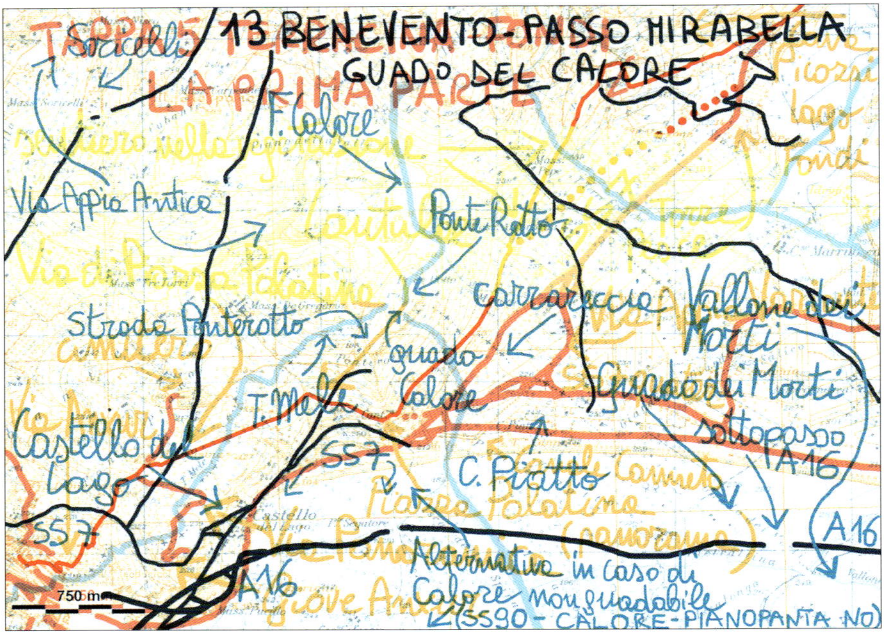

13 BENEVENTO-PASSO MIRABELLA
GUADO DEL CALORE
LA PRIMA PARTE
Via Appia Antica
F. Calore
Ponte Rotto
Strada Ponterotto
carrareccia
Vallone dei Morti
guado Calore
T. Mele
Guado dei Morti
sottopasso A16
Castello del Lago
SS7
C. Piatto
Piazza Palatina (panorama)
A16
Alternative in caso di Calore non guadabile
(SS90 - CALORE - PIANOPANTA NO)
750 m

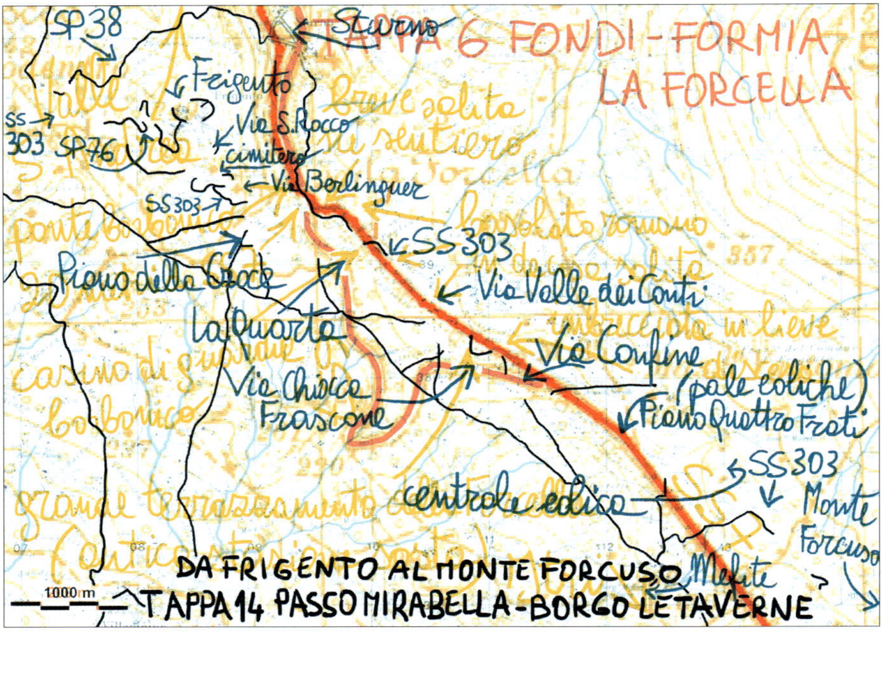

SP38
Sturno
TAPPA 6 FONDI - FORMIA
LA FORCELLA
Frigento
breve salita
sentiero
SS 303
SP76
Via S. Rocco
cimitero
Via Berlinguer
SS303
basolato romano
Piano della Croce
La Quarta
Via Valle dei Conti
Via Confine
(pale eoliche)
Piano Quattro Froti
Via Chiocce Frascone
casino di guardia borbonico
centrale eolica
Monte Forcuso
Mefite
DA FRIGENTO AL MONTE FORCUSO
1000 m
TAPPA 14 PASSO MIRABELLA-BORGO LE TAVERNE

(SS303)
Le Tappe
Contrada Sasso
Chiesa Frassino
tratturo
tratturo lungo linea elettrica
SS303
piazzale contrada Forche
Salita di Montemarano
Piani Mattine
S. Maria
campi su tracce di trattore
SS303
KM 23.2
DA S.MARIA A PIANI MATTINE
750 m
TAPPA 15 BORGO LE TAVERNE - BISACCIA

TAPPA 16 BISACCIA - PONTE S.VENERE
DA BISACCIA A SERRO ZUNZOLO
LACEDONIA
Serro Zunzolo
Varianti alla SS303 sulla linea dell'Appia Antica
SS303
Bisaccia vecchia
SS303
(Via XXIII luglio)
albergo
Nuova Bisaccia
750 m
TAPPA 15

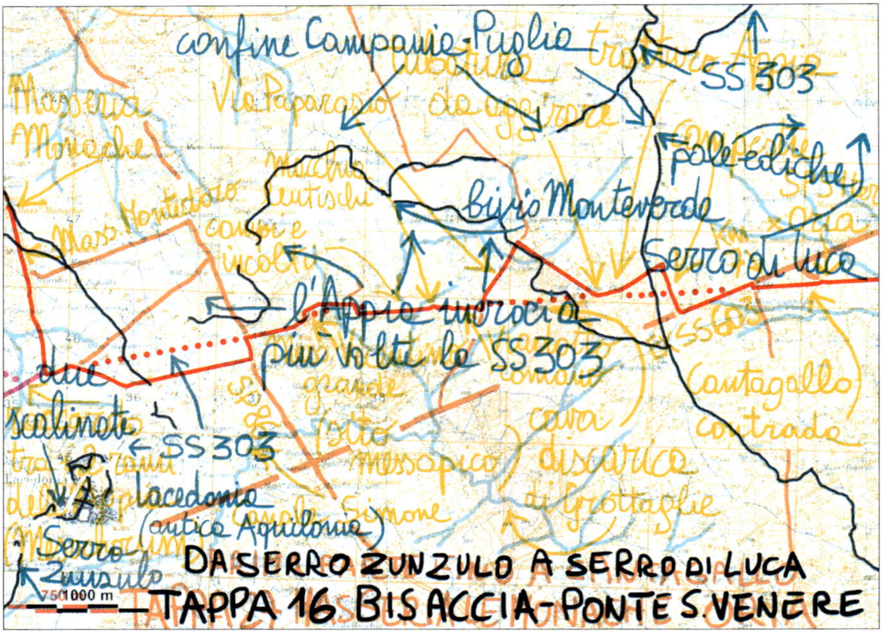
confine Campania-Puglia
SS 303
pale eoliche
Bivio Monteverde
Serro di Luca
l'Appia incrocia più volte la SS 303
due scalinate
← SS 303
Lacedonia (antica Aquilonia)
Serro Zunzulo
Masseria Monache
Cantagallo contrada
cava discarica
DA SERRO ZUNZULO A SERRO DI LUCA
TAPPA 16 BISACCIA-PONTE S.VENERE
750 1000 m

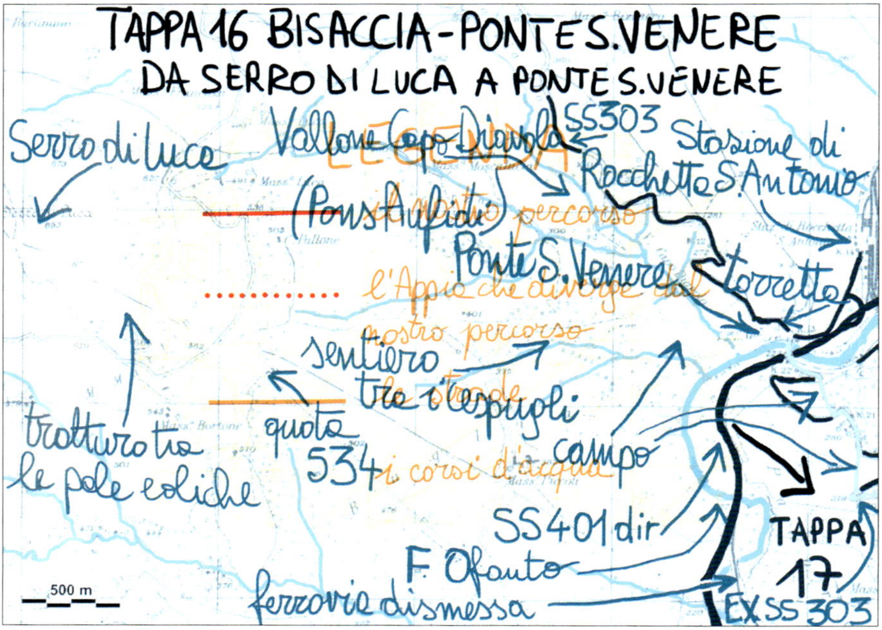
TAPPA 16 BISACCIA-PONTE S.VENERE
DA SERRO DI LUCA A PONTE S.VENERE
Serro di Luca
Vallone Capo Diavolo
SS303
Stazione di Rocchetta S.Antonio
(Pons Aufidi)
percorso
Ponte S.Venere
torretta
l'Appia che diverge dal nostro percorso
sentiero
tra i cespugli
quota 534
i corsi d'acqua
tratturo tra le pale eoliche
campo
SS 401 dir
F. Ofanto
ferrovia dismessa
TAPPA 17
EX SS 303
500 m

Ex SS303
crinale
discese e salite ripide
Valle dei Cornioli
Bosco della Cisterna
Via S. Vito Vecchio
Cantoniera Km 64.2
crinale
SS96
SS96bis
22 TAPPA
F. Ofanto
Tarantino (Appia Antica)
M. Solarso
scorciatoia
TORRE DELLA CISTERNA
750 m
TAPPA 17 PONTE S.VENERE-MAD. MACERA

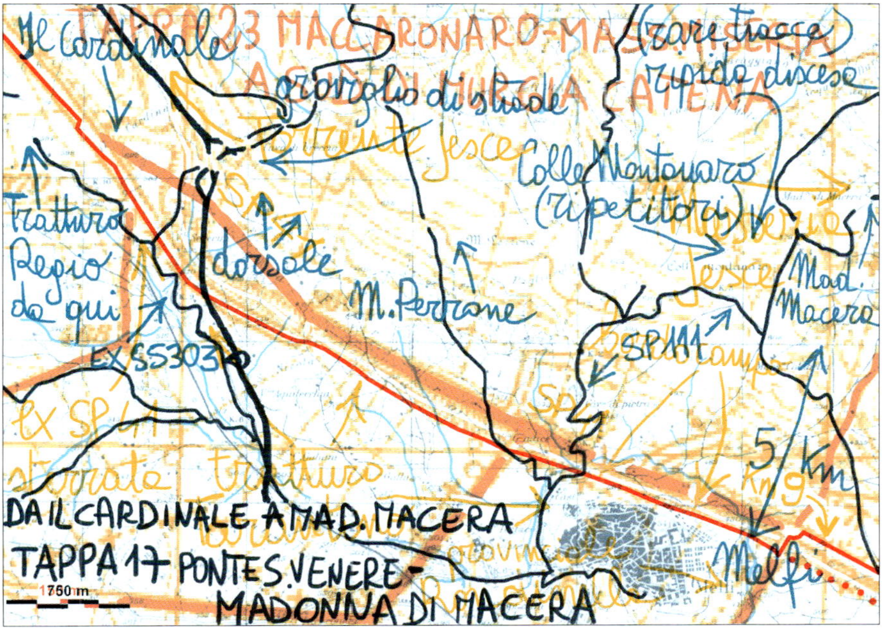
Il Cardinale
groviglio di strade
rare tracce
ripide discese
Colle Montonaro (ripetitori)
Tratturo Regio da qui
dorsale
M. Perrone
Mad. Macera
SP111
Ex SS303
5 km
Melfi
DA IL CARDINALE A MAD. MACERA
750 m
TAPPA 17 PONTE S.VENERE - MADONNA DI MACERA

← laghetto Acqua Rosse
vigneto sull'altopiano
SP 15
(SP 18)
Abbazia Santissima Trinità
Sanzanello
SS 168
KM 4
T. Cerro
piccolo canyon
Masseria Lauridia
Parco archeologico
(vallone e ponte)
S. Maria la Scala
Salita a Venosa
piloni ponte romano
il tratturo confluisce nella SS168
(KM 6.4)
Cantoniera Acquedotto
Vie Gramsci e Levi
San Rocco
DAL VALLONE ACQUA ROSSA A VENOSA
1000 m
TAPPA 18 MAD. MACERA-VENOSA

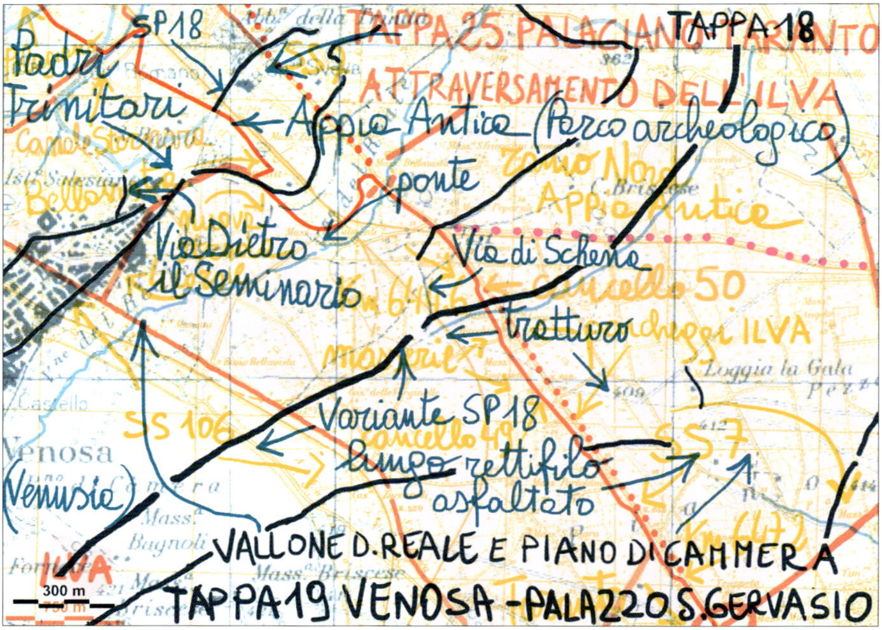
SP18
TAPPA 25 PALAGIANO TARANTO
TAPPA 18
Padri Trinitari
ATTRAVERSAMENTO DELL'ILVA
Appia Antica (Parco archeologico)
ponte
Appia Antica
Via Dietro il Seminario
Via di Schena
cancello 50
tratturo
Loggia la Gala
Variante SP18
SS 106
SS 7
lungo rettifilo asfaltato
Venosa
(Venusia)
VALLONE D. REALE E PIANO DI CAMMERA
300 m
TAPPA 19 VENOSA - PALAZZO S. GERVASIO

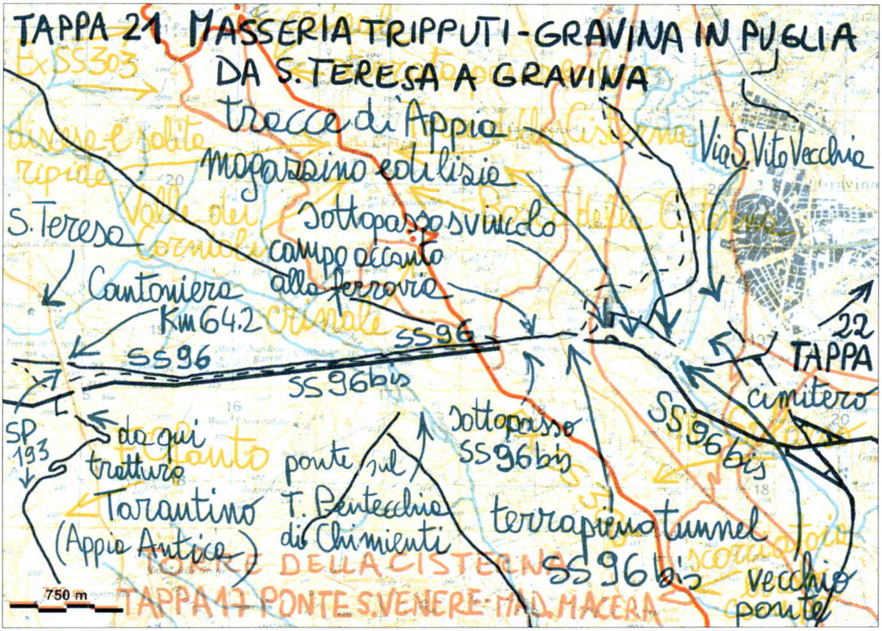
TAPPA 21 MASSERIA TRIPPUTI-GRAVINA IN PUGLIA
DA S.TERESA A GRAVINA
Ex SS303
discese e salite ripide
trecce di Appia
magazzino edilizie
Via S.Vito Vecchio
S.Teresa
sottopasso svincolo
campo accanto alla ferrovia
Cantoniere
Km 64.2
SS96
SS96
SS96bis
22 TAPPA
cimitero
SP 193
da qui tratturo Tarantino (Appia Antica)
ponte sul T. Bentecchia di Chimienti
sottopasso SS96bis
SS96bis
terrapieno tunnel SS96bis
vecchio ponte
TORRE DELLA CISTERNA
750 m
TAPPA 17 PONTE S.VENERE-MAD. MACERA

TAPPA 23 MACCARONARO-MASS. MISERIA
A SUD DI MURGIA CATENA
Torrente Jesce
Colle Montanaro (ripete)
Masseria Jesce
SP41
tratturo Regio da qui
M. Perrone
Mad. Macera
ex SS303
bordo campo
ex SP41 sterrata
tratturo Tarantino
SP41
Km 9
DA IL CARDINALE A MAD. MACERA
TAPPA 17 PONTE S.VENERE
provinciale Rondinella
150 m

il Pagliarone
SP 15
SC65
SP 15
SS 7
lama di Castellaneta
piste agricole
(tratturo-Appia)
quadrivio
(sbarra)
inghiaiata
metanodotto
antico
passaggio gravina
non possibile
asfaltato per Palagiano
sbarra
sentiero
Masseria
Petrose
carrareccia
SP 13
DAL PAGLIARONE ALLA LAMA CASTELLANETA
500 m
TAPPA 24 MASS. MISERIA-PALAGIANO

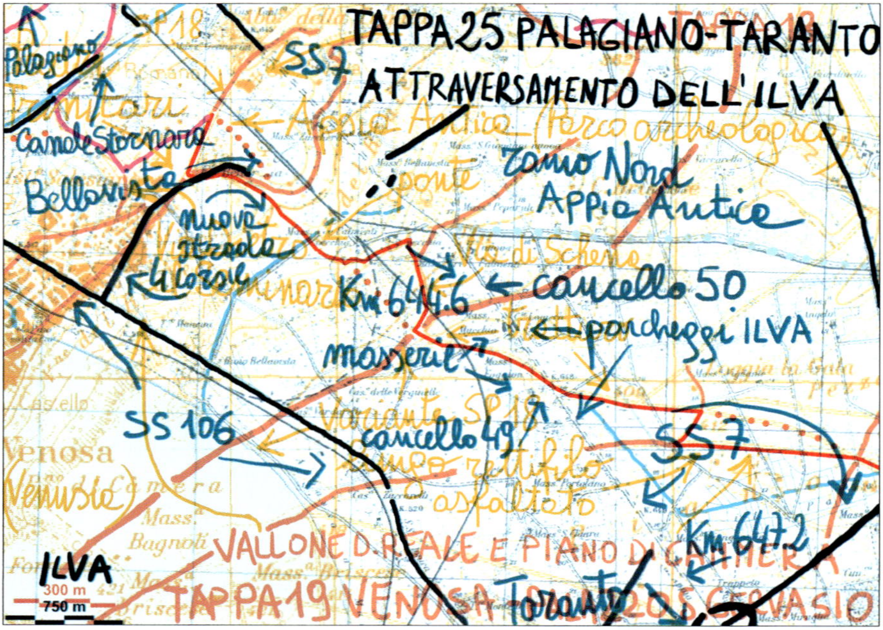
TAPPA 25 PALAGIANO-TARANTO
ATTRAVERSAMENTO DELL'ILVA
Palagiano
Canale Stornara
Bellavista
SS 7
ramo Nord
Appia Antica
nuove
strade
4 corsie
Km 644.6
cancello 50
parcheggi ILVA
masserie
SS 106
cancello 49
SS 7
Km 647.2
Taranto
ILVA
300 m
750 m

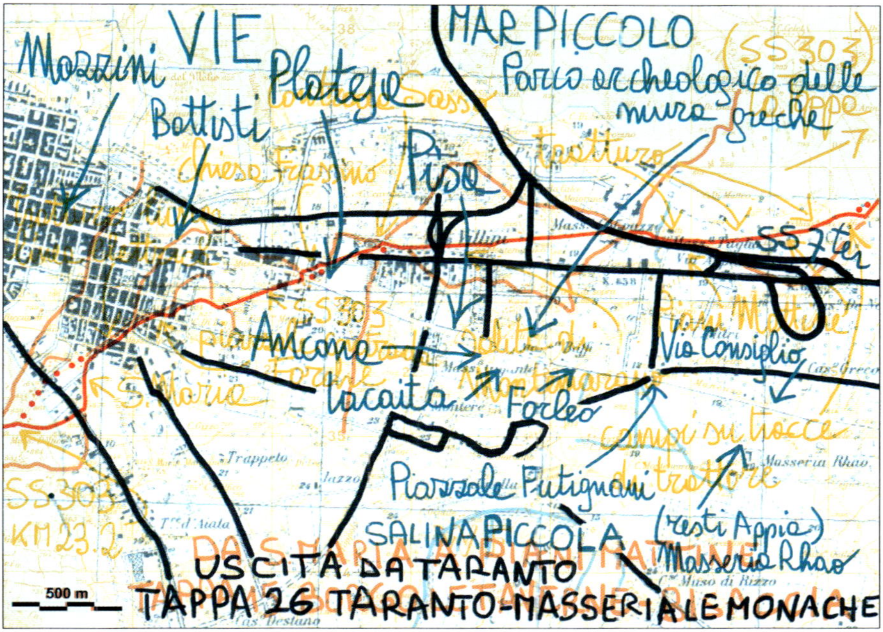
VIE
Mazzini
Battisti
Plateja
Piso
MAR PICCOLO
Parco archeologico delle mura greche
SS 303
SS 7 ter
Ancona
Lacaita
Forleo
Via Consiglio
Piazzale Putignani
SALINA PICCOLA
(resti Appia)
Masseria Rhao
SS 303
KM 23.2
USCITA DA TARANTO
500 m
TAPPA 26 TARANTO-MASSERIA LE MONACHE

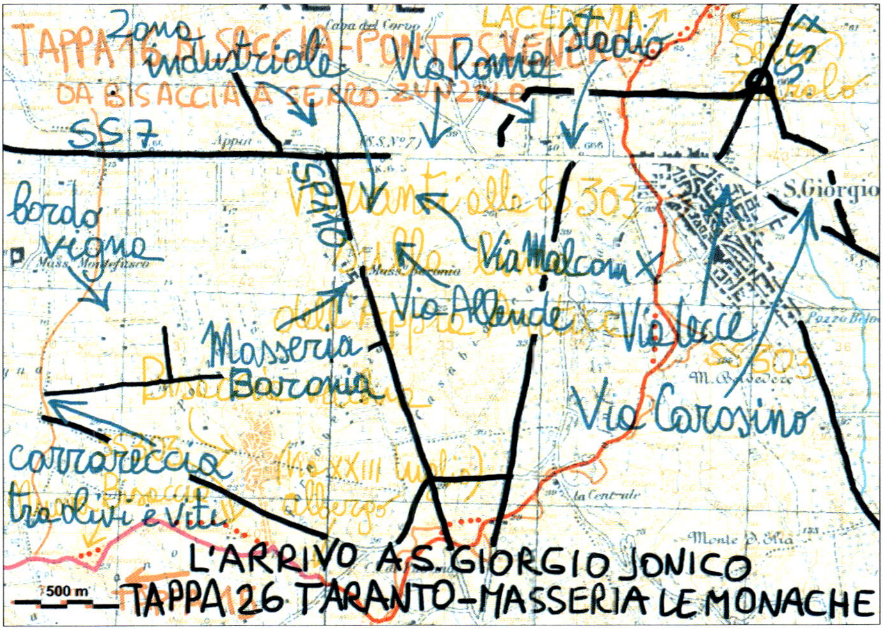
zona industriale
Via Roma
stadio
SS 7
bordo vigne
Via Malcom X
Via Allende
Masseria Baronia
Via Lecce
Via Carosino
carrareccia tra olivi e viti
S. Giorgio
L'ARRIVO A S. GIORGIO JONICO
500 m
TAPPA 26 TARANTO-MASSERIA LE MONACHE

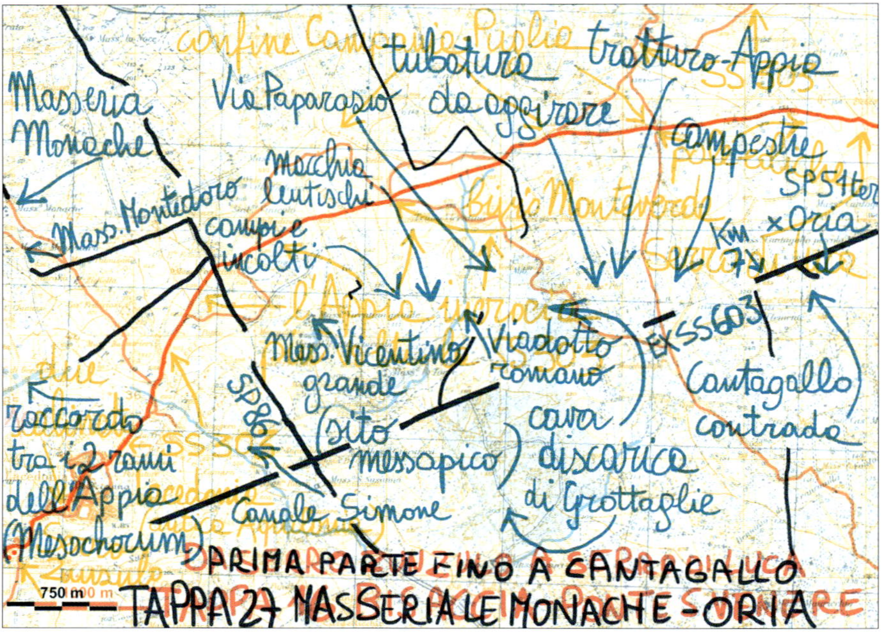
tubature da aggirare
tratturo-Appia
Masseria Monache
Via Paparasio
macchia lentischi
Mass. Montedoro
campi e incolti
campestre
SP54ter
Km 7
x Oria
EX SS603
Mass. Vicentino grande
Viadotto romano
SP86
(sito messapico)
cava discarica di Grottaglie
Cantagallo contrada
raccordo tra i 2 rami dell'Appia (Mesochorum)
Canale Simone
PRIMA PARTE FINO A CANTAGALLO
750 m
TAPPA 27 MASSERIA LE MONACHE - ORIA

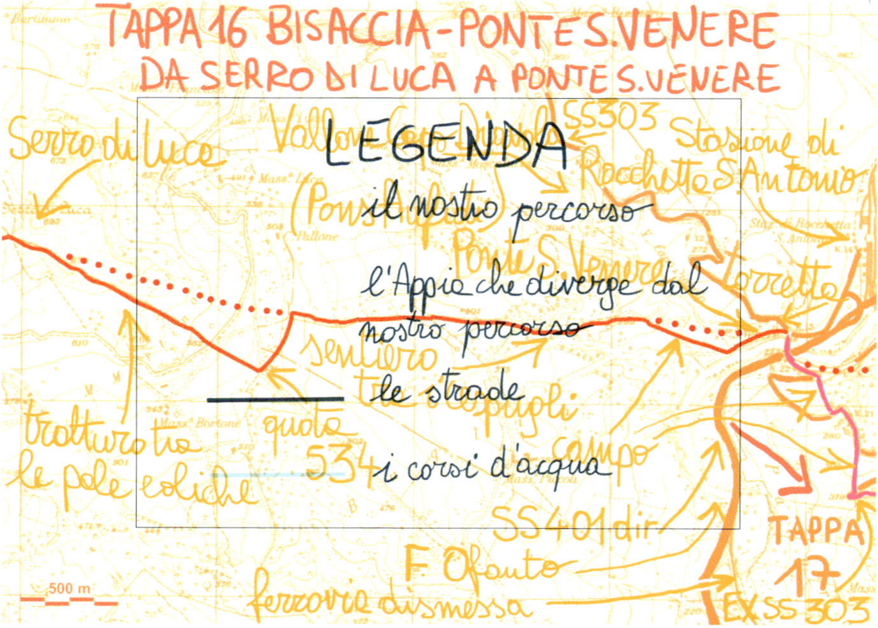
TAPPA 16 BISACCIA - PONTE S. VENERE
DA SERRO DI LUCA A PONTE S. VENERE
LEGENDA
il nostro percorso
l'Appia che diverge dal nostro percorso
le strade
i corsi d'acqua
Serro di Luca
SS303
Stazione di Rocchetta S. Antonio
Ponte S. Venere
torretta
sentiero
tratturo tra le pale eoliche
quota 534
campo
SS401 dir
F. Ofanto
ferrovia dismessa
TAPPA 17
EX SS 303
500 m

Magna Grecia, attraverso i monti della Lucania profonda, quel vitigno venuto da Oriente aveva risalito la Penisola proprio lungo la nostra via.

"Toglietevi di mezzo, miserabili"

La Linea va, taglia pazientemente le curve della Statale, le rosicchia metro su metro tagliando romanamente le isoipse con un saliscendi da mal di mare. Ogni tanto un abbeveratoio o una fontana, segno di passaggi antichi. In Appennino come sulle Alpi i pastori si tramandano da sempre i percorsi di padre in figlio, e se ti chiedi fino a quando si può risalire di figlio in padre, la risposta è: l'età del bronzo. Tanta è la continuità dei passaggi e dei racconti a essi collegati, in un'identità assoluta fra passaggio e memoria.

Marco e Vinicio ci hanno mollato con la promessa di tornare, e ora ci sentiamo un po' più soli. Transita un'auto ogni cinque minuti, raffiche di Levante ci prendono di tre quarti, sulla sinistra, a ore undici. È come risalire un fiume di vento, secco come uno uadi, o lottare con la corrente di un enorme asciugacapelli. Un viaggio sempre contromano, che in più fa perdere il senso del tempo.

È martedì? Giovedì? Per saperlo devo guardare l'orologio. Il caldo aumenta, i cani liberi pure. Le borracce sono già vuote a metà tappa, il cielo frigge di spasmi elettromagnetici. Sta arrivando una perturbazione, battezzata Ferox dagli allarmisti del meteo. Pioverà? Magari. Riccardo apre la strada come un rabdomante, concentrato nel ruolo. Lo vedo, piegato in avanti, puntare su quota 944, il tetto del viaggio.

Ma eccole, immense, totalitarie, in cima alla collina. A decine, a centinaia. Idoli antichi in versione fantascienza come nei racconti di Ray Bradbury. Pale eoliche le chiamano. Toccano il cielo e sono l'ultimo capolavoro della devastazione. Sembrano lente ma, quando ci sei sotto, precipitano come ghigliottine, pare siano sempre sul punto di staccarsi dal giunto come braccia slogate. Novanta metri di sola colonna portante. Ombre smisurate che gesticolano sul grano in tempesta e dicono: *Che fate, toglietevi di mezzo miserabili.* Ma le formiche testarde passano, rintronate dalle raffiche e dalla vibrazione che le accompagna, passano silenziose in un rombo planetario come di jet in decollo. Uno schianto oltre il quale c'è il nulla.

La vibrazione dei rotori è solo l'ultimo sigillo di una lunga storia di sconfitte. Ha spento le voci delle masserie e silenziato il canto dei toponimi. Guardo la mappa IGM e leggo: Setoleto, Santa Marena, Contrada Murgia. C'è ancora qualcuno dei vivi che sa dire dove sono? Stiamo camminando in un mondo arcaico di orti e di vigne che in vent'anni è diventato archeologia, soppiantato dai parchi eolici e dalla monocoltura da frumento. Ma la mutazione genetica del paesaggio è cominciata già negli anni sessanta, con i forestali che estirpavano le essenze mediterranee per mettere al loro posto abeti alpini che poi non sono cresciuti mai; li vedi ancora, rachitici, a bordo strada. Poi sono arrivati gli enologi del Nord che hanno importato modelli di viticoltura alieni al clima del Mezzogiorno.

Oggi l'Aglianico non ha quasi più tra i filari gli olmi che gli davano il sapore. Si sono ammalati i castagni, i migliori d'Irpinia. Poi è arrivato il tabacco, che ora non conviene più ma non è stato sostituito da nulla, perché ha irrimediabilmente appestato i terreni. A completare l'opera, la ricostruzione dopo il terremoto, le chiese che paiono dischi volanti, le case inutili e mai abitate, violenze che hanno aperto la strada alla tirannia dell'eolico, al fotovoltaico, agli elettrodotti su piloni, all'abbandono delle strade e delle gloriose case cantoniere. Una desertificazione completata dalla scomparsa dei santi – protettori dei luoghi e indicatori del cammino – evocati da Luigi Tecce, l'uomo delle vigne.

Maria Santissima della Consolazione, estinta. Arcangelo Michele, chi lo conosce. San Gerardo Maiella, dimenticato. Materdomini, idem. All'espianto dei toponimi è seguita l'eutanasia delle santissime effigi, soppiantate dal frate di Pietrelcina. Il risultato è che ai paesi nuovi – quelli ricostruiti dopo il terremoto del 1980 – gli irpini talvolta non osano dare nemmeno un nome. Bisaccia Nuova, che incontriamo sulla strada qualche chilometro prima di quella Vecchia, l'hanno ribattezzata "Piano regolatore", e tutti intorno la conoscono così. Ci entriamo come in un western di Sergio Leone: vento fortissimo, vortici di polvere e cani addormentati qua e là. In cima alla collina, un ripetitore che poi si rivela il campanile della chiesa, a certificare che anche Dio è lontano dall'Irpinia e si dissocia dallo stupro.

Sembra impossibile che ci sia di peggio, e invece c'è. Paesi come Laviano, Conza, Santomenna, Castelnuovo, nella valle dell'Ofanto. E meno male che se ne stanno a buona distanza dalla nostra via. Con la ricostruzione si sono sdoppiati. Crollando, hanno generato paesi nuovi dove nessuno vuole abitare. Incubi edilizi. Chiese-astronavi, municipi-discoteche, case-bunker tipo territori palestinesi occupati. Eppure, nonostante questo, quanta bellezza di riserva rimane ancora a questa terra umiliata! In mezzo alla devastazione, si salvano le genti, le voci, le leggende, gli alberi, il cibo, l'orografia, la vista immensa. E la Strada. La nostra. Il filo errabondo che si intreccia all'asfalto della Statale, l'abbandona, perde quota, s'impenna come un aereo e dà senso ai luoghi. E non importa se spesso dell'Appia non resta che il nome. Ma quando anche il nome sparirà, l'Irpinia si dissolverà nel nulla.

Tempesta su Aquilonia

A Bisaccia Vecchia scopriamo che un olandese più matto di noi ci precede a piedi di due giorni. Ne leggiamo il nome nel registro dell'albergo – Willem Cornelis Dekker, classe 1952, di Rotterdam – e per un attimo ci prende l'insana idea di accelerare per raggiungerlo. Alla reception ci sconsigliano. Quello è uno che fa cinquanta chilometri al giorno, il doppio di noi. Una belva umana. Inseguire è sempre cosa vana nel cammino, che per antonomasia è la cosa più foriera di incontri che ci sia. Non hai bisogno di raggiungere nessuno, perché sono semmai gli altri a raggiungere te. E difatti riecco Vinicio, fresco fresco da Calitri, che ci tende la seconda imboscata e ci preleva con un camper sgangherato, un po' barca e un po' Carro di Tespi, per una cena fuori programma nel buio brigantesco della notte irpina.

Quando il bardo ti invita a cena, si sa quando si parte, ma non si sa quando si torna. Lo comprendiamo appena a bordo, scoprendoci ostaggi di un mezzo surreale: chincaglierie zingaresche, lampadine colorate stile camion pakistano, musica greca strappabudella e un'arietta yiddish in salsa balcanica. Si va, in un ondeggiare di balestre nel grano tipo *Pequod* nella tempesta, col Nostro che pare il capitano Achab nel quadro che lo ritrae nell'abitacolo del camper, solo e nerovestito nel vento del Formicoso. E intanto dalla cambusa escono salsiccia ("savezicchia") al finocchietto, pane e un grandioso Aglianico di Luigi Tecce – dal nome galeotto di *Satyricon* – che ci possiede come una taranta.

Buttiamo l'ancora, strattonati dal vento, nel punto più ventoso della ventosa Aquilonia, città fantasma che ebbe nome di Carbonara e venne distrutta dal terremoto del Vulture nel 1930. Il Sole affoga nel cielo fosco, pallido come fosse Luna, e fra i ruderi cariati nel vento la presenza delle ombre diventa palpabile. Pare che vi si mescoli anche la mamma di san Pietro, "una scellerata che quando morì finì dritta tra le anime dannate". Fa quasi freddo, da barricarsi nella dinette. Solo Irene affronta le raffiche e gli spettri, sedotta da un cucciolo di cane bianco. Nel camper, con l'approssimarsi della notte, la musica greca ci fa già veleggiare verso l'Egeo, mentre il bardo irpino evoca gli amori disperati di Catullo che, per copulare con la sua Ipsulilla, preferiva il calore meridiano, "l'ora più sessuale che ci sia".

Pare impossibile che in notti simili qualcuno bussi alla porta. E invece eccoti Vincenzo, un ristoratore amico del nostro, che sale a bordo del bastimento con una carrettata di teglie ancora tiepide che ci faranno passare tutto l'Appennino per l'esofago. Antipastini, asparagi, cinghialetto, orecchie di gatto con i funghi, cicorietta di bosco, fagiano all'Aglianico e altro di cui il vino ci toglierà memoria. Siamo ostaggi del buonmangiare e gli dèi sono a tavola con noi, ciascuno annidato nel suo piatto di portata. Ormai siamo in mare aperto, la perturbazione – Ferox! – è sopra di noi e il vento ha una furia bestiale. Secco, desertico, privo di annunci di pioggia. Il cagnolino bianco arriva con altri due quadrupedi abitatori delle rovine e si accuccia sotto il camper in attesa di un'elemosina. A prua, oltre le querce indemoniate, le luci di Monteverde sfavillano come un porto lontano.

Prima dell'alba sognerò una mostruosa pala eolica con la testa di padre Pio. Sarà notte di emicranie, senza presagio alcuno che la sera successiva sarà di nuovo baldoria.

Andare controluce

Sotto una cappa incandescente, i demoni del grano ci sussurrano di mollare l'impresa. Dicono: basta con questo intrico infernale, basta con questo vostro lezioso gioco a rimpiattino fra la Statale che zigzaga a ritmo di minuetto e l'Appia, persa nel tempo maestoso della sinfonia. Smettetela di marciare, rincoglioniti di libagioni e abbacinati dal Giaguaro. Nell'andare cadenzato del nuovo mattino, tento di reagire con l'orgoglio, distillando qualcosa di simile a una filosofia da questa nostra maniacale ricerca dell'Est. Stramberie del tipo: "Noi siamo di coloro che vanno controluce, quelli che cercano le terre sfolgoranti dell'alba. Siamo quelli col sud sulla destra, ed è da quel lato che siamo abbrustoliti. La spalla sinistra pallida, protetta dallo zaino: è quello il nostro marchio! Ce l'abbiamo stampato sulla pelle. Come potete confonderci con quelli di Santiago, che sono abbronzati al contrario – a sinistra – perché mostrano la schiena al sole che sorge?".

Nei fumi residui del vino mi chiedo se siano solo due direzioni opposte o anche due modi di guardare il mondo. Due teologie, due monoteismi. Eh sì, che vi credete? Noi dell'Appia siamo un'altra cosa. Andiamo verso Brindisi, e Brindisi non è un banale finis terrae, ma il più raffinato degli imbarchi. Niente a che vedere con chi va a ovest, che è pellegrino fra i mille e alla fine non trova che il grande nulla dei faraglioni sull'oceano. Non Itaca, non il mare dei Fenici, ma un timbro, e una conchiglia. Noi col sole in fronte non seguiamo i flussi e le mode. Camminiamo verso terre inquiete, amiamo complicarci la vita. Come nella poesia che Kavafis ha dedicato a Ulisse, sappiamo di trovare, come ricompensa del nostro errare, storie di ciclopi e profumo di spezie, carovane e misteri di un mondo nuovo che comincia.

Fatica. E tutto che sembra dissuaderci dal continuare. Ci si mette anche l'ingresso a Lacedonia, semideserta nella calura, segnato da una fontana rotta, inaugurata – sta scritto su un pomposo cartello – nell'Anno Domini 2011. Un'altra targa con le stelle gialle dell'Unione in campo azzurro certifica senza vergogna che il tutto è stato costruito con i fondi dell'Ue. Siamo lì, schifati da quel gocciolio malato, dalla vasca vuota e dal pantano che la circonda, con in corpo un unico desiderio: andarcene. Per chi ha sete, non c'è nulla di più blasfemo dell'incuria e dello spreco che riguarda il più prezioso degli elementi. Sembra di vederli, vescovi, politici e assessori, lì con la banda municipale il giorno dell'apertura del rubinetto. Che il diavolo se li porti.

Ma sì, che ci facciamo qui, noi dell'Appia, siamo ridicoli. Così penso in un attimo di pessimismo. Come possiamo sperare che la vecchia strada possa rivivere? Siamo degli illusi. Avremo tutti contro. Mi sembra già di vederli. Archeologi e docenti universitari infastiditi dalla nostra invasione di campo. Signori del cemento e dell'asfalto, padroni delle case e delle strade inutili. Contadini che negli ultimi quarant'anni hanno rimestato questa terra a profondità sempre maggiori e imboscato tesori. Costruttori di pale eoliche, e con loro i sindaci, che non vogliono grane o limiti alla manomissione del territorio. E poi vescovi, sottosegretari, politici, assessori. E tutta la masnada di coloro che inaugurano fontane che non funzioneranno mai.

Baldoria sull'Ofanto

La discesa verso il fondovalle e il confine con la Basilicata la affrontiamo in otto, in un caldo iracheno. Oltre a Marco, riaggregato alla banda, ecco Giuseppe Dodaro da Catanzaro e Andrea Goltara da Venezia, due con la passione dei fiumi. Ci hanno beccato al volo, mollando l'auto in mezzo al grano. E noi si perde quota in un terreno ostico, spinoso, con la Statale 303, due-tre chilometri alla nostra sinistra, ridotta anch'essa a una gincana fra buche terrificanti. STRADA CHIUSA PER FRANA c'è scritto su un cartello. Ma non c'è nessunissima frana. Sono solo i mezzi pesanti, quelli che hanno impiantato i mostri dell'eolico, che se ne sono andati senza riparare i danni inferti alla cosa pubblica. Nella Costituzione c'è scritto che il garante del paesaggio è il presidente della Repubblica. Non l'ho mai visto da queste parti.

Secondo la guida del Quilici dovremmo camminare in un tratturo magnificamente conservato, ma sono passati venticinque anni dalla sua pubblicazione, e in un quarto di secolo la vegetazione si è rimangiata il tracciato. In compenso, oltre il colle di Candela sulla nostra sinistra, appare l'Apulia in tutta la sua desertica estensione.

Rettilinei interminabili, granai scorticati dai venti sotto un cielo che pare piombo fuso.

E così l'Irpinia, cominciata con un fiume, con un fiume finisce. Arriviamo all'Ofanto graffiati sulle braccia e le ginocchia, all'altezza del ponte chiamato Santa Venere – che poi sono tre ponti, di cui uno romano, ridotto a pezzi nella boscaglia. Poco più in là, la stazione di Rocchetta Sant'Antonio – un posto da vipere rimasto in uso solo per la Fiat di Melfi – polverosa e deserta, sudamericana, da *Cent'anni di solitudine*, con un burbero capostazione che impone la legge in mezzo a un abbandono planetario ("Che fate sui binari? Non avete chiesto il permesso di filmare").

Scende la sera, con volo di barbagianni. Il tavolato pugliese è punteggiato di luci rosse. Sono le pale eoliche che lanciano segnali. Sul Tavoliere, dicono quelli di Candela, è sempre luminaria di Natale. Siamo stanchi, non desideriamo che dormire. Ma è proprio allora che Vinicio ci tende il terzo e fatale agguato. Ci imbarca nuovamente sul camper e ci deporta a Calitri per un fine giornata segnato da un codazzo di canti e libagioni.

La mandria viene pigiata a forza in una caverna piena di allegri compagnoni e prosciutti appesi, scavata nella pancia del paese, nella quale la "cumversazione" – qualcosa di simile al "filò" del Nord, ma con maggiore contenuto bacchico e canoro – si protrae fino a notte fonda, in un vortice di canzoni d'amore e d'ingiuria, tarantelle e invettive, accompagnate da uno stuolo di indigeni armati di fisarmoniche, violini e organetti.

E la stanchezza passa in un lampo in mezzo a gente così, che la vita se la mangia a morsi, golosamente. Ingollano vino fresco e sputano canti. Vinicio si insanguina di braciole al pomodoro, Sandra balla con le nacchere, Irene si butta nel coro, il cieco Testadiuccello canta come Ray Charles e balla avvinghiato a una matrona (con le mani ci vede benissimo), persino l'irsuto Ciriello si esibisce in una tarantella, dopo aver deposto sulla tavola un babà grande come un neonato, giunto appositamente da Napoli. Il barbiere Giovanni Sicuranza decide di rimettermi in sesto e pone mano alle forbici, finché un bel mucchietto di peli bianchi s'accumula sul pavimento, unica traccia fisica del mio passaggio nel Sud. Poi il sonno, profondo come una voragine, nella certezza di aver ormai perso la strada. Roma è scomparsa dalla nostra mente.

Don Chisciotte era niente. La Mancia anche. La lotta vera con i mulini a vento la fai in Basilicata, Italia, tra l'Ofanto e Melfi. La storia comincia con una strada misteriosamente chiusa al traffico; la Statale 303, di nuovo lei, ma ancora più sfasciata che in Campania, e degradata a Provinciale. Non ci passa più nessuno, come se il tratturo antico se la fosse rimangiata. Nessuno, tranne i camion scassatutto dell'eolico. Un degrado impressionante, inatteso, certificato dai ruderi di una cantoniera. ANAS c'era scritto, ma è rimasta solo la lettera A. Quante ne ho viste, ridotte in quello stato: e ogni volta mi chiedo come mai i supremi codici non contemplino il reato di incuria e abbandono del pubblico bene.

Attacchiamo il pendio di primo mattino, in un silenzio ingannatore, tra finocchietto, ginestre e steli di velenosa ferula lunghi come spade. Nessuno di noi sa che questa sarà la tappa più dura del viaggio. L'orografia è inquieta, irregolare, come se fosse in atto un'ultima contorsione dell'Appennino nell'incontro col tavolato pugliese, ormai ben visibile a nord. Il grano è pettinato al contrario, perché dopo il Levante è arrivato il desertico Favonio con tafani nervosi. Ed è un corpo a corpo, contro la salita, contro il vento, persino contro le pecore, che scendono a slavina verso il fiume.

"Di dove siete?" chiede il giovane pastore che le segue stravaccato in macchina, il berretto con la visiera sulla nuca e il braccio sinistro penzolante fuori dalla portiera. Non ha mai visto nessuno passare a piedi di là. Gli italiani non camminano nella pancia del Paese.

"Siamo del Nord."

La sorpresa si tramuta in sbalordimento. "E dove andate?"

"A Brindisi."

Ride, si sbraccia per salutarci e passa oltre, strombazzando dietro al gregge lanciato verso l'abbeverata in una scia di caccole. Il pastore in macchina e i borghesi a piedi: situazione decisamente comica.

Ma già dal fiume sale un'autocisterna piena d'acqua, con un altro giovanotto al volante. Annaffia la strada per abbattere il polverone sollevato dai passaggi di altri camion. Musica rock dal cruscotto, cicca accesa e portiera aperta per ventilare le ascelle. Anche lui non ha mai visto nessun forestiero camminare da queste parti.

"Ditemi un po', ma che fate? Passeggiate? Con 'sti zainetti 'ncoppa..."

"Andiamo da Roma a Brindisi."

"A piedi?"

Noi in coro: "Certamente".

E lui: "Ma chi vi paga?".

Noi: "Storia lunga. Ma lei piuttosto, che fa?".

"Bagno la strada per i mezzi pesanti che arrivano. Tra poco cominciano a lavorare quelli delle pale."

Alziamo gli occhi verso la collina. La traccia, già divorata dai campi di grano e dagli orti, muore contro un gigantesco parco eolico. Sopra di noi quattro colonne mozze di torri in costruzione, targate Alfa Wind, immense già prima di essere finite. Roba di ottanta metri, senza contare le pale. Ed è solo l'inizio. Le alture e i boschi dove Federico II di Svevia andava a caccia sono talmente scorticati dall'industria del vento che il gomitolo della nostra linea ci sfugge di mano.

Parco eolico: bel nome, no? Fa pensare a un bosco accarezzato da zefiri leggeri. La devastazione si serve di parole come queste, perfette per fare colpo sugli ingenui. La realtà è che l'asfalto del parco cede, s'inclina e si apre; e noi siamo costretti a camminare sul bordo di lunghe fessure, simili a linee di faglia. Cercavamo di far rinascere una strada antica e assistiamo invece, crepa dopo crepa, smottamento dopo smottamento, alla morte in diretta di una strada della modernità.

Qui si svende l'Italia

Goethe, *Viaggio in Italia*, 1786: i Romani "lavoravano per l'eterno. Avevano calcolato tutto, tranne la follia dei devastatori, a cui nulla poteva resistere". Ed ecco i primi mostri, mezzi pesanti grossi come tre carri armati ciascuno. Lenti, inesorabili, indifferenti alla nostra presenza, passano sull'ex 303 dissestandola definitivamente. Azienda Ruotolo, Fratelli Runco da Cosenza. Giganteschi anche gli autisti. Sembrano i padroni. E invece no, i capi sono altri: mercenari alieni dalle mani da pianista, giovani tecnici stranieri che lasciano la fatica agli italiani. Passano ragazzi spagnoli, col sorriso vagamente canzonatorio, abbronzati, in T-shirt nere, su furgoni bianchi o Land Rover. Il nome della ditta, Moncobra, sembra rubato a un film di Tarantino. Poi gli irlandesi. Li chiamano "erection manager", perché sanno erigere questi falli ad altezze paurose. Sono davanti al trionfo di una razza nuova di predatori a spese degli ultimi produttori di risorse, i contadini dalle mani callose.

Poco oltre, un podere, con un contadino che suda attorno ai pomodori. Gli chiedo cosa pensa dei giganti intorno a lui, ma non risponde. Appena vede il mio taccuino e la telecamera di Alex si blinda in se stesso, come se il mondo non lo riguardasse, o come se la lotta contro il potere fosse persa in partenza. Qui non nascerebbe mai un movimento contro i trafori dell'alta velocità ferroviaria, e quelli dell'eolico lo sanno benissimo. Proprio per questo i padroni del vento hanno scelto il luogo. Sanno di avere a che fare con una terra che piega la testa. Negli anni novanta era ancora un'altra aria. La Campania si era ribellata agli elettrodotti impiantati dall'Enel con una brutalità bestiale. A Rapolla era stato bruciato un traliccio. Ci furono battaglie memorabili contro la linea a 380 mila volt da Maddaloni a Matera. Ma oggi è tutto finito. Sul Sud è scesa una nebbia di disincanto e indifferenza.

Ma che fai, vorrei dire al contadino curvo sulle zolle, non vedi che sei rimasto solo, che i vincenti sono loro? Non capisci che qui nessun politico verrà mai, e tantomeno a piedi, a vedere cosa sta succedendo quassù? Guarda cosa è accaduto a San Giorgio la Molara, sopra Benevento, diventato inaccessibile perché l'eolico gli ha devastato le strade. E guarda qui a due passi, in contrada San Nicola. Hanno espropriato terreni agricoli per fare una enorme centrale elettrica collegata alle pale, e l'hanno dichiarata "temporanea". Ma qui nulla è temporaneo. Qui si svende l'Italia. E ognuno sa che è "per sempre".

Ancora torri immense. Di una è stato appena scavato il basamento, grande come mezzo stadio di calcio. Oltre, bulldozer sventrano altri campi da grano, e lo sterro lascia ai lati montagne di detriti che saranno spianati chissà quando. A distanza, eliche di anemometri frullano l'aria in cima ad altissimi pali. Dicono che non è finita e che bisogna prepararsi alla costruzione di nuovi mulini. Attorno, la meravigliosa dolcezza dei declivi, anziché offrirti consolazione, ti ara l'anima e ti fa schiumare di rabbia. Capisci di essere un ficcanaso, un moscerino impotente; così ti vede anche l'ultimo degli operai.

"Che fate?" ci chiedono curiosi da un cantiere.

"Un film," rispondiamo.

"E come si chiama?"

"*Appia Antica*."

E loro giù a ridere.

Cumulonembi lontani, arrotolati sul Gargano come frangenti su una scogliera. Ma voi che ne sapete dell'Appennino, vorrei dire agli amministratori della cosa pubblica, se non siete mai venuti su queste montagne spopolate e non avete mai visto da vicino la truffa di questo saccheggio mascherato da ecologia? Come potete dire di conoscere il Paese se non avete vissuto la tristezza d'inverno delle sue periferie svendute da un'accolita di notabili alle multinazionali dell'acqua e del vento? Avete mai conosciuto l'angoscia e la noia dei luoghi dove non succede più niente? Voi, e gli operai che ci guardano ridendo, so che vorreste che mollassimo tutto, che desistessimo da questa impresa demenziale, perché ormai il territorio è perduto e l'Italia vende pezzi del suo corpo come una puttana di strada. Questo vorreste, ma noi non molliamo. La bellezza intorno resiste, ostinata. Come noi.

Medaglie al valore

Sulle alture ventose spuntano per la prima volta speroni di roccia. L'Ofanto separa davvero due mondi: dopo il saliscendi campano, ora è aspra Basilicata. Prendiamo quota tra finocchietto e ginestre finché, dalla cima di un colle chiamato Torre della Cisterna, riappare a nord-est anche il Tavoliere sterminato. L'unica terra, forse, che le pale eoliche non riescono a schiacciare, ma paradossalmente sembrano mettere a misura. Comincia un viaggio, che durerà fino alle porte di Taranto, in bilico tra Apulia e Basilicata. Sotto di noi delle recinzioni, una superstrada e un lungo ponte ferroviario ci separano da una possibile traccia dell'Appia, visibile a distanza. Abbiamo sbagliato strada, è chiaro. Per uscirne servirà un lungo periplo, seguito da un corpo a corpo col filo spinato, poi con uno sbarramento abusivo, infine con un canneto, dal quale usciremo quasi nuotando, sostenuti di peso dal fittissimo fogliame, senza toccare il terreno, pieni di sete e graffiati da capo a piedi.

Riccardo è incredibile. Lo punge un tafano, e quasi se ne rallegra. Si compiace del fatto che la strada gli lasci dei segni, perché quei segni gli disegnano sul corpo una geografia di linee e punti capace di riassumere il suo passaggio nel mondo; come la cicatrice che svela Ulisse alla nutrice Euriclea. Ha potenti calli sui talloni, duri come il marmo, che lo rendono inattaccabile dalle vesciche. Articolazioni delle gambe usurate dopo quarantamila chilometri a piedi. Una lesione alle cartilagini interne del ginocchio sinistro per una caduta recente. Una cheratosi sulla guancia sinistra dovuta alla forte e prolungata esposizione ai raggi ultravioletti, frequente tra le guide alpine e i marinai. La mano destra è a pezzi per una scivolata nel torrente Gesso sulle Alpi cuneesi durante un servizio fotografico, da cui è uscito vivo per miracolo. Ma i danni peggiori se li è procurati a diciassette anni con un frontale in bicicletta: frattura al femore ridotta con una placca e sei viti, e un gomito a cui è stato riavvitato un osso di nome epitroclea, o epicondilo mediale. Senza contare il taglio di due tendini di un dito medio risolti con ventiquattro punti di sutura e una complessa riabilitazione. Un rottame, diresti. Invece va che è una meraviglia.

La ferita, la puntura di tafano, la cicatrice, la frattura, la storta. Non è roba liquidabile come effetto collaterale del cammino. Sono medaglie al valore e allo stesso tempo pedaggi che paghiamo alla via perché ci apra i suoi varchi segreti. Misero è il cammino che non lascia segni sulla pelle. Provo a fare l'inventario anche delle mie ammaccature. Due fratture alla gamba sinistra per incidenti sugli sci. Una caduta per strada (stoltamente correvo per non arrivare in ritardo a un appuntamento) con rottura bilaterale dei malleoli e di un ossicino interno dall'affascinante nome greco di astragalo. E poi menischi operati, lieve schiacciamento di una vertebra e due operazioni per forme pretumorali cutanee alla mascella, dovute al troppo sole. La noia più grossa è una pallina cheratinosa grande come un fagiolo cresciuta attorno ai tendini del piede sinistro, chiamata Sindrome di Morton, che dopo una decina di chilometri di strada comincia a far male. Ma che importa. Sono affezionato a questa mappa che mi rende riconoscibile, dice che ho vissuto e mi svela come le rughe del viso. Essa dichiara la mia identità e mi tranquillizza. Non che goda di invecchiare: ma sarebbe una fregatura morire sani, senza una crepa sul corpo.

Irene e Alessandro – entrambi ben sotto i cinquanta – non hanno di questi pensieri. Ma è soprattutto Sandra, l'archeologa, la più giovane della banda, a volare come un gabbiano sulla brughiera, ignara dei dolori dell'età. L'unica cosa che ci accomuna è la sete e il numero di birre che ci proponiamo di bere una volta arrivati. Fresche, imperlate, bionde, amarotiche e schiumanti. Le sentiamo, sono vicine, ora che abbiamo superato tranelli e labirinti e il viaggio s'è rifatto filante. Sulla mappa IGM c'è scritto "strada provinciale di Leonessa", ma si vede solo uno sterrato splendidamente disertato dai vivi. Compaiono placche di pietra sotto dita di polvere. È lei? Forse. Ancora campi, e pascoli, e brughiere, fino a una ripida valletta abitata solo da ginestre. La risaliamo, immersi in un profumo che ubriaca. In cima, un ripetitore, con due cani dolcissimi e chiari di pelo che leccano le mani a Irene. Poi è la discesa verso la chiesetta della Madonna di Macera, segnata sulla nostra guida del Quilici, con vista superba su Melfi spalmata sulle colline. In primo piano, affacciato sulle praterie, il nido d'aquila dove Federico di Svevia promulgò le Constitutiones Augustales e fece grande la Basilicata.

Ode a Emilia Scaura

Ma dimmi, chi sei tu che qui riposi
come sospesa dentro la penombra, nascosta nella cripta di un
maniero in questa terra di ulivi e di vento? Chi sei? Non siamo
certi del tuo nome. Quasimodo, d'Annunzio e Pasolini hanno
composto versi per Ilaria del Carretto, sepolta in quel di Lucca,
immobile nel marmo levigato, fissata nell'istante della morte
– Jacopo la fece, dalla Quercia – col cagnolino accucciato tra i piedi.
Ma chi ha inventato dattili per te,
e chi ha intessuto giambi e logaedi per il tuo volto nobile e sensuale,
donna di pietra che chiamano Emilia, figlia di Marco Scauro e di

Cecilia, che aspetti solo noi, muti viandanti in viaggio nelle terre dei Lucani? Ma sei davvero tu su quel sepolcro, dormiente eppur sul punto di svegliarti? Sei morta per davvero o è un sortilegio?
Lo vedo il braccio destro: non è tutto
abbandonato sul peplo. La testa sembra stia per levarsi dal guanciale, ma anche le ginocchia – non m'inganni! – fremono come in un sonno agitato.
Doveva amarti molto chi ti diede – chissà se era tua madre o tuo marito – questo sarcofago fatto scolpire lontano, forse a Paro nelle Cicladi, o forse altrove, nell'Asia Minore, e giunto qui da Brindisi, tirato da quattro coppie di buoi color tenebra lungo i selciati dell'Appia regina.
Se sei davvero tu, Emilia Scaura,
moristi al primo parto a diciott'anni, obbligata a sposarti dal patrigno Lucio Cornelio Silla, a Gneo Pompeo che, pur di entrar nel mondo dei patrizi al quale la tua gens apparteneva da tempo immemorabile nell'Urbe, ti volle anche se incinta d'altro uomo.
Ma in fondo che m'importa chi tu fosti.
Sei la signora di questo castello
superbo in mezzo ai monti d'Appennino, e c'è una cosa soltanto che conta: la tua vittoria sul buio e sul vuoto, la sconfitta di thanatos, la morte, il sollievo che infondi in chi ti guarda. Avevi come Ilaria un cagnolino, che una mano blasfema tolse via: ma non c'è nessun'altra somiglianza. Ilaria è morta e invece tu sei viva.
Abitavi, suppongo, sulla via
che noi stiamo cercando passo passo, se è vero che tu lì fosti sepolta, in un tempietto in marmo di Rapolla, sulla collina, qui, sopra il castello che fu di Federico re d'Italia.
E oggi, in un tramonto color miele,
tu donna ci regali la certezza di andare nella giusta direzione; ci dici che qui Roma fu signora e qui, tra Benevento e il mar di Brindisi, passavano mercanti e legionari, pecorai dell'Epiro e carrettieri venuti dalla Tracia o la Bitinia, patrizi di Neapoli e nocchieri sbarcati dalle Cicladi ventose.
Tu femmina regale ci riveli
che questa terra oggi in abbandono era il centro del mondo conosciuto. Vorrei passar le dita tra i capelli che porti ben raccolti

sulla nuca, destarti con un bacio del mattino oppur con un amplesso, dolcemente, nell'attimo tra il sonno e la vigilia.
Ma il marmo dice che tu sei già altrove,
perduta in altri sonni e in altri sogni, cavalchi mostri marini e tritoni sul Mare nostro striato di spume assieme con Diomede, Ulisse ed Elena, accompagnata da offerte di fiori, verso le stelle di mondi lontani.

Memento mori

Non posso dimenticare la donna del sepolcro. Il suo sguardo mi tiene sveglio, non mi abbandona. Su Melfi è scesa una notte serica, immobile, liquida. Un grande silenzio sul frumento lunare, sul vulcano spento del Vulture, sul maniero di Federico II, sui selciati traslucidi della città medievale. Silenzio sulla nostra strada, che si ridistende dopo le curve irpine e ritrova la direzione di partenza – est-sud-est – verso le terre del Metaponto, Taranto e lo Jonio. Non un rumore sulla via di Appio Claudio Cieco, che naviga in uno strano plenilunio senza abbaiare di cani, senza grilli o chicchirichì nelle masserie; senza canto di ubriachi, senza passaggio di treni o di camion, da qualche parte, lontano. *Melfi è il paese dello sconforto/ o piove, o tira vento/ o suonano le campane a morto*: così ho sentito da un bardo del luogo, ma oggi la notte è perfetta per visionari alla Cervantes come noialtri.

Prima del tramonto siamo saliti sul campanile della Cattedrale col permesso di don Donato, un tipetto azzimato con giubba, occhiali da bancario e perpetua bella giovane. La torre campanaria è rimasta chiusa a lungo ed era diventata rifugio di gracchi e piccioni, che un giorno sono stati costretti a sloggiare in un polverone di nidi e ragnatele. La chiesa era affollata di santi, tra cui numerosi Antoni e lo scheletro di un Teodoro sdraiato in una teca nel coro, con addosso una cotta di maglia dorata, la spada e una calza sagomata a sostituire il viso. Nel celeste assembramento mancava una volta tanto padre Pio, l'eterno impiccione. Su tutti poteva così dominare incontrastato il patrono di Melfi, sant'Alessandro, il cui corpo è stato letteralmente fatto a pezzi come in un rito bacchico. Cuore da una parte, falangi di una mano dall'altra e busto al centro. Il tutto incassato nel muro, in alto, nella navata. Cupa coreografia barocca in salsa bizantina. Memento mori. Gli antipodi della donna del castello. Per un attimo ho pensato che c'è quasi più speranza di resurrezione nel paganesimo che nelle cattedrali dei cristiani.

Nella chiesa ridotta a tavola anatomica, il prete si muoveva fra le reliquie in modo perfettamente laico, con uno scetticismo illuminista capace di distruggere le nostre fantasticherie.

"Sant'Alessandro? E chi lo sa. Sono solo pezzi che abbiamo."

E Teodoro?

"Era un soldato del XIII secolo, ma non sappiamo se è davvero Teodoro e come è venuto qui."

Notte fonda, migrazione di stelle verso le montagne del Cilento. Forse a causa del suo santo smembrato, o forse perché fiuta come un segugio la vicinanza della Puglia (nella quale è nato prima di emigrare in Emilia), il nostro Alessandro per la prima volta non russa, nel suo letto, anche se fa sogni agitati. Per il resto, all'hotel I Due Pini – nostro posto tappa – accanto alla stazione, dormono tutti come sotto anestesia. Solo io smaltisco in dormiveglia le troppe visioni e le troppe birre tracannate al termine di una giornata troppo lunga. Sei bottiglie da un terzo, più due litri di minerale, il tutto assorbito senza noiosi effetti collaterali. Riccardo, calmo come sempre, è concentrato sul respiro. Irene sta abbracciata al cuscino accanto allo zaino già bell'e pronto per l'indomani. Marco, a pancia all'aria, imbozzolato nel sudario e ieratico come la mummia di un faraone. Maria Grazia, la compagna di Alex, appena giunta dal Nord, spalmata sul materasso a testa in giù.

Dorme anche Vinicio. È arrivato a notte fonda, dopo un concerto, per seguirci ancora fino a Venosa, la città di Orazio. Con lui, nuovamente, Michaela. Faccio un po' di conti: in una notte siamo diventati nove. È da un po' che il nostro numero si gonfia e si sgonfia in continuazione, come il mantice di una fisarmonica. Nove. Mi sento responsabile di tutta la cucciolata. Li ho trascinati io in questa avventura, come Mosè con il popolo eletto.

Tenero, il Capossela. Nel sonno pare un batuffolone arruffato. Accanto a lui sonnecchia una bottiglia di Aglianico con la scritta *Nocte* – vendemmiato nel buio senza Luna, come in un rito pagano – che l'albergatore Felice Mallano ci ha regalato per buon augurio. Dalla finestra, a nord-est verso l'Apulia, una nebulosa di luci sparse indica i parchi eolici del Tavoliere come un'immensa discoteca senza voce. Tutti sentiamo che il viaggio sta entrando in un mondo nuovo, carovaniero, desertico e rupestre.

Kamasutra

La traversata per Venosa comincia con odore acre di stoppie bruciate, tra asfodeli e fiori di aglio selvatico color vinaccia, con l'itinerario che si disidrata, si essenzializza, si riduce alla linea più breve tra due fontane o due intervalli d'ombra: un pioppeto o un boschetto di roverelle, dove è obbligatorio far provvista di frescura. Da queste parti il probabile tracciato dell'Appia coincide sempre più spesso con strade provinciali vuote e silenziose, diventa New Mexico sotto un rotear di rapaci. Nel sole del mattino Vinicio ha quella faccia da uccellino notturno implume che ben conosco, da gufetto strappato al nido e obbligato dagli umani ad affrontare la violenza della luce meridiana.

Lo strappa dal letargo solo l'accoppiamento di due lucertole sul lato della strada. Definirlo amplesso è riduttivo. La femmina si divincola, il maschio la rovescia, le si appiccica, la tira con i denti per la coda, carambola su se stesso. Le due bestiole, normalmente in stato di allerta, hanno perso completamente il senso del pericolo e ci ignorano mentre guardiamo incantati il loro *Kamasutra*. Ma è tutta la Basilicata a serpeggiare di brame nel regno dei rettili e dei serpenti. È la stagione. Le bisce sono ancora più spinte nel gioco; puoi prenderle in mano e non smettono. Ne troviamo due sotto un gelso. Si intrecciano, si avviluppano, soffiano, si staccano per cercarsi nuovamente e riprendersi tra le more spiaccicate.

Camminare sul bordo dei campi di grano quasi maturo riempie le nostre scarpe tecno di frammenti di spighe, che si infilano nel tessuto traspirante, fino a ridurre i nostri piedi a qualcosa di simile a ridicoli, cespugliosi porcospini, il che ci obbliga a spulciarci periodicamente appena il percorso offre l'ombra di una roverella o di un leccio. Dopo il verde della Campania, domina il giallo. Le praterie sono disseminate di rotoballe di fieno. I gelsi sono stracarichi di bacche mature che mangiamo a manate sporcandoci fin quasi ai gomiti. Con Vinicio ci passiamo la fisarmonica a bocca. Una marcetta austro-triestina, poi *Oh! Susanna* dei saloon del West. Caldo feroce. E guai nominare la birra: esaspera la sete e allontana la meta. È una delle leggi del viaggio leggero.

Un'altra legge, anzi un altro teorema rigorosamente dimostrabile, riguarda il taccuino. Succede che, nel desiderio di avere le mani libere, appena possibile te lo metti in tasca. Solo che – diavolo – subito dopo accade qualcosa degno di essere annotato. Non c'è volta che non sia così, che non tocchi di dover frugare nervosamente in cerca della penna e della carta. Se invece il taccuino lo hai pronto in mano, ecco che stranamente non succede nulla di nulla. Risultato pratico: il quadernino va messo via, ma in un posto accessibile, come la pistola nella sua fondina da cowboy. Deve starsene lì, in posizione tale da poter essere estratto alla velocità della luce. Conclusione teorica: il taccuino è quello strumento che, appena lo riponi, fa succedere le cose e movimenta il viaggio. Ci lambicchiamo in stupidaggini così, confabulando tra cespugli di rosmarino, siepi di gialla euforbia e praterie coperte di cardi blu aviatore.

Papaveri nel grano

A cinque chilometri da Venosa, la nostra strada millenaria diventa una fila di vecchi pali del telefono in un impluvio segnato dai paracarri illeggibili di un percorso ormai divorato dalla sterpaglia. L'immagine di quest'ultima metamorfosi della via è superba, ci offre un'emozione difficilmente ripetibile. A sinistra uno spuntone di tufo immerso in un mare di grano insanguinato di papaveri. A destra un campo di maggese con al centro un grandioso rudere in calcestruzzo di matrice romana. In mezzo a tutto questo, nel vento forte, noi che marciamo col grano alto fino alla cintura, con Vinicio e Marco che discettano di Gesù, il quale si sarebbe fermato a Eboli solo perché gli zingari, ineguagliabili mercanti di quadrupedi che proprio lì avevano il loro quartier generale, gli avrebbero rubato nientemeno che la mula.

Ombre lunghe sul Colle della Maddalena. Catacombe ebraiche, IV-IX secolo dopo Cristo. Un gentilissimo funzionario della

Soprintendenza lucana ce le apre su appuntamento. All'ingresso un grande fico, albero che più ebraico non si può. Chi l'ha piantato lì? Sotto, è la sorpresa. Sotterranei climatizzati, in perfetto stato di conservazione. Un labirinto di sette cunicoli scavati completamente a mano. Un altro tesoro di meraviglie ignorate.

Ma quanti erano gli Ebrei a Venosa? Migliaia, a giudicare dal numero delle tombe (almeno tremilacinquecento) ricavate una sopra l'altra come letti a castello. Comunità fiorente, segno che nell'Alto Medioevo la città era ancora centrale e strategica e dunque l'Appia era ancora percorsa da un flusso importante di mercanzie fra il Lazio e la Puglia, con contatti ramificati in tutto il Mediterraneo. Ma non si capisce una cosa. In letteratura non vi è alcun riferimento all'esistenza di una realtà così notevole. Anche le pietre di Venosa non dicono nulla. Gli Ebrei qui lasciano solo tombe ed epigrafi. Quasi una comunità underground. Un mondo parallelo, che scompare senza lasciare traccia.

Alle porte di Venosa è la resa totale al bar I Briganti e alla sua ombrosa terrazza, dove ci togliamo le scarpe e, al grido di "Carpe diem", inventiamo una merenda a base di birra, pizze, peperoni alla piastra e citazioni di Orazio. Tra una portata e l'altra, il figlio del proprietario, Rocco, ventun anni, cravatta gialla su camicia viola, ci dice che vorrebbe tanto continuare a vivere qui, perché la città è bella e c'è tanto da valorizzare – la fama del Poeta che chiama gli stranieri, il vino e il pane buono, il "certamen" fra latinisti di tutt'Europa –, ma la politica condanna il Sud a un ruolo di eterna periferia.

"Ci hanno tolto l'ospedale, che funzionava magari all'italiana, ma almeno funzionava, e oggi per qualsiasi noia ci tocca andare a Melfi. La Puglia sta molto meglio di noi, eppure noi le diamo l'acqua e pure il petrolio. L'Italia dovrebbe esserci grata, invece tie'."

Orazio? Un ubriacone

Ciriello, se non lo tieni, combina una delle sue. Non sazio della traversata, delle birre e delle pizze, cerca come un segugio qualche preda. E mentre Vinicio, stravaccato al bar, evoca con gli occhi lucidi l'Ofanto tauriforme che attraversa i regni dell'Apulo Dauno e crea alluvioni sui campi coltivati, eccolo schizzare come un razzo verso il centro di Venosa. Aiuto, mi dico, ha avuto un'idea. Un'idea precisa. Anzi, una domanda precisa.

Sceglie le vittime a caso, e a tutte dice la stessa cosa: "Ma 'sto Orazio a chi appartiene?".

Risposta: "Eeeeh, è roba antica".

Altra risposta: "È 'u padrone d'o paese".

Terza risposta: "È un eroe".

E ancora: "Orazio è nato, è morto e buonanotte!".

Finalmente: "Era un poeta latino".

Ed ecco l'orgoglio di campanile: "Noi di qui siamo legati alla figura di Orazio e Venosa è conosciuta soprattutto per Orazio".

Una studentessa: "C'è un detto in latino... non mi ricordo...".

Marco, implacabile: "Carpe diem?".

"Ah, ecco..."

Ma arriva il professore. "Orazio è un poeta, il più grande dei latini. È nato qui a Venosa, ma è andato via a dieci anni, perché il padre era un esattore e aveva la possibilità di mandare il figlio a studiare a Roma presso Mecenate. Forse è stato il primo emigrante della Storia. In alcuni scritti ricorda il suo paese natio, ricorda il vino della sua terra."

Un vecchietto allegro: "Com'era Orazio? Ubriacone! Di vino Aglianico, buono, di Venosa".

Ciriello non molla, attacca una vedovella ignara che sferruzza su una sedia fuori dall'uscio di casa.

"Ma 'sto Orazio a chi appartiene?"

La vedova controbatte all'istante: "A noi, alla popolazione di Venosa. E voi a chi appartenete?".

Marco ha trovato pane per i suoi denti, e ingaggia un duello. "Ma si può dire che Orazio è un santo?"

"No, non è 'nu santo, è Gesù Cristo 'u santo nostro."

"Ma voi, Orazio, non lo avete mai letto?"

"Io so' ignorante..."

"E che avete fatto nella vita?"

"Ho lavorato alla campagna, mi so' sposata, ho fatto figli, po' lui è muorto e m'ha lasciat..."

"Perché non vi risposate?"

"E perché no... Se vui trovate 'nu giovane che tene i soldi... ce la fazz io... ma ha da esser giovane giovane... io so' vecchiarella..."

"E che volete voi?"

"Altri soldi!" fa lei, guardando Marco fisso negli occhi.

"Va bene, buona giornata signora."

La vecchia, prontissima, sempre guardando Marco negli occhi: "Anche tu andresti bene".

"Ma io non ce l'ho la pensione!"

L'altra è disposta a tutto: "La tengo io la pensione! Ti fazz i cavatieddi!".

Don Raffaele

A Raffaele Nigro manca solo il bastone da passeggio. Me lo vedo, azzimato come un baronetto, respirare aria di mare sulla promenade des Anglais di Nizza ai primi del Novecento, piuttosto che qui nello scampanio del vespro di Venosa. E invece quest'uomo dai folti capelli grigio argento è figlio di queste terre, di Melfi per la precisione. Ed è venuto a trovarci a Venosa, appena ha saputo della nostra traversata. È stato il primo a farmi amare la Basilicata, col suo libro *I fuochi del Basento*, e ora ci interroga per accertarsi che noi si sia davvero visto quello che conta. "La fontana di Albero in Piano l'avete ammirata, di fianco all'Appia? E avete sentito parlare della Fons Bandusiae, più limpida del vetro, 'dulci digne mero non sine floribus, cras donaberis haedo?'. E il sarcofago di Melfi?"

Vinicio suona *Pena dell'anima* al pianoforte scordato nella hall dell'albergo, anche per dirci che gli tocca partire – e che gli dispiace – proprio in questo superbo momento di sintesi del nostro transumare. Ci seguirà via facebook, promette. Abbracci e baci in un trillo serale di rondoni. Questo nostro andare è una comunità che si fa e si disfa in continuazione.

Che godimento sentire don Raffaele distillare ragionamenti davanti a un bicchiere di bianco freddo e a un antipasto di taralli, mentre la sera s'agghinda e si profuma. "La Puglia e la Sicilia si fanno grandi col passato normanno, ma fu qui il primo approdo degli uomini del Nord." Qui le loro chiese e i bastioni come Pietrapertosa o Santa Maria di Anglona. Qui il mito di Federico di Svevia, i suoi boschi, la caccia col falcone. "Federico è l'ultimo uomo del Nord che ha creduto in queste terre. L'ultimo grande reggitore delle nostre sorti. Incarna la nostalgia di un potere non predatorio. Per questo il suo mito non solo non muore, ma torna più forte che mai in questi tempi difficili."

Arrivano orecchiette con cime di rapa e aglio a chilometro zero, preludio di una sequenza memorabile di assaggi. Aglio serio, figlio di un sole già mesopotamico, simile forse a quello che Mecenate usava infliggere ai suoi commensali. Un aglio così forte che un giorno Orazio augurò ghignando al suo anfitrione: "Che la tua bella fermi con la mano i baci tuoi e vada a rannicchiarsi sul lato opposto del letto, o beffardo Mecenate, nel caso ti tornasse la voglia di farci uno scherzo del genere". Ma con le miglia romane nelle gambe, noi non si va per il sottile. Il viaggio affama. E soprattutto passa anche attraverso la lingua e lo stomaco. Siamo a Venosa, e mangeremo venosino.

Chiedo a don Raffaele se nel mito fredericiano non ci sia un minimo di mistificazione. Insomma una nostalgia dell'età dell'oro alimentata dallo squallore del presente. Penso, senza dirlo, anche alle pale eoliche sui colli verso l'Ofanto.

"Federico è stato indubbiamente aiutato dalla letteratura. Dante, soprattutto, ha dato un contributo determinante alla leggenda. Ma ci sono ragioni obiettive. Le costituzioni melfitane che riprendono il codice di Giustiniano in opposizione alle leggi longobarde e dei Franchi, o dei Normanni. La libertà di transumare e la limitazione dei balzelli sulle greggi. L'uomo nuovo sta anche nel modo con cui decide di prendere Gerusalemme, col denaro e senza spargimento di sangue, cosa che alla Chiesa non piacque per niente. Era un laico, un nomade. E un aggregatore di popoli."

"Federico fu aiutato dalla letteratura," rilancia Marco, "ma il Sud profondo non lo è stato. Goethe non si sogna di passare di qua.

"Tu pensa al Grand Tour: portava i viaggiatori stranieri a toccare Firenze, Roma, Bologna, Venezia, Milano. E appunto Goethe, quando scende nel Paese dei limoni, va fino a Napoli, prende un traghetto e va a Palermo, poi torna a Napoli, e non si preoccupa nemmeno di entrare in Puglia, dove pure è nato, a Castellaneta, un suo insegnante di italiano, Domenico Giovinazzi. Uno che lo aveva introdotto alle canzoni popolari e alla lingua dell'Italia meridionale. La gente se arrivava quaggiù non gettava un'occhiata al Mezzogiorno orientale, non gliene importava. Oggi, da un certo punto di vista, ci hanno tolto dal dimenticatoio il Gargano e padre Pio."

Ceci fritti, salsiccia nera aromatizzata e Primitivo di Manduria. Chiediamo se Federico percorre l'Appia e rilancia l'antica via romana.

"Federico può essere una carogna, ma vive qui, sta qui, conosce ogni angolo del suo regno. Si stende sul territorio, lo percorre, a differenza degli altri, come Carlo d'Angiò, che pure è stato un grande. Guarda i suoi castelli: sono distanti uno dall'altro una giornata di cammino. Significa che si muove continuamente, e ha bisogno di dormire ogni sera in un castello suo, quindi in un posto sicuro. Castel Fiorentino, Melfi, Palazzo San Gervasio, Castel Del Monte. Il castello è l'immagine del potere dell'imperatore, ma anche luogo di avvistamento e di difesa. Sono certo che, nel suo infinito viaggiare, Federico seguiva gli stessi itinerari dei Romani. Fino a Brindisi."

Peperoni al forno, Aglianico e pane di Matera. A Marco viene in mente che sull'imperatore svevo non è mai stato fatto un film. Eppure il materiale per un kolossal ci sarebbe.

"Contro di lui ha giocato molto la Seconda guerra mondiale. Per gli americani Federico era l'immagine della Germania. Il fatto che Hollywood non si sia mai occupata di questa figura la dice lunga. Eppure attorno a lui ci sarebbe tanto da raccontare, sarebbe da fare un film epico pazzesco, penso a Mel Gibson, a Spielberg. Ed è interessante constatare come la sua figura sia letteralmente riesplosa negli ultimi trent'anni nonostante questa congiura del silenzio."

"Ma i neoborbonici," obietta Irene, "pensano più a Franceschiello che a lui." E intanto sulla tovaglia planano ventresca e cavolfiore dell'Ofanto. Più un formaggio di capra detto Casieddu.

"Quando si dice che i Borbone hanno fatto tanto, qualcuno dimentica che il segno l'hanno lasciato solo intorno a Napoli. Qui in Basilicata, invece, le strade non sono mai state sistemate. Dopo Benevento e Mirabella Eclano il territorio era "Hic sunt leones". Si camminava solo di giorno per paura dei briganti. Dal Tirreno all'Adriatico non c'erano strade, e per certi aspetti non ci sono nemmeno oggi. Per andare da Bari a Napoli hai tantissimi problemi, la stessa autostrada da Candela a Napoli è un continuo serpente e più a sud non c'è nulla, bisogna scendere fino alla Jonica, che poi è stata finita solo da qualche anno, ma che si ferma a Nova Siri, oltre la quale è l'inferno. Della Calabria non parliamo: è impraticabile, puoi solo attraversarla con la Popilia, da Salerno a Reggio, e anche lì è un continuo bloccarsi, con i lavori che vanno a singhiozzo per l'influenza nefasta della 'ndrangheta."

Pasta fritta, caciocavallo podolico e fagioli di Sarconi. Basta, basta, dite al cuoco che non ce la facciamo più.

"Gli Aragonesi poi, sono stati peggio di Equitalia. Hanno lasciato un ricordo tremendo. Il grassiere, per esempio, era quello che riscuoteva i tributi. Sono passati secoli, ma io da piccolo ne avevo ancora paura. Quando nella controra non volevo dormire e chiedevo di uscire a giocare, sentivamo i gatti che attraversavano i vicoli e mia madre diceva 'ecco qua, stanno passando i grassieri... non devi uscire'. Fino all'università mi sono chiesto chi fossero questi benedetti grassieri, li immaginavo creature mostruose, poi ho scoperto che erano gli ufficiali della 'grascia' dell'esercito spagnolo. Che facevano? Alla dogana delle pecore incassavano le tasse per gli animali che arrivavano dai tratturi, nei nostri paesi invece andavano a chiedere le tasse sul grasso, ma non solo delle pecore e delle vacche, no, anche sul grasso umano. Era la famigerata tassa di famiglia."

Mio Dio, le portate non finiscono. Tocca alla frittatina con i broccoli, al pecorino canestrato e al rosso delle terre alte della Val d'Agri. Mi chiedo come faremo a spremere pensieri da un'indigestione. "L'isolamento del Sud è stato denunciato da Carlo Levi," interviene Marco. "Levi arriva ad Aliano nel 1935, ora sono quarant'anni dalla morte e settanta dalla pubblicazione di *Cristo si è fermato a Eboli*. Lui arriva e comincia a stupirsi che non ci siano farmacie, che i medici non vadano nelle case dei poveri, che la gente non creda nella medicina e se vuole guarire da un mal di fegato lo fa con metodi empirici. Denuncia tutto questo per dire quanto il popolo di qui sia lontano da Roma, e quanto il governo centrale sia lontano da questa gente. L'Italia si è presentata la prima volta sotto il volto dei piemontesi che reprimono la rivolta brigantesca, poi si presenta con Mussolini, poi nel '48 scoppia il finimondo, i contadini occupano le terre, ci sono morti..."

Arista, salame piccante, marroncino di Melfi e Greco di Basilicata. Siamo oltre il limite della capienza sopportabile, ma non assaggiare, almeno assaggiare, sembra una sconfitta. Anzi, una vigliaccheria.

"Il libro di Levi tradotto in America portò questa realtà a conoscenza degli americani, così a Matera arrivarono Friedman, Peck, Banfield... e questi cominciarono a studiare la ragione del ritardo sociale, e dopo di loro o insieme a loro arriva Ernesto de Martino... il quale scopre che la religiosità di queste terre non è il cristianesimo ma è un sincretismo pagano fatto di fango che si fonda sul malocchio, la fascinazione e la iettatura."

Arrivano i dolci, siamo alla fine. Cotto di fichi d'India, strazzate di Matera e Malvasia di Roccanova. Siamo stesi ma, non si sa come, il discorso ce la fa ancora a elevarsi. Nigro si alza da tavola e segna a dito nella sera la topografia di una regione di poeti. Paese per paese, li indica come falò ardenti nella notte. Ci svela che la Basilicata vanta una densità di scrittori superiore alla media.

"Oltre quelle montagne c'è il paese di Valsinni, dove è nata e morta Isabella Morra. Un poco più su c'è Tursi, dove è nato Albino Pierro. Si sale ancora un po', e sulla destra c'è Montemurro, il paese di Leonardo Sinisgalli e di Maria Padula, la più grande pittrice della Basilicata. Poi c'è Aliano, dove Carlo Levi ha insegnato a tutti tante cose, e ha avviato la poesia. Un po' spostato sul Basento c'è Rocco Scotellaro, tenuto a battesimo da Levi. Salendo ancora, ecco Moliterno, dove sono nati Giacomo Racioppi e Ferdinando Petrucciani. Per chiudere, Brienza: lì è nato Francesco Mario Pagano, morto a piazza del Mercato a Napoli nel 1799. La poesia di questa terra è data anche da queste presenze."

Ma lo spopolamento non lo ferma nessuno, osservo. Caffè e amaro Lucano.

"Il problema di questi paesi è che sono privi di una fascia di età compresa tra i diciotto e i cinquanta-sessant'anni. Sono tutti vecchi, questo è il problema, solo che fino a ieri quei vecchi erano depositari di una cultura orale straordinaria. Adesso con la televisione hanno abbandonato tutto, nessuno parla più il dialetto, è rimasto solo l'italiese, un italiano sporco da giornalista televisivo. Vedo rarefarsi l'anima del luogo, vedo la sparizione dei toponimi. Una cosa che mi angoscia. Per questo torno sempre più spesso a

Melfi, anche se abito a Bari. Voglio arginare questo smarrimento identitario."

Però qui si sente una stratificazione di identità. C'è la Grecia, ci sono gli Ebrei, i Longobardi...

"Del mondo greco restano diversi vocaboli: per esempio, noi usiamo fare un pane rotondo che chiamiamo cuclo, che viene da kuklos, cerchio, un pane molto soffice. Ma ce ne sono anche tanti arabi: penso al nome dell'asino, scecco... Tafanario sarebbe il posteriore, pure quello è di origine saracena. Un mio amico, Carmine Abate, che dopo la laurea è andato in Germania, ha scritto un libro dal titolo *Vivere per addizione*, dove si spiega che prendere lacerti di culture altre significa crescere, accumulare saperi e consapevolezze. Ci sono Paesi europei che spianano il fucile di fronte allo straniero che arriva. Qui, quando arrivano stranieri, mediterranei o balcanici che siano, gli si è sempre dato asilo, non li si è mai visti come una iattura."

La notte scricchiola di stelle in un concerto di grilli. Don Raffaele è felice, forse perché veniamo dal Nord anche noi, come Federico.

"Voi ci ricordate che esiste l'Appia. Qui se l'erano dimenticato. La riforma fondiaria e poi i vomeri della modernità hanno fatto a pezzi la linea che cercate. La cesura con l'antico è tremenda. Ma i segni restano, per chi come voi li sa vedere. Questa strada vive attraverso quelli che ne tengono in vita la memoria. Come voi. Il vostro viaggio è un atto politico. Ricostruendo l'unità della via mettete in luce la frammentazione dell'Italia di oggi."

Siamo felicemente sazi di cibo, visioni e parole. Fuori tempo massimo, Orazio ci esorta a un platonico ripristino della moderazione. Est modus in rebus.

IL GRANO

Da Venosa a Brindisi

Radiatori in agonia

A Venosa finisce l'Appennino. Dopo, è solo il vento che detta la Storia. Superato un profondo vallone con un verde querceto e un torrente, si entra in uno spazio rovente, di radiatori in agonia; un tavolato ondulato e nudo, sui trecento metri di quota, dove le poche auto in transito si annunciano a chilometri di distanza come sull'altopiano del Messico o nel cuore polveroso dell'Iran. Questo semplifica enormemente l'orientamento. Ma il caldo è tale che la temperatura in piena estate può raggiungere i quarantacinque gradi. Terra disabitata, con punti d'appoggio quasi inesistenti per chi va a piedi. Il che significa una traversata lunga, desertica e soprattutto inaffrontabile a borracce vuote.

Assieme all'orografia, anche la mappa geologica si semplifica con l'ingesso nel nuovo mondo. A ovest del cono vulcanico del Vulture, fondamentale paracarro del viaggio, la carta mostra un guazzabuglio di colori forti che denunciano l'effervescenza plutonica della spina dorsale della Penisola. A est, dopo un ultimo soprassalto cromatico – la chiazza ciclamino dei "complessi silicei" e le bande diagonali grigio-arancioni del "Flysch numidico della Lucania", ultimi residui dell'erosione dell'Appennino –, sulla mappa i colori impallidiscono di colpo e inizia uno spazio di sedimenti molto meno antichi, resi graficamente da un giallo pallido di tonalità lievemente verdina, cui segue verso l'Adriatico la vasta macchia grigio topo delle Murge, il regno del calcare.

Significa che da qualche parte, sotto i sedimenti calpestati dalle nostre suole, l'osso dello Stivale – in un'impressionante rotazione antioraria – è andato a sbattere contro il piastrone calcareo del Tavoliere. Come dire che l'improvvisa semplificazione cromatica della mappa ci mette di fronte nientemeno che alla deriva e alla collisione dei continenti. Per farla breve: stiamo transitando dall'Eurasia all'Africa. La seconda ha sfondato la sua antagonista facendo breccia fra i Balcani e l'Appennino e preme a nord-ovest da tempo immemorabile. È un ariete che migra con tutta la Puglia e l'intero Adriatico fin dentro la pianura Padana, e che, a furia di spinte millimetriche ma inesorabili, ha finito per generare le Alpi. Non so bene in che punto, ma la Via Regina passa sopra la linea di contatto fra queste due zolle migranti.

Ma se il grigio delle Murge è Africa, le Murge rappresentano l'emersione in superficie delle sue fondamenta. Sono Africa che esce dal mare come schiena di testuggine. Basamento calcareo, nudo come mamma l'ha fatto. Il resto del piastrone è coperto dal giallo verdino dei sedimenti su cui si snoda, con pochissime asperità, il nostro cammino. Gli unici veri ostacoli li trovi nei punti di contatto fra il giallo pallido e il grigio: sono i canyon – chiamati gravine – scavati dai torrenti in posti come Matera, Altamura, Castellaneta e, ovviamente, Gravina in Puglia, nei quali ha trovato casa una delle civiltà rupestri più complesse e affascinanti del Mediterraneo.

Sulla mappa, la forza simbolica dei colori è tale che la percezione di camminare su un fondale marino emerso è folgorante, immediata. Il giallo verdino rende perfettamente l'idea di una massa liquida che riempie tutti gli spazi liberi fra le ruvide convessità delle Murge e il femore inquieto dello Stivale; un mare di sedimenti solidificati che, su un piano dolcemente inclinato, dilaga verso il Metaponto e lo Jonio portandosi dietro secoli di tratturi, strade, fiumi, sentieri e milioni di pecore. Come la gigantesca faglia tra il Lago di Galilea e il Mar Morto è percorsa dal Giordano, così anche questo reame scorticato dal vento ha per baricentro un fiume: il Bradano, che ha dato al territorio l'affascinante nome barbarico di Fossa bradanica.

I piedi, ormai l'abbiamo imparato, sono sismografi capaci di succhiare dal suolo infinite informazioni. Forse è per questo che il camminatore sente il fascino delle mappe che raffigurano il Profondo. Carte geologiche, geodinamiche, batimetriche, litostratigrafiche, sismiche e di intensità magnetica: fa poca differenza. Senza paura di far inorridire gli studiosi, egli mostra di amare quelle planimetrie più per la loro bellezza cromatica che per i dati che contengono. Ne succhia l'essenza dai colori, perché sa che quei colori sono il risultato di una sapienza di secoli. Lo scarlatto, il viola ciclamino, il verde oliva punteggiato di croci, il turchino, l'azzurro a linee diagonali nere, il giallo oro.

Nelle mappe geologiche, le didascalie che danno senso a queste tonalità sono spesso più efficaci di un libro d'avventura. Da quali abissi sono emersi i tremendi scisti silicei di Lagonegro? Come resistere al roccioso richiamo del Flysch di Oberhalbstein, allo scintillio delle rocce cristalline del Silvretta o al tuono iperuranico del nostro favoloso Complesso crotonide? Quale scarmigliata Persefone può celarsi nelle Calcareniti glauconitiche o nelle micascisti d'Aspromonte? No, nessun romanzo può rivaleggiare con la storia favolosa dei sedimenti pelagici sannitico-molisani o delle rocce plutoniche dell'Ercinico. Sento che nella fornace bradanica il suolo attorno a noi si deforma, erutta, ribolle, fuma, si gonfia e si frattura, genera visioni e fate morgane. E che l'Italia è una terra senza pace.

La scomparsa dell'ombra

Solitudine, falchetti roteanti nel silenzio. A distanza di chilometri, il campanile di Venosa appare e scompare come l'alberatura di un veliero nell'oceano. In un paesaggio così spoglio basta una pietra isolata a fare un monumento. Cielo celeste, frumento giallo, vento caldo. Meseta, Vieja Castilla. Istantanee da Camino de Santiago. Qua e là piccole vigne insaporite da porri, carciofi e tegoline piantate tra i filari. E a destra, sempre presente, il bastione del Vulture che fa da punto nave e non ci molla. Irene mi fa notare che diventano più numerose le piante adatte alla poca acqua: gli asfodeli, il cardo blu chiamato eringio, il timo serpillo, il lino delle fate. Trionfa il profumato finocchietto coperto di chioccioline.

Ma la regina della nuova terra ha il nome di ferula. La vedi a grande distanza, isolata, col suo stelo alto, legnoso, e l'ombrello dai piccoli fiori gialli. Dicono che Prometeo rubò il fuoco agli dèi dell'Olimpo nascondendolo nel midollo di un bastone di ferula. È una pianta storica delle Puglie: per secoli, qui il numero dei capi di bestiame e delle forme di formaggio è stato fissato da tacche su un fusto di ferula, che poi veniva tagliato per lungo, in modo da dare sia al venditore sia al compratore la certezza condivisa del pattuito. Evitata dagli animali perché causa di emorragie, era apprezzatissima dagli umani che ne traevano bastoni, sgabelli per la mungitura, fischietti e, dalla radice, un calmante tipo valeriana e persino una spezia piccante di nome "assafetida", capace di rimpiazzare l'aglio e la cipolla.

Anche la storia si adatta alla geologia: e su questa terra prosciugata da secoli di scirocco e poi dall'agricoltura chimica si è consumato il trionfo del latifondo, che ha finito per snaturare un mondo da sempre abitato da milioni di pecore. Ma anche per gli umani la demografia è catastrofica. Spinazzola è scesa da tredicimila a seimila abitanti, e le proiezioni sul futuro immediato fanno paura. Le masserie indicate sulle mappe IGM sono spesso vuote, inquietanti dimore dei venti. L'andare a piedi diventa esperienza onirica. Le suole delle scarpe risucchiano tutta l'ombra e noi stessi diventiamo fantasmi meridiani. L'assenza del nostro doppio, in marcia accanto a noi, ci fa sentire soli. Privi di angelo custode.

Ma no, non siamo soli. C'è un uomo che corre nella nostra direzione. Lo vediamo a mezzo chilometro di distanza. Fa jogging, ascolta musica con gli auricolari. Ha gli occhi bassi, contempla l'andatura dei suoi piedi invece di guardare lontano. È blindato nel suo ritmo, non può sentire il fruscio del vento sul grano. Non guarda e non ascolta il paesaggio che gli appartiene. Non si accorge di noi.

Ci vede quando è a pochi metri. Trasale. Gli è mancato il tempo tecnico per identificarci a distanza dal linguaggio del corpo e dall'andatura. Non sa nulla di noi, e quasi si spaventa. Noi, invece, abbiamo avuto tutto il tempo di ipotizzare un suo identikit. Impiegato d'alto bordo, famigliola, automobile lustra, cura meticolosa del corpo. Linguaggio politicamente corretto e privo di accento. Verosimilmente dietetico e astemio. E magari vegano.

Gli grido, per farmi sentire oltre la musica degli auricolari: "Lei sa dove sta correndo?".

È solo un'informazione, ma quello ha il dubbio che sia una minaccia. Come se io lo mettessi sull'avviso che sta violando una proprietà.

Rallenta e balbetta: "Credo di sì". Ma non dice alcun nome.

Nel frattempo ci oltrepassa, a velocità minima. Tutto avviene in pochi secondi. Gli lancio un nuovo grido modulato: "È l'Appia Antica!".

Quello fa una strana faccia e si rimette a correre dopo aver controllato il cardiofrequenzimetro, infastidito dalla rottura del ritmo. Ha capito che siamo dei cretini in gita. Pensa: che cazzo fate. Si corre vivaddio, non si cammina.

È già lontano cento metri. In realtà, venti secoli ci separano.

Da lontano l'ospite benvenuto e il nemico sono indistinguibili. Questa ambivalenza del forestiero è riassunta anche dalla lingua dei Romani. "Hostis" e "hospes" hanno non solo la stessa radice ma anche lo stesso significato di partenza. Sul vocabolario latino la prima accezione di entrambi è "straniero, forestiero", il "peregrinus", colui che viene da un campo, un "ager" diverso. Originariamente, dunque, l'idea di straniero non contiene mai una connotazione pregiudizialmente ostile o benevola.

Nelle Dodici Tavole, codice del V secolo avanti Cristo, venivano chiamati "hostes" gli stranieri detentori di un diritto ugualmente degno, anche se diverso da quello romano. Solo dopo le due parole prendono strade diverse, e di questo lo stesso Cicerone si lamenta nel *De officiis*. Da allora cessa di esistere questa luminosa e civilissima compresenza di opposti.

Romana brevitas

Ritorna il silenzio. È da un'ora che andiamo su una rotabile senza incontrare una macchina. Sembra impossibile che da qualche parte – a destra o a sinistra, non si sa – viaggi l'acquedotto pugliese, il più grande d'Europa, e che tubature immense spingano verso le Murge, Castel del Monte e la costa il necessario alla vita di uomini, piante e animali. Intorno a noi trionfa la polvere, mentre un violento Favonio ci disidrata le mucose. "Siderum insedit vapor siticulosae Apuliae", arriva alle stelle l'afa della Puglia sitibonda, scriverebbe Orazio di un giorno come questo.

E l'Appia? Tutti ne parlano, ma nessuno sa esattamente dov'è. Si è dissolta nel largo tratturo Melfi-Castellaneta, è diventata un fantasma nei campi della grande sete. Forse ne è rimasto solo il nome. O forse è soltanto il nostro sogno che esiste. Caldo bestia già alle nove del mattino. Ma chi ce l'ha fatto fare di lasciare Venosa, le fontane con i leoni in pietra, i valloni popolati di rane e la frescura dei bar? Mitica città – non azzardatevi a chiamarla paese – profumata di pasta fritta e cime di rapa, fiera della sua storia, punteggiata di nidi di rondine, nobile di selciati e busti romani affacciati dalle mura medievali.

Ma d'un tratto, ecco che la strada comincia a filare. È lei: non sta scritto da nessuna parte, ma i nostri piedi la sentono. Seguiamo per alcuni chilometri la strada posta sul displuvio di una convessità chiamata Isca Lunga, simile agli inconfondibili crinali di gesso su cui corrono la Icknield Way e la Ridgeway, famose vie preistoriche dell'Inghilterra meridionale. Qui in Basilicata la viabilità romana ridicolizza con la sua semplicità l'inutile labirinto di asfalti che ci circonda sulla mappa. Un esempio: tra Melfi e Venosa l'Appia fa diciotto chilometri, la strada moderna trentadue. La rete del ventunesimo secolo è un inferno, riflette il neofeudalesimo della politica, le tangenti, i favori, l'Italia frammentata per burocrazie locali e collegi elettorali. Un'agenzia di promozione turistica lucana, ci hanno detto, non può nemmeno dire che esiste Taranto, che appartiene alla Puglia, sennò è danno erariale. In questa demenza, buttarsi sull'Appia è una semplificazione della vita.

Discesa verso l'impluvio del torrente Fiumarello, che compie un giro spettacolare attorno a noi. Nell'ombra benedetta sotto il ponte, Irene immerge i piedi nella corrente, tra girini, libellule e frusciare di pioppi. Laudata sii, sorella acqua. Qui è come per i Tuareg. È l'acqua che determina la strada. Per chilometri è stata un miraggio, ora improvvisamente si incarna, canta, rinfresca, disseta, diventa alma mater generosa. Sotto Palazzo San Gervasio, al termine di un rettilineo incandescente, privo della benedizione di un albero, l'acqua assume il volto taumaturgico di un fontanone in pietra con sei ugelli a forma di seno di donna. Lo sgorgare ininterrotto ci sazia fin dal gorgogliare cristallino della vasca.

Palazzo San Gervasio è già Grecia. La biancheria stesa si asciuga anche di notte e la vita inizia dopo le cinque del pomeriggio. Dopo il letargo di un'infinita controra, il paese esce allo scoperto, e tutta l'attività si concentra nelle ore serali, languide e frenetiche, dal momento in cui le femmine dardeggiano sguardi da lupa e si sveglia il profumo del ragù, speziato in un modo sconosciuto al Nord, e iniziano i preparativi per qualche festa. Quando arriviamo, tocca alle luminarie per Sant'Antonio – sistemate ad arco sopra lo stradone principale su impalcature arabeggianti – e alla sagra dei cibi degli Arbresh, gli albanesi della zona. Crocchi di querule matrone, sedute a bordo strada, riempiono ceste con petali di ginestra per la ricorrenza dell'Infiorata, e poco più in là un'accolita di allegre parche nerovestite ci augura buona strada lavorando all'uncinetto.

La sera a cena, il giornalista Cosimo Forina della "Gazzetta del Mezzogiorno", capelli, barba e sopracciglia grigio ferro, ci spiega che siamo in uno dei punti più controversi della strada romana. Un atlante del 1861 indica addirittura tre percorsi paralleli dopo Venosa. Uno che va dritto su Gravina in Puglia, un altro verso Grottelline, fra Spinazzola e Poggiorsini, e un altro ancora – il nostro – che punta verso la Masseria Tripputi, un tempo presidiata dai Templari, ai piedi del Monte Serico. "Quale sia la giusta nessuno lo sa. Non ci sono abbastanza studi archeologici per sciogliere l'enigma."

Sciacalli in attesa del buio

Nel silenzio che precede l'alba, un gracidare di rane evidenzia la geografia di selvosi valloni annidati tra le convessità desertiche. Solo più tardi, una luce mandarino ne svelerà il colore verde scuro. È come in Cappadocia, dove un immenso labirinto rupestre è radiografato in ogni minima concavità, prima che dalla luce dell'aurora, dall'abbaiare dei cani, dal raglio degli asini e dal canto dei galli. A Palazzo San Gervasio assistiamo alla meraviglia acustica di un preludio di tappa. Dopo le rane, tocca ai passeri. In ogni albero è una furibonda lite condominiale tra pennuti. Ma è solo l'inizio. In dieci minuti, intorno a noi, è tutto un moltiplicarsi di richiami di uomini e animali. Echi sul selciato, frinire di grilli, frusciare di fronde, il rantolo distante di un trattore. Il paesaggio non è un fondale statico. Non è scenario e nemmeno cartolina. È luce, vento, odore di salvia, canto. Vita che fermenta, ti chiama, ti provoca e ti accende.

Magnifico indugiare prima dell'azione, sorseggiando tè, con gli zaini già pronti, mentre il mondo preme letteralmente alle nostre finestre. Ma ci si sveglia sempre troppo tardi. Alle sette il sole scotta, la luce bianca offende già gli occhi e la polifonia della terra scema fino a tacere. Si va su uno stradone dissestato, fortunatamente chiuso al traffico, che da Palazzo San Gervasio ci porta dritti dritti nel grande nulla del tratto meno abitato del viaggio. È il segno di Roma, che fece di questa terra un immenso granaio? Scorre un film di campi azzurri di lino, punteggiati di papaveri rossi e gialle ginestre, di africani curvi su campi di pomodori, di turbini di moscerini in controluce. Fino a Gravina. nemmeno un posto dove dormire. Quaranta chilometri di tavolato desertico. Spazio allucinato, da sciacalli magri in attesa del buio.

Ora la direzione est è perfetta, lineare, astronomica. Sembra di vedere noi stessi zampettare come formiche sulla pergamena della Tabula Peutingeriana. In questa famosa copia medievale della rete degli itinerari romani schematizzati con le distanze in miglia, il mondo conosciuto è schiacciato su una striscia lunga sei metri e alta appena trentatré centimetri, nella quale l'Italia perde la sua inclinazione diagonale per ridursi a una fascia stretta come un'acciuga, orientata esclusivamente a est. È una semplificazione che senza volerlo ribalta e in qualche modo nobilita il senso peninsulare dell'Italia. L'Apulia sarà Sud per i tedeschi. Per noi dovrebbe essere Est, perché è quella la direzione prevalente.

Ma c'è anche che l'Oriente, nella lunga tradizione giudaico-cristiana, è la direzione del rinnovamento, della vita. La sede del Paradiso. Dall'Est veniva la fede, per ebrei, cristiani e musulmani. Era un punto cardinale così importante che molte mappe antiche avevano le terre del Levante nella parte alta. E allora, a maggior ragione, perché non chiamare il cosiddetto Mezzogiorno "Italia dell'Est" anziché "Italia del Sud"? Il sole del mattino ce l'abbiamo negli occhi, mica alla nostra sinistra. Se ne prendessimo atto, forse capiremmo meglio il destino di questo nostro Paese, proteso più verso la Grecia e l'Asia Minore che verso un destino di colonie africane.

Ci sarà un motivo per cui, quando vado a Genova, Nizza o Marsiglia, le sento profondo Sud rispetto a Trieste. Stessa cosa per Bari e Brindisi, che vivono Napoli come Meridione e danno alla Calabria il nomignolo di "saudita". C'è una differenza innegabile anche a parità di latitudine. Altra luce, altri odori, altra salsedine, altre voci, altri cibi, altre facce, altro livello di saturazione edilizia e di promiscuità fra persone. Ne consegue che l'aria che si respira nei caruggi della città dei Doria è affine a quella dei Quartieri Spagnoli di Napoli e alla kasbah di Algeri, nell'identico modo in cui Venezia e Bari vivono lo stesso affaccio aperto verso il largo, lo stesso profumo di Bosforo, Grecia e Medio Oriente. Tutto diverrebbe più chiaro se ruotassimo la mappa d'Italia di una trentina di gradi in senso antiorario e, come i Romani, ci risolvessimo a chiamare una buona volta l'Adriatico "Mare del Nord" e il Tirreno "Mare del Sud".

Pane e cipolla

Oltre un crocicchio con cartelli trionfalistici del Consorzio delle acque che "dopo trent'anni irrigherà le vostre terre", in mezzo a un mare di pecore nell'erba magra, a bordo strada un uomo grifagno dalla camicia immacolata richiama i cani e ci fa un saluto austero. Conosce l'Appia, i suoi vecchi gliene hanno parlato.

"Andate a Gravina, allora."

Ha baffi, capelli grigi pieni di vento, portamento nobile, mani nodose e un bastone che gli arriva alla spalla. E pure un bel nome, Mario Paradiso. Si staglia nel paesaggio desertico come il vecchio Abramo in cammino con le sue greggi.

"Qui fanno mille lavori per i bacini, ma l'acqua non c'è e non ci sarà mai. Io ci dico: tutto 'sto business che lo state a fare? Finirà come la diga di Genzano, che si sono fregati i soldi... tutto un magna magna... E intanto la gente soffre per le cazzate dello Stato."

Eh già, qui lo Stato è l'uomo in divisa che viene a multarti come un criminale perché hai i letamai pieni o perché una pecora ha perso il contrassegno all'orecchio. Tu hai un bel dirgli, allo Stato, che dentro i tuoi terreni non fai male a nessuno e la lana delle tue bestie è invendibile perché i neozelandesi fanno concorrenza sleale. E poi ti tocca pure pagare per smaltirla, la tua lana, perché bruciarla è proibito. Eccola l'Italia, tremebonda con i forti e implacabile con i deboli.

"Qua ci sarebbe lavoro per tutti," si scalda Paradiso, "ma ti costringono a emigrare. Mio nonno ha dovuto andarsene anche lui, poi è fallito due volte, eppure ha lavorato sempre come un cane, anche a costo di prendere il terreno in affitto."

"Papà, statte calmo," gli dice un giovane che l'accompagna.

"I figli mi chiedono sempre se il Sud si riprenderà, e io gli dico di no, qui più che pane e cipolla non spremi. Loro stanno bene, perché hanno imparato a lavorare da piccoli. Tanti altri, invece, continuano a pesare su mamma e papà che li mantengono al bar."

Noi: "Guardi che al Nord è lo stesso. Giovani allo sbando tra PlayStation e aperitivi".

Mario fa un lungo sospiro: "Lo so. È l'Italia. Che il Signore vi accompagni, sono commosso di avervi incontrato". Ha gli occhi umidi, e la stretta della sua mano riassume il meglio del Sud.

Lo spirito santo

Di sera, Masseria Tripputi si popola di pipistrelli, tra campi di lino, grano duro e favino. Collocata quasi al confine della Puglia, è una delle poche sopravvissute alla desertificazione e concentra in sé tutta la ricchezza di un mondo perduto. La parte abitativa è ridotta, monacale, rispetto alla potenza di quella produttiva, dalle mura larghe di un bunker. I Tripputi ci lavorano da un secolo, e Sebastiano, l'ultimo proprietario, racconta che "una volta qui abitavano fino a centocinquanta persone, e il nonno poteva contare su una trentina di operai fissi. Oggi è arrivato il tempo dei mezzi meccanici e degli aiuti comunitari". Tempi in cui il figlio, che lavorava in un grande albergo di Roma, è stato licenziato per via della crisi, e ora col padre cura l'orto di fave, ceci e lenticchie.

Saliamo al Monte Serico, col solitario castello di Federico. In cima tira un arido ghibli. Il maniero è chiuso, ma la balconata sui rilievi pietrosi delle Murge, a nord, offre una visione favolosa su enormi agglomerati di nubi e sciarpe di pioggia in viaggio su deserti di pietra. "Qui non piove mai," brontola Sebastiano, "ma, se arriva qualcosa, è la grandine." Erano tutte un pascolo, un tempo, le Murge: oggi lo spietramento meccanico ha raschiato il terreno, asportandone la cotica vegetale che tratteneva la poca acqua in superficie. Colpa di una sciagurata legge dell'81 della Regione Puglia, che ha distribuito soldi europei a pioggia e arricchito aziende cerealicole che nulla avevano a che fare con il vero destinatario, la zootecnia.

Una volta esisteva la spietratura, che vuol dire asportazione manuale dei sassi superficiali, con i quali venivano costruiti i muretti, i ripari dei pastori e, in certi casi, persino le abitazioni. Oggi è arrivata una parola nuova, più sinistra: spietramento. Dietro quella desinenza cambiata, il diktat che ha desertificato la Puglia montana peggio di un piano quinquennale sovietico. Le ferite inferte al paesaggio dagli anni settanta sono incalcolabili. Poligoni di tiro, basi missilistiche Nato con testate nucleari mai apertamente dichiarate come tali, cave trasformate in enormi discariche... per non parlare dei furti perpetrati nelle masserie disabitate. Abbeveratoi, tettorie, conci, sculture, intere cisterne antiche e pavimenti asportati col favore della notte ed emigrati nelle case dei ricchi a nord di Roma. E poi le case fantasma assegnate a piccoli proprietari con la riforma agraria degli anni cinquanta, e immediatamente abbandonate. Ma l'abominio maggiore sono gli invasi per la mai costruita diga di Capo d'Acqua: hanno cementificato terre che anche gli imbecilli sapevano prive di acque di superficie.

Eppure, quanta bellezza. Allo zenit, sopra il castello di Federico, un falco immobile nel vento. Saliscendi oceanico di colline, terreno color senape segnato qua e là da valloni verde smeraldo o uadi di ciottoli bianchi. La strada per Gravina, oltre la diga di Serra di Corvo – detta anche del Basentello –, perfettamente visibile ai nostri piedi, pare una pista anatolica, di quelle dove vedi arrivare un camion a venti chilometri di distanza, per il polverone che solleva. Ho visto un paesaggio simile trent'anni fa, guidando verso Erzurum, nell'Est della Turchia. La terra desertica rivela, guardandola attentamente, un reticolo di piste, una ramificata trigonometria di tracce sempre più visibili col calare del sole e del tutto estranee alla nostra strada maestra. Sembrano immensamente più antiche, e capaci di sopravviverle.

La Puglia è una base aeroportuale. Un mondo geometrico di spazi aperti, di punti e di linee. Se potessi alzarmi qualche centinaio di metri in più e riuscissi a guardare oltre le Murge, vedrei la viabilità stellare degli Apuli, le infinite strade a raggiera che si dipartono da Cerignola, Andria, Terlizzi, Bitonto, Acquaviva delle Fonti, Cisternino, Alberobello, Martina Franca e infiniti altri luoghi, fino alla sterminata rete dei sentieri dei Messapi al capolinea del Salento. Potrei traguardare i castelli di Federico – Ruvo, Altamura, Gragnone e altri –, a un giorno di marcia uno dall'altro, individuare il reticolo delle autostrade erbose dei tratturi dai monti del Matese fino a Taranto e, con essi, la sterminata trigonometria di iazzi, poste, mungituri, bracci, cappelle, locazioni e riposi che offrirono rifugio a decine di milioni di pecore in discesa verso il mare.

"Mio padre diceva che da quassù si vedeva lo Jonio," sussurra Sebastiano Tripputi dalla sommità del monte, quasi nel timore di sovrapporsi alla voce del vento. E per un attimo pare di vederlo anche a noi, il lampo blu del mare.

Muri bianchi e donne in nero

Sandra, l'archeologa dai boccoli ramati, si presenta di buon mattino carica di allegria e frutti della sua terra campana per allietare la nostra strada verso Gravina. È partita prima dell'alba, ha viaggiato tre ore per raggiungerci e ora, come Cerere, depone ai nostri piedi pomodori, pane, albicocche e formaggi irpini, destinati alla sopravvivenza della compagnia, prima di iniziare con noi la danza leggera verso la diga di Serra di Corvo, lungo spazio di "no man's land" che porta alle terre d'Apulia. Ne raggiungiamo il lago sotto un cielo grigio di temporali erranti, che conferisce alle acque e ai valloni i colori delle Highlands scozzesi.

La strada asfaltata è nuovamente a pezzi, come il giorno precedente, e non ci passa anima viva. Intorno, vecchia segnaletica arrugginita o impallinata dai soliti cacciatori. È da cento chilometri che camminiamo in prevalenza su strade con accesso vietato alle auto o intransitabili per troppe buche. In Basilicata e Puglia si asfalta tutto, maniacalmente, anche i sentieri tra i campi, anche ciò che rimane della vecchia Appia, ma la manutenzione è così scandalosa che in breve anche le Provinciali ridiventano carrarecce e mulattiere, e vengono involontariamente restituite al camminatore in una sorta di nemesi. Sopra di noi, roteando, ci segue un falco grillaio. Lo stesso che Federico di Svevia – a leggere il suo *De arte venandi cum avibus* – usava per cacciare nelle amatissime terre del Sud.

Masseria Vàgnari, splendidamente fortificata e deserta, poco oltre la diga. Poi un fontanone della bonifica, pieno di acqua fresca cristallina, dove le nostre donne immergono le gambe fino alle cosce. Visione mitologica. A metà strada, prima di una lunga discesa, un vialetto alberato con all'ingresso due macine da mulino ci guida verso una casetta rurale con porticato ombroso, esposizione alla brezza, forno del pane, un tavolo, panche e una magnifica fioritura di gigli bianchi di Sant'Antonio. Assente il proprietario, gli unici abitanti sono galline, lucertole e un geco immobile che ci guarda inespressivo mentre facciamo merenda. Dopo una sana pennica lasciamo, attaccato al lucchetto di casa, un biglietto di ringraziamento per il proprietario, con i nostri nomi.

Sulla Statale 96, detta Barese, la casa cantoniera al chilometro 64,269 avrebbe potuto essere un ottimo posto tappa, e tale sarebbe stata certamente se l'Italia fosse Spagna e l'Appia fosse il Cammino di Santiago. Magnifico, da fuori, e provvisto di un bel porticato, all'interno l'edificio dell'Anas è invece completamente devastato. Calcinacci, emblemi dell'Italia unita che paiono già preistoria, il vento che si infila nelle fessure e fischia in modo sinistro. Svolìo di ombre della controra e nidi di piccioni al primo piano. Negli uffici in basso, in mezzo a una congerie di carte e mobilio inservibile, una lupa di Roma celebra il suo trionfo sulle macerie con Romolo e Remo coperti di ragnatele.

A proposito di Roma: dopo Venosa è vano cercare qualcosa che la ricordi. Nei centri abitati, la geometria dell'angolo retto è completamente cancellata dal labirinto medievale. Hai il segno longobardo e normanno nell'architettura, gli agrumeti e i mandorli degli Arabi, le tombe degli Ebrei, ma non Roma. Nell'aria, in compenso, una presenza forte della Grecia, percepibile nella musica della lingua e dei cognomi, nella calce bianchissima delle masserie, nella leggenda ellenica di Taranto e negli orti metapontini, per non parlare dei muretti a secco e delle donne in nero, dei capannelli degli uomini con le mani dietro la schiena, o dei canti di chiesa fatti più per archimandriti che per parroci.

Sotto il costone pietroso delle Murge, di romano non è rimasto che la Linea: la nostra via che, priva di zavorre archeologiche, galoppa criniera al vento come i cavalli di Massafra su un'onda lunga di messi giallo oro, fratturata ogni tanto da spettacolari gravine. Noi stessi diventiamo greci: Riccardo dai piedi alati è per forza di cose Mercurio, Alex chi altri può essere se non il possente Efesto, Sandra incarna Demetra dea delle messi e Marco, il peripatetico Ciriello, ha ormai consolidato il suo ruolo socratico. Solo Irene non muta, che ha già il nome greco della pace che le sta a pennello.

Perché questa clamorosa assenza? È da quando siamo entrati nel mondo dei Sanniti che mi chiedo se Roma abbia mai davvero penetrato le loro terre, e se la stessa estraneità non si sia instaurata con i successivi dominatori, Italia unita inclusa. La logica del rettilineo ha senso strategico e commerciale, è fatta per sorvolare e attraversare in fretta, non per conoscere, e così ti chiedi se la distanza enorme che esiste ancora in Italia tra grandi flussi di traffico e i luoghi della memoria non sia nata allora. Perché le nostre autostrade snobbano i microcosmi di cui è ricco il Paese e ignorano la viabilità minore? Perché in Germania o Francia, al contrario, la segnaletica ostenta un rapporto intimo col territorio? Forse, duemila anni fa, i popoli italici hanno guardato al rettilineo romano con la stessa ostilità con cui oggi noi guardiamo alle pale eoliche.

Gravina e il suo doppio

Sull'orlo del precipizio che le dà il nome, Gravina emerge in fondo a una lunga spianata stepposa tipo Arizona. Il contrasto fra la luce calcinata della città e l'ombra smisurata del burrone è impressionante. A prima vista pare Mostar, col ponte vecchio sulla Neretva. In realtà è un'altra storia: lì hai una passerella a schiena d'asino, qui un acquedotto transitabile, fatto ad arco rovesciato per uno strano gioco di vasi comunicanti utile a collegare all'altra sponda la sorgente di Sant'Angelo. Ma quello che fa la vera differenza è che Gravina è una città in negativo: scavata nella pancia del tufo più che costruita attraverso muri maestri.

È su quel ponte che, come i Dioscuri della Storia greca, ci aspettano due giovani amici di Raffaele Nigro, incaricati di accompagnarci nel dedalo di grotte, balaustre, chiese rupestri e cantine che scolpiscono la voragine ai due lati. Hanno nomi che promettono bene – Vito Nicefalo e Pino Navedoro, operatore culturale il primo, pittore il secondo – e conoscono a menadito la città stratificata dei vivi e dei morti. Ascoltandoli, mi accorgo che in pochi chilometri la lingua è cambiata. È bastato passare il Basentello. Ora è accento pugliese duro, simile a quello di Bari. "Nicefalo", mi spiegano poi, è una trascrizione sbagliata di Niceforo, che in greco significa "portatore di vittoria", ma l'errore fa riemergere un'altra parola greca, egualmente plausibile: "cèfalo", cioè "testa". Più Bisanzio di così si muore.

Il solido tufo di Gravina fa sì che il segno dell'Appia si perda in un labirinto di tracce di carriaggi e antichi marciapiedi. Duemila anni fa il tavolato pugliese offriva una strada già pronta e a buon mercato. Su un terreno così, il basolato diventava inutile e bastava tagliare il banco roccioso, eliminandone le asperità. Segni teoricamente indelebili: ma il tempo li ha egualmente cancellati col dilavamento e il terriccio di riporto. Soltanto col sole radente della sera e della mattina appare in filigrana un intrico di segni rettilinei simili a quelli tracciati sulla pista di rullaggio di un aeroporto. In questo dedalo, l'unico segno plausibile è il tratturo regio che corre alla base della città, all'uscita del torrente dalla gola, e punta verso Taranto segnalato da qualche malconcio paracarro borbonico con incise in maiuscolo le lettere R e T. L'Appia era nata quasi certamente da quell'antichissimo sentiero rurale e il tempo non ha fatto che riconsegnarla alle sue origini.

"Sono dieci anni che cerco una basola," lamenta Nicefalo, "ma non ci sono mai riuscito. Sarebbe la mia felicità." Vito conferma che è vano cercare Roma da queste parti. Anche nella planimetria della città. Il nucleo centrale è Medioevo puro, cresciuto su una base rupestre pre-romana. Le aggiunte esterne sono a pianta ortogonale post-unitaria, con le solite vie Roma e Vittorio Emanuele. "Noi non siamo Romani," spiega subito Vito. "Dai grandi scavi fatti dalla Soprintendenza archeologica non sono emersi i materiali tipici dell'edilizia romana, e nemmeno vasellame di quell'epoca. Noi siamo stati Peuceti prima, poi Magnogreci ellenizzati e poi Apuli. Ma Romani proprio no. Qui non trovi né un pavimento né un mosaico di quella civiltà."

Sulle mappe antiche il nome attuale della città non esiste. Al suo posto, nell'itinerario dell'Appia è segnata Sylvium. Ma Gravina, secondo alcuni, non ha nulla a che fare con questa. E allora Sylvium dov'è? Siamo di fronte a una ridda di ipotesi. Nemmeno Lorenzo Quilici, nel nostro manuale di viaggio, si espone. D'altra parte qui s'è scavato pochissimo rispetto a quanto si dovrebbe. Almeno 450 ettari di insediamenti sarebbero ancora da portare alla luce. "La Gravina che si vede è niente di niente rispetto alla Gravina che non si vede."

Secondo Pietro Laureano, uno dei massimi esperti di archeologia mediterranea, la Gravina di oggi è semplicemente la dirimpettaia della più antica Sylvium, erede a sua volta dell'insediamento greco detto Sidinon, parola che significa "dei Sidini", territorio appartenente agli abitanti di una città chiamata Side o forse Sidion. "Side" in greco è la melagrana – chiamata ancora così a Gravina! –, attributo di Hera e collegata ai culti ctonii celebrati negli ipogei. Il toponimo è leggibile su monete trovate a Botromagno, la collina sulla sponda ovest della gravina. Non c'è da meravigliarsi di trovare la lingua greca in una città italica. I popoli indigeni intrattenevano rapporti con i Minoici, di cui imitavano l'organizzazione sociale di clan. Con la fondazione di Taranto nell'VIII secolo avanti Cristo, essi appresero come rinchiudersi in centri urbani fortificati fronteggiando il nemico con una compagine che univa i Peucezi di Gravina a una parte degli Iapigi. Progressivamente assunsero la cultura greca, i suoi miti e riti funebri.

Sono stati proprio gli abitanti dei centri delle gravine, sparsi tutto intorno all'arco jonico, a controllare l'accesso alla "favolosa Enotria", come dire Paestum e le colonie greche sul Tirreno, ed è da questa civiltà rupestre che vengono molti dei celebri monili d'oro conservati nel museo di Taranto. Quando si sentirono minacciati da Roma, gli eredi di questa civiltà rupestre si allearono con le colonie greche, assumendone alla fine anche la scrittura. Sul ciglio occidentale del canyon sono ancora visibili gli impianti degli "anakteron", palazzi di epoca minoica simili a quelli di Pantalica del XIII secolo avanti Cristo, luoghi di riti e offerte posti ai margini della forra nel punto di raccolta delle acque prima del baratro, che poi era la soglia tra il mondo visibile e quello sotterraneo, quindi tra la vita e la morte.

Roma conquistò Sylvium – difesa da una legione sannita – nel 306 avanti Cristo, riportandone un favoloso bottino in oro e schiavi. Ma ebbe vita dura, e riuscì ad avere ragione degli indomiti Lucani e Peuceti solo marginalizzandoli sulla sponda est della gravina, e poi ancora più lontano, lungo l'Appia Traiana, fin sulle rive dell'Adriatico. E proprio in questo sta, secondo Laureano, l'unicità di Gravina. Lo sviluppo dell'abitato medievale e moderno sulla sponda est ha lasciato intatta l'area di Botromagno a ovest. Gravina è una città verticale, un condominio rupestre con le case dei ricchi in alto e quelle dei poveri in basso. Ma ecco che proprio questa città-termitaio ha la particolarità unica di avere le sue stratificazioni storiche in orizzontale. Una di fronte all'altra, anziché una sopra l'altra, come normalmente succede.

Botromagno, oltre la gola, sembra impersonare il "doppio" sepolcrale della città dei vivi. "Botros" per i Greci era nient'altro che il canyon, per cui il toponimo – per dirla come *Il Signore degli Anelli* – può essere efficacemente tradotto con "Gran burrone". Ma "burrone" è esattamente come dire "gravina", parola antichissima derivante dall'accadico "Grab" – fossa, tomba –, tuttora usata nel tedesco, ma con in più una connotazione sacra legata alle acque. "Quando passo lì accanto la sera, sento le voci, vedo fiaccole alle finestre," dice Pino, ricordando che "Gravina è luogo di abitazione e di culto da tempo immemorabile. Mio nonno disse che una notte aveva udito urla umane e un rombo di carri e cavalli al galoppo. Era corso dal parroco a raccontare la visione e quello gli aveva dato alcune effigi benedette per proteggersi dai demoni. Ebbene, pochi giorni dopo, proprio in quel luogo, furono trovate due tombe greche, e nessuno tolse dalla testa al nonno l'idea che le grida fossero uscite da quella finestra sull'Ade."

Ai piedi della forra, dove probabilmente passava la Via Appia, c'è una spianata detta Terrasanta, così chiamata perché vi furono sepolti i morti di spagnola alla fine della Grande guerra. "Da bambini," raccontano i Dioscuri, "ci giocavamo a calcio e saltavano fuori le ossa. Questa intimità con la morte è tremendamente greca. Qui, se vuoi pungere qualcuno, non devi farlo direttamente, ma attaccando i suoi defunti." È ai trapassati che appartiene il Sud. A "li mortacci tua", per dirla alla romana, assai più che ai vivi. I vivi sono più intenti a distruggerselo che a farne una risorsa.

Aerostazione Ceraso

Una vecchia inchiesta, dal nome cinematografico di *Stargate*, svela che a Botromagno negli anni novanta sono stati effettuati importanti lavori per rendere accessibile ai visitatori quest'area archeologica unica al mondo. Ma l'intervento si è mangiato quindici miliardi pubblici di vecchie lire e non ha portato a nulla, se si esclude la scomparsa di parte del malloppo e una lite continua fra la direzione dei lavori e l'impresa esecutrice, che stava tirando in lungo come Penelope con la sua tela. Tutto è finito alle ortiche: il restauro delle tombe, gli itinerari di visita, la cartellonistica, il viale d'accesso, la riqualificazione di un edificio storico con foresteria per ricercatori e reception per i turisti. Per non parlare del volume *Il parco della pietra e dell'acqua*, stampato e mai distribuito.

Storia esemplare anche dal punto di vista giudiziario. La magistratura non ha fatto che sparare nel mucchio, per poi stiracchiare il processo fino a un'assoluzione generale di buoni e cattivi per decorrenza dei termini. Come se non bastasse, la ditta non ha mai pagato la penale per i lavori non eseguiti, e l'area – sequestrata – è piombata nel più assoluto abbandono, al punto da essere completamente rimangiata dalla sterpaglia. Pare che nel 2014 alcune scolaresche abbiano diserbato e ripulito il sito dalle immondizie accumulate, ma l'atto di dedizione civica – reso vano dal tempo e dall'indifferenza dei reggitori – ha avuto come unico risultato quello di seminare maggiore sfiducia nella parte migliore della popolazione.

L'Italia è da un pezzo che ha smesso di indignarsi, ma qui l'abitudine a non disturbare il Manovratore è decisamente più radicata. Quando Amintore Fanfani, dopo una trattativa segreta con gli americani, alla fine degli anni cinquanta, acconsentì a impiantare sulle Murge una base missilistica con testate nucleari "purché non se ne parlasse", tutta la Puglia vide i missili Jupiter alti venticinque metri puntati verso i Balcani con testate da un megatone. Era il segreto di Pulcinella: ma solo pochi intellettuali di sinistra, ovviamente tacciati di essere filorussi, ebbero voglia di protestare. In fondo, la base aveva il nome innocuo di Aerostazione Ceraso e se ne stava tranquilla tranquilla tra Masseria Castelli e Masseria Santa Chiara. Figurarsi Botromagno. Le energie civiche, già umiliate da mille sconfitte, erano insufficienti a riabilitare le vecchie pietre.

Il baccanale

Labirinto perfetto, inzuccherata di decorazioni barocche, la vecchia Gravina va vista nelle ore serali o di primo mattino, perché il riflesso del sole sulle facciate imbiancate in "latte di calce" ti brucia la retina in pochi minuti. Alle tre del pomeriggio, davanti alla Cattedrale hai quaranta gradi di temperatura. Dentro, all'ombra, venticinque. Da polmonite. Nella temuta controra, non resta che viaggiare come topi nei buchi della groviera, con Vito che attraversa cunicoli, entra nei cortili di case private e ci fa strada per ripide scalette interne. "La città è fatta a strati, come Matera e Laterza. Noi siamo su un livello, sopra ce n'è un altro... fino ad arrivare al cosiddetto piano, e sul piano c'è la parte più nobile, più comoda, dove risiedeva la civitas." Vito scende e racconta che attraverso scale così si arriva direttamente nel rione più povero. "La gente umile che arrivava alla Cattedrale per le funzioni sacre, per non fare il giro della piazza prendeva queste scorciatoie."

Pino si affaccia sulla voragine percorsa da piccoli rapaci in volo: "Il burrone non è stato scelto a caso, ma a causa della presenza dell'acqua, fin da epoche protostoriche. Guarda bene le caverne e le abitazioni rupestri: c'è un felicissimo connubio tra paesaggio antropico e paesaggio naturale. Capita di non riuscire a distinguere i pertugi creati dalla natura da quelli adattati o addirittura scavati ex novo all'interno della gravina". In un posto così inaccessibile l'uomo si sentiva protetto, viveva l'accesso alla grotta "come un ritorno all'utero materno", era discesa verso le viscere di madre Terra. E lì non a caso, racconta Pino, si svolgeva un rito, prima pagano poi cristiano, dedicato alle donne che non potevano avere figli. Il miracolo era reso tale dalla presenza dei monaci. Si facevano, si dice, veri e propri baccanali. Con la benedizione di Dio.

"Le pellegrine," spiega Vito, "portavano qualcosa di loro per ricevere questa grazia, e cominciavano questo percorso attraverso cunicoli, fino ad arrivare a una grande aula a doppio abside, scavata nel tufo, con un solo ingresso e una specie di vasca. Poi c'era l'ultima sala, dove si consumava il rito. Lo Spirito Santo, il Padreterno dovevano fare questa grazia..." Era un percorso iniziatico completo. Come nei sotterranei del dio Mitra. E quando gli chiediamo fino a quando si è celebrato questo rito, Vito risponde: "Fino a cinquant'anni fa. Le donne facevano il cosiddetto fioretto nel mese di maggio. Così lo chiamavano...".

Il vino delle volpi

Fave e cicoria, pasta con le cicerchie, pane cotto con aglio, peperoncino, patate ed erbe. Cardoncelli fritti, salame, pecorino, ricottine, involtini di interiora detti "mugliatelli" e un formaggio chiamato "pallone". La sera a Gravina finisce così, condita da un superbo vino flegreo portato da Mauro Erro, un amico di Marco Ciriello – nuovamente in partenza per ragioni di lavoro – assieme ad altre ottime bottiglie. Ho assaggiato per primo quella con l'etichetta più dimessa e mi accorgo al primo sorso di avere raramente provato qualcosa di simile. Il naso e la mente irradiano un distillato di amore, dedizione, cura. Per mettermi al riparo da bevitori concorrenti tengo per me la constatazione e pure il vino, quindi mi isolo vigliaccamente dalla compagnia per lasciarmi cullare in silenzio da una di quelle degustazioni solitarie che rasentano il misticismo. *Le Volpi* c'è scritto sulla bottiglia, e apprendo che il nome deriva non solo da un toponimo, ma anche da volpi vere, che verrebbero ancora a rosicchiare i pampini del signor Raffaele Moccia, aggrappati alla caldiera vulcanica su cui si affacciò la Sibilla Cumana.

Prima di andarsene, Marco ne ha combinata un'altra delle sue. Gliel'ha imposto il suo demone insonne. Si è fiondato nel laboratorio artigianale di Beniamino Loglisci, ultimo produttore dei mitici "cola cola", i fischietti bitonali in terracotta, colorati e a forma di galletto, che sono l'emblema di Gravina, e con gli amici irpini ha chiesto della Coca-Cola, fingendo di essere in un bar, poi se l'è squagliata. Quando dopo qualche ora siamo arrivati noi, il vecchio Beniamino, che ha il laboratorio al primo piano di una casa del centro storico, ancora brontolava per quella demenziale incursione di napoletani, saliti di sopra "a chiedere da bere". "Molti si confondono tra Couca-Coula e coula coula. Ma qui non si vendono le bevande, qui ci sono i fischietti," ci ha detto subito, temendo di ricevere la stessa richiesta.

Solo dopo si è lasciato convincere a svelare qualche segreto del mestiere, con un accento pugliese così forte che vale la pena di traslitterare le sue parole così come le abbiamo sentite.

"Si chiama coula coula ed è un fischiett tipico di Graveina, che oggi è diventato un simbelo. Ma noi facciamo tante couse, non è che ci fermiamo qui. Ma che cos'è questa coula coula? Si dovrebbe chiamare cucolo, che fischia come il cucolo, colorato come il cucolo. Quell non ha niente a che veder con la gazza. Però purtroppo da sempr i nostri antenate, i genitouri, i bissnonne, i trissnonn, c'hanno mess quest noume coula coula, quindi non lo possiamo più cambiare."

Chiediamo: ma gli date sempre la stessa forma?

"Quando noi dobbiamo fare la coula coula classica, lavoriamo a serie. Ma quando dobbiamo fare le fantasie, ci sediamo, ci scervelliamo... e molte volte, quando faccio così, mi chiedono 'che stai facendo?', e io rispondo 'non lo so!'. Quel che viene dopo non lo so. Poi specialmente... senza vergogna... specialmente mi piace fare anche le sculture pornografiche. D'altra parte noi dobbiamo morir tutt! Nessun si può scampar dalla mourte! Quindi i fischietti, devono fischiare tutti! Così! Fiiiiiiii! Fiiiii!"

Una bella vestita di stracci

Dialogo ideale sul futuro delle gravine e del loro immenso patrimonio storico. Partecipanti in ordine alfabetico: Gianni Bonazzi del ministero dei Beni Culturali, Sante Cutecchia e Francesco Farella, entrambi architetti di Altamura, l'ex sindaco di Gravina Francesco Laiso, Pietro Laureano consulente Unesco per le zone aride del Mediterraneo, un innamorato di archeologia di nome

Giuseppe Schinco, il sindaco in carica Alessio Valente, altri interlocutori dei quali non ho annotato i nomi. Assenti – a nostra conoscenza – infiltrati, ammanigliati e conniventi.

"Questo è un posto unico. Qui è nato l'habitat rupestre. Hai archeologia italica e della Magna Grecia senza sovrapposizioni successive. Ce n'è d'avanzo per una candidatura a sito dell'Unesco."

"Sì, ma bisogna prima rimediare ai disastri nostri. E fare attenzione agli squali pronti a sbranare la torta, se c'è un rilancio della Via. Possono sconvolgere tutto. Qui non c'è via di mezzo tra oblio e sfruttamento."

"Magari sono gli stessi che hanno affondato Botromagno. Qui regna l'ignoranza crassa. Il rilancio non va affidato agli affaristi ignoranti. La riqualificazione non deve finire nelle mani sbagliate."

"Posti così dovrebbero avere la coda all'ingresso, visite su prenotazione, gli alberghi pieni. Invece c'è l'abbandono. C'è gente che butta le immondizie nel burrone. Gravina è una bella donna vestita di stracci. Come tutto il Sud."

"Sì, fate attenzione. Qui c'è anche brutta gente. Chi consegue risultati spesso viene punito. Vedi il sindaco di Matera, mandato a casa dopo che la città è stata nominata Capitale europea della cultura 2019."

"Con il fascismo i Beni Culturali erano più tutelati rispetto a oggi, con la democrazia. Con le leggi attuali è impossibile proteggere dalle devastazioni l'Appia e tutto quello che le sta attorno."

"Bisogna partire dal basso. Non musealizzare, ma utilizzare. L'Appia sarebbe perfetta per rilanciare spostamenti lenti sullo schema della mobilità dolce. Prima percorriamola, la via. Conosciamola. Poi viene il resto."

"Già. Non mi importa nulla che i nostri centri storici diventino Disneyland, parchi a tema pieni di bed&breakfast stile Matera. L'archeologia non deve sostituirsi alla vita, ma migliorarla sì."

"Il problema è che siamo passivi e accettiamo tutto quello che ci viene proposto dall'esterno. I nostri laureati, invece di andare a lavorare al Nord, dovrebbero investire su queste ricchezze nostre."

"Bene avete fatto, voi che siete venuti a piedi, a tralasciare la variante traiana della via. Facendo l'itinerario numero uno avete messo in fila le aree più marginalizzate del Sud. Mostrate l'estraneità di Roma rispetto all'Italia profonda."

"Vero. Questo percorso dell'Appia dice chiaro e tondo che siamo stati toccati dalla storia e poi subito dimenticati. La grande strada Numero Uno è durata pochissimo. E oggi il segno di Roma è quasi inesistente."

"Questo viaggio ci dà un filo di speranza. Ci dà la forza di dire a Roma che esistiamo e che siamo esistiti. Ma senza campanilismi. Melfi, Venosa, Gravina e Altamura vanno messe in rete. Una grande rete di cultura e di memoria."

"Non si è mai parlato così poco del Sud. Non c'è nessun dibattito politico. Il vostro viaggio riporta il tema al centro. Riapre la Questione meridionale. Ed è bello che voi siate del Nord. E che siate venuti qui a piedi. In umiltà."

"Però dobbiamo rimetterci a camminare anche noi. Sennò la mafia si mangerà tutto il territorio. E il Sud diventerà un immenso parco eolico e fotovoltaico. Altro che archeologia. Smettiamola di aspettare la manna dal cielo."

"Sapete cosa vi dico? Organizziamo maratone, gite scolastiche a piedi. Facciamo come questi quattro venuti dal Nord. Bisogna camminare, camminare, camminare. A costo di scavalcare qualche recinzione e di fottersene delle leggi. Sono operazioni che non costano niente."

Andare all'appìde

Al mattino Gravina è assordata dal trillo dei rondoni che sfiorano campanili, terrazze, ombrelloni e tavolini all'aperto compiendo pazzesche evoluzioni. Poi il frastuono cala e il sole trionfa in silenzio come un ostensorio sul tavolato calcareo. Mentre sul lato di Botromagno diamo un'ultima occhiata al terreno pietroso inciso dai segni di antiche vie, da una casetta esce un anziano signore, accompagnandosi energicamente col bastone. Nome Girolamo, cognome Tartaro, classe 1931. Torso nudo, pancia ragguardevole e fascia elastica in vita. Probabilmente teme che noi si venga a scavare sul suo magro campo.

"Che fate?" A Gravina si va subito al dunque.

"Cerchiamo l'Appia Antica."

"Qua ci sono tombe dappertutto," annuncia stentoreo, "e non

si può costruire più niente. Meno male che ho la mia casetta col letamaio."

"Si tranquillizzi, non siamo archeologi."

E qui il contadino dell'antica Botromagno si lancia in un vernacolo così stretto che avrei bisogno di una traduzione simultanea.

"Acciòcch faceite da chiss zoune?"

"Andiamo a piedi fino a Brindisi. Che dice: siamo matti?"

"Faceite bbune! Mò nan ge vè cchiù nescioune all'appìde. Una volta c'era ordine e rispetto perché i vigili andavano a piedi. Ialt ca le machene e le telefene..."

"Appìde"! Stupenda parola, trasalisco a sentirla pronunciare. Riassume l'Appia e i piedi. Offre la quadratura del cerchio, il senso del viaggio. Il Sud ci dà la sua benedizione, dice che non siamo pazzi a farci cucinare dal sole e bollire i piedi nell'asfalto. Afferma solennemente che facciamo bene a pattugliare il mondo, sennò quello ci scappa di mano. Non basta governarlo con automobili e telefonini. Con i droni vigliacchi, figurarsi. Bisogna esserci dentro, nel mondo. Con i piedi. Per questo l'Isis fa quello che vuole, mentre i nostri stati maggiori si gingillano con le PlayStation.

Gli chiedo come si stava ante guerra.

"Una volta c'erano solo due partiti: u socialist e le galandumene. Oggi ne hai trenta di partiti. Vi pare serio? Una volta ci si parlava, c'era la scuola agraria, c'era la cura delle cose. Solo chi non voleva lavorare stava male. Oggi guardi il ponte con le fontane: foisce sckeife. Fa schifo."

"Però la vostra terra è bella."

"È bella sì. Lo sa perché Graveine se chioime Graveine? Perché c'è il grano e il vino. Terra che dà forza. Io zappo ancora, vede? Jì zàppeche angour. Mi basta tenere calde le reni, con questa panciera. Impari da me, Tartaro Girolamo. Lo sa come dice il motto? Piscia chiaro e la metti in culo al medico."

Solo un mandorlo storto

Si riparte, e a noi il pisciar chiaro non manca, con i litri che tracanniamo sotto il sole. In una squadra di idrovore, Alex è il bidone aspiratutto: già al decimo chilometro comincia a mendicare borracce altrui. Il resto è un inventario di magagne. Riccardo, che ha la circonferenza della Terra nelle gambe, ha il ginocchio gonfio per una caduta da fermo. Sandra si è infortunata a una caviglia ballando in una discoteca di casa sua. Io ho perso la voce dormendo sotto un tiglio a Masseria Tripputi, e la pallina cheratinosa sotto il piede sinistro mi fa più male che mai. Alex, che peraltro è l'unico oltre a Riccardo a essere privo di vesciche, ogni tanto a fine tappa è preso dalla solita infiammazione tra le cosce che lo fa camminare a gambe larghe. Ma tutti, indistintamente, siamo graffiati dall'attraversamento di roveti, segnati nei polpacci e sulle mani.

La carta al 25 mila dell'IGM mostra che nel 1960 l'Appia – come dire il tratturo tarantino – è ancora una bella carrareccia di campagna, da Gravina fino almeno a Castellaneta. Quella sognavamo. Ma la Puglia, che dal dopoguerra identifica il progresso con l'asfaltatura, ce la ridà trasformata in Provinciale 27, monotono rettifilo che obbliga a camminare rasente alle automobili, talvolta imprigionati da guardrail, senza il conforto di una fontana o di un albero. Fino ad Altamura il massimo di ombra che troviamo è un mandorlo storto. Ma almeno c'è il vento, e ci sono le prime piante argentate di elicriso profumate di liquirizia. E poi la Statale 96, che corre poco a nord, pare sia cento volte peggio. Ingorghi e periferia interminabile all'uscita da Gravina, col mostro di cemento dell'ospedale delle Murge, ovviamente destinato a generare altro asfalto – e quindi altri incidenti, e altri ospedalizzati – sotto forma di mega-svincoli e rotonde inutili.

Google Earth svela anche i resti di un vecchio campo di raccolta profughi che riassume la storia del XX secolo. Nella Prima guerra mondiale Gravina fu luogo di detenzione di prigionieri austroungarici, usati per il lavoro della spietratura dei campi, sotto un sole da bestie. Dal 1940 fu campo di prigionia per soldati canadesi, inglesi, sudafricani e australiani. Dopo l'8 settembre del 1943 divenne campo di addestramento per partigiani jugoslavi, e su una porta si può ancora leggere una delle loro scritte in lingua serba: MORTE AL FASCISMO E LIBERTÀ AL POPOLO. A guerra finita, il campo accolse migliaia di profughi dall'Istria e dalla Dalmazia, poi gli italiani in fuga dalla Tunisia, dall'Egitto e dall'Eritrea. Sessanta capannoni, una palazzina di comando, scuola elementare, mensa.

Tutto ancora lì. In Italia non si demolisce nulla; lo smantellamento viene delegato ai secoli.

Salto del guardrail

Sembra incredibile che possa accadere in una terra spaziosa come la Puglia. Ai piedi di Altamura, in località Maccaronaro, finiamo davanti a una muraglia invalicabile. È lo svincolo, esagerato e inutile, tra la nostra Provinciale 27 e la Statale 7 che sale da Matera per innestarsi sulla 96. Siamo obbligati all'esasperante ricerca di un varco. Proviamo e riproviamo, niente da fare. Mi chiedo come hanno potuto. Con che faccia tosta.

Se c'è un luogo dove sul tracciato dell'Appia non ci sono dubbi, ce l'abbiamo davanti. Lo dicono gli itinerari romani, la Tabula Peutingeriana, le carte IGM del secondo dopoguerra. Lo confermano il tratturo Melfi-Castellaneta e il tratturello tarantino che hanno ripreso in gran parte il tracciato della vecchia strada. C'è il libro di Francesco Maria Pratilli, e ci sono le preziose aerofotogrammetrie degli anni trenta, cui vanno aggiunti uno studio minuzioso di Luciano Piepoli dell'Università di Bari e una recente perlustrazione di Sante Cutecchia con Arturo Cucciolla e Ferdinando Mirizzi. Un mare di documentazione.

Riccardo sacramenta sotto il sole. Ha appurato che per chi viene a piedi da Gravina non c'è nulla di nulla. E allora finisce come deve finire. Si va allo scontro duro. Scavalchiamo le recinzioni, rimontiamo i terrapieni e camminiamo contromano tra i guardrail come lagunari, sfiorati da automobilisti allibiti. Alla malora. Solo un trasloco abusivo in piena regola può ripristinare la supremazia del pedone. Anzi, la sua vendetta. Ecco dove l'archeologia diventa intralcio per l'italico potere cementizio. Per questo, anche in Apulia, l'Appia è apertamente ignorata dai sindaci e dai loro tirapiedi. Più comodo far finta che non ci sia. Quanti nemici ha la nostra impresa.

Il proibitissimo salto del guardrail è la quintessenza dell'anima di Riccardo. La sua carriera è costellata di atti di disobbedienza civile contro l'arroganza dei costruttori di strade. In teoria il Codice sancisce il diritto totale di accesso del pedone agli spazi rotabili, ma la realtà è la legge del più forte e l'emarginazione del camminatore dalla viabilità italiana. L'Italia, che legifera meticolosamente contro le barriere architettoniche dei disabili, se ne frega degli ostacoli che sbarrano la strada ai sani.

Al Nord, si badi bene, non è diverso. Un giorno, in Emilia, fui quasi investito da un'auto mentre pedalavo e l'autista, anziché scusarsi, urlò: "Ma quando sparirete?". Intendeva ciclisti, zingari, pedoni, immigrati eccetera. Ecco perché Riccardo ha alle spalle una carriera di acrobazie, fatta di fiumi invalicabili superati camminando, di corsa, sui ponti ferroviari, anche di linee molto trafficate, o di centinaia di cancelli scavalcati in ogni genere di proprietà, industrie, case, terreni delle Curie, aree militari. Per non parlare dei milioni di varchi spesso abusivi cercati e trovati da un capo all'altro della Penisola.

Cerco a caso nel suo curriculum. Nel 1981, risalendo a piedi l'Appennino da Capo dell'Armi (Reggio Calabria) al Colle di Cadibona, gli tocca scavalcare l'autostrada A3 fra gli Alburni e i Monti Picentini per evitare lunghi e faticosi aggiramenti. Nel 1985, facendo a piedi il periplo della Penisola – l'impresa sarà battezzata CamminAmare –, pensa bene di violare, durante le esercitazioni, il poligono di tiro di Furbara, sulla costa del Lazio, solo per essere immediatamente prelevato da una camionetta.

Per non parlare dei peripli. A Montalto di Castro, durante un'altra camminata a filo di mare, gli tocca – in assenza di vie d'uscita – invadere la Strada Aurelia, violando un cavalcavia privo di marciapiedi chiamato Rompicollo.

Una persona normale farebbe autostop. Lui e la sua compagna, no. I due continuano ostinati a piedi verso Pescia Romana cercando alternative all'asfalto per sei chilometri segnati da scarichi abusivi di immondizie. Scavalcano reti e recinzioni a due passi dall'Aurelia col suo rumore infernale. Poi, finalmente, una strada diretta alla spiaggia, accanto ai terreni della centrale nucleare. Solo con un cocciuto così potevamo sperare di arrivare a Brindisi.

La Puglia a forchettate

Continuo a inghiottire il Paese a forchettate, a ruminare avidamente cultura, flora, fauna, paesaggio. Tutti i miei sensi sono attivi, e lo sono soprattutto quelli meno raccontabili: il gusto, il tatto e l'olfatto. Pasta con le cicerchie. Mugliatelli. Su tutto, un Primitivo di Manduria, e rosolio al finocchietto selvatico. Il problema della Puglia è che ti sazia già con i nomi dei manicaretti, tanto sono evocativi. Lampascioni fritti con i fichi. Ricotta col sedano. Polpettine di pane. E forse sarebbe saggio limitarsi ai nomi, perché se assaggi smetti di viaggiare. Nella stagione calda, la cucina del Sud è costruita per indurti all'ozio e all'attesa contemplativa della sera. Ad Altamura sento che il mio famelico desiderio di conoscenza rischia di arenarsi in un'osteria.

Posti come Pein assutt, come dire pane asciutto. È un bunker seminterrato, di poche finestre, al riparo da un sole micidiale, dove prima ancora di sedermi vedo un tedesco con gli occhi umidi di commozione davanti alla portata di cavatelli che gli hanno appena messo sotto il naso. Capisco al volo di essere di nuovo in trappola. È da giorni che siamo sottoposti a tentazioni peggio di sant'Antonio nel deserto, ma qui sono davanti a una vera a propria coalizione di diavoli. Il Maligno che ghigna nei peperoni ripieni; demoni sotto forma di cardoncelli fritti; satanassi annidati nel salamino piccante e persino nel pane, se cotto con patate, aglio, peperoncino ed erbe di campo. Ma sì, penso, mollare tutto. Una panca, una pergola e via. Lasciarsi andare ai sensi dell'Apulia.

Nella taverna bei giovani di profilo greco, nobiltà araba, longobarda, ebraica, normanna. Icone. Parlano, discutono, dialogano: non stanno curvi e digitare sullo smartphone. Letizia tra i tavoli, scherzi nelle cucine, battute al banco. C'è anche un cameriere senegalese che si muove in souplesse tra i tavoli, distribuendo battute in vernacolo stretto. Chiedo a una giovane cameriera bruna, minuta, profilo greco e chignon, da dove viene tutta quest'allegria.

"Cerchiamo di divertirci, è il nostro mestiere. Ma voi dove andate?"

"Facciamo l'Appia Antica. A piedi."

"Grande! In un deposito del museo di Bari ci sono molte pietre miliari romane... Un'amica mia ci ha fatto la tesi di laurea!"

Un cameriere allunga l'orecchio e interviene: "L'Appia fate! Bravi. In tv ho visto un programma sulle strade romane. Pazzesco. Sono ancora lì dopo duemila anni. Ma Lucia le può dire tanto. Ha studiato archeologia".

Lucia Dambrosio, la ragazza con lo chignon, va oltre l'archeologia e ci conduce fatalmente al Medioevo. "Qui, dopo la civiltà megalitica e i Greci non c'è più nulla. Dei Romani poco è rimasto, salvo i quadrati delle centuriazioni nei campi."

"E poi?"

"E poi c'è lui."

"Lui chi?"

"Federico. È lui che sceglie di portare la corte in queste terre, che riapre le strade di transumanza."

Fa effetto sentire tanta nostalgia per un tedesco in una creatura del Sud. Lucia mi guarda con gli occhioni greci sgranati, come per dire: be', e adesso che rispondi?

Rispondo con un'altra domanda: "Ma voi cosa vi sentite?".

"Né Greci né Romani. Noi nasciamo con lui."

Cerco di obiettare: "Attenzione a non dimenticare l'impronta bizantina e longobarda. E il califfato arabo che si insedia a Bari. L'identità di queste terre nasce allora. E poi non era tutto rose e fiori, questo Federico".

"Aveva i suoi difetti, ma era un grande politico. S'è beccato tre scomuniche perché aveva le palle. Parlava l'arabo. E Gerusalemme, invece di conquistarla col sangue, se l'è comprata."

Sembra di sentire Raffaele Nigro. Federico, primo e ultimo mito del Sud. Quello di Lucia è un amore totale.

"Se noi esistiamo è per lui. Lui amò queste terre, non si limitò a sfruttarle come i Bizantini o i Borbone."

Chiedo il conto. "Ciao Lucia, mi sa che ci rivedremo."

"E noi qua siamo. Siamo qui da centinaia d'anni. Fate buona strada."

"Facciòmn"

Altamura vecchia è acustica del labirinto allo stato puro. Trillo biforcuto di rondoni, solitario canto greco di donna, fruscio di panni stesi. Luce violenta, che ti spinge a parlare sottovoce anziché a gridare più forte. Passeri che tacciono, aspettando la sera. Enormi nubi immobili nonostante il vento. Vento che rimanda l'eco dei nomi di luogo: Acquaviva, Gioia del Colle, Masseria Tafuri, Malvezzi, Fradiavolo, Lama di Monte. Il genius loci aborre il rombo dei rettilinei e si rintana nei “claustri”, piazzette nascoste, dove regna un borbottio claustrale, da accademia talmudica. Diverticoli che ripetono il motivo del grembo femminile. Altamura è una “polis” in miniatura, che si rintana in mille viottoli. Non guarda all'esterno, ma verso il proprio centro.

Canto gregoriano, dalle tonalità monotone, quasi sinagogali, che esce da una chiesa, simile all'*Exultet*, un canto pasquale d'Oriente che ho udito anni fa nel Gargano. Scalpiccio solitario sui selciati. Nostro andare guardingo in un mondo dove il maschio è superfluo. Gli unici esemplari baffuti sono i “facciòmn” (“facciòmmene”, ma lì si pronuncia con le “e” mute), barbariche teste di pietra che dagli architravi dei portoni parlano, chissà, di Goti e Longobardi. Capocce che ghignano in silenzio e sembrano svegliarsi solo di notte. Le chiamano anche “masckaraun”, mascheroni, e il nome pare il megafono tonante di una voce viva nascosta al loro interno. Sui campanelli, nomi che cantano: Laboranti, Rotunno, Cifarelli, Traetta, Nuzzolese. Acciottolio di stoviglie da dentro le case. Brontolio di temporali che non sfogano, lamento di pietre megalitiche arrostite dal sole della controra.

Il perimetro ad amigdala delle mura esterne compatta le case in un vortice unico di strade ricurve, in un istinto di difesa contro scorrerie nemiche ma anche contro il caldo bestiale della placca africana. Fuori è deserto, con luce tremenda che abbatte i colori. Malva, giallo zolfo, opale: ogni tonalità cromatica è filtrata dalla polvere. D'estate, è come se la vita riattivasse il suo antico istinto rupestre: la sento cercare sollievo e ristoro in locali dalle mura spesse un metro o in cripte buie, mirabilmente affrescate dai monaci basiliani venuti da Bisanzio.

Le tonache d'Oriente furono fatte sloggiare dagli implacabili benedettini obbedienti al Vaticano, ma il sacro che abita quei luoghi risuona ancora di canti greci e del bordone profondo dell'archimandrita. C'è più Costantinopoli che Roma. Anche fuori le mura, non trovi nemmeno un accenno di centuriazione. Semmai, tracce di coltivazioni arabe. Gelso per bachi da seta, canna da zucchero, spinaci, pistacchio, arance, limoni. E ovviamente melanzana venuta dal lontano Oriente, regina incontrastata della cucina del Sud.

Mi addormento alle quattro del pomeriggio, leggendo di Federico II, di come legiferò minuziosamente sull'uso del territorio. Usi civici, pascolo, legnatico, raccolta dei frutti del sottobosco. Provvedimenti contro l'inquinamento delle acque. Disciplina severa nel taglio degli alberi. Organizzazione del paesaggio agrario e delle masserie. Trattati per regolare le piantagioni, le colture arbustive e gli alberi da frutto. Pensò a tutto, il tedesco. Quando alcune varietà di alberi da frutto si ammalarono, nel 1231, sguinzagliò per il territorio funzionari con sporte di bruchi da distribuire ai contadini per sterminare gli insetti nocivi. Era verde, allora, la Puglia. Oggi è tempo di asfalto e diserbanti.

Masseria Jesce

E riecco il nefasto svincolo di Maccaronaro, ai piedi di Altamura, con la Linea magica che diventa stradaccia senz'alberi costeggiata da cave di tufo. È il preludio di un itinerario dove il bello e il brutto si alternano in modo inestricabile. Prima un tratturo in abbandono, fra masserie devastate dal tempo, poi una bancata di calcare ben segnata da tracce antiche di carri, poi una serie di aperti campi di grano, ai piedi della Murgia chiamata Catena. Tutto questo solo per farci sboccare in una carrareccia costeggiata da un fiumiciattolo puzzolente di nome Jesce, fogna a cielo aperto che – scopriamo dalle mappe – dieci chilometri oltre finisce dritto nella spettacolare gravina di Matera.

Siamo davanti a una cloaca che va a scorrere ai piedi della città rupestre destinata a essere Capitale europea della cultura 2019. Il re spesso è nudo, ma se ne rende conto solo il rompiscatole che va a piedi. Il ficcanaso che cammina si accorge di molte cose che dall'automobile non si vedono. Per esempio, che il fiume puzzolente esce dal depuratore di Altamura, palesemente privo di manutenzione, il quale scarica in spensierata allegria i suoi liquami non trattati nelle terre dei vicini di casa. Tanto chi se ne frega, sull'Appia non ci cammina nessuno. Ci stanno al massimo le pecore, che non protestano.

Poi la Puglia si riscatta con mandorli, cicale, chioccioline sul finocchietto, alberi carichi di ciliegie che è peccato mortale non rubacchiare anche se sopra c'è scritto ATTENTI VELENO. E Masseria Jesce, splendidamente restaurata, dove nel Settecento lo studioso Francesco Maria Pratilli, andando a piedi e a cavallo verso Brindisi, vide "chiare vestigia dell'antica selciata". Un potente corpo di fabbrica secentesco con tracce di garitte pensili e, intorno, un anfiteatro di abitazioni rupestri, una delle quali trasformata in cripta con affreschi del Trecento nel nome di san Michele arcangelo. Ci sono momenti, in Puglia, che i secoli paiono confluire in un unico fiume. Ma l'italica incuria è di nuovo dietro l'angolo, con l'immensa, storica Masseria Viglione all'incrocio di cinque strade, citata da secoli nei racconti dei viaggiatori, monumento solitario alla storia di una regione intera, ma egualmente devastata. Vetri rotti, muri cadenti, porte sfondate e il vento che rotola cartacce nei corridoi. A chi appartiene la Puglia? In certi momenti vien voglia di rispondere: a nessuno.

Poi succede che sulla strada, all'altezza di una nuova masseria, dal nome poco allettante di Miseria, compaia con un sorriso radioso Liliana Dell'Aquila (qui è normale avere un bel cognome vocalico, non come Rumiz insomma), venuta a prenderci sulla strada per portarci in macchina nel suo b&b di Laterza, e il malumore ti passa di colpo. Per ragioni fiscali, la Puglia ha la più alta densità mondiale di bed&breakfast e il viaggiatore a piedi, anche se sul percorso non trova una camera per dormire, avrà sempre qualcuno disposto a rimediare con un mezzo di trasporto per fargli raggiungere il posto letto più vicino. Ed ecco Liliana, che ci porta tutti a far tappa a Laterza in un paesaggio rupestre che la sera ci porta via l'anima.

Lì, in una bella taverna sul fiume, nel solito concerto di grilli e rondoni, un indigeno sugli ottant'anni ci apre un orizzonte nuovo. Spiega che per lui, da bambino, l'Appia era un pericolo. Come mai?, chiediamo noi. Era la strada di passaggio degli eserciti, dei carri armati. "C'erano i tedeschi e gli americani, gli aerei mitragliavano, e la mamma ci diceva di stare lontani." E aggiunge, a sorpresa: "Adesso arrivate voi dal Nord a dirci che questa benedetta via è una risorsa, ma noi non abbiamo questa cultura. Qui, per secoli l'Appia è stata solo una cava di pietra per costruire case rurali. È una battaglia persa, la vostra. Ve lo dico con dolore. Non vi aiuterà nessuno in questa impresa".

Ma interviene un altro commensale. Esibisce la qualifica di assessore e dice al conterraneo: "Attento, fratello mio, guarda che gli italiani hanno ripreso a camminare, adesso non ci sono in giro solo inglesi e tedeschi. La gente non ne può più di orologi e cellulari. Ha sempre più voglia di ascoltare le voci della natura. C'è un ritorno ai percorsi a piedi e in bicicletta, e i Comuni dovranno per forza allearsi per offrire a questa gente una rete di itinerari nuovi. La camminata di questi gentili signori sulla Via Appia mi riempie di felicità e gratitudine," dice guardandoci dritto negli occhi, "e fa di voi i nostri ambasciatori".

Chiamasi "ripristino"

Il mattino dopo la brava Liliana, prima di riconsegnarci al nostro destino pedonale, ci conduce sul bordo di una solitaria, profonda gravina, indorata da una dolce luce radente, in mezzo a un gracidar di rane da fiaba di Esopo. "D'inverno qui c'è una bella corrente fragorosa," evoca la padrona di casa sull'orlo del precipizio carico di macchia mediterranea e percorso da tranquille vacche podoliche. "Da qui a Matera," racconta, "tutto il territorio è crivellato, percorso da forre e nascondigli che sono stati terreno d'elezione di monaci e briganti." Rieccoci a quell'incontro tra sacro e profano che, insieme al nesso – più forte che altrove – fra cristianità e paganesimo, si mostra come la miglior cifra interpretativa del nostro Sud.

Ma ricominciano i segni inquietanti. Tuono di jet militari dalla base di Gioia del Colle, un devastante elettrodotto, una foresta di pale eoliche immobili e funeree come crocifissi. E poi i pozzi abusivi, e i tendoni di plastica delle serre. Ma il peggio è la subdola penetrazione dell'asfalto, a spese delle ultime strade rurali. Lo annunciano tabelloni pieni di eufemismi come "ripristino", o "ammodernamento". Accade per i lavori da 214.499,50 euro per il miglioramento di uno sterrato che starebbe benissimo così com'è, quello della strada rurale 24 da Candile a Semeraro. Accadrà ancora, per la stessa Appia, alle falde di Castellaneta.

Più oltre, davanti a una stalla con i recinti fatti con guardrail presi da chissà quale strada, capisco perché l'Appia è scomparsa. Qui tutto ciò che è pubblico viene rapinato. Da secoli, e con un puntiglio superiore persino a quello della Campania. Già nel Settecento il buon Pratilli, passando da queste parti, annotava di dover fare “un giusto rimprovero alle province di Puglia, le quali più di tutte han trascurato con notabile loro svantaggio di conservare le antiche memorie, e le fabbriche: onde avviene la sciagura di non potersi distinguere gli antichi siti delle città, castelli, ville, ed ostelli... essendosi gli abitatori serviti delle iscrizioni, colonne, ed altri fregi della veneranda antichità per fabbricarne sino le fondamenta delle lor case, siccome sono stato assicurato tanto io, quanto altri ancora prima di me, da persone pratiche del paese”.

Datti pace

“Ma basta, Paolo, con questo tuo viaggiare senza fine. Io sogno di vederti raccontare la tua casa, la tua camera da letto, le ricette della tua cucina. Voglio leggere di Rumiz che dorme, che si fa il caffè, che pensa, che legge... Datti pace.” La nuova tentazione di sant’Antonio si materializza nella prece di un vecchio amico di Bari che Antonio si chiama per davvero e mi intima di non citarlo per cognome nel mio diario di viaggio del Sud. Si materializza in automobile, guidando alla garibaldina con giubbotto mimetico, in località Masseria Del Vecchio, dopo un lungo e complicato approccio telefonico reso ancor più complicato dal nostro andar per sentieri.

“Vi mancava solo cadere in questa imboscata della Via Franchigena...”

“Ma no Antonio, si dice Francigena, non Franchigena! E poi noi non facciamo la Francigena, ma l’Appia. Appia, Appia. Senti come suona meglio? Pare una schioppettata. Due sillabe contro quattro. In ogni caso non siamo pellegrini, siamo viandanti, che è un’altra cosa.”

Mi ci vuole poco per capire che, in realtà, Antonio ci invidia. Vedendoci fare picnic sotto un filare di tigli, vorrebbe strapparsi di dosso almeno venti degli ottanta e passa anni che si porta dietro, per mettersi in viaggio con la nostra banda. Sarebbe, anche per noi, un affare, visto che il Nostro è un pirata dalla lunga vita narrabonda e dalla capacità affabulatoria illimitata. Ma gli acciacchi si mettono di mezzo, e così, nel frastuono delle cicale, il vecchio tentatore, l'uomo che è stato pescatore, violoncellista, contadino, maestro d'ascia, libraio e altro ancora, deve limitarsi a narrare, portandoci per mano con la fantasia nei segreti di questa sua terra di eremitaggi e briganti. Comunque, una meraviglia.

"Siete muli, non asini, che sarebbe meglio!" conclude lanciandoci uno scherzoso anatema. "L'asino è intelligente, non ti farebbe mai venti chilometri al giorno. Il mulo sì, invece. Più è forte, più è stupido. Per questo va in guerra lui, e l'asino no."

Il lampo blu del mare

Succede poco dopo le quattordici, appena un serpentello nero (un altro demone travestito?) ci attraversa la strada. Accanto a un metanodotto (l'Appia e il tratturo tarantino possono diventare anche questo), oltre una distesa di agrumeti, al termine di un lungo piano inclinato, appare la striscia cobalto dello Jonio, il più greco dei mari. E, poco a sinistra, sotto una massa di nubi portatrici di pioggia, un'altra visione. Inquietante. Una cresta dentata che fuma, come quella di uno stegosauro, trapassata dai fulmini, immensa eppur lontanissima. L'Ilva.

Ci aspetta, sornione, a fauci spalancate, in fondo alla nostra strada. Si è disteso apposta sul cammino dell'Appia Antica col corpo smisurato e la pancia abitata dal fuoco perenne. Tra noi e Taranto è l'ultimo ostacolo. Un passaggio obbligato, come la Sfinge dei Greci, come il Maligno appostato sui ponti delle fiabe. Le mappe dicono che potremmo deviare, ma ogni altra soluzione sarebbe un ripiego, una sconfitta, un tradimento della Linea. Ci prepariamo, inquieti, all'incontro fatale.

Come se non bastasse, il meteo non annuncia buono. Tuona a distanza e fa un caldo anomalo. Ci fermiamo all'ombra – minima – di una centralina dell'Enel, e lì il temporale arriva, con una muraglia di nubi in corsa da occidente, precedute da un vento da tregenda. Scrosci, tuoni e fulmini, odore di erba bruciata e pozzanghere. La temperatura cala in un attimo a diciotto gradi. Ce l'avevano detto, sul Monte Serico: "Qui non piove, grandina". E difatti è una sfuriata violenta di soli cinque minuti. Poi torna il sole e tutta l'Apulia svapora, fuma, in uno svolìo di mosche tarantine inferocite. Ormai si viaggia in discesa, saltando tra le pozzanghere.

Oltre una siepe di oleandri appare un bar, molto Balkan style, con un fitto andirivieni di soli uomini attorno alla banconiera, un tipo tosto con lo chignon e rughe da vita dura. Il saluto, che in Campania era "jeee", diventa un secco "eù", con la variante "aè". Posto per camionisti e contadini di latifondo. Guardare l'andirivieni degli indigeni da una panca della terrazza è uno spettacolo. Finisce che bevo una birra di troppo e gli ultimi nove chilometri mi tocca farmeli in taxi. L'autista ci mette una vita a trovarci, i suoi parametri gommati non collimano con i nostri. Ma si va, con Mottola, onirica sulla sinistra, centrata da un raggio di sole davanti a un cielo nero di seppia. Dicono che grandini, verso Gioia del Colle. E l'Ilva riappare, più terrificante che mai.

Tavolini all'aperto

Sera a Palagiano, dolce e ingannatrice. Dopo il nubifragio l'aria si è fatta straordinariamente leggera sul Metaponto, come accade spesso fra un temporale e l'altro. Domani ripioverà, dicono le previsioni. Ma intanto tutto il paese è per strada a godersi la tregua, seduto davanti agli usci di casa, ai tavolini dei bar e sulle panchine, o in piedi, in crocchi di uomini dalle mani grosse, da zappa, annodate dietro la schiena. Il Sud non è terra di case di riposo. I vecchi sono tutti fuori, si scambiano saluti vocalici greci, secchi come trillo di rondoni. Le donne sono più alte delle sciantose campane e parlano a voce più bassa. Ti danno del tu anche se sei più vecchio e non ti hanno mai visto prima.

Mi siedo con Irene a un tavolino, a contemplare la vita. In alto, sui tetti, serbatoi d'acqua che parlano di una sete atavica; in basso, strade lodevolmente piene di biciclette, quasi più numerose delle automobili. Alle otto i negozi sono ancora tutti aperti; profumo di pane buono, verdure che costano un terzo che al Nord. Adolescenti impacciati bighellonano con cappellini da baseball alla rovescia e acconciature americane. Rilassatezza araba, ma priva di astinenza. Centellino, col mio Campari, un quadro perfetto della provincia italiana. "Come mai siete a Palagiano?" ci chiede una signora con la borsa della spesa, alludendo al fatto che ci sono tanti paesi più interessanti in Puglia. "Io sono di Acquaviva delle Fonti," dice con orgoglio. "Bel posto," le dico, "ma in una sera simile anche Palagiano è incantevole."

Mi perdo a osservare le scarpe della gente. Se il passo è la base della personalità, il formicolare di un popolo sulla strada offre una perfetta radiografia del paesaggio sociale. Il popolo del Metaponto cammina bene, ti viene incontro guardandoti negli occhi, il che facilita il rapporto con i forestieri. Forse questa indole viene dal fatto di abitare in una terra-promontorio, impossibilitata a sottrarsi al suo destino di approdo. Terra di genti che si sovrappongono e che costruiscono la loro identità per addizione.

I cavalli di Massafra

Per affrontare lo Stegosauro abbiamo bisogno di un mago. E il mago appare, nella sera dolce di Palagiano, chiamato dalla Strada. Ha saputo di noi per un passaparola partito da lontano, un'altra volta da Melfi, da quel Raffaele Nigro che ci protegge a distanza come un nume tutelare. È uno di quei gentiluomini di rara cultura e modestia che solo il Sud sa generare. A ottantacinque anni emana l'entusiasmo di un ragazzo. Asciutto e frugale, barbetta caprina, parla di archeologia come un libro stampato e conosce il terreno come pochi. I notabili di Mottola, Massafra, Palagiano e Palagianello guardano a lui come a un vanto delle terre joniche e lo chiamano "il Professore".

Roberto Caprara è il suo nome, e sotto le stelle del Metaponto, davanti a una pizza fumante, ci offre le chiavi dell'ultimo tratto della nostra strada. Dopo Benevento, racconta, la leggendaria Numero Uno scompare rapidamente, sostituita da itinerari adriatici più filanti, fino a essere definitivamente rimpiazzata dall'Appia Traiana. Nel IV secolo dopo Cristo arriva la crisi finanziaria dell'Impero e il vecchio percorso decade per assenza di manutenzione, ma anche perché c'è un bradisismo che fa inclinare l'Italia verso ovest e, intorno al VII secolo, impaluda i tratti bassi della strada inghiottendo mezzo Metaponto.

Da allora, chi da Taranto vuole raggiungere Napoli deve scegliere strade più collinari, deviando per Mottola e per Matera. Un'allungatoia pazzesca rispetto al rettilineo originale. Lo conferma la storia affascinante dei cavalli di Massafra, quotatissimi alla corte di Napoli, i quali, secondo un documento del 1264, per arrivare fino al cospetto del re sono obbligati a zigzagare per strade tortuose fino a Melfi e Avellino, scortati da uomini in armi, lungo la dorsale del Formicoso popolata di briganti.

Chiedo se è nata prima l'Appia o il tratturo che ne ricalca la traccia.

"Le greggi dell'Abruzzo e del Matese scendono in Puglia d'inverno almeno dall'età del bronzo, e questo vuol dire qualcosa." Il tratturo sarà largo una novantina di metri; l'Appia ne prende solo cinque, quindi... il tratturo precede la strada romana. Nasce dalla viabilità legata alla transumanza.

E dopo Taranto?

"L'Appia finiva a Taranto. Poi, quando è stata prolungata fino a Brindisi, è stata aperta la variante a nord del Mar Piccolo. Questa è una mia interpretazione però, eh? Non ve la do come scientificamente dimostrabile."

Facciamo bene a fare questa strada a piedi, o siamo dei pazzi?

"Io non ho mai scritto un rigo su qualcosa che non abbia visto col mio naso," osserva il Mago, "perché questa è correttezza scientifica. Il solo studio abbastanza serio che è stato fatto sull'Appia è quello del Pratilli, poi gli altri hanno sempre ripetuto ciò che diceva lui, invece di fare quello che state facendo voi, cioè mettere la strada sotto le gambe e fare il percorso."

Non potevamo ricevere benedizione migliore.

Lettura illuminante del suddetto Pratilli: "Lasciando Castellaneta, scendeva l'Appia per circa un miglio e mezzo nel luogo che chiamasi Petto di Lepore verso l'osteria detta il Pagliarone, appartenente al principe di Acquaviva, e distante miglia sei da Candile. Di lì incamminasi verso la terra di Palagiano posseduta dal duca di Martina, Caracciolo".

Sopra di noi stelle troppo brillanti, come sempre quando si annunciano temporali. Chiedo a Caprara: "Ma l'Appia esiste davvero? A volte mi prende il dubbio di fare un lavoro inutile...".

Il Professore sorride. "L'Appia ha subìto una tremenda violenza dagli uomini e dalla natura, ma è esistita eccome. Toglietevi dalla testa il dubbio di correre dietro a una fata morgana."

Penso che la vera fata morgana è la Francigena. È solo il marketing che la vuole unitaria. In realtà è fatta di mille rivoli. La Francigena è ovunque, dalle Alpi in giù. L'Appia invece è una e indiscutibile. Con una sola partenza e un solo arrivo.

"Asmalt"

Partiamo da sotto lo svincolo della A106 Jonica, sovrastato a sua volta dall'ombra di nubi gigantesche. Un cartello in un giardinetto: "Avviso agli schifosi che buttano l'immondizia che prima o poi vi piglio e quello sarà l'ultimo giorno della vostra schifosa vita". All'inizio ci accompagna un branco di cani coperti di zecche, poi restiamo soli in aperta campagna, campagna che tiene duro e risponde alla diossina dell'Ilva con un commovente fervore di pompe, decespugliatori e trattori in movimento. Pelli squamate di serpente e neri tubi sottili per l'irrigazione fischiano come cobra sotto gli ulivi. Gli agrumeti sono protetti dai veleni dell'aria da immensi, neri teli funebri squarciati dal vento. Il verde di giugno si somma a colori nuovi: zolfo, terra di Siena e ciclamino. Un tipo, passando in trattore, ci filma con lo smartphone. Di solito è l'esploratore che fotografa gli indigeni: qua è il contrario. Un bruco giallo, rosso e verde ci attraversa la strada, gli metto di sotto la mappa IGM, per gioco. Lui continua imperterrito tra le isoipse.

Il drago, sempre più vicino, induce a foschi pensieri.

Fichi d'India in fiore e, accanto, mucchi di plastica, vetri, eternit e gommapiuma.

Tàranto, penso tra me. E se si dicesse Tarànto, come taranta, come tarantola, il ragno della malora?

Passa un contadino con un'Ape. Antonio Lisi, da Massafra. Ex operaio dell'Ilva anche lui.

"Dove andate?"

"A Taranto, facciamo l'Appia Antica."

Antonio: "Questa strada fino a ieri era larga quaranta metri, forse di più".

Riccardo: "Forse novanta. Era un tratturo".

Antonio: "E quando è stat fatt l'asmalt era ancora più largh...".

"Cos'è l'asmalt?"

"Quest qqua!" risponde, mostrando la carreggiata sotto i suoi piedi.

"Vuol dire l'asfalto..."

"Sì, sì, ma prima la strada era grezz."

"Senta," riattacca Riccardo, "ma qui ci troviamo davanti l'Ilva! Come facciamo a superarla? Noi dobbiamo andare a Taranto."

"Voi dovete arrivare sulla strad che vi port per Brindis."

"Sì, ma non si può passare dentro l'Ilva?"

"Eeeee, e come fai?"

"Ma non ci sono ferrovie interne? Magari possiamo passare a piedi per quelle."

"Ferrovie intern... le abbiam costruit noi, con l'Ilva, quando si è iniziat a far."

"Ma l'Ilva è stata cosa buona o no?"

"Qua non c'era nient... solo la terra c'era."

"E voi come venivate a lavorare?"

"In biciclett... ma prima si andava a pied... L'Ilva ha portat un po' di moviment insomm..."

Riccardo: "Ha portato anche movimento di veleni".

"E i veleni sò venut e sò rimast."

"Ma i veleni arrivano fino qui, nella campagna?"

"Eeeh, fratello caro... dipend dal vent che tira. Per venire qua dalla ferriera dev'essere Levant, così, se è Scirocc ti porta sopr, al paese. Se è Tramontana, ti porta dentr Tarant. Eh, quindi dipende dal vent."

Tace, un'ombra gli attraversa la mente. "Forse voi non ci credete, io soffro di bronchite, come mi trovo ancora vivo io non so, quando si infiamma io ancora... vado ross... E quelli i giovani che stann adess... quelli a un certo moment dicono: sì, è ver, c'è il velen... ma se chiude, dove dobbiam andar? che qua non c'è più nient."

"Ma la campagna non ce la fa a darvi da vivere?"

"Nooo... la campagn... vedi? Ci hanno ucciso da un lato e da un altr... I prezzi di mercat... e la diossina. E quella chi l'ha portata? Quegli sventurat che stann lavorand? Noo. L'hanno portata quegli altri!"

E ci saluta, con affetto vero, senza pronunciare il nome degli avvelenatori.

Nelle fauci del drago

Dopo il fiume Tara, che dà il nome alla città e un altro corso d'acqua di nome Galeso, "nelle vicinanze del castello di Civitella," scrive il Pratilli, "frammezzo al medesimo e il Monte Mesole tra Levante e Settentrione, piegava alquanto l'Appia verso su, e partivasi in due rami; uno de' quali verso Mezzogiorno menava a Taranto e l'altro dirittamente verso Oria per terminar di poi il suo corso a Brindisi". Siamo a un bivio importante, come a Benevento. E anche qui, come a Benevento, scegliamo la strada originale, che è anche la più complicata e difficile. Era Taranto il capolinea dell'Appia, prima che Brindisi prevalesse. Ed è a Taranto che dobbiamo andare.

Per via dei veleni, dovrebbe essere proibito coltivare fino a venti chilometri dall'Ilva, ma il consorzio di bonifica lavora come niente fosse, pompa acqua per gli agrumeti. Ma un po' alla volta ecco ramificarsi un dedalo di canali disseccati, terre incolte, strade che non portano da nessuna parte, vigneti abbandonati sotto sequestro fino a un passo dall'acciaieria. Dopo un po' salta tutto, nemmeno la mappa serve più a niente. Siamo in trappola, in mezzo a un intrico di guardrail, persi in un deserto incandescente, in ostaggio della sterpaglia, con a destra la Statale Jonica, a sinistra la Statale 7 e, davanti, la torre del Drago circondata da una foresta di tubi e lastroni di lamiera che il vento forte fa cupamente tuonare. Sopra di noi, un pesante soffitto di cumulonembi a forma di incudine, apportatori di pioggia.

Scusi, porta da qualche parte questa strada?

Automobilista: "No, di qua non si va da nessuna parte".

Torniamo indietro, e rifacciamo la domanda a un'Ape solitaria di passaggio.

"Ma sì che si può passare. Andate oltre il guardrail. Tanto non c'è quasi traffico."

La conclusione del penoso andirivieni è che l'accesso a Taranto è negato al pedone sprovvisto di cesoie e grimaldello, specialmente se arriva dalla strada più antica d'Europa. Può scavalcare guardrail, saltare oltre reticolati di recinzione, ma alla fine i cancelli con lucchetto e sigillo giudiziario gli diranno che se non è un marine non passerà mai. Mastichiamo fiele, impotenti, davanti alla rugginosa muraglia. Non c'è solo l'Ilva, c'è anche l'Eni, la Cementir. E la nostra direttrice finisce dritta nell'altoforno dell'acciaieria. È la sua ultima metamorfosi. È stata discarica, tangenziale, oleodotto, tratturo, campo di frumento. Ora è il fuoco dell'inferno.

La fiamma ossidrica
el pie de porco
xe questi i feri
del mio bel mestier.

Mi torna in mente un canto della mala triestina, mentre ripieghiamo a borracce vuote, sotto immense nubi migranti spinte da uno scirocco infuocato. La mappa IGM del 1952 dice che stiamo errando in mezzo a floridi campi e masserie dai nomi antichi – Tre Palmienti, Miraglia, Zitarella, Giangrande – e invece siamo persi in uno spazio sterile, sotto spaventosi svincoli, tra una stazione ferroviaria disabitata, la case avvelenate del rione Tamburi, un canale di acqua ferma lungo il quale non si incontra anima viva, e un arcipelago di palazzine abbandonate.

Per uscire dalla trappola dobbiamo tornare indietro di tre chilometri, fino a un sottopasso della ferrovia, dopo il quale saccheggiamo, esausti, il frigorifero di una stazione di servizio. Birra Raffo tarantina, che segnerà le ultime miglia del viaggio. Comincia a piovere, l'arrivo non potrebbe essere più triste. "Pare Černobyl' e poteva essere un paradiso," brontola un automobilista alla pompa di benzina. "Lì oltre c'è il cimitero," osserva rassegnato, "ci fanno respirare veleno anche da morti."

Passiamo per le palazzine rossicce semiabbandonate del rione Tamburi, dove gli appartamenti sono dati via per quattro soldi e dove non vanno ad abitare nemmeno gli extracomunitari. La targa che indica VIA OFANTO è letteralmente rosso ruggine, e pare che tutti gli edifici costruiti dentro l'acciaieria siano stati dipinti in rosso pompeiano per mascherare la diossina. Un camionista che ha lavorato all'Ilva racconta: "Tutto è peggiorato quando hanno mandato via gli operai anziani, quelli che sapevano limitare le emissioni". Siamo davanti a un urbanicidio, come a Vukovar. O come all'Aquila, ostaggio delle transenne ad anni dal terremoto.

Gioielleria tarantina

Ma ecco Taranto Vecchia, aggrappata all'isolotto che fa da intercapedine tra il Mar Grande e il Mar Piccolo. Reti colorate alla greca, odore di pescheria di una volta, vicoli più autentici che a Sorrento, popolane sfrontate, case che il tempo ha lasciato invecchiare in pace. Anche lì si nasconde il Maligno – un cartello del comitato di quartiere avverte: BASTA CROLLI, FUORI GLI SPECULATORI DA TARANTO –, ma intanto ha smesso di piovere, il cielo s'è riaperto e noi siamo lì, incantati davanti a un mare cristallino da Acapulco, col vento buono di sud-ovest che porta via i veleni e spalanca alla vista la cresta montana delle Calabrie. Magnifica rivincita, dopo la sconfitta patita dal Drago.

Petroliere ferme al largo, illuminate dal sole che affoga oltre il forte aragonese e indora il palazzo del governo, costruito in pietra e mattoni, irrobustito da contrafforti e da due torri civiche munite di campana. Raramente ho visto un fabbricato del potere più speciale di questo. Sul lato della città nuova, due poderose colonne doriche, di gran lunga anteriori alla tracciatura dell'Appia, snobbano il presente voltando le spalle all'acciaieria e dicono che la storia di Taranto che conta è tutta anteriore al dominio romano.

Come italiani, dovremmo imparare un po' di cose da questi luoghi, e mandarle bene a memoria. Taranto significa una grande epopea ignorata. È la culla di una civiltà marittima raffinata, nata quando Roma era ancora un borgo di gonzi. Quanta gloria. La fertilità della terra, la posizione unica nel cuore del Mare di mezzo, l'età del bronzo e del ferro, i predecessori japigi, la fondazione nel 706 avanti Cristo, per mano dei Dori di Sparta. Poi la monarchia, la democrazia, il tempo felice di Archita che governa la città e ne fa la prima delle colonie greche del Mediterraneo.

Ed è l'alleanza con Pirro e lo scontro inevitabile con Roma, seguita da un'intesa precaria con la Dominante che l'arrivo di Annibale farà saltare. Poi c'è Taranto che tradisce e viene duramente punita, marginalizzata e bypassata dal nuovo porto di Brindisi.

Dopo la fine dell'Impero, ecco l'arrivo dei Goti, e l'emirato arabo. Ultimi soprassalti di vita di una città che nemmeno con l'Unità ritrova la grandezza perduta e sembra nutrirsi di sola nostalgia.

Detto questo, non è per dovere, o – peggio – per commiserazione e compatimento che è vietato andarsene da Taranto senza aver visto il museo archeologico. All'ex convento dei frati alcantarini si deve andare semplicemente perché ce lo ordina la bellezza, e la bellezza se ne frega se Roma è distratta e lontana, se a Taranto non arriva nessun Frecciarossa e non c'è nessun aeroporto. Il bello va oltre, vince anche se al bookshop della biglietteria hanno finito i cataloghi e nemmeno uno dei libri esposti accenna all'esistenza della Via Appia.

In quelle sale venerabili abita una delle meraviglie d'Europa. Un'antichità che non è marmo freddo ma scintillio di ori e argenti, gioielleria greca sepolta e riemersa dalle necropoli del IV e III secolo avanti Cristo. Taranto delle grandi botteghe degli orafi, Taranto trionfo di un universo femminile che Roma è ancora lontana dal concepire. Taranto dagli orecchini a navicella tintinnanti di pendagli, dalle foglie d'alloro e dai petali di rosa in lamina d'oro zecchino. Taranto degli anelli, dei monili, delle teste di leone, fucina di smalti favolosi, cristalli di rocca, granulati d'oro, anelli, cammei e raffinati sigilli.

Perfidia di polveri

Esausti, a fine giornata, ci arrendiamo davanti a una gioielleria più abbordabile: un piatto di luccicanti bastoncini di melanzane fritte in pastella e una portata di cozze gratinate splendenti come diademi. Per la nostra bocca transita il riassunto di una cultura antichissima, il segno di una residua grandezza capace di germinare ancora e dare frutti dopo due millenni di letargo. "Questa città meticcia è stata capitale della Magna Grecia e poi, con Roma, ha scontato per secoli il suo passaggio ad Annibale," lamenta il fotografo Peppe Carducci, spiegando che Taranto è cresciuta troppo in fretta, appunto con l'Ilva, e che proprio a causa di questa crescita ha perso memoria della sua grandezza.

Il Drago è duro a morire, ma anche se tirasse le cuoia sarebbe in grado di cambiare i destini della città e del suo mare persino da morto. “Quando chiuderà, se chiuderà, avremo cento volte più problemi che a Bagnoli. Gli impianti accesi sono controllabili, quelli spenti molto meno. A Crotone sono chiusi da anni e inquinano ancora. Se per chiudere l’Ilva devono abbandonare qui il cadavere, tanto vale lasciarla aperta mettendola a norma. E a proposito: i padroni pagheranno i costi della bonifica? Oppure finirà all’italiana, e a pagare sarà come al solito Pantalone?”

Ma riecco Marco Ciriello, che ci ha raggiunti nuovamente da Avellino per vivere con noi il gran finale del viaggio. Si inserisce al volo nel dialogo e si chiede perché mai “una città in una posizione simile non è diventata Bilbao”, dubbio che non gli impedisce di gustarsi un cartoccio di fritto di paranza con Malvasia del Salento. Marco è l’anima politica del viaggio, e noi siamo di nuovo lì a rimasticare il destino infelice del Sud, condannato non solo dalle camorre e dalla Dc, ma anche da una sinistra antigramsciana che l’ha “nutrito di sofismi e speranze anziché di progetti”. Il teorema di Ermanno Rea, il più nordico dei meridionali.

Fatale che, in questo deserto della politica, in questa dimenticanza che scende da Roma e sa tanto di calcolo di marketing (incomprensibile la scelta ministeriale di togliere a Taranto la Soprintendenza), le balle rancorose dei “padani” – diffuse urbi et orbi da una stampa assetata di volgare – arrivino fin qui, dal profondo Nord. Alla fermata del bus aziendale dell’Ilva sentiamo un capannello di operai d’altoforno mugugnare contro gli stranieri che non pagherebbero i bus e sarebbero protetti dai controllori. Alle porte di Albano Laziale, il primo giorno di viaggio, sempre a una fermata d’autobus, un tizio ci aveva detto la stessa cosa. Siamo davanti all’alfa e all’omega di una deprimente guerra tra poveri.

Notte immobile e senza vento, con passeggiata a mare. Perfidia di polveri solforose che ammorbano l’aria e chiudono la città in un’aureola stagnante. Zampillano citazioni di Carlo Levi, Norman Douglas e Curzio Malaparte, imprescindibili per capire queste terre marginali. Ma per abbordarle veramente, oltre al succitato Ermanno Rea hai bisogno anche di Francesco De Sanctis, Rocco Scotellaro, Raffaele Nigro e Carmelo Bene. Dal gruppo spunta la domanda: ma il nostro capo del governo ha letto qualcuno di questi libri? Segue un prevedibile coro di nooo. I nuovi politici sono figli della PlayStation," sentenzia Marco, perso nello sciabordio sulla battigia.

Mare trasparente anche di notte. Passeggiamo discettando, come i peripatetici di duemila anni fa. Mentre i Romani si spellavano le mani a zappare la terra e a costruire strade, questi esimi Tarantini si dedicavano alla "promenade". Uscivano a camminare due volte al giorno, dopo colazione e prima di cena, in una giornata di pura riflessione dedicata, nell'ordine, alla ginnastica, al pranzo, agli affari politici, al bagno e a una cena comunitaria con libagioni, sacrifici e offerte, letture dei più giovani e raccomandazioni dei più vecchi. Metodicamente programmata era anche la parabola delle età: allenamento fisico e letteratura per i ragazzi, educazione civica per i giovani virgulti, politica per gli uomini maturi e infine, per i vecchi, meditazione, speculazioni politiche e amministrazione della giustizia. Kant, il cogitabondo di Königsberg, non aveva inventato nulla.

Ricordati il soffritto

Mattina presto, viale di lecci sul mare; poi via Mazzini, dritto verso il sole che nasce. Il gruppo si sgrana, ciascuno segue la sua curiosità. Sala Bingo Due Mari, trattoria Gesù Cristo, banchetti di cozze agli incroci. Dopo il circolo ricreativo Titti, i resti della Casa del Fascio con la scritta NOI TIREREMO DRITTO, perfetta per il nostro viaggio. Porte aperte su forni del pane e profumo di focaccia. Colonna sonora: saracinesche che aprono, scooter, richiami maschili incomprensibili, sciacquatura di tazzine ai bar. Questa non è gente, è popolo che esce in ciabatte, vive la strada come il corridoio di casa e ti fa sentire parte di un flusso, anche se sei da solo. Ognuno di noi ha un "daimon" che l'accompagna.

Non ho mai assistito a un trascolorare così dolce del centro in periferia. Manifesto di Tony Barletta con chitarra. Macelleria equina. Strilloni con la scritta ANCORA GRAVISSIMO L'OPERAIO DELL'ILVA INVESTITO DALLA FIAMMATA. La regina dell'intimo, Tipografia Dolente, Lidia Di Terlizzi, mancata all'affetto dei suoi cari. La toponomastica italiana (Vittorio Emanuele, Battisti) diventa greca, con via Plateja formicolante di vita. Imparo da un carrozziere che i fichi in vendita non sono tali ma primizie di inizio estate che hanno per nome “fioroni”. Quanto al fico d’agosto, “qui si chiama fica,” ride l’uomo in tuta blu, “e non c’entra con quell’altra”. L’approccio è sempre velocissimo, privo di preamboli.

Agenzia delle Entrate e una chiesa di bruttezza atroce, a conferma dell’assenza di Dio nella mente dei chierici. Ma ecco Ahmed il tunisino con il suo carretto di souvenir.

Gli domando come si vive a Taranto.

“Bene, grazie a Dio.”

Mi chiede dove vado.

“A Brindisi, inshallah.”

“Solo gli stranieri vanno a piedi, in Italia.”

Appena riparto, aggiunge: “Attento fuori città, qua rubano armati. La gente ha paura molto”.

Prato tra i condomìni, un uomo solo che monta un aquilone. Rovine antiche adibite a barbecue. Scritte: SEI LA CICATRICE DEL MIO CUORE; AMORE BACIAMI LE CHIAPPE. Gang di cani con capobanda riconosciuto che pattuglia un giardinetto. Poi vince la campagna, con buganvillee profumate, panni stesi come vele di randa gonfie di vento, ciliegie turgide – le speciali Ferrovia – da due euro al chilo e banchetti di bacche di gelso. La vicinanza del carcere è segnata da una scritta dedicata alla dinastia dei Riva, gli industriali dell’Ilva: FABIO NON TI PREOCCUPARE, IL CARCERE È UNA MINCHIATA. A due passi, come per esorcismo, formidabili trecce d’aglio, che nemmeno nel Peloponneso ne ho viste di simili.

Dimenticavo: un’ultima scritta metropolitana, geniale: AMORE, RICORDATI IL SOFFRITTO.

Come a Palmira

Camminata su asfalto puro, in un caldo da crepare. Sotto la zampata del Giaguaro devi modificare decisamente l’assetto di volo. Azzerare i sensori esterni, chiudere boccaporti e compartimenti stagni, innestare il metronomo, cantare a bassa voce, ventilare la schiena distanziando lo zaino alla vita. Il mio cappello ha già il colore rossiccio dell’Ilva e la testa bollita come un uovo alla cocque concepisce idee demenziali. Per esempio: e se finissi il viaggio prima di Brindisi? La pensata mi folgora come la chiamata di Paolo sulla via di Damasco. Rifletto: sarebbe un magnifico espediente letterario. Ah, l'esaltazione del viaggio che si giustifica in sé e per sé, a prescindere dalla fine! Il colpo di teatro! Che sconfessione della meta come miserabile prescrizione da tour operator!

Diavolo di un'idea, ci rifletto seriamente. Tornare indietro quando già si vede il mare a distanza! A un passo dal Finis Terrae! Ma poi ecco che, così com'è venuto, il pensiero scompare, cancellato da un ghigno silenzioso. Che emerita stronzata. Non so come mi sia passata per la mente. Soprattutto, non capisco chi mi ha instillato questo dubbio, anche se qualche sospetto comincio ad averlo. Gli ultimi chilometri di un viaggio sono i più pericolosi. Non è tanto il caldo desertico, quanto la malinconia della fine, che rende il viaggiatore vulnerabile. È lì che il Maligno moltiplica gli sforzi per tentarlo.

Noi siamo stati già tentati in mille modi, con manicaretti, inedie della controra, dubbi amletici sull'utilità del cammino, ma ora lo scontro si fa duro. Arrivano in processione i fantasmi meridiani, i più pericolosi, e attaccano separatamente i membri della pattuglia per dividerli. Me ne accorgo da una serie di rallentamenti e di visioni. In poche ore incontro l'ombra pellegrina di san Pietro in viaggio verso Roma e un terrificante padre Pio sulla cima di un ripetitore. Qualcuno afferma di aver visto Cicerone genuflesso davanti a Giulio Cesare. Irene grida "al fuoco!", indicando una quercia come Mosè davanti al roveto ardente, ma non c'è nessunissimo incendio. Così il gruppo si sgrana pericolosamente.

È tempo che la carovana rafforzi le difese. Riccardo, il pastore, ricompatta il gregge con rudezza. Sa che l'inquietudine va affrontata decisamente. Per prima cosa il nemico va chiamato per nome. "Come si chiama il tuo Diavolo?" chiede Zorba il Greco a un monaco vizioso, e quello senza esitare risponde: "Kostas, uno che beve, e fuma come un turco". Ce lo ricorda Marco Ciriello, il quale giorni fa, trovandosi con due orrende vesciche sotto i piedi, prima di tagliarle via le ha battezzate col nome di due ex fidanzate. C'è da capire, spiega, il motivo per cui l'Avversario non vuole che noi si arrivi alla fine. Lui si accanisce sempre "contro quelli che sanno", mi ha detto l'inquieto Capossela, sensibilissimo alle presenze ultramondane. E noi indubbiamente sappiamo. Andando a piedi, rompiamo la crosta del luogo comune, vediamo l'Italia dal retrobottega.

Penso che se siamo viaggiatori contromano, se ci attirano proprio le terre alla deriva, come la Grecia o il Medio Oriente, forse il Diavolo è il cartello bancario che affama i popoli, il padrone delle pandemie e delle tempeste migratorie. Marco ha una convinzione: l'angelo è "quello in dissonanza", rispetto alla musica che rapida s'apprende. "I Riva," dice, "parlavano la lingua di tutti, e hanno avvelenato Taranto con l'Ilva. Olivetti, il grande visionario, era preso invece per pazzo perché diceva cose non banali. La lingua, o meglio il rumore del diavolo, è quello che oggi dilaga e vince. Guarda l'Isis: usa lo stesso linguaggio delle serie tv americane del canale Hbo. Se c'è una maestria nel male è questa: parlare la nostra lingua e nutrirsi della nostra pigrizia conoscitiva."

Già, l'Isis, che distrugge a picconate Palmira. Par di vederle, le mitiche colonne, nel tremolare della calura. Ma noi italiani che abbiamo demolito la prima via dell'umanità, siamo poi così diversi? Perché cercare il Male fuori di noi, quando ci abita dentro? Marco: "Il diavolo è anche la fine della memoria. È la caduta della conoscenza alla Ulisse. Io sono spaventato dall'assenza di curiosità, dalla mancanza di gioco nell'apprendimento. Per me curiosità e gioco si fondono nell'ironia, e se pensi a cosa accomuna i Mali – dalle mafie alle banche, dalla politica all'economia, dalle dittature agli imperi –, scopri che è la loro totale incapacità di autoironia. Ma che cos'è l'ironia se non quell'angelica dissonanza di cui ti dicevo?".

Gli spiriti e il falò

Alla periferia di San Giorgio Jonico il tabellone elettronico di una farmacia segna trentasette gradi. Il sole picchia, il rettilineo asfaltato lo riflette, e noi siamo prigionieri di un tostapane, col lamento "jateme 'a bbirra" che ricomincia a serpeggiare nel plotone come una litania bizantina. Alla nostra destra si stendono le terre infuocate del Salento. Davanti a noi, sul rilievo della Murgia, la mappa indica la topografia funeraria dei dolmen e dei menhir. Una giovane lucciola russa, comodamente seduta all'ombra di un uliveto, ci saluta signorilmente. Poco dopo, in una rotonda all'ingresso del paese, un'utilitaria rallenta accanto a Riccardo e dal finestrino il passeggero gli allunga senza una parola una bottiglia di acqua minerale fresca, prendendosi i "vaffa" delle auto impazienti in coda. Una scena da Parigi-Roubaix.

Poi c'è il signor Risorto Piccione che irriga le barbatelle del suo Primitivo di Manduria e ci offre da bere.

Riccardo: "E se eravamo stranieri?".

"Che c'entra, anche gli italiani emigravano. Ma voi da dove venite?"

"Da Roma. Facciamo l'Appia Antica."

"Volete dirmi che il mio terreno sta sull'Appia Antica?"

"Certamente."

"Fantastico, lo dico subito a mia moglie."

L'Appia può essere anche incontro con un funerale. Verso le due, a Carosino, bel paese ispanico e barocco da *Cronaca di una morte annunciata*, ci troviamo inglobati in un corteo funebre, dietro a un chierichetto che avanza lentissimo reggendo una croce a mo' di stendardo. La luce degli edifici calcinati è insopportabile, ma la metamorfosi della via non consente un calo di interesse. La piazza Vittorio Emanuele ha una fontana che in agosto pare venga riempita di vino. Seduto sui gradini di una chiesa barocca, mi accorgo che mai, in questo viaggio, nemmeno tra il cemento e i rifiuti, ho detto a me stesso "chi te lo fa fare", oppure "che ci sto a fare qui".

Appia è anche incontro con gli spiriti, come quelli delle suore clarisse che hanno abitato per secoli la Masseria delle Monache, in mezzo ai monumentali uliveti e alle greggi di Grottaglie. L'affascinante bastione cinquecentesco con corte interna, archi gotici, muri spessi un metro e letti antichi, serpeggia di presenze occulte e improvvise correnti d'aria. È lì che siamo accolti per la notte, con il falò acceso da un barbuto pittore algerino di nome Camel, incaricato di accudire per noi un barbecue di benvenuto. Ed è già profumo di Nord Africa. Vorticare di faville, e la faccia dell'anfitrione si illumina come quella di Efesto, sotto una Luna grande che proietta ombre nere inchiostro sotto gli ulivi secolari.

Attorno alla nostra strada, la notte è piena di dèi, effigi di santi, icone annidate nelle edicole ai crocicchi. C'è anche Uru, il folletto salentino buono con i buoni e cattivo con i cattivi. Penso: e se il Sacro fosse una direzione, anziché una superficie? Forse Egli abita la Linea, si nasconde nello scalpiccio dei sentieri, nelle vie dei canti, nelle voci di strada, non nei perimetri dei luoghi di culto e tantomeno nei miserabili metri quadrati dei poderi con la scritta ATTENTI AL CANE. Stanotte le vie dell'Apulia restituiscono la colonna sonora dei secoli. Per questo il viandante intesse le sue litanie, canta e versifica incessantemente. I suoi piedi sono la puntina di grammofono sul solco della Linea.

Il solco ritrovato

Mesochoron. Il nome ci chiamava nella luce meridiana. È di un centro abitato precedente all'Appia. Greco, non romano. Dice di un centro "che sta in mezzo", forse nella "no man's land" tra gli stessi Greci di Taranto e gli antichi Messapi, o forse semplicemente tra i due mari. Ha lasciato il nome a una masseria chiamata Misicuro, ma gli archeologi tendono a collocarla un po' più a nord, nelle fondamenta di un'altra masseria, chiamata Vicentino Grande, a diciassette chilometri da Oria. È nascosta su una collinetta coperta di pini di Aleppo, persa in un reticolo di strade pre-romane che hanno lasciato tracce importanti sul tufo giallino di Puglia.

Riccardo, il navigatore, dà il meglio di sé per trovare il filo d'Arianna e condurci per vie traverse alla masseria. Penetriamo in silenzio nel reame di una Bella Addormentata dove pare che la vita agricola si sia appena interrotta, un sistema possente di stalle e magazzini settecenteschi, all'interno dei quali sembra di udire ancora il raglio degli asini e le urla dei carrettieri. È lì che compaiono dal nulla le proprietarie – Anna ed Erminia Galante, madre e figlia ingioiellate con scarpe da ginnastica – che, dopo un attimo di dispetto per la nostra invasione di campo, ci colmano di notizie. Dalle quali una cosa appare chiara. Se l'Appia è la superstrada, noi ci troviamo in un autogrill.

Ma il bello viene dopo, quando nell'ondulazione del terreno si delinea una valletta messa di traverso. Dobbiamo attraversarla in qualche punto, ma quale, precisamente? Siamo persi in un intrico di segnali appena visibili nell'erba secca. Marciapiedi, solchi di carri e tracce di mulattiere graffiano la bancata calcarea in tutte le direzioni. Viabilità messapica, sicuramente. La scelta è difficile.

Mentre noi si bivacca sotto un fico, il capo-gita consulta il Gps, fruga nelle mappe, traguarda il nord, rilegge gli appunti, cerca nello smartphone di Alex. Poi dice: "Di là". E noi via nell'erba alta, di nuovo verso levante, in un profumo ubriacante di timo, lungo un tenue segnale nella sterpaglia.

"Il solco!"

Il grido ci sferza nella vampa meridiana. Siamo davanti al segno inconfondibile di una crepidine. La linea è quella giusta. L'esultanza si sparge nella pattuglia, ma lì a duecento metri già si delinea l'ostacolo: una cava con annessa discarica, rigorosamente recintata. L'Appia elevata al rango di pubblico immondezzaio. L'ultima di infinite metamorfosi. Che fare? È come per l'Ilva tarantina, che finisce dritta negli altoforni. Riccardo sceglie di girarci attorno traversando in direzione sud-est fino all'ex Statale 603. Lì continuiamo, costeggiando schieramenti di ulivi secolari, persi in un mare di cicale. Anche lì, lucciole venute dall'Est, accomodate con ombrellino su poltrona pieghevole.

I chilometri prima di Oria sono l'apoteosi della linea retta. A metà tra i due mari il vento aumenta e, tra gli ulivi, una volpe ci taglia la strada e si ferma sulla mezzeria, stupita o curiosa non so, a guardarci. Poi l'Appia è interrotta dal cancello della Masseria Santa Croce, che con un cartello annuncia al mondo l'onore di uno scavo archeologico (peraltro interrotto per mancanza di fondi) che ha riportato alla luce la stratigrafia della strada antica. La carrozzabile ci consente di andare oltre grazie a una "chicane" che sfiora una porcilaia a cielo aperto, nella quale una decina di enormi maiali si rotola in un pantano, come un branco di ippopotami nello Zambesi. Poco oltre, al passaggio a livello della ferrovia Lecce-Bari, un treno, composto da un unico vagone dai finestrini aperti e dalle tendine verdi svolazzanti, ci saluta con un fischio e la mano aperta del macchinista protesa fuori dalla cabina.

Cielo solcato da stelle cadenti

"Avete sfiorato il viadotto!" quasi grida Barsanofio Chiedi, dell'Archeoclub pugliese, al nostro arrivo a Oria, penultimo posto tappa. È un volpone simpatico, fuma come un califfo e porta il desueto nome medievale del santo patrono di Oria. Nutre un disperato amore per gli scavi, ma soprattutto conosce a menadito le terre pugliesi fra Tirreno e Adriatico. Ha saputo del nostro arrivo dall'inevitabile tamtam che accompagna i viandanti e quando gli spieghiamo per dove siamo passati dopo il ritrovamento della crepidine, insiste per caricarci in macchina e riportarci sul posto. Nemmeno il tempo di deporre i sacchi. Vuole mostrarci quanto siamo andati vicino al segno più visibile della Regina Viarum nelle terre di casa sua. Il viaggio sta diventando una caccia al tesoro.

Quando arriviamo sul ponte, capiamo. Siamo stati depistati dalla discarica, che ci ha fatto cambiare strada. Per vedere il viadotto sarebbe bastato proseguire per un'altra decina di metri. L'avremmo trovato in una selva di erbe alte, mimetizzato al punto da non essere visibile che a poca distanza. Con la luce radente della sera lo vediamo correre a circa un metro d'altezza sul fondo della valletta con una possente struttura di blocchi squadrati.

"Basterebbe un tagliaerba!" sbotta Riccardo.

Mi viene in mente che nell'Inghilterra meridionale i contadini usavano (e chissà, forse usano ancora) lasciare un falcetto all'inizio dei sentieri, perché i viandanti dessero una ripulita, con la tacita raccomandazione di lasciare l'attrezzo all'altro capo del percorso. Mi rendo conto di quanto poco sarebbe necessario per tenere in vita questa strada. Tra l'erba secca, la roccia è segnata da conchiglie fossili galline simili alle "capesante" effigiate nel logo del Cammino di Santiago di Compostela. Camminiamo su un immenso cimitero di bivalvi striati a raggiera, figli di un mare di epoca pliocenica, spalmati sul basamento africano dell'Apulia. Paesaggi libici e faraglioni atlantici di Spagna confluiscono sotto le nostre suole, chiamati dalla pressione formidabile di continenti alla deriva.

Barsa, così l'abbiamo ribattezzato, percorre il ponte a grandi falcate, evocando "le lunghe file di asini, carri e merci" passate di lì sul filo dei secoli fra Taranto e Brindisi. Un traffico notevole, generato dalla contiguità tra due dei migliori porti naturali del Mediterraneo. Un traffico che era non di sole merci, ma anche di idee, portate da filosofi, scienziati, profeti e predicatori. "Se penso che di qua sono passati Cesare e Ottaviano, mi prende la frenesia. È il racconto che sta dietro le pietre a rendere affascinante, irresistibile, l'archeologia."

Oria è Grecia allo stato puro, bianchissima di muri e nera di vecchiette ossute, quasi liofilizzate; il tutto inserito in un quadro di memorie ebraiche e architetture spagnoleggianti. Lo confermano le acrobazie vocali della lingua. "Buono" diventa "buenu", "fuoco" è "fuecu". "Denti" si trasforma in "tienti" e "compare Salvatore!" si coagula, nel saluto, in un sonoro, stupefacente bisillabo: "mba Tò!". L'anima ellenica esce di sera. Sui selciati del centro, la vita sociale è impensabile che inizi prima delle sette. I barbieri lavorano fino alle dieci, che è l'ora di cena più diffusa. Col fresco la piazza, tutta in discesa, si riempie e diventa un mare di tavolini all'aperto, con i cani senza padrone che si distendono tranquilli tra la gente.

Angela, la proprietaria del b&b, quasi ci abbraccia, esclama che è meraviglioso che noi si faccia quella strada. E Lotta Nilsson, una svedese che ha appena comprato casa in città, esce a cena con noi per comunicarci il suo entusiasmo per la strepitosa mescolanza di vecchi e giovani, convivialità e politica che si impossessa della piazza dopo il tramonto. "Da noi non c'è contatto, e ora non c'è più nemmeno il welfare." Su un palco c'è una donna vestita di nero che tiene un appassionato comizio per smantellare, dice, il sistema di scambio di favori su cui si fonda la vecchia politica. Affermazione che accende speranze nei giovani figli di Internet ma che nel contesto familistico del Sud equivale a candidarsi alla sconfitta. Ma a che serve farsi il sangue amaro. Festeggiamo con ricette messapiche e vini annibalici, avvolti da un turbine di storie femminili, com'è lecito aspettarsi dopo il luccicante trionfo dei gioielli tarantini.

A Oria si celebrò il matrimonio di Federico II con Jolanda di Brienne. Da Oria venne una vergine che si innamorò di Annibale e finì per sfiancarne i lombi. E poi c'è Uria, che sposò il re Davide, e che forse era originaria di queste terre. E c'è il mistero di un'"Anna" cantata in rime ebraiche su una stele funeraria del IX secolo da un certo Shemuel. Oria nobilissima, fondata dai Cretesi molti secoli prima di Taranto. Oria greca, figlia della talassocrazia minoica. Oria con la fosca leggenda di un sacrificio umano all'atto della fondazione. Oria e l'acropoli già nell'età del bronzo. Oria che vede passare Turchi, Longobardi, Saraceni, Bizantini. E poi Virgilio, Cesare e Ottaviano Augusto. E san Pietro, che qui si ferma prima di andare a Roma. Oria, che sta tra i due mari. Oria che fronteggia gli Illiri, i Messapi e gli Japigi.

Oria è – ma soprattutto è stata – città di Ebrei. Comunità fiorente, parrebbe deportata in Puglia dall'imperatore Tito dopo la distruzione del Tempio di Gerusalemme; realtà capace, tra una persecuzione e l'altra di parte cristiana, di esprimere straordinarie fiammate di rinascita. Ebrei di Oria, famosi come quelli di Venosa fin dall'Alto Medioevo: popolo di medici, astrologi, prestatori di denaro, esperti di scienze sacre e cosmologia, con contatti fino in Mesopotamia e, più tardi, col mondo askenazita. Minoranza oppressa dalla Chiesa – che per un periodo amministrò la città – o dai cattolicissimi Spagnoli, ma protetta da Roma e poi dai regnanti del Nord, Normanni o Svevi che fossero.

Il sigillo su cotanta storia lo mette il professor Giuseppe D'Amico, seduto come un re su un trono di vimini accanto a un tralcio di vite. Snocciola parole musicali sotto un cielo solcato da stelle cadenti. "I Romani e i Greci ci guardavano con sufficienza, ma noi eravamo meglio dei Greci stessi. Qui è nata la Magna Grecia, e Oria può ben dire di avere un quarto di nobiltà in più, rispetto a Taranto e Brindisi." Oria, Oria, Oria. Quasi non sembra vero trovare, dopo una sequenza infinita di lamenti, un luogo che si sente al centro del mondo.

Tornatene a casa

Ma di notte accade. Nel cuore della notte di Oria, sotto il cielo nitido del solstizio imminente, alle porte dell'alba. La via emerge come un turbine di polvere nera dal suo tavolato di pietra e, in un frusciar di uliveti, mi indirizza tremende parole di femmina, avvolta in un peplo agitato da brividi di vento.

Lasciami in pace. Interrompi il tuo viaggio. Non raccontare di me. Non mettermi a nudo. Non lasciare che mi ritrovino.

"Che fai," le dico cercando di scorgere il suo volto, "mi hai chiamato per settimane col tuo canto, mi hai guidato con mano ferma per centinaia di miglia, mi hai fatto captare ogni tua minima vibrazione sotto le suole delle scarpe, e ora salta fuori che no, era tutto uno scherzo? Proprio ora che sto arrivando alla fine?"

La strada senza volto e senza età risponde con un soffio: *Non riportarmi alla luce. La mia non è una preghiera, è un ordine. Torna a casa e seppellisci nel silenzio il tuo segreto. Preferisco dormire dimenticata sotto una discarica e un parcheggio. Non voglio che la gente si accorga di me. Se mi tireranno fuori, sarà solo per farmi invadere dalla sterpaglia. Gli italiani non mi vogliono, non mi amano e non mi ameranno mai, perché li obbligo a onorare la loro terra e li metto di fronte al loro vuoto di memoria. Non cercarmi più. Tornatene a casa.*

"Io invece ti dico che tanti italiani hanno avuto un brivido a sapere che c'eri ancora. E io non rinuncio a riconsegnarti al mio Paese. Sei la grande madre di tutte le vie."

Sei un illuso. La nostra gente non si indigna più di niente. È cinica, o cieca, o sedata, o depressa. Il Senso della Storia è scomparso anche dalle scuole. Non c'è più racconto orale, così anche la memoria si è estinta. So come andrà a finire. Pianteranno qualche centinaio di cartelli col mio nome, poi verranno ministri e governatori. Ci saranno incontri e inaugurazioni. E tutto finirà lì.

"Anch'io ho spesso questi dubbi. Ma ho sentito molte anime belle svegliarsi al tuo richiamo. E poi sento un comando che mi dice di non mollare. E quel comando è venuto da te."

Impara a leggere il senso delle parole. "Strada" significa stratificazione di materiali edilizi. Se sopra le mie fondamenta, il basolato, le crepidini e le ghiaie oggi hanno messo il cemento e l'asfalto, significa che gli dèi lavorano per la mia sepoltura. Mi ritroveranno forse degli alieni, fra altri duemila anni.

"Permettimi di esprimere un dubbio. 'Strada' significa che io devo scavare alla ricerca delle mie radici."

I nostri mondi sono inconciliabili, viaggiatore che vieni da un altro tempo. Roma era un impero basato sulle cose. "Res": senti la forza lapidaria di questa parola che non lascia spazio a verbose scappatoie. Il tuo mondo è insanabilmente diverso: è costruito sulle parole. Dopo tanto parlare me, torneranno il cemento, la polvere e il silenzio. Gli stessi barbari che mi hanno fatta a pezzi saranno in prima fila a sfruttarmi, senza capire niente di me. E un patrimonio millenario andrà alla malora.

Taccio. Il ragionamento sta facendo breccia. Nella testa e, quel che è peggio, nel cuore.

Tento una debole resistenza: "Questo viaggio è l'ultima occasione per riprendere un contatto con una memoria perduta. Abbandonare il progetto equivarrebbe a un tradimento".

E la strada, come intuendo la tempesta della mia anima: *Il tuo è l'ultimo Paese dove puoi sentire il segno di Roma. Il legame con me si è perduto. Irrimediabilmente. Per capire cosa siamo stati, devi andare in Spagna, in Germania, in Libia, in Romania, persino nella Siria infelice. Ma non qui. Io stessa comincio a vivere e a respirare solo oltre Brindisi, là dove mi chiamano Egnazia, sulla strada di Salonicco attraverso i Balcani. Nella piccola, pastorale Albania.*

Vorrei dire che allora chiamerò gli spagnoli, i tedeschi, i rumeni, e pure gli albanesi. Che farò venire eserciti di stranieri a pestare quella traccia perché gli italiani tornino a camminarci. Intuisco un sorriso di commiserazione nella mia accusatrice. La sua faccia evanescente ha assunto gli stessi contorni della mia.

Ricevo il colpo di grazia: *Anche il tuo racconto non sarà mai tale. Sarà un canto spezzato e monodico perché la strada è spezzata. Non troverai l'armonia, e tantomeno la sinfonia. Non sentirai nascere dentro di te quel basso continuo che accompagna ogni melodia, il bordone. Penerai orrendamente a descrivermi. Non basta il senso del dovere per costruire una storia come la tua.*

"Ma non sarò io a costruire la sinfonia. La creeranno gli altri, il fiume di gente che verrà dopo di noi. Noi abbiamo solo trovato il filo d'Arianna."

Non c'è risposta. Il turbine di polvere scompare, inghiottito dagli uliveti, senza lasciare spazio ad altre autodifese. Da quel momento la notte diventa un percorso di insonnia e pensieri. Una parte di me sente che la strada ha ragione. Le sue parole hanno scolpito la mia memoria come una lapide di marmo di Paro. Il pessimismo della ragione è una ruggine che già si attacca all'ottimismo della volontà.

Il sortilegio

Quando al mattino ci ritroviamo per colazione, vedo dalle facce che tutti hanno dormito male. Irene ha sofferto il caldo. Riccardo ha combattuto col senso di vuoto che invade le anime nomadi alla fine dei viaggi. Alex ha russato in modo così intollerabile che Marco si è sparato Cesária Évora a tutto volume nelle cuffie pur di non sentirlo. Per raccontare il sogno non mi resta che Sandra, l'unica a essersi levata di buon umore. Le do notizia dell'enigmatica richiesta arrivata dalla notte dei secoli e le dico che, in fondo, la Via non ha poi tutti i torti: forse questa è davvero una storia da non scrivere. Provo persino un inatteso senso di liberazione sentendomi sollevato da un compito così gravoso.

Sandra: "Ascolta, tu sei del Nord e non ti rendi conto di come questa terra estrema sia capace di provocare dubbi e tormenti. Anche Virgilio era delle tue parti. E anche lui, arrivando a Brindisi, sentendosi morire, è colto dai dubbi sulla sua *Eneide*. Te lo ricordi? Arriva via mare, febbricitante, sente che la sua opera maggiore è un esperimento fallito e, colto dallo sconforto, chiede a Ottaviano Augusto, che è al suo capezzale, di distruggerla".

"Ma Ottaviano rifiuta."

"Per fortuna. Se no non avremmo l'*Eneide*. L'imperatore dice che il poema è un patrimonio dell'umanità, appartiene a Roma e non a Virgilio."

"Sì, Virgilio però aveva ragione da vendere. Aveva capito di non essere mai entrato in ascolto della voce più pura della sua anima, come accade invece a Orazio Flacco, il suo compagno di viaggio su questa strada. L'*Eneide* non sarà mai un'opera sinfonica come l'*Odissea*."

"Balle. È un lavoro grandioso."

"Ma cosa c'entra Virgilio con l'Appia?"

"C'entra, perché anche l'Appia – come l'*Eneide* – appartiene a Roma, all'Italia, al mondo. Non a noi."

"Ammesso e non concesso. Ma da qualche parte verranno questi dubbi, e questi sogni."

"È l'ultima tentazione del Maligno che abita questo infuocato Finis Terrae. Aveva già tentato di corromperti con gli ozi di Capua, i demoni meridiani del Formicoso e i dolci frutti apuli che spengono ogni altro desiderio nella terra dei Lotofagi. O forse è una burla di Uru, il folletto salentino."

"Hai un antidoto?"

"Forse ho qualcosa che fa al caso tuo. In Irpinia, contro queste cose, funziona un'antica filastrocca."

Mi prende per la mano e attacca: "*Sant'Antonio dint'o deserto/ se coseva li cauzuni/ Satanasso p' dispiett/ se futtett' li buttuni./*

Sant'Antonio se ne frega/ co' lo spago se li lega/ mannaggia lo demonio/ 'o nemico 'e sant'Antonio".

Sandra esorcizza il demonio senza pensare che c'è un "daimon" anche in lei, un demone birbante che abita i suoi capelli infuocati, e senza pensare che in queste terre, dietro ogni santo, abita regolarmente un dio pagano. Ma il sortilegio stranamente funziona. Tra il Satanasso e l'aureolato Antonio si instaura qualcosa di simile a un rapporto alla pari. Un patto basato non sulla "damnatio" ma sull'accettazione dell'esistenza di due mondi paralleli. Alla napoletana. Come dire: ci sei, spirito della strada, riconosco l'utilità della tua dialettica e la validità dei tuoi dubbi. Camminami pure accanto, ma non chiedermi di prenderti troppo sul serio. Finché abiti le mie scarpe e detti il ritmo del mio passo mi vai bene. Ma non andare oltre. Non guastarmi la gioia di questo approdo.

Come i trecento delle Termopili

In cammino verso oriente con l'appassionato Barsanofio a farci strada per un giorno, zigzagando con pigrizia fra isole d'ombra. La Linea serpeggia inafferrabile tra i gelsi e i fichi d'India, ma poi un esercito di grandiosi ulivi secolari prende a marciare insieme a noi e svela, con l'allineamento a filari e le ombre a scacchiera, la direzione indefettibile della via. È l'Appia che li ha schierati a quel modo, forti come i Trecento delle Termopili, perché è stata l'Appia a determinare, duemila anni fa, il paesaggio di queste terre. Dopo un'edicola con un fiabesco san Pietro avvolto in una coperta e con una bacchetta magica in mano – immagine che porta dritti al Monte Athos e di lì alla Russia –, ecco la piccola chiesa medievale della Madonna di Gallana, costruita sui resti di una villa antica o forse di una stazione di posta sull'Appia. Un assemblaggio unico di edifici minimali dalle fogge più diverse tra cui due trulli, un campanile a vela e un battistero.

In un dedalo di pergolati, cascate di fiori turchini, muretti a secco, gelsi e cicale, in mezzo a un labirinto di poderi pieni di frammenti di ceramica antica, l'incontenibile Maria Rosaria Re – femmina messapica dalle radici lunghe come gli ulivi di queste terre – presidia l'angolo in penombra di sacro. Va in casa a recuperare il chiavistello, poi apre la chiesa per noi e, appena gli occhi si abituano all'oscurità, ecco un Pantokrator scendere su di noi dal soffitto a emisfero dell'abside, assieme a una Madonna col bambino. "Guardi bene queste cose," quasi grida la donna ad Alex, ignorando la sua cittadinanza emiliana, "quando qui avevamo tremila anni di storia, nella pianura Padana c'era ancora la palude. E dopo dicono terroni a noi..." E prosegue, incontenibile, rivendicando l'unicità delle sue terre: "Qui prima c'erano i Messapi, poi i Greci, poi i Romani, i Longobardi, e ora ci siamo noi. Ma anche noi spariremo, con tutti questi stranieri che fanno più figli di noi..."

"Allora ni li puerti sti frisuni?" sollecita Barsa per mostrarci che da queste parti è inammissibile che un ospite riparta senza bere e mangiare. "Li frisuni", comunemente detti freselle, sono, per chi non lo sapesse, ciambelle di pane duro da bagnare nell'acqua e poi nell'olio, con l'aggiunta di pomodoro e altro. E le freselle arrivano, come per sortilegio, assieme al vino e a una tovaglia stesa sotto una pergola, e con amici di passaggio che si fermano a farci compagnia. "Qua tutto è gratis!" esulta Maria Rosaria, portando un rinforzo di polpette di patate e bocconcini di melanzana, assieme a un brodetto di peperoni soffritti. "Al Sud di soldi non ce n'è, ma si mangia e si beve. Questo è il nostro Expo!" Ma sì, penso dopo due bicchieri, chi se ne frega di Roma. Viva i Messapi e gli Japigi. E dalle giunture malconce sale di nuovo la voglia insana di mollare tutto a due passi dalla fine.

Botti a Mesagne

D'estate, Mesagne – nostra ultima tappa – dormicchia fino al tramonto su un magnifico lenzuolo in pietra bianca antica. Nella città medievale la vita comincia quando si sveglia il venticello della sera, esattamente quando a noi viene voglia di scivolare nello spleen delle prime birre. Dopo Oria degli Ebrei, il segno degli Armeni emerge dalla forma trilobata della chiesetta di San Lorenzo, proprio sulla direttrice della nostra via. Ma è l'intero Tavoliere pugliese a mostrarsi come un grande molo popolato di genti d'oltremare. E su quel molo sentiamo tutta la meraviglia di un arrivo imminente che è in realtà un imbarco, una ripartenza.

La mente è già oltre, viaggia sulla strada di Gneo Egnatius che, sull'altra sponda, affronta la dorsale dinarica per planare su Salonicco e Costantinopoli porta d'Oriente. Un nastro di pietra che tocca uno degli angoli più misteriosi d'Europa, il Lago di Ohrid, con i suoi monasteri e le acque freddissime di risorgiva. È umiliante constatare che tutto sarebbe più facile, per noi, dall'altra parte. L'Egnazia – Egnathià Odòs per i Greci – è riscoperta da anni. Dopo il lungo sonno comunista, che peraltro ha preservato la via da sfruttamenti e devastazioni, oggi hai una rete di viaggi organizzati in pullman, in bici, a piedi, con percorsi culturali, passeggiate, visite nelle città, nei villaggi e nei maggiori siti archeologici romani.

Chissà se le decine di migliaia di migranti imbottigliati in Grecia a ridosso della frontiera macedone troveranno una "valvola di sfogo" proprio riutilizzando questa vecchia rotta balcanica dei Romani. Sarebbe estremamente semplice per loro. Qualsiasi passeur, qualsiasi contrabbandiere, sa che, dopo la Via della Seta, è l'Egnazia il collegamento naturale con le spiagge dell'Unione europea. Basterebbe una flotta di gommoni veloci per arrivare dall'altra parte. Chissà. Se la via di Appio Claudio sarà inutilmente riconsegnata agli italiani, a restituirle un ruolo ci penseranno gli afghani, i libici o i siriani in fuga dalle guerre attraverso le piste balcaniche.

Al rintocco metallico delle otto di sera, ecco tra le magnifiche chiese barocche di Mesagne una processione in onore di sant'Antonio: di nuovo lui, l'antagonista del demone che appare nel deserto e talvolta si diverte a tentare anche noi. Antonio, l'inquilino esorcista della nostra via. Oltre le litanie, crepitare di botti e profumo di meraviglie mediterranee sul fuoco. Calamari con bastoncini di porro bagnati nel latte e infarinati saziano la nostra fame nomade prima di un'altra notte resa inquieta dall'imminenza della fine. Brindisi a sedici chilometri, uno scherzo. Pare impossibile. E invece è possibile, i nostri nasi già fiutano l'Adriatico.

Brundisium

L'arrivo al mare si gioca quasi interamente su una carrareccia parallela alla Statale 7, fra lucertole veloci come saette e boschetti di sugheri. Una cava d'argilla guardata, non si sa bene perché, da quattro molossi neri e feroci; poi è Masseria San Giorgio, con antiche torri d'avvistamento (contro i Saraceni?), infine Masseria Masina, profumata di fichi, con due bastardini che si fanno docilmente accarezzare. Ma ormai è città, con gli svincoli ventosi e infuocati, i condomìni di periferia svolazzanti di biancheria stesa ad asciugare, i parcheggi e le rampe d'accesso dei centri commerciali.

Quando arrivai qui nel 1991 per scrivere dello sbarco in massa dei primi albanesi dopo il crollo del regime comunista più duro d'Europa, un'intera città si era mobilitata per loro. Oggi, sotto un cavalcavia dalle parti dell'ospedale, leggo a caratteri cubitali: PURO RAZZISMO. VIA GLI IMMIGRATI DA BRINDISI. La frase non rappresenta certamente il luogo, ma è pur sempre un sintomo. La città non è più la stessa. Oggi Brindisi è più debole, più impaurita, più dimenticata dalla politica. Teme l'invasione.

Chi va a piedi vede cose che l'automobilista ignora. Sente la pancia dei territori. Capisce al volo che aria tira per un forestiero. E il territorio dice che, a un tiro di schioppo da San Giovanni Rotondo, le processioni salmodianti per padre Pio non vedono o fingono di non vedere posti come il Gran Ghetto di Rignano, dove migliaia di immigrati privi di assistenza sanitaria vivono in condizione di schiavitù per la raccolta dei pomodori, in mano al caporalato. La Puglia, terra d'accoglienza, rimuove i suoi demoni e ignora i suoi inferni. Posti come il Ghetto Ghana presso Cerignola, o il Ghetto dei Bulgari che, col Ghetto Cara, si trova non a caso a un passo dal Centro richiedenti asilo di Borgo Mezzanone, tra Foggia e le montagne del Gargano.

Cosa è cambiato da quel marzo del 1991? È cambiato che allora eravamo nell'euforia della caduta dei Muri e non si era ancora manifestata la prima tremenda disillusione, il massacro nei Balcani. Vivevamo quei primi arrivi come "la fine della Storia", il trionfo del nostro sistema. L'Europa dei ricchi contava su una facile annessione dei Paesi dell'ex Patto di Varsavia e l'arrivo delle navi strapiene, illudendoci sulla vittoria del modello capitalistico all'americana, assumeva il valore di una gran festa d'accoglienza nei confronti del "buon selvaggio" che porta forza lavoro e riconosce la nostra supremazia.

Oggi non è più così. L'Europa perde pezzi, il Mediterraneo è in fiamme, l'Islam fa paura, siamo tutti più poveri, i dubbi sul capitalismo aumentano, la percezione della limitatezza delle risorse è sempre più diffusa. La gente mi dice: "Che ce ne facciamo di tutti questi cristiani se non ce n'è abbastanza nemmeno per noi?". Non è razzismo aggressivo: è paura, dunque xenofobia. Ma la xenofobia, in assenza di risposte, diventa razzismo, luogo comune, "albanesi ladri e rumeni spacciatori". Un clima che fa comodo a molti, perché impaurisce i nuovi venuti e quindi abbassa il costo del lavoro, per la gioia del caporalato. Figurarsi in posti come la Puglia, terra di ghetti e inevitabile avamposto di nuove, possibili, massicce ondate migratorie.

Ma ormai il cuore di Brundisium ci viene incontro in una luce bianca con profumo di tiglio e gelsomino, e i cartelli indicatori del ferry per la Grecia. Alle dodici e mezzo, davanti a un bar con tavolini all'aperto, siamo affiancati dalla carrozza a cavalli di un matrimonio. E lì, non si sa bene se mandata da sant'Antonio o dal suo demoniaco alter ego, ci prende l'ultima tentazione: andare avanti a birre, birre e ancora birre fino al tramonto, per arrivare in stato di beatitudine all'amplesso col mare. Ma la calamita è troppo forte, la colonna terminale ci chiama imperiosamente, in fondo a un dedalo di stradine, e chi se ne frega se – come sostengono i pignoli – quello non è esattamente il punto finale della strada. Conta il simbolo, non la geometria.

La colonna, l'Oriente

La Linea si spezza lungo via Carmine, via Ferrante Fornari, via del Balzo, fino alla piazza dove ti trovi davanti il Duomo, che sembra sbarrare la strada. Non è facile capire che il bianco monolito smisurato è appena oltre, dietro l'angolo di una vietta. È solo lì, a cinquanta metri dalla battigia, che appare anche il lampo blu dell'Adriatico, il mio mare. In cima al pilastro, un dio simile a Poseidone allarga braccia propiziatrici, ma il porto più strategico del Mediterraneo, il favoloso imbarco della *Valigia delle Indie*, è desolatamente vuoto. Anni fa l'ho visto pieno di greci e turchi allo sbarco. Ora è abitato da fantasmi. Virgilio, che venne qui a morire. E poi ombre di triremi e navi onerarie, feluche saracene e fruste dell'Egeo. Quasi estinti i traghetti.

Nemmeno i contrabbandieri ci sono più. Nella Brindisi di ieri li vedevi dopo cinque minuti. Pranzavano nei ristoranti migliori con le loro zoccolone procaci dalle labbra esagerate, con fuori – spudoratamente parcheggiato – un furgone traboccante di aragoste. Oggi, i meno fortunati fanno i lavori socialmente utili, aiutano le vecchiette ad attraversare la strada. Gli irriducibili sono emigrati dall'altra parte del mare, in Montenegro, a far combutta con la mafia russa. O in Albania, l'ultimo Far West d'Europa, una terra dove tutto è ancora possibile. Malinconia della fine, esacerbata da un senso di decadenza senza ritorno.

Dopo il Sud, l'Europa perde anche l'Oriente. L'Italia, ormai, è solo Tirreno, e Roma un bisillabo vuoto di senso.

Ci buttiamo in mare vestiti, a salutare la colonna dall'acqua. Il mare è torbido, ma chi se ne frega. Un corteo matrimoniale arriva per le foto di rito e le donne in tacchi alti ci guardano con commiserazione. Noi, che festeggiamo un altro sposalizio, ricambiamo con occhiate di identico sentimento. Nuotando, ci accorgiamo che la bianca gradinata che sale al monumento è dipinta sull'alzata degli scalini: porta una scritta arcobaleno di pessimo gusto sui grandi destini della terra pugliese. E intanto, sull'altro lato della baia, il castello alfonsino cade a pezzi, depredato da ignoti. "Qui non è affatto meglio di Taranto," ci dice un passante, "tutti inquinano e se ne fottono."

Eppure, anche qui, quanta bellezza. La baia è un ventre perfetto, un grembo verde profumato di salsedine. Da Roma in poi è così. In Italia la Storia, per essere capita, non chiede costosi strumenti interattivi. Le basta la luce color miele del tramonto.

Scirocco secco, desertico. Ci togliamo il bagnato di dosso senza bisogno di asciugamani, semplicemente pranzando sul lungomare, a tavola con velisti scesi da una goletta milionaria, la scritta NOI SIAMO ENERGIA sulle magliette. Poi è una gran lite con il titolare nevrastenico di un b&b in via Giudea, che ci aggredisce appena arriviamo con gli zaini, prendendoci per miserabili e chiedendoci di conseguenza il pagamento anticipato. Per chi va a piedi, è anche questo il pedaggio da pagare.

Si cena in un locale greco, per celebrare l'altra sponda che ci chiama, ma a me capita di ricordare versi latini, di Orazio naturalmente, e di sentirne per la prima volta il senso pieno dopo l'attraversamento di Venosa: *Lusisti satis, edisti satis atque bibisti: tempus abire tibi est*. Ti sei divertito, hai mangiato e bevuto a sufficienza: per te è arrivato il tempo di andare.

Significa che è davvero finita, e che questo è l'ultimo viaggio.

Il vento è buono. La città brulica di tavolini all'aperto, statue barocche si sporgono dal Duomo per curiosare.

E noi siamo lì, inebetiti davanti al mare.

Boots on the ground

Alla fine di un libro si usa ringraziare persone. A me capita, invece, di dover esprimere gratitudine a una parte del mio corpo. A voi, che avete portato i miei novanta chili fino alla fine del viaggio. Qualcuno dice che siete diventati inutili, in questo tempo di viaggi virtuali e di gente curva sullo smartphone, ma io senza di voi – miei muli da fatica – non avrei visto nulla. Vi canto, anche se in tanti vi snobbano come vile, impolverata periferia del corpo. Vi canto perché detesto i piedi lisci e le scarpe lucide. Vi canto perché so che, se i papi si prostrano per lavare i piedi degli Ultimi, non è per umiliare se stessi ma per santificare la parte migliore dell'uomo. Gesù disse "andate e spargete il Verbo" e gli apostoli Pietro e Paolo obbedirono, camminando fino a Roma, proprio sulla nostra via. La Chiesa non è un faro immobile, ma una carovana che va.

Vi devo cura, gratitudine e rispetto, anche se siete inquieti come zingari e testardi come missionari, anche se mi avete sfinito di prediche per convincermi alla vostra fede nomade, anche se mi avete mandato continui messaggi minatori. Fosche profezie come: *Guardati dalle strade battute*. Bibliche raccomandazioni: *Contendi lo spazio alla Macchina, ricorda che qui si gioca lo scontro finale tra noi e i sedentari...* Imperativi categorici: *Non lasciarti confinare nelle riserve indiane, così faresti il gioco del Potere...* Non mi avete mai lasciato solo. *Invadi anche l'asfalto*, mi avete detto un giorno, *rivendica a tutto campo il tuo diritto ad attraversare lo spazio, sennò quelli ti fregheranno per sempre.*

Sulla Via Appia, specialmente qui, non mi avete dato pace. *E che ti credevi*, ghignavate quando mi lamentavo di un passaggio particolarmente arduo, *che ti mandavamo per ostelli e sentieri ben segnati col logo del pellegrino, magari con l'ausilio di mappe belle e pronte, o a farti camminare in compagnia di anime gentili con cui discorrere del senso della vita? No, bello mio, troppo facile.* E quando, esausto, vi mettevo davanti all'evidenza di una barriera di spinosa sterpaglia o di un muro che bloccava il passaggio, *Fregatene*, sibilavate all'orecchio, *traccia la tua linea, scavalca e passa, e fa niente se la gente ti guarda strano. Camminare è un atto eversivo, e in quell'eversione sta il tuo orgoglio, la tua forza.*

A viaggio finito devo ringraziarvi di questa cocciutaggine, che ci ha permesso di arrivare a fine tappa magari graffiati dai rovi e morti di sete, ma sempre con la felicità di esserci infilati nel varco giusto e di averla fatta franca. Non era banale ribellione. Ci avevate semplicemente convinto che, per riprenderci l'Italia, dovevamo fare un po' di lavoro sporco. Cose come buchi nella rete, guadi selvaggi, colpi di roncola per sfoltire i rovi. Per non parlare del corpo a corpo con i Tir. Quando anni fa vi ho chiesto di portarmi a Santiago, mi avete risposto: *Banale, vecchio mio. Se mai lo farai, il Cammino, sarà da vecchio, e in direzione contraria, per il gusto di spiazzare i pellegrini che ti verranno incontro.* Come potevo ragionare con gente simile?

Scrivo con voi e grazie a voi, lo proclamo con orgoglio. Si può e si deve scrivere con i piedi. Siete voi a dettarmi la storia, a procurarmi gli incontri e persino a suggerirmi lo stile del racconto. Siete voi a dirmi che il cammino non è solo bosco, argine o sentiero, ma anche città, periferia, fabbrica, banlieue. Cantoniera abbandonata, cancello con la scritta ATTENTI AL CANE. Persino filo spinato, di quelli tristi e affilati che tornano di moda oggi in Europa. Il cammino si fa nel mondo, non fuori dal mondo. Comporta anche vesciche, graffi, punture di vespa, zaffate di tubi di scarico, insulti, diffidenza. È un'immersione, non un decollo verso altezze rarefatte. Ecco perché ho scelto l'Appia e non Santiago.

Ci sarà un motivo per cui, pur essendo un camminatore, detesto le isole pedonali, così come le interpreta l'Italia, che le ha trasformate in uno spazio per fighetti con negozi dai prezzi inavvicinabili e bar da happy hour. Preferisco mille volte un motel per camionisti lungo lo stradone o una taverna d'angiporto. O un locale per operai tatuati, contadini panzoni con la cicca per traverso e una banconiera rasta, con rughe da capo indiano, un po' come quello dove mi sono fermato dalle parti di Castellaneta. Una magnifica scena texana, con birra Raffo bevuta a canna, svolìo di mosche inferocite per il temporale imminente e una zanzariera psichedelica sfrigolante di insetti.

Mi avete spiegato che c'è una guerra millenaria in corso. Quella tra nomadi e sedentari. La si combatte ovunque. Nel mondo politico, nell'economia, nei giornali. Succede in realtà insospettabili, come la Chiesa, che pure è una delle più grandi agenzie di viaggi d'Italia. Da una parte hai le rassicuranti trasferte parrocchiali organizzate. Dall'altra i pellegrini veri, quelli che faticano e perciò danno fastidio. Uno di loro mi disse di essere andato dal vescovo a far benedire l'itinerario che si era tracciato da sé, e che costui gli aveva risposto, stizzito da tanta libertà: "Qui multum peregrinantur, raro sancti fiunt", chi viaggia troppo raramente si santifica. Anche in Vaticano i sedentari tentano di farla franca.

Ho sentito Guido Ceronetti (il suo cinismo e l'incantamento dei viaggiatori del Grand Tour li abbiamo evocati in egual misura lungo la strada) affermare che a fare la Storia sono "i piedi instancabili dell'Homo sapiens". Dio l'abbia in gloria per questa folgorante definizione. Quei piedi senza pace dicono che alla fine non vincerà il sedentario abbarbicato alle sue rendite, ma il suo antagonista di sempre: chi molla tutto, chi supera il dolore del distacco e la paura del mare nero per cercare una vita migliore. Vince chi brucia le navi sulla battigia per non cadere nella tentazione del ritorno. Nulla può fermare un ventenne che prende il mondo contromano, a stomaco vuoto e la testa piena di sogni.

Mi avete insegnato che l'uomo ha piedi, non radici, e che da sempre la Storia "facit saltus" grazie a quelli che li usano, chiamateli viaggiatori o migranti, oppure trasmigratori, come li definiva l'uomo dalla mascella volitiva per nascondere la miseria dell'emigrazione. Mio nonno fu un migrante della fame, partì da solo a otto anni per l'Argentina. C'è di mezzo anche il mio vecchio in questo viaggio. È anche per causa sua se sento simpatia per gli esiliati. Come loro, sono conscio di aver esercitato un diritto millenario, primordiale. Anche a costo di bucare frontiere e aprire varchi nei reticolati con le cesoie.

E poi non posso sfuggire al destino. Nel mio cognome c'è quella radice “Rum-” che puzza di Oriente, di zingari e carri a cavalli, che mi condanna a cercare incessantemente una via, specie se questa via è una traccia sepolta che mi comanda di essere riportata alla luce col calpestio delle suole, e ancor più se questa è la prima vera strada d’Europa, paradigma e modello di tutte le strade maestre a venire. È stato in questo viaggio che il mio diritto individuale allo spazio è diventato qualcosa di più: un dovere verso la mia Terra, un mandato degli antenati da assolvere, un simbolo per le genti affacciate sulla Linea.

Ripenso al contadino di Gravina che ha benedetto la mia strada spiegando che il mondo va alla malora proprio perché nessuno lo percorre più a piedi. Il senso era che il cammino è il solo, autentico sistema di controllo e di conoscenza. Il contrario di chi dall’America, pensando ai focolai di guerra del Mediterraneo, pretende di rassicurarci dicendo: “No boots on the ground”. Il ragionamento del vecchio non faceva una grinza. Il mondo è di chi pesta la terra con le suole. L’ho imparato persino dai piccoli camorristi napoletani, che pattugliano senza sosta ogni crocicchio, dai Quartieri Spagnoli fino a Santa Chiara.

La nostra non è stata un’esplorazione ma una riconquista dura, l’avventura di una pattuglia di Sioux che si sono ripresi i pascoli perduti e ora invitano altri pellirosse alla ribellione. Di questo vi ringrazio, piedi miei. Mi avete insegnato a non accontentarmi di arzigogolati sentieri costruiti per dribblare ostacoli, devastazioni e vergogne, ma ad affrontarli di petto gli ostacoli, le devastazioni e le vergogne, per denunciare appropriazioni indebite e misfatti. La forza dei cammini è che si fanno da soli, senza bisogno di autorizzazioni dall’alto. Una volta tracciati, essi danno la sveglia ai luoghi che attraversano. Li modificano in meglio. Possono persino ribaltare il rapporto avariato tra gli italiani e la loro geografia.

Santiago non era nulla negli anni settanta. Ora vede duecentomila persone l’anno. L’Appia può fare molto di più.

Il cercatore di vie

Non si poteva concludere quest'avventura senza una cartografia seria. Dopo i chilometri a piedi della primavera del 2015, dopo il viaggio di ritorno compiuto a settembre per approfondire la conoscenza dei luoghi, la strada ci teneva ancora in ostaggio, esigeva che portassimo a termine il mandato: consegnare al Paese un itinerario senza sbavature. Dovevamo farlo in fretta, per far sì che le prime pattuglie di camminatori si impossessassero della via prima che ci mettessero le mani i soliti malintenzionati, per imbalsamarla o per renderla ancor meno percorribile. E così, in pieno inverno, con questo libro già in cantiere, Riccardo Carnovalini, nostra guida e cartografo, ha accettato di tornare sulla Linea per risolvere una settantina di "nodi" e indicare alcuni bypass attorno agli ostacoli che ci avevano scornato all'andata. Un itinerario senza troppe grane, con meno scavalcamenti di guardrail e meno violazioni di domicilio.

"La lentezza complica le cose," ripete da sempre Riccardo, "e io voglio una vita complicata." Ha pensato di complicarsela ancora, ed è partito con Anna, la sua compagna, a bordo di una monovolume 4x4 attrezzata con materassi, sacchi a pelo e fornellino, per rifare pezzi di strada a piedi o su ruote, e scoprire un bel po' di cose. Per via della vegetazione più scarsa, l'inverno migliorava la visibilità e rendeva più semplici passaggi che d'estate avevamo trovato intasati di canne e sterpaglia. Ma l'inverno era anche un affare di pioggia, di neve e di vento, e venirne fuori richiedeva una determinazione non comune. "All'inizio è stata pioggia e la sera tornavamo alla macchina come maschere di fango," ricorda la nostra guida. "Pulirci era un lavoro di fino... per non ridurre l'abitacolo a un porcile, visto che dovevamo dormirci." Poi, dopo Benevento, è arrivata la neve, con un giorno di vera tormenta sul crinale del Formicoso, a quota mille. Ma la strana coppia – ligure lui, piemontese lei, teste dure entrambi – non ha mollato l'osso e ha continuato a testa bassa.

"Arriviamo a Lacedonia al tramonto," è il suo racconto, "e nel turbine di neve appare un corteo. È un funerale. Non ci possiamo credere. Il prete intirizzito in testa e, dietro, tutto il paese. Pensavamo di accamparci davanti al cimitero, ma non è più possibile, le macchine intasano l'accesso. Così scendiamo verso l'Ofanto, per una strada pazzesca, chiusa al traffico, piena di curve e di buche, con visibilità quasi zero. La notte, accanto al fiume, i vetri della macchina gelano e quando, al mattino, viene a svegliarci la Protezione civile, non riusciamo ad aprire la portiera per spiegare che non ci serve aiuto. Proseguendo, scopriamo che, se Lacedonia era tutta al camposanto, Rocchetta Sant'Antonio è tutta al bar, asserragliata in una nube di vapore, con la gente che batte carte ai tavoli, beve e grida in una baraonda che sembra riassumere l'altra faccia dell'isolamento appenninico."

Dopo la tormenta la tramontana pulì il cielo e la pattuglia di punta raggiunse Melfi per una strada completamente nuova, più semplice di quella fatta d'estate e più vicina al percorso originale. "Quella sera Raffaele Nigro e i suoi amici, avvertiti del nostro arrivo, ci avevano apparecchiato una cena sontuosa che era anche un omaggio alla nostra imperterrita dedizione al Mezzogiorno. Fave maritate con la cicoria, peperoni riempiti all'inverosimile, formaggi, insaccati e vino da star male tanto eran buoni. Ci avremmo messo due giorni a smaltire. E intanto l'allegra brigata ci aveva già predisposto un letto caldo con doccia e colazione che ci ha rimessi definitivamente in sesto. Salutandoci, ci hanno detto che dovevamo sentirci obbligati a tornare, la quarta volta, per raccontare la nostra avventura al completo. In quel freddo crudo, eravamo sedotti dal calore del Sud."

In Puglia il tracciato estivo ha avuto in regalo migliorie non da poco. Tratti di noioso asfalto dribblati con strade parallele di campagna e qualche astuta "chicane". "Alle porte di Gravina, un contadino un po' alternativo ha recintato il suo orto e sbarrato un osceno sottopasso stradale con ferraglia, cemento e canne. Ma noi vinciamo la nostra battaglia e l'Appia Antica ci regala, a sorpresa, qualche decina di metri originali, intagliati nel tufo, che mai altrimenti saremmo riusciti a vedere." Spesso l'arma vincente – pare impossibile – è la vecchia carta IGM degli anni cinquanta, dove la direttrice tratturale della Via Regina è ancora ben visibile. Basta sovrapporla alla viabilità attuale, e spesso la soluzione arriva. Come tra Masseria Miseria e Palagiano, dove una carrareccia agricola supera la Lama di Castellaneta senza colpo ferire evitando completamente la Statale 7.

Ma il vero nodo da superare è l'Ilva tarantina, il drago fumante che nel primo viaggio ci ha sbarrato la strada obbligandoci a una deviazione interminabile nell'afa di un temporale imminente. La chiave è un percorso asfaltato abbandonato, ormai coperto di vegetazione, all'interno dell'acciaieria e parallelo alla Statale, che chiude la partita con più coerenza rispetto al percorso storico e anche con meno fatica. "Abbiamo superato un paio di cancelli facilmente scavalcabili e, a giudicare dalle tracce, anche scavalcati con frequenza dai tarantini. Un percorso borderline, sullo stile del nostro cammino. Ma ora almeno ci sono le condizioni per consegnare la nostra proposta di Appia a chi vorrà fare un viaggio memorabile.

"In decenni di strade battute," prosegue, "ho imparato che chi va a piedi desta simpatia ma anche sospetti. A Grottaglie siamo stati inseguiti da una coppia in auto che ci aveva scambiato per ladri e si è segnata la nostra targa senza tenere in minimo conto le nostre spiegazioni. Intorno c'era qualcuno che sabotava gli ulivi, e loro credevano che fossimo stati noi. È stato un brutto finale, ma sono cose da mettere in conto se si affronta un viaggio non addomesticato da segnavia e non ancora frequentato da camminatori. Quanto fango nelle nostre pedule! E quanto vento gelido in faccia! Eppure, eravamo soddisfatti. I nodi più aggrovigliati erano stati sciolti. Era quello che contava."

Poi sono venuti gli ultimi ritocchi. Negli stessi giorni in cui Riccardo lottava contro il fango e la neve, anch'io tornavo sui miei passi, a Roma, Formia, Napoli e Benevento, per raccogliere nuove suggestioni capaci di farmi interpretare al meglio la via. Era, per così dire, il quarto viaggio.

È stata un'esperienza strana, solitaria, segnata in certi momenti dalla disperazione del troppo. Mi rendevo conto che l'Appia era un kolossal, un serial tv che condensava ventiquattro secoli di storia d'Italia, e che non era possibile pigiare tutta quella roba in poche miserabili pagine. Dovevamo limitarci a offrire una traccia, in semplicità. Una traccia probabilmente criticabile e perfettibile, ma viva.

Guida alle ventinove tappe

a cura di Riccardo Carnovalini

Dal sito www.feltrinellieditore.it è possibile scaricare le tracce Gps delle ventinove tappe e le trentuno tavole dei nodi del percorso.

Per mettere a punto un percorso da Roma a Brindisi, ricalcando il più possibile il tracciato della *Regina Viarum*, sono partito da alcune fonti, in primis *Via Appia dalla pianura pontina a Brindisi* di Lorenzo Quilici (Fratelli Palombi Editori, Roma 1989) che mi ha aiutato per la sua appendice cartografica.

Con un software per la gestione di mappe ho sovrapposto in dissolvenza le ortofoto del ministero dell'Ambiente e le tavolette IGM digitalizzate della metà del secolo scorso, senza mai perdere di vista la visione d'insieme delle carte stradali al 200 mila del Touring Club Italiano, il dettaglio delle Open Street Map, le indicazioni e gli studi degli archeologi. Con un problema di non poco conto: a mano a mano che l'Appia si allontana da Roma diminuiscono le sue tracce, finché, dopo Benevento, il percorso numero uno diventa molto aleatorio. Lasciata al suo destino la variante Traiana, mi sono aggrappato ai pochi punti certi (ponti, viadotti, città, stazioni di sosta, aree archeologiche) ma anche alle sfumature di colore dei rettifili decifrabili nelle fotografie aeree, spesso confermati dalle vecchie IGM come antichi tratturi di transumanza e dagli studiosi locali come probabile Via. L'interpretazione di tutto ciò ha prodotto la traccia Gps del percorso, con i passaggi e i pericoli delle strade asfaltate trafficate ridotti al minimo.

In funzione delle distanze e della posizione di paesi e strutture ricettive, ho stabilito la scansione delle tappe, le nostre *mansiones*: in tutto 29, alla media di una ventina di chilometri al giorno. Ho caricato sul Gps altrettante tracce su base cartografica Open Street Map, senza però rinunciare a 69 tavolette al 25 mila nella versione cartacea, utili per la presenza di toponimi trascurati e la ripetuta dicitura “Appia Antica” lungo vie anche minori.

Visibile, invisibile, possibile, impossibile, facile, complicata, aderente alla traccia o anche no, giorno dopo giorno la Via si è dipanata sotto i nostri piedi. E l’abbiamo mappata.

Le descrizioni che seguono – sommarie nei tratti filanti e dettagliate nei passaggi complicati – sono il frutto di un ulteriore sopralluogo invernale, necessario a sciogliere i nodi più grandi rimasti dopo il viaggio.

Tanti ancora i problemi: strade e proprietà private, passaggi sul bordo dei campi, nel folto della vegetazione o nel nulla, qualche fosso da guadare, diversi tratti lungo strade sprovviste di marciapiede o di adeguata banchina pedonale. Molto rimane da fare, ma la nostra è già una proposta collaudata per chi vuole mettersi in cammino da Roma a Brindisi o da Brindisi a Roma. Chi viaggia al contrario rispetto alle descrizioni del libro, e non usa le tracce Gps (scaricabili dal sito www.feltrinellieditore.it insieme alle tavole dei nodi del percorso), non dimentichi l’inversione di destra e sinistra e presti molta attenzione nei bivi e nel programmare il viaggio: sono da ribaltare anche i dati delle schede tecniche.

La Via si riapre camminandoci sopra. Saranno i piedi a scegliere il percorso migliore e a liberare l’Appia da abbandono e incuria.

Tappa 1: da Roma (Porta Capena) ad Albano Laziale

Comuni attraversati: Roma, Ciampino, Marino, Castel Gandolfo, Albano Laziale
Lunghezza: 22.530 km (22.180 km la distanza lineare)
Dislivelli totali: 402 m in salita, 47 m in discesa
Altezze: 24 m la partenza, 379 m l'arrivo; 388 m la massima, 17 m la minima
Pendenze: 6.8% la massima, -7% la minima
Fondo: asfalto, marciapiede, basolato, selciato, sterrato, sentiero
Tavolette IGM serie 25v: 150 IV-SO ROMA, 150 III-NO CECCHIGNOLA, 150 III-NE FRASCATI, 150 III-SE ALBANO LAZIALE
Mangiare e dormire: ristoranti, alberghi e b&b ad Albano Laziale
Collegamenti con mezzi pubblici: Albano è capolinea della ferrovia che la collega a Roma. Si può raggiungere anche con autobus Cotral da Anagnina (linea A metropolitana di Roma)

Si raggiungono i Colli Albani attraverso il Parco regionale dell'Appia Antica, un museo lineare all'aperto unico al mondo: oltre 260 le strutture di epoca romana che scorrono al nostro fianco. Sazi di bellezza, ma anche offesi dai degradi e dagli abusi dei "gangster dell'Appia", si cammina sui marciapiedi dell'Appia Nuova giungendo da Frattocchie a Castel Gandolfo e ad Albano.

La partenza è nella piazza di Porta Capena davanti ai resti delle mura, abbandonati tra la vegetazione: qui era la porta che segnava l'inizio dell'Appia. I primi passi sono a lato del viale delle Terme di Caracalla. Dal piazzale Numa Pompilio s'imbocca la via pedonale di Porta San Sebastiano, che si apre nella cinta delle Mura Aureliane e ci apre il cammino in Via Appia Antica. Incontri: il luogo dove sorgeva la prima colonna miliaria dell'Appia, ora in Campidoglio, l'antico Almone, l'ex Cartiera Latina, oggi sede del parco dell'Appia **(2.2 km)**. Davanti alla chiesa del *Domine Quo Vadis* e al Sepolcro di Priscilla si dirama la strada per le Catacombe di San Callisto: una variante di circa 1.5 km non trafficata e parallela all'Appia Antica, come la successiva via della Caffarella, che attraversa l'omonimo parco e consente di ritrovare l'Appia alla via di Cecilia Metella.

Chi percorre l'Appia Antica tenga conto dei rari marciapiedi e della sede stradale stretta e trafficata. Dalla Basilica e le Catacombe di San Sebastiano un cartello di divieto di transito prova a regolare il traffico delle auto, consentendo solo quello locale (nei festivi l'Appia dovrebbe diventare isola pedonale). La Via, ora più larga, passa accanto a Circo e Villa di Massenzio prima di arrivare al Mausoleo di Cecilia Metella con il *Castrum* Caetani, il sepolcro meglio conservato e più conosciuto dell'Appia **(4.2 km)**. Percorso un primo breve segmento di basolato, si giunge al sito di Capo di Bove: qui è stato portato alla luce un complesso termale del II secolo e allestito l'archivio di Antonio Cederna, strenuo difensore del patrimonio culturale e paesaggistico italiano e dell'Appia Antica.

La via conserva per ampi tratti, alternati ai cubetti di porfido (sanpietrini), l'originale basolato: la carreggiata misura 4,10 m, mentre ai marciapiedi (crepidini) sono riservati 3,10 m per lato.

Si attraversa via di Tor Carbone-via Erode Attico, quindi, preceduto dai Tumuli degli Orazi e dei Curiazi, ecco il Ninfeo della Villa dei Quintili. Seguono la Quinta Scenografica del Canina e Casal Rotondo, e l'attraversamento di via di Torricella-via di Casal Rotondo. L'Appia prosegue con divieto di transito ai veicoli a motore, transita da Torre Selce, alle cui spalle è l'Acquedotto dei Quintili, e sovrappassa il Grande Raccordo Anulare **(10.6 km)**. Torna un tratto di basolato prima dell'incrocio con via degli Armentieri. All'altezza dell'aeroporto di Ciampino s'incontrano il Tempio di Ercole e il sepolcro detto la Berretta del Prete. Si attraversa via di Fioranello-via dell'Aeroscalo: la prossima sosta è alla Tomba di Gallieno, dov'era posta anche l'antica *statio ad Nonum*, oltre la quale si passa via Capanne di Marino e si procede su sterrato. Sottopassata la ferrovia Roma Termini-Velletri e ritrovato il basolato, si attraversa Santa Maria della Mole in viale della Repubblica **(15.8 km)**, nei pressi della stazione ferroviaria di questa frazione di Marino che conserva i resti delle *tabernae* di servizio alla *Mutatio ad Decimum*, stazione di posta per il cambio dei cavalli. Pochi metri di marciapiede e si riprende l'Appia Antica diretti a Frattocchie. S'incontra Tor Leonardo prima che la parte pedonale dell'Appia si concluda insieme al territorio del parco, che cede il passo al Parco regionale dei Castelli Romani. Gli ultimi basoli della tappa toccano via Daniele Manin, da attraversare per proseguire in Via Appia Antica, ora ampia e asfaltata.

L'attuale Frattocchie sorge dov'era *Bovillae*, antica città della Lega Latina e poi, dopo la distruzione di *Alba Longa*, romana. Era la prima località abitata provenendo da Roma, sede di *taberna* e con un grande Circo, di cui rimangono resti.

Via Appia Antica confluisce sulla SR 207 Nettunense (**17.1 km**): si attraversa per portarsi sulla SS 7 Appia Nuova e camminare sul marciapiede del suo lato destro, lasciando alle spalle l'abitato di Frattocchie. All'altezza del km 20.7 dell'Appia, ma sull'altro margine della via, ecco l'imponente sepolcro cilindrico del Torraccio di Boville.

Più avanti si lascia a sin la stazione ferroviaria di Villetta (**21.1 km**) e in vista dell'Appia bis (in galleria) s'imbocca a dx il sopraelevato vicolo Villetta, che porta in piazza del Fragolino. Per riprendere la SS 7 oltre il sottopasso ferroviario si attraversa viale Giovanni Paolo II.

Transitati sotto un alto Sepolcro a torre, si giunge all'incrocio con la SS 216 (via Gallerie di Sotto), all'inizio del centro di Albano. Si fiancheggiano i muri dell'Azienda agricola pontificia e si supera via Cairoli all'altezza del parco della Villa Imperiale già di Pompeo Magno. A lato dei *Castra Albana*, un grande accampamento militare in difesa di Roma, si seguono i marciapiedi di corso Giacomo Matteotti fino alla fonte del Mascherone e a piazza San Pietro.

Percorsa il 28 aprile 2015

Tappa 2: da Albano Laziale a Cisterna di Latina

Comuni attraversati: Albano Laziale, Genzano di Roma, Nemi, Velletri, Cisterna di Latina
Lunghezza: 21.900 km (20.770 km la distanza lineare)
Dislivelli totali: 207 m in salita, 499 m in discesa
Altezze: 379 m la partenza, 87 m l'arrivo; 444 m la massima, 85 m la minima
Pendenze: 17.3% la massima, -12% la minima
Fondo: asfalto, marciapiede, basolato, sterrato, sentiero, banchina naturale
Tavolette IGM serie 25v: 150 III-SE ALBANO LAZIALE, 150 II-SO VELLETRI, 158 I-NO LE CASTELLA, 158 I-NE CORI
Mangiare e dormire: ristoranti, b&b e agriturismi a Cisterna
Collegamenti con mezzi pubblici: Cisterna ha la stazione sulla linea ferroviaria Roma-Napoli

Dai Colli Albani alla pianura Pontina un cammino che inizia ai piedi di Ariccia, entra in Genzano dopo la prima salita dell'Appia e attraversa la campagna coltivata di Velletri. Molte le sorprese: dalla "Sostruzione" di Ariccia, uno dei più spettacolari manufatti dell'Appia Antica, a inattesi tratti di basolato.

Si passa davanti al Museo archeologico di Villa Ferrajoli prima di lasciare Via Appia Nuova e piegare in discesa per via della Stella **(0.7 km)**. Il sepolcro detto degli Orazi e Curiazi colpisce per la maestosità, le vicine Catacombe di San Senatore per gli affreschi. Si lascia a sin via del Pometo e si scende su Via Appia Antica nella Valle Ariccia, antico lago vulcanico prosciugato. Ariccia stava arroccata sull'acropoli, l'Appia correva nel vallone ai piedi dell'abitato, dove sorse l'"Osteriaccia", prima *statio* di sosta al XVI miglio, e si sviluppò il Foro. Al centro della seconda rotatoria, all'incrocio con via di Vallericcia **(2.0 km)**, ecco il Basto del Diavolo, probabile porta d'accesso al Foro. Circa 200 m più avanti, dove si dirama via della Polveriera e inizia la salita per Colle Pardo, si cammina sopra la "Sostruzione" di Ariccia, un viadotto del II secolo a.C. costruito per superare il bordo dell'antico cratere. L'opera, un capolavoro d'ingegneria stradale ben conservato, è lunga 230 m e alta fino a 13 m. Per apprezzarla bisogna percorrere un breve tratto di via della Polveriera, perché non si svela percorrendo la moderna strada. Terminata la prima salita da Roma degna di menzione, si percorrono, nel territorio di Genzano, via Romana, via De Gasperi, via Di Vittorio, via Silvestri e via Emilia Romagna. Al bivio tra le vie Appia Vecchia e Appia Antica all'uscita di Genzano **(6.1 km)** si sceglie quest'ultima. In uno slargo a sin si vede il miliario del XIX miglio intestato all'imperatore Nerva. A monte Cagnoletto, probabile *statio Sublanuvio*, la Via sfiora la SS 7 e ci sorprende con 300 m di basolato. Via Appia Antica sfocia in Via Appia Vecchia-SP 95a. Nel ½ km di rettifilo verso Velletri rovine romane incorporate in edifici più recenti, prima di voltare a dx in via San Gennaro-SP 99b **(8.6 km)**, uscendo dal Parco regionale dei Castelli Romani. Al di là della ferrovia Roma-Velletri si svolta a sin sia in via Vigne Nuove-SP 97a sia alla successiva via Palaggi. Traffico alle spalle si sale tra vigneti e oliveti del Colle Ottone a riprendere il rettifilo della Via in un territorio solcato da diversi piccoli corsi d'acqua. Il primo è il fosso di Casale Orazi **(11.2 km)**, al confine fra i comuni di Genzano e Velletri. È preceduto dai resti delle crepidini e della massicciata di contenimento dell'Appia (si vede scendendo a sin). Se vegetazione e acqua lo permettono si attraversa il fosso, altrimenti si aggira sulla dx, costeggiando una casa (proprietaria ben disposta) e ritrovando la Via. Al successivo fosso, che si supera sul Ponte di Mele, si giunge percorrendo una parte di Appia (da via Colle Ottone Basso) con i basoli che fanno capolino dall'asfalto. Ai vari bivi si procede diritto, sulla linea SE. Il fosso di Civitana è il prossimo ostacolo. Dopo una catena e la fine della strada, un sentiero scende nel folto al guado e risale, più pulito, a due grandi sughere, ritrovando in breve la "retta Via". All'incrocio con via Soleluna **(13.9 km)** si cammina sul basolato; attraversata la Strada dei Cinque Archi (SP 87b, 50 m a dx), a lato della scuola materna e all'interno delle sue recinzioni ecco, di nuovo, il basolato. Forse in quest'area si trovava la *statio ad Sponsas*. Lasciata a dx via Tempio di Diana, al termine dell'asfalto di Via Appia Antica si scende su carrareccia al fosso di Farina, con ponticello. Un varco a dx di un cancello ci fa raggiungere il vicino vigneto, da camminare sul bordo sinistro. Sotto al muro di una proprietà la pista inerbita conduce alla Via, adesso percorribile senza problemi: sempre a SE, sempre diritta, incrocia via dei Fienili e la contigua via delle Vascucce, e poi via Mola della Strada. Una carrareccia porta all'incrocio con via delle Mole e via Spirito Santo, e all'asfalto. Si supera il fosso dell'Incudine su un ponte stradale, si trascurano le vie San Tomao e San Tommaso, e si esce al km 48.3 della SS 7 **(17.8 km)**. Si va a Cisterna di Latina sulla moderna Appia, sotto i pini, sul bordo della statale. Si passa dalla località Le Castella: da qui l'Appia Antica si sviluppava con un percorso parallelo più a monte, oggi obliterato dall'espansione di Cisterna. Lasciata la Variante Appia, circonvallazione a O di Cisterna, si trovano i marciapiedi della cittadina. In corso della Repubblica (SS 7) si arriva in centro.

Percorsa il 29 aprile 2015 e a tratti il 12 gennaio 2016

Tappa 3: da Cisterna di Latina a Borgo Fáiti

Comuni attraversati: Cisterna di Latina, Latina, Sermoneta, Sezze
Lunghezza: 20.330 km (19.820 km la distanza lineare)
Dislivelli totali: 20 m in salita, 100 m in discesa
Altezze: 87 m la partenza, 7 m l'arrivo; 87 m la massima, 7 m la minima
Pendenze: 1.1% la massima, -2.5% la minima
Fondo: asfalto, marciapiede, sterrato, banchina naturale
Tavolette IGM serie 25v: 158 I-NE CORI, 158 I-SE BORGO PODGORA, 159 III-NO SEZZE
Mangiare e dormire: a Borgo Fáiti il Foro Appio Mansio Hotel
Collegamenti con mezzi pubblici: Borgo Fáiti è collegato a Latina con bus Cotral

Dal km 56 della SS 7 a Borgo Fáiti e oltre, fino alla Rupe di Leano di Terracina, la Via Appia è fondamenta nascoste della statale. Qualche vestigia romana (l'area archeologica di Tres Tabernae, *miliari, cippi e ponti) emerge rompendo la monotonia di una tappa inevitabilmente a fianco al traffico veloce, in buona parte sull'ampio ciglio del terrapieno bordato di pini, eredi degli olmi e dei pioppi di un tempo. Con una piccola eccezione illecita iniziale prima di infilarsi nello storico e originario rettifilo, fettuccia che a piedi è infinita.*

Un percorso lecito si mette Cisterna alle spalle su corso della Repubblica (SS 7), volge a sin alla rotonda alberata oltre la ferrovia e riceve la Variante Appia. Ma per seguire il tracciato autentico della Regina Viarum a E di Cisterna c'è un percorso illecito. Via Bassi, via Porta Agrippina, via dei Monti Lepini portano dal centro alla Via, ora via Fermi; oltre il fosso di San Biagio e una curva, un cancello, superabile a dx (muretto), delimita la proprietà di un'azienda agricola. Scavalcandolo si procede a SE su sterrata; un secondo cancello, aggirabile sulla traccia dei trattori e una non problematica sbarra ci ridanno la viabilità consentita. Al bivio vicino occorre lasciare la Via e girare a dx in via Bufolareccia per portarsi, oltre la direttissima ferroviaria Roma-Napoli, alla SS 7 (km 55.2). E ciò perché la confluenza dell'Appia Antica nella moderna cozza, circa ½ km più avanti e dopo i ruderi di un sepolcro, sull'invalicabile trincea ferroviaria.

Sulla statale, davanti al bivio di via Bufolareccia (**2.5 km**), si va sul lato destro della strada per sfruttare l'ampio spazio oltre la carreggiata che contorna l'area industriale di Cisterna, prendendo la direzione di SE che la Via manterrà per oltre 41 km, fino alla rupe di Leano.

Si supera il bivio a sin di via Ninfina II e circa 400 m dopo, sul lato S all'altezza della casa cantoniera del km 58.108, si giunge al sito della *statio Tres Tabernae* (**5.5 km**), parte di un nucleo urbano, databile dal I al IX secolo, importante per la sosta dei pellegrini verso Roma o Gerusalemme (forse visitabile dal 2016).

Dopo circa 1 km si valica il canale di bonifica delle Acque Alte sul ponte restaurato da papa Pio VI. Al km 61, in località La Gialla, dopo aver a lungo sfruttato gli spazi di cammino più tranquilli offerti dal lato destro della statale, conviene ritornare sul lato sinistro fino al Casale delle Palme (km 62.4, bar, ristorante, hotel), dove si riattraversa. Si superano il collettore delle Acque Medie (**10.4 km**), la rotatoria stradale della Chiesuola e, davanti alla cantoniera al km 64.296, si torna sul lato sinistro. All'orizzonte si stagliano sempre i monti Lepini. Appena prima dell'incrocio con la strada che unisce il capoluogo a Latina Scalo c'è l'Epitaffio commemorativo dei lavori pontifici. Poco più di 1 km e si arriva al borgo di Tor Tre Ponti (**13.9 km**), che nel nome ricorda una torre medievale e tre ponti romani. Di fronte alla chiesa di San Paolo, parte di un complesso seicentesco costruito forse sul sito della *statio Tripontium* in memoria del passaggio di San Paolo, sono conservati due miliari: il primo di Nerva e Traiano, il secondo di Costantino. Al semaforo ci si porta sul lato destro della statale, per rimanerci fino al km 67, che precede il piccolo ponte sul fosso Striscia, seguito dappresso dal ponte a due archi sul fiume Ninfa-Sisto costruito da Traiano. Da qui l'acqua del fiume scorre a fianco all'Appia e crea il primo tratto del canale già navigato da Orazio nel suo viaggio a Brindisi. In linea con la cittadina di Sezze, ecco infine Borgo Fáiti, sorta sul sito della *statio Forum Appii*, ricordata da Orazio come *gremita di battellieri e di osti imbroglioni*, e sviluppatasi proprio grazie al diverticolo per l'antica *Setia*. Lasciando a dx il borgo, e rimanendo sul lato sinistro della strada, si trovano un cippo a ricordo dei restauri di Traiano, l'antico ponte sul fiume Cavata che si immette sul canale Linea Pio, e il casale di Frappo, antica stazione della posta pontificia, oggi hotel.

Percorsa il 13 gennaio 2016

Tappa 4: da Borgo Fáiti a Terracina

Comuni attraversati: Sezze, Latina, Pontinia, Terracina
Lunghezza: 29.410 km (28.590 km la distanza lineare)
Dislivelli totali: 67 m in salita, 41 m in discesa
Altezze: 7 m la partenza, 33 m l'arrivo; 33 m la massima, 0 m la minima
Pendenze: 6.2% la massima, -1.2% la minima
Fondo: sterrato, asfalto, argine e banchina naturale, cenni di basolato
Tavolette IGM serie 25v: 159 III-NO SEZZE, 159 III-SO LAGO DI CAPROLACE, 159 III-SE MESA O BORGO VODICE, 170 IV-NE PORTO BADINO O BORGO ERMADA,170 I-NO TERRACINA
Mangiare e dormire: a Terracina numerose soluzioni per cena e pernottamento
Collegamenti con mezzi pubblici: ferrovia Roma-Napoli fino a Monte San Biagio, stazione collegata a Terracina da bus Cotral. Servizi autolinee da Roma

Si cammina al di là del canale Linea Pio, sull'argine o nelle immediate vicinanze, per quasi 22 km, limitando a meno di 2 km la parte sulla SS 7. Gli ultimi 6 km di Appia Antica, fra la rupe di Leano e Terracina, riservano mausolei inglobati in proprietà private, tratti di lastricato che affiorano dall'asfalto e il meraviglioso arrivo in piazza del Municipio, premio della tappa che completa l'attraversamento della pianura Pontina.

Da *Forum Appii* a Terracina l'Appia prendeva il nome di *Decennovium*, 19 miglia, la distanza tra loro in linea retta. S'inizia sulla SS 7 incontrando subito un cippo in memoria dei lavori di Nerva e Traiano e, poco oltre, il miliario XLIII. Le sponde antiche della strada indicano 15,8 m di larghezza totale, con sede carrabile lastricata di 4,2 m e 3 m di marciapiedi per parte.

Circa ½ km dopo l'incrocio della Storta si volta a dx sulla SS 156. Appena oltre il ponte sul canale Linea Pio, dedicato al papa che lo riattivò, si va all'argine cercando un varco nella vegetazione, ove possibile, con scavalco del guardrail. All'altezza del podere

Aquila, al di là di canale e Appia, poche decine di metri infestati da canne e rovi non aggirabili attendono un machete e braccia volonterose per ridare vita a un'ideale ciclopedonale. Cominciarono pure i lavori, ma si scoprì che nel predisporre il fondo vennero usati materiali inquinati. E tutto si bloccò.

L'argine incrocia la via Migliara 45 al ponte di Bocca di Fiume **(3.3 km)**: al km 76 dell'Appia, un antico edificio utilizzato anche dalla posta pontificia e, appena più indietro, il bar Appia Antica. Oltrepassando una recinzione si continua il cammino sull'argine, inizialmente prativo poi invaso dalla vegetazione e con tratti percorribili a fatica, evitabili scendendo sui campi a dx.

Da una torre dell'acqua si segue la relativa sterrata d'accesso fino alla Migliara 46 e quindi l'argine. Alla Migliara 47 si passa accanto all'abbandonata cantoniera San Giacomo **(6.4 km)**; prima della 50, oltre un impianto idrovoro, corre sotto l'argine la strada della Beccaccia e poi una pista a fondo naturale. Su quel prezioso balcone naturale che è l'argine, a cui andrebbero tessuti elogi, si va a incrociare la Migliara 51 **(12.1 km)** e a camminare in vista di Mesa apprezzandone, anche se di là del canale e della statale, le rovine del mausoleo attribuito a Clesippo Geganio e il casale che perpetua la *mansio ad Medias*, a metà del Decennovio. Ai lati del portone due miliari traianei, uno dei quali, forse il più antico conosciuto, si riferisce alla prima pavimentazione di questo tratto. A S le vedute del Circeo, a N dei Lepini mentre si percorre la sterrata d'accesso a un serbatoio idrico a torre, lasciandola quando se ne va a SO (Migliara 52). Sull'argine si arriva a una briglia recintata, da aggirare con passaggio a S di pochi metri lungo la rete (se pulito), o sul versante canale (sconsigliabile). Segue la carrareccia d'argine e, dall'incrocio con la Migliara 53 (SP 77), via Strada Bianca, sotto l'argine, poi asfaltata e diretta alla contrada La Sega, Migliara 54 **(16.6 km)**. Sempre a SE si cammina sull'argine, o in alternativa sulla strada asfaltata ai suoi piedi.

Alla Migliara 57 s'attraversa il canale **(21.0 km)**. In meno di 1 km di SS 7 si passano i fiumi Ufente e Amaseno. Una cinquantina di metri oltre quest'ultimo si valica il canale con una passerella e si torna al suo fianco su strada che diventa asfaltata nel costeggiare un grande svincolo e poi riattraversare il Linea Pio al ponte di via Morelle. 400 m di SS 7 per deviare a sin in strada Ponte Alto **(23.6**

km), l'Appia Antica, verso la rupe di Leano. Un ponte traianeo che valica il fosso Granci (si apprezza scendendo sul lato S), la limpida sorgente di Feronia e, confluiti nella SP 73, le rovine di *Lucus Feroniae* (santuario ai cui piedi era un complesso termale). La Via continua sottocosta, parallela alla ferrovia. Tra gli ulivi il nucleo di un sepolcro. Il rettifilo, asse della centuriazione romana, attraversa la piana di Terracina: a dx un vecchio acquedotto (pinnacoli in muratura), a sin rari lastricati. Ma quel che colpisce è un irrispettoso affastellamento di case moderne e tombe romane. Sulla sin due grandi mausolei depredati del loro rivestimento e inglobati in proprietà private; un terzo è spartitraffico con via della Madonnella. Si transita sotto la Variante Appia e si raggiunge piazzale della Stazione. L'Appia Antica, il decumano di *Tarracina*, è oggi perpetuata da via della Stazione, via Porta Romana, corso Garibaldi. In via Porta Romana notiamo a sin un alto mausoleo cilindrico. La settecentesca Porta Romana ingloba un massiccio torrione di controllo della strada di età sillana. In fondo al corso si giunge nel cuore della città, con i resti di un tempio e il Foro, attraversato da un integro tratto basolato dell'Appia. Sulla piazza del Municipio si affacciano il Duomo romanico, che include gran parte del tempio antico, e, all'interno della Torre Frumentaria, il Museo civico archeologico.

Percorsa il 30 aprile e l'1 maggio 2015, e il 13 gennaio 2016

Tappa 5: da Terracina a Fondi

Comuni attraversati: Terracina, Monte San Biagio, Fondi
Lunghezza: 19.830 km (16.640 km la distanza lineare)
Dislivelli totali: 319 m in salita, 341 m in discesa
Altezze: 33 m la partenza, 11 m l'arrivo; 175 m la massima, 2 m la minima
Pendenze: 17.3% la massima, -24.1% la minima
Fondo: sterrato, basolato, sentiero, asfalto, banchina stradale, marciapiede
Tavolette IGM serie 25v: 170 I-NO TERRACINA, 159 II-SO SONNINO, 159 II-SE FONDI
Mangiare e dormire: a Fondi ristoranti, hotel e numerosi b&b
Collegamenti con mezzi pubblici: Fondi ha la stazione sulla ferrovia Roma-Napoli, collegata al centro (a circa 2.5 km) da bus. Corriere Cotral da Roma

Itinerario interessante e panoramico che congiunge la rupe di Terracina, ricca di importanti reperti e di storia antica, con la piana di Fondi, in parte occupata dall'omonimo lago, ai piedi dei monti Ausoni. Fino a Portella di Monte San Biagio il percorso coincide con le Vie Francigene del Sud.

Dal centro di Terracina la via di Appio Claudio, prima di raggiungere il valico di *Lautulae* e scendere verso la piana di Fondi, s'inerpica sul monte Sant'Angelo, alla cui sommità è il tempio di Giove Anxur, dislivello evitato da Traiano col famoso taglio del Pisco Montano che deviò la Via lungo la costa.

L'uscita dell'Appia dal Foro in direzione SE, oggi obliterata da un palazzo, avveniva attraverso il cosiddetto Arco di Galba, che si fiancheggia lungo via Annunziata, per svoltare subito a sin in vicolo della Rota. Da qui si sale verso dx per imboccare, attraverso una porta nelle mura, via San Francesco Nuovo. Al tornante sopra, davanti al vecchio ospedale di San Francesco, la vista si apre su Terracina, la piana Pontina con il Circeo e le isole Ponziane. Si gira a dx e si cammina in via Anxur. L'Appia, riconoscibile dai sepolcri ai lati, esce dalla protezione delle mura dove queste, sulla dx, si sono conservate: sono fra i più antichi esempi di fortificazione con torri rotonde. Via Anxur confluisce nella Strada Panoramica che sale al tempio di Giove Anxur: si segue per 300 m fino al bivio del cimitero. 100 m di via Cimitero e si gira a dx su via di Piazza Palatina (qualche resto di sepolcro anche qui). Affiora un tratto di strada romana prima che la strada divenga sterrata e vietata alle auto. Alla sella a S del monte Croce la Via gira lo sperone più ripido sul mare, forse il valico di *Lautulae*, passaggio obbligato tra Roma e la Campania, punto cruciale fino alla costruzione dell'Appia traianea. Dalla cosiddetta Piazza Palatina, uno slargo artificiale di 22 m di diametro per il riposo di viandanti e cavalli, lo sguardo spazia sulla piana e la costa di Fondi fino a Sperlonga, e purtroppo anche sul suolo sacrificato alla moderna viabilità stradale **(2.9 km)**.

Si prosegue sull'Appia, in parte intagliata nella roccia, lastricata e con potenti sostruzioni, scendendo fino a quota 61, dove termina la strada. Qui si imbocca a sin, dopo una casa, un sentiero, in parte invaso dalla vegetazione, che sale ai punti più alti della tappa (175 m). A valle c'è la cinquecentesca Torre del Pesce, all'imbocco del canale Canneto, che va dal lago di Fondi al mare. Si aggira a monte una casa circondata da olivi; all'incrocio di vie sul lato N dell'edificio, oltre un cancello aggirabile, si prende quella asfaltata che scende a S. Un rettilineo e al bivio si volta a sin, si passa ai piedi della gigantesca cava Picozzi e si giunge al piano e all'Appia moderna e traianea (quasi coincidenti) al km 108.2 **(6.7 km)**. Si cammina sul lato sinistro della SS 7, concedendosi una deviazione di poco più di 100 m per vedere la cinquecentesca Torre dell'Epitaffio, collegata alla porta ad arco sotto la quale passava l'Appia. Da qui ai Torrioni di Portella erano 3 km di "Terra di Nessuno" fra i confini dello Stato Pontificio e del Regno Borbonico.

Dopo 1 km e il miliario borbonico 65 ecco un mausoleo a pianta quadra, la cosiddetta tomba di Galba. Ancora 200 m e si lascia l'Appia seguendo a dx i segnavia delle Francigene del Sud per una stradina asfaltata a fianco alla ferrovia e, dopo una doppia curva a 90°, lungo un canale al margine di quello che era il Pantano Grande. Si passano entrambi, canale e ferrovia, per compiere una deviazione (600 m andata e ritorno) verso due luoghi speciali di Portella: la sorgente, dove si può bere e rinfrescarsi e, sottopassando la SS 7 e girando a sin sulla strada parallela, i Torrioni, dogana fortificata attraverso la quale l'Appia Antica passava stretta tra la palude e le montagne (**11.4 km**). Quindi si ripassa dalla sorgente e, subito dopo il sottopasso ferroviario, si gira a sin e per quasi 3 km si va lungo una stretta strada asfaltata a dx della ferrovia (via Parallela F.S.). Si passa perciò alle spalle della stazione di Monte San Biagio, poi si sale sul terrapieno di via Mare per riprendere subito il rettilineo lungo il lato S della ferrovia. Con un ponticello si supera il canale San Vito e si raggiunge via Farnete, sulla quale sovrappassare la ferrovia e pervenire all'Appia al km 114.9 (**14.6 km**). 5 km di antico rettifilo per arrivare a Fondi, attraversando la piana bonificata in età tardorepubblicana e in seguito famosa per i suoi vigneti. Si cammina sulla sin fino al bivio di via San Giovanni (km 118), e poi a dx sul marciapiede. 700 m e, alla chiesa della Madonna del Soccorso, si ripassa a sin per andare verso la grande tomba cilindrica attribuita (senza fondamento) a Gavio Nauta, che si affaccia al bivio dell'omonima via, seminascosta dalle case. Attraversata la via provinciale per Lenola, si varca il canale Acqua Chiara sul ponte antico attrezzato a ciclopedonale. Via Roma e, girando a dx, viale della Libertà e corso Appio Claudio (decumano della città), in parte pedonale, portano in piazza della Repubblica, cuore dell'antica *Fundi* ancora circondata da mura. Anche al tempo dei Romani il centro e il relativo traffico potevano essere evitati con una variante Appia a S, fuori le mura, oggi perpetuata all'incirca dalle vie Filzi e Chiesa.

Percorsa il 2 maggio 2015

Tappa 6: da Fondi a Formia

Comuni attraversati: Fondi, Itri, Formia
Lunghezza: 21.900 km (19.010 km la distanza lineare)
Dislivelli totali: 320 m in salita, 326 m in discesa
Altezze: 11 m la partenza, 5 m l'arrivo; 288 m la massima, 5 m la minima
Pendenze: 17.1% la massima, -13% la minima
Fondo: asfalto, marciapiede, banchina stradale naturale, sterrato, basolato, sentiero
Tavolette IGM serie 25v: 159 II-SE FONDI, 160 III-SO LENOLA, 171 IV-NO ITRI, 171 IV-NE FORMIA
Mangiare e dormire: a Formia l'albergo del Golfo davanti alla stazione ferroviaria e numerosi b&b e ristoranti
Collegamenti con mezzi pubblici: a Formia fermano i treni della linea Roma-Napoli

Una delle tappe più interessanti dell'intero sviluppo dell'Appia Antica per l'attraversamento della stretta e suggestiva valle di Sant'Andrea con uno dei tratti meglio costruiti e conservati dell'Appia, compreso nel Parco naturale dei monti Aurunci. Dopo la Forcella si scende a Itri e poi a Formia, antichissima città distesa nel mezzo del golfo di Gaeta, incontrando due miliari, la tomba detta di Cicerone e una fontana risalente al I *secolo dell'Impero.*

Via Appio Claudio giunge al castello dei Caetani, posto a cavaliere dell'Appia sulla porta per Napoli e sede del Museo civico archeologico. Piazza Unità d'Italia con le Terme romane e corso Italia per giungere alla SS 7, da seguire verso Itri. Dall'incrocio con via Monte Vago, all'uscita di Fondi, per 150 m la Via è delimitata a sin da un muro di tufo in opera reticolata e ha poco spazio per i pedoni. Per evitare i successivi 3 km di SS 7, da via Monte Vago si può scegliere un percorso più lungo verso monte, incluso nelle Francigene del Sud: vie Gegni, Valmaiura e Fossato Piano, uscendo sull'Appia davanti a via Cappellalto II. Altrimenti si procede in banchina sinistra lungo l'Appia (antica e attuale sono sovrapposte) fino al km 124.1, ove si lascia la statale per una tranquilla alternativa che origina da via Cappellalto II **(4.2 km)**. Subito dopo il ponte sul Fosso Sant'Andrea, 1½ km di campestre al suo fianco, parallela poco discosta dall'Appia. Alla Via si torna al km 125.6, superati via Malanotte e il fosso al primo ponte utile. Per circa 300 m si cammina sulla banchina sinistra, finché la strada antica diverge dalla statale salendo alla Forcella lungo il versante opposto della valle Sant'Andrea, ben valorizzata da segnaletica e tabelle del Parco degli Aurunci. Una carrareccia immette al grandioso ponte di Filippo II re di Spagna, fedelmente ricostruito nel 2004. Si succedono tratti di strada selciata borbonica, lastricata rinascimentale e romana (in pietra calcarea ai tempi di Traiano e in basalto ai tempi di Caracalla), scanditi da monumenti: una stazione di sosta con cisterna e strutture d'accoglienza, terrazzamenti a sostegno della via, il Fortino di Sant'Andrea, legato alla figura di Fra Diavolo di Itri, eretto sui resti del tempio di Apollo. Davanti al ponte borbonico della Forcella (cancello) si attraversa la statale e la si segue per 20 m a monte per imboccare un sentiero che sale al vicino oliveto, affiancato dal lastricato, nascosto in parte dalla vegetazione. Nei pressi dei ruderi di un casino di guardia borbonico ci si immette su sterrata rettilinea in salita, a tratti basolata. Alla sommità del valico della Forcella, con i resti del terrazzamento dell'antica stazione di sosta, terminano i basoli. La via imbrecciata confluisce presto nell'Appia moderna **(9.1 km)**. Circa 2 km di banchina laterale verso Itri prima che inizino i marciapiedi dell'abitato. Culmine della tappa è il cimitero (288 m), poi si scende. Oltre il bivio per località Vacastello una curva cieca costringe a passare a dx: il marciapiede inizia in contrada Posaturo, ingresso di Itri. Alla chiesa della Madonna delle Grazie si ritorna a sin: emergono circa 50 m di basolato utilizzati come parcheggio auto (!). Paralleli e a monte della statale, i corsi Appio Claudio e, dopo piazza Incoronazione **(12.7 km)**, San Gennaro, sono la Via attraverso Itri, che fu stazione di posta lungo l'Appia. Quasi all'uscita della cittadina, all'altezza del vicolo Campiglioni, oltre un muro sul lato a valle, c'è un terrazzamento in opera poligonale. Si torna sulla SS 7 al km 134.1, presso una grande cava di calce. Da qui le vie antica e moderna tornano a coincidere. Al km 135.4, a dx (lato ferrovia), il cippo miliario di Nerva LXXXIII. Al km 136.2 tenere la dx nel sottopasso in curva della ferrovia. Circa 200 m più avanti, a sin, la colonna miliaria di

Nerva LXXXV e resti di lastricato. Ormai in piano si passa sotto il primo dei 25 archi dell'imponente viadotto Pontone, parte della dismessa ferrovia Formia-Gaeta. Al km 139.3, quasi a Formia, il grandioso mausoleo detto Tomba di Cicerone, della seconda metà del I secolo a.C. (**19 km**). Poco più di 1 km ed ecco la fontana romana di San Remigio, preceduta da una piazzetta lastricata con antichi basoli, decine dei quali giacciono accatastati su un lato alla mercé dei malintenzionati.

Si entra nel centro di Formia da via Rubino. Si prosegue in via Ferdinando Lavanga con percorso rettilineo, parallelo e più interno alla SS 7, fino a piazza Tommaso Testa.

A Formia, in età romana amata sede di villeggiatura, numerosi resti di ville, tra cui quella di Cicerone, assassinato qui nel 43 a.C., e, a monte dell'Appia nel quartiere di Castellone, il Teatro romano, il Cisternone, opera dell'ingegneria idraulica romana, la poderosa cinta di mura degli Aurunci. In una parte del municipio, il Museo archeologico.

Percorsa il 3 maggio 2015

Tappa 7: da Formia a *Minturnae*

Comuni attraversati: Formia, Minturno
Lunghezza: 14.180 km (13.380 km la distanza lineare)
Dislivelli totali: 40 m in salita, 34 m in discesa
Altezze: 5 m la partenza, 11 m l'arrivo; 27 m la massima, 5 m la minima
Pendenze: 2.3% la massima, -2.8% la minima
Fondo: asfalto, marciapiede, banchina stradale naturale
Tavolette IGM serie 25v: 171 IV-NE FORMIA, 171 I-NO MINTURNO, 171 I-SO FOCE DEL GARIGLIANO
Mangiare e dormire: albergo Teatro Romano davanti all'area archeologica di *Minturnae*
Collegamenti con mezzi pubblici: la stazione ferroviaria di Minturno-Scauri sulla Roma-Napoli dista circa 5 km da *Minturnae*

Breve tappa sui marciapiedi della vecchia statale Appia attraverso la conurbazione di Formia e di Minturno: praticamente due rettilinei, ai lati dei quali restano alcuni ruderi di sepolcri, e nel mezzo Santa Croce e il confine comunale. Fortunatamente, il traffico veloce è sulla Variante SS 7, parallela ma più a N. C'è tutto il tempo per la visita della magnifica area archeologica dell'antica Minturnae, *città dalla posizione strategica tra la fertile pianura del navigabile Garigliano e il mare.*

Da largo Paone si attraversa via Filiberto per imboccare via Tullia, sul lato NE del grande slargo alle spalle del porto. A sin in via Tosti, si percorre piazza Risorgimento finendo in Via Appia lato Napoli, davanti all'ospedale. Al cartello km 143 della SS 7 si attraversa e si va alla grande rotonda sul mare che si percorre a sin, sino a riprendere l'Appia e passare davanti al Centro di preparazione olimpica del Coni. Più avanti a sin il nucleo di un alto sepolcro spicca in forte contrasto con le case di periferia **(2.4 km)**. Fra un palazzone e la rossa cantoniera del km 145.650 si varca il torrente Acquatraversa. Poco oltre ci si accosta alla linea ferroviaria per seguirla, sempre su marciapiedi, fino a Santa Croce, al km 148 **(5.8 km)**. Si percorre a S la successiva grande rotatoria ritornando sul lato sinistro dell'Appia. Passato il rio Santa Croce tornano i marciapiedi e il rettifilo che corre per diversi chilometri sul tracciato della via antica in vista della moderna Minturno, ai piedi degli Aurunci, più a monte di quella romana. Il territorio del comune di Minturno ci riserva l'attraversamento della città lineare di Scauri, a cui seguono, oltre il rio Recillo, la frazione Simonelli e la Dogana Vecchia (incrocio di via Rinchiusa), ricordata dal nome di un ristorante. 150 m più avanti si lascia l'Appia alla prima diramazione a dx, dove il marciapiede sta per finire **(12.6 km)**. Via Gelso Rosso, via Cappelli e infine a sin via Virilassi, ci donano 1 km di tranquillo percorso di campagna prima di ritrovare l'Appia in corrispondenza dell'Acquedotto romano che riforniva la città di *Minturnae* e che conserva 150 arcate. Si va a dx e sul lato destro della statale, passando davanti al cimitero militare inglese, che accoglie oltre duemila caduti della Seconda guerra mondiale, e alle spalle del Teatro romano lungo il marciapiede esterno all'area archeologica. L'ingresso a questo straordinario comprensorio è subito oltre, in via Punta Fiume, a dx della rotatoria che precede il Garigliano. La visita svela, tra l'altro, che l'Appia Antica, col suo lastricato ben conservato fra portici di *tabernae* e il Foro, qui non corrisponde all'Appia attuale, ma è l'asse principale (*decumanus maximus*) della città-porto.

Percorsa il 6 maggio 2015

Tappa 8: da *Minturnae* a *Sinuessa*

Comuni attraversati: Minturno, Sessa Aurunca, Cellole, Mondragone
Lunghezza: 17.550 km (13.410 km la distanza lineare)
Dislivelli totali: 33 m in salita, 22 m in discesa
Altezze: 11 m la partenza, 22 m l'arrivo; 22 m la massima, 0 m la minima
Pendenze: 7.6% la massima, -2.4% la minima
Fondo: asfalto, marciapiede, banchina stradale, sterrata, campi, spiaggia, basolato
Tavolette IGM serie 25v: 171 I-SO FOCE DEL GARIGLIANO, 171 I-SE SESSA AURUNCA, 171 II-NE MONDRAGONE
Mangiare e dormire: l'hotel Sinuessa Terme è capolinea della tappa
Collegamenti con mezzi pubblici: servizio autobus Ctp da Napoli (piazzale Tecchio) e Dav da Caserta

Varcando il Garigliano si entra in Campania e si cammina lungo gradevoli strade di campagna parallele alla pericolosa via Domiziana, che ricalca il tracciato dell'Appia Antica. Si arriva infine dal mare alla città romana di Sinuessa, *percorrendo un tratto di battigia che conduce a una villa romana per poi riportarci alla Via, testimoniata dal basolato del* cardo maximus.

L'Appia Antica superava il Garigliano con un ponte più a valle rispetto a quelli attuali, in linea con il rettifilo visibile nell'area archeologica. Quando cadde fu sostituito da un traghetto, finché, nel 1832, fu rimpiazzato dal ponte borbonico Real Ferdinando, primo ponte sospeso italiano a catenaria di ferro. Fatto saltare dai tedeschi nel 1943, è stato restaurato alla fine degli anni novanta.

Stando sulla parte destra della rotatoria, si passa fra guardrail e recinzione del ponte borbonico e si varca il Garigliano sul marciapiede della SS 7, notando a monte l'avveniristica struttura del ponte sulla Domiziana. Ancora su marciapiede del lato destro si supera senza pericoli uno svincolo della 7 (verso Capua via Sessa Aurunca) e si giunge, oltre un ex albergo fatiscente e un'area produttiva, alla trafficata via litoranea Domiziana (km 1 SS 7quater). 400 m lungo la banchina stradale per giungere, dopo il ponte degli Schiavi (Fusare), alla via a dx che inverte per circa 100 m la direzione di cammino e si porta lungo il fosso degli Schiavi. Si procede a S sotto l'argine del fosso sino a una rudimentale passerella che lo attraversa. Trascurandola, si gira a sin e si va a lambire il lato O di un'area umida. Non distante da qui, all'altezza di Cellole, l'Appia Antica attraversava il pantano di Sessa, l'antica *palus Vescina*. Il superamento di una recinzione posticcia immette su una sterrata che, a sin, porta alla SP 276 **(2.9 km)**. Si percorre a dx per poco meno di ½ km e si gira a sin sull'ampia sterrata che attraversa la contrada il Pantano lungo il canale Circondariale. Dopo circa 2.5 km si trascura la via più battuta che curva a dx a 90° e si continua dritto su sterrata. Giunti alla SP 264 **(7.7 km)**, se ne percorre un breve tratto a sin (meno di 200 m) per imboccare la carrareccia verso contrada la Tabaccola. Si gira a dx sulla pista ciclabile della SP 122 e, 400 m dopo, all'impianto idrovoro di Fontana Vecchia, la si lascia per imboccare a sin la sterrata accanto al canale Ariella. Al termine del rettilineo, in prossimità di una casa, si gira a dx per andare a raggiungere, ancora su sterrata, viale degli Olmi, la strada che attraversa l'esteso complesso residenziale di Baia Domizia Sud **(11.7 km)**. A sin se ne percorrono i marciapiedi fino a giungere alla seconda rotonda, dove si procede ancora dritto in via del Trimoletto. Le indicazioni per Lido Azzurro aiutano nei bivi successivi a raggiungere la spiaggia **(13.4 km)**. Da qui il tratto più atipico della nostra *Regina Viarum*: un paio di chilometri (in due parti) a piedi scalzi e a filo d'onda sulla battigia più compatta. Nella prima parte due rii da guadare: il Trimoletto (appena all'interno c'è un cordolo di cemento sospeso, utile se l'acqua è alta) e il San Limato. Prima di passare quest'ultimo si compie una deviazione (300 m andata e ritorno) sulla sterrata che costeggia il canale d'Auria per visitare, alla periferia di *Sinuessa*, i resti di una sontuosa residenza, con ambienti termali impreziositi da mosaici: la villa romana di San Limato, inglobata in parte nell'omonima masseria. Circa 600 m dopo il rio di San Limato si lascia la battigia nel punto in cui la duna s'interrompe per un breve tratto. Si sale a un campetto di calcio; alla sua sin il basolato di un diverticolo dell'Appia nella città di *Sinuessa*, parzialmente ricoperto da infestanti, ricade nell'area privata della Baia Azzurra-Levagnole: necessari discrezione e rispetto, anche se il custode dovrebbe permettere il passaggio per il suo amore per l'Appia Antica. Questo diverticolo e altri ritrovamenti dicono che la colonia di *Sinuessa*, fondata nel 296 a.C., è sepolta in questo terreno e sommersa nel mare antistante. In fondo al diverticolo si gira a dx e si cammina sull'ampio viale Giulio Cesare, allineato al tracciato originario della Via ai piedi del monte Cicoli, come conferma, poco più avanti sulla sin, il basolato del *cardo maximus* **(16.1 km)**. Qui si nota anche un miliario borbonico, poi la Via si perde, cancellata dalle pesanti trasformazioni moderne. La strada principale, ora viale Augusto, riporta alla battigia, da percorrere per ½ km sino ad arrivare a una casetta bianca al margine della spiaggia (stabilimento balneare), ove si lascia il mare e si percorre viale Rolando, che sale all'incrocio con la Domiziana. Oltre semaforo e statale una breve salita a fianco all'Appia Antica, che si separa dalla SS 7quater volgendo a SE, porta all'hotel Sinuessa Terme, che comprende parte dei ruderi delle *Thermae Sinuessanae*, dai bagni solfurei apprezzati da matrone e patrizi.

Percorsa il 7 maggio 2015 e il 14 gennaio 2016

Tappa 9: da *Sinuessa* a Capua

Comuni attraversati: Mondragone, Falciano del Massico, Carinola, Francolise, Grazzanise, Capua
Lunghezza: 34.470 km (30.010 km la distanza lineare)
Dislivelli totali: 75 m in salita, 67 m in discesa
Altezze: 22 m la partenza, 30 m l'arrivo; 35 m la massima, 5 m la minima
Pendenze: 10.7% la massima, -6.2% la minima
Fondo: asfalto, marciapiede, banchina stradale, sterrata, campi
Tavolette IGM serie 25v: 171 II-NE MONDRAGONE, 172 III-NO S. ANDREA,172 III-NE GRAZZANISE, 172 II-NO CAPUA
Mangiare e dormire: hotel e b&b a Capua
Collegamenti con mezzi pubblici: a S del centro la stazione ferroviaria di Capua sulla Roma-Cassino-Napoli

*Lunghi tratti su strade di campagna in quello che era l'*ager Falernus *della centuriazione romana e del buon vino, delle rivolte degli schiavi e delle inondazioni dei suoi numerosi corsi d'acqua. Anche dove il tracciato dell'Appia è in buona parte svanito per le profonde trasformazioni del territorio, gli incontri che testimoniano la Via non mancano: sepolcri, stazioni di sosta, rettifili orientati a E e, per finire in bellezza, l'arrivo nell'antica* Casilinum.

4 km di rettifilo di Via Appia Antica, passando non distante dai resti di ville romane, prima di tradire la Via e deflettere a S (via Croce di Monte), nella periferia N di Mondragone (Sant'Angelo). Si gira a sin in via Eccidio delle Cementare. Dal bivio di via da Vinci la strada è riservata solo a residenti e proprietari dei fondi. Seguendola a E ci si riallinea all'Appia Antica nella zona della Starza: ancora vestigia romane e un casino di caccia borbonico, ma purtroppo prevale lo sdegno per i rifiuti abbandonati lungo la strada. In vista del cimitero si costeggia un recinto: al di là un tratto di Appia, in lastricato originario di calcare e trachite, e lo scavo di un complesso abitativo. Qui sorgeva la stazione *Pagus Sarclanus*. La Via passa sul lato S del cimitero **(5.8 km)** per iniziare l'attraversamento dell'ampia pianura delimitata dal Volturno e modificata nel

tempo dai suoi numerosi corsi d'acqua. È l'*ager Falernus*, esteso sistema di centuriazione agraria, il cui decumano era l'Appia, dove si produceva il Falerno, eccellente vino di pianura. Dal cimitero di Mondragone si va verso NE su stradina di campagna; dopo circa 2.3 km, in località Ciaurro, svetta a sin, tra muro di recinzione e serre di un'azienda agricola, l'alto sepolcro quadrato del I secolo a.C. detto Torre del Paladino o Torre Ballerina. Poco dopo si confluisce sulla SP 214. 300 m a sin, quindi a dx nello sterrato che aggira una masseria e, oltre un rettifilo, esce sulla SP 7 davanti all'ingresso della Tenuta Sciacca. Andando a sin si sovrappassa dopo 1 km la ferrovia Roma-Formia-Napoli. Ancora ½ km e si è al bivio della masseria Aceti, in cui spicca una possente torre quadrata. Probabilmente qui ci si riallinea a quello che era il tracciato della Via, diretta a E con lungo rettifilo per Capua. Si trascura la SP 286 per Carinola e si arriva alla masseria Santoianni, forse il luogo della *statio ad pons Campanus*, tappa del viaggio di Orazio **(11.9 km)**. Diritto oltre il torrente Savone e ancora a E quando la SP 7 piega decisamente a S, per procedere invece lungo una piccola strada di campagna fra campi e frutteti. In via Limata ritorna la strada asfaltata: a dx si va all'incrocio delle Cinque Vie. Qui e 100 m dopo, lasciando a dx via Bonifica, si prosegue diritto su carrareccia, fin dove curva a sin a 90°, per avanzare a E sul bordo di due campi, separati da un filare di alberi e da un piccolo fosso. Poco prima che la vegetazione sbarri il passaggio si piega a dx e lungo un altro fosso si arriva subito a un'inaspettata stradina asfaltata che lo fa superare. Ancora a E il rettifilo asfaltato termina al ponticello sul fosso Cavata. Superando una barriera si va a raggiungere Sant'Aniello con pista inerbita: masseria in cui si allevano bufale, forse sito della *statio Urbanae* **(17.6 km)**. Ora un rettilineo asfaltato, quindi a dx al bivio a T e subito a sin superato il fosso Nuovo, prima di masseria Sant'Ermine, per percorrere la carrareccia tra fosso e recinti delle bufale (con guardrail). Più avanti la stradina si discosta dal fosso e permette di raggiungere l'imbocco di un rettifilo asfaltato che, attraverso la campagna di Sferracavallo, porta alla SP 3 **(20.3 km)**, da percorrere a dx. Prima dell'abitato di Brezza, sul lato sinistro (a dx un distributore di carburante) tra gli alberi, i resti di masseria Nuova, secondo alcuni la *statio ad Nonum II*. Una croce metallica segnala una stradina di campagna a sin, da percorrere lasciando la SP 3. Si attraversa via Capua (**24.9 km**) e s'imbocca, appena a sin, via Vecchia di Capua. Terminata la via asfaltata si cammina su sterrata alla sin dell'argine del Volturno. Il percorso disegna due angoli retti, il primo lascia l'argine, il secondo vira a dx per attraversare in rettilineo la contrada Frascale. Altri due angoli retti poco oltre: il secondo, all'altezza della Torre Frascale, immette su strada asfaltata che si percorre verso dx sino alla fine (via Frascale). Si continua su pista inerbita e poi sul bordo dei campi (altri due angoli retti quasi consecutivi). Giunti a una sterrata nel punto in cui attraversa l'argine del Volturno, la si percorre a N per 200 m. Al primo bivio si gira a dx sulla carrareccia di contrada Rimessa. Ancora a fianco all'argine, alla sua dx, si punta alla TAV Roma-Napoli, da sottopassare continuando su sterrata in dx argine. A circa 2 km dal centro di Capua si ritrova la SP 3 (**32.3 km**), da percorrere verso E. Procedendo dritto si supera la linea ferroviaria Roma-Cassino-Napoli con sottopasso pedonale, trascurando la lunga variante stradale a dx. Via Brezza, via fuori Porta Roma, che è la SS 7 Appia, via Ponte Vecchio Romano per varcare il Volturno sul ponte augusteo. Diritto in corso Appio fino in piazza dei Giudici, davanti al palazzo municipale, che ingloba sei teste scolpite provenienti dall'Anfiteatro di Santa Maria Capua Vetere, l'antica *Capua*, mentre all'attuale corrisponde l'antica *Casilinum*. Il suo nome è legato alla via Casilina, l'antica via Latina, che si ricongiungeva all'Appia davanti al ponte sul Volturno. La sua storia è esposta nel Museo provinciale campano.

Percorsa l'8 maggio 2015 e il 15 gennaio 2016

Tappa 10: da Capua a Maddaloni

Comuni attraversati: Capua, S. Maria Capua Vetere, Curti, Casapulla, Casagiove, Caserta, San Nicola la Strada, San Marco Evangelista, Maddaloni
Lunghezza: 17.720 km (16.230 km la distanza lineare)
Dislivelli totali: 56 m in salita, 12 m in discesa
Altezze: 30 m la partenza, 74 m l'arrivo; 74 m la massima, 23 m la minima
Pendenze: 2.9% la massima, -3.3% la minima
Fondo: asfalto, marciapiede, banchina stradale
Tavolette IGM serie 25v: 172 II-NO CAPUA, 172 II-SO SANTA MARIA CAPUA VETERE, 172 II SE CASERTA
Mangiare e dormire: scarsa ricettività a Maddaloni, in rete solo un b&b; opportunità sul ristoro
Collegamenti con mezzi pubblici: la stazione di Maddaloni Inferiore si trova nei pressi del centro sulla linea Napoli-Cassino-Roma

È la tappa dell'interminabile conurbazione casertana da attraversare quasi sempre per marciapiedi. È una diagonale in direzione SE, interrotta solo dal decumano di Santa Maria Capua Vetere (orientamento EO), l'antica Capua *dei Romani, scrigno di straordinarie vestigia, che l'Appia raggiunse nel 307 a.C. in 132 miglia da Roma (196 km). Camminata di pianura, con a sinistra le montagne incombenti (e cariate da troppe cave) del Casertano.*

Si riprende corso Appio e, dopo il largo Porta Napoli, si percorre via Napoli. Si volta a sin in via Lazzaro di Raimo diretti al santuario di San Lazzaro, ex lebbrosario. Si sbuca sulla SS 7 e la si percorre: corrisponde a via Santa Maria Capua Vetere e, passato il cimitero, a via del Lavoro. All'ingresso nell'antica *Capua* ecco i resti dell'Arco di Adriano **(4.3 km)**, poi la mole dell'Anfiteatro, secondo solo al Colosseo, col Museo dei Gladiatori e un ottimo punto di ristoro e di informazione.

Qui la SS 7 diventa corso Aldo Moro, poi via Caserta e via Nazionale Appia. Ai lati, due grandiosi mausolei attribuiti al I secolo, chiamati le "Carceri Vecchie" e la "Canocchia". Il primo, sulla sin, malamente visibile, è il più grande monumento funerario della Campania. Il secondo, inconfondibile, sulla dx **(7.1 km)**, è un prisma con torretta cilindrica, restaurato dai Borbone. Il cammino procede su via Nazionale Appia fino a dove questa svolta per Caserta, per passare da lì sull'Appia Antica. Il nostro rettilineo interseca obliquamente il reticolo ortogonale della centuriazione romana, ancora visibile. Si prova a riconoscerlo dove c'è lo spazio per guardare oltre i muri delle case, nei ritagli di verde fertile e coltivato che interrompono l'urbanizzazione selvaggia e ricordano che questa regione era chiamata *felix*.

I marciapiedi s'interrompono tra il sottopasso della ferrovia Napoli-Cassino-Roma e la barriera della ferrovia Napoli-Foggia **(9.9 km)**, nei pressi della stazione di Recale. Se la prima comporta un piccolo disallineamento dalla Via (attenzione nell'attraversare la rotonda e nella curva dopo il sottopasso), la seconda costringe a un aggiramento di 1 km a N. In questo "groppo" viario si sottopassa l'Autostrada del Sole e si sovrappassa la ferrovia, girando a dx ai due bivi di via Regalone. All'incrocio successivo, con via Ponteselice, si va dritto, superando una recinzione che immette in un'utile strada abbandonata. In circa 200 m si esce sulla SP Ponteselice grazie a un nuovo varco nella recinzione.

Si taglia il rettifilo della SS 87 (a sin, a distanza, la reggia di Caserta) e si entra in San Nicola la Strada da corso De Gasperi per attraversarne il centro (**12.9 km** al municipio). Via Appia riprende da piazza Parrocchia, dopo Santa Maria degli Angeli. Fuori dall'abitato, finiti i marciapiedi, si entra nel comune di Maddaloni. In una semicurva si sfiorano i ruderi dei "Torrioni", parte superstite delle mura dell'antica *Calatia*, e, dopo circa ½ km, Villa Galazia **(15.8 km)**. Si sottopassa la SS 700 e si entra in Maddaloni. La chiesetta di Nostra Signora di Loreto fa da spartitraffico fra via Montella e Via Appia, sulla quale si prosegue andando al passaggio a livello della ferrovia Napoli-Cassino-Roma. Via Appia arriva con una lieve salita all'incrocio di viale della Libertà, che è la SS 7, e termina confluendo in via Roma. Voltando a dx in via Roma e a sin in via Amendola, si giunge in piazza Matteotti.

Percorsa il 9 maggio 2015

Tappa 11: da Maddaloni a Montesarchio

Comuni attraversati: Maddaloni, Cervino, Santa Maria a Vico, Arienzo, Forchia, Arpaia, Paolisi, Airola, Rotondi, Montesarchio
Lunghezza: 23.910 km (21.810 km la distanza lineare)
Dislivelli totali: 327 m in salita, 104 m in discesa
Altezze: 74 m la partenza, 297 m l'arrivo; 299 m la massima, 50 m la minima
Pendenze: 12.5% la massima, -9.1% la minima
Fondo: asfalto, marciapiede, banchina stradale, sentiero, sterrato, campi
Tavolette IGM serie 25v: 172 II-SE CASERTA, 173 III-SO S. FELICE A CANCELLO, 173 III-SE MONTESARCHIO
Mangiare e dormire: a Montesarchio alberghi, b&b e ristoranti
Collegamenti con mezzi pubblici: la stazione ferroviaria si trova a circa 3 km sulla linea Benevento-Cancello-Napoli. C'è anche un servizio di corriere che percorre la SS 7, gestito come i treni dalla EAV Campania

Si va a Santa Maria a Vico via Montedecoro-Messercola con un interessante percorso di pianura che ricalca l'Appia Antica, prima di salire al valico caudino dove i Romani subirono una pesante sconfitta. Allora l'Appia era ancora da fare e in queste aspre montagne comandavano i Sanniti. Il lungo rettifilo nella valle Caudina ci porta a Montesarchio, l'antica Caudium.

Si percorrono verso SE le vie Bixio, San Giovanni, Ponte Carolino, Feudo, e con via Carmignano (SP 100), parallela e vicina alla SS 7 ma più a N, ci si riallinea al probabile tracciato dell'Appia Antica. Si passa per Montedecoro, annidato al piede della sua montagna, per Messercola, PROVINCIA DI TERRA DI LAVORO, recita una lapide in corso Principe Umberto **(5.6 km)**, e per Santa Maria a Vico, sede di *ad Novas, mutatio* dell'Appia. E quando si raggiunge la SS 7 davanti alla Masseria la Duchessa **(9.5 km)** si sale per circa 3 km, fino al km 232.6 in frazione Acquavitale, mentre le montagne si stringono sempre più intorno all'Appia. Si scende a via Pestantina, da percorrere a sin, incrociando la provinciale per

Forchia. Attraversato il parco giochi di Cagni ecco via Palata, che in salita diviene via Pizzone e porta, dopo una sbarra, al campo di calcio di Forchia. La strada diviene sterrata e poi sentiero. Ma quando i rovi impediscono di seguirlo si sale a un abbeveratoio per animali e si cammina sul bordo dell'oliveto, ritrovando il sentiero poco dopo a sin. Da una casa abbandonata si sale a via Misciuni sulla sterrata a fianco al palazzetto dello sport e da questa alla via provinciale Arpaia-Forchia, dove si può vedere bene la strozzatura delle Forche Caudine, fra i monti Castello a S e il Tairano a N, con nel mezzo Arpaia. Al nuovo si preferisce il vecchio ramo di dx della provinciale, delimitato dai muri degli oliveti e poi delle case di Arpaia. E si è ancora sulla SS 7, che qui è il rettifilo di via Roma, con una sorpresa al civico 156: accanto al portone sono collocati due cippi dell'Appia (miliario XIV da Capua) **(15.3 km)**.

Il passo dà accesso alla spaziosa e fertile valle Caudina ai piedi dell'imponente Taburno. L'Appia, moderna e antica insieme, la attraversano in lungo rettilineo, puntando su Montesarchio. Consigli: la grande rotatoria in frazione Tavernola, al km 237.9 della SS 7, è meglio affrontarla sul lato destro, già preferibile dal km 237. Poi si alternano i lati più sicuri per camminare a seconda dei marciapiedi o dello spazio in banchina. A 1 km dal centro di Montesarchio l'Appia, che ora è via Napoli, deflette di qualche grado a N e si allinea alla rupe che domina la città, con la torre e il castello sede del Museo archeologico del Sannio Caudino. Ai suoi piedi, in piazza Poerio, l'Appia piega quasi ad angolo retto verso SE, prendendo il nome di via Amendola: qui si conclude la tappa.

Percorsa il 10 maggio 2015 e il 16 gennaio 2016

Tappa 12: da Montesarchio a Benevento

Comuni attraversati: Montesarchio, San Martino Valle Caudina, Roccabascerana, Ceppaloni, Apollosa, Benevento
Lunghezza: 18.560 km (13.790 km la distanza lineare)
Dislivelli totali: 124 m in salita, 268 m in discesa
Altezze: 297 m la partenza, 153 m l'arrivo; 300 m la massima, 115 m la minima
Pendenze: 8.5% la massima, -12.5% la minima
Fondo: asfalto, marciapiede, banchina stradale, sterrato, basolato
Tavolette IGM serie 25v: 173 III-SE MONTESARCHIO, 173 II-SO ALTAVILLA IRPINA, 173 II-NO BENEVENTO
Mangiare e dormire: a Benevento tutto quel che serve
Collegamenti con mezzi pubblici: la stazione ferroviaria di Benevento è un nodo per diverse linee, di cui una nazionale, la Napoli-Foggia, e le altre regionali

Se la tappa precedente era a salire, questa è tendenzialmente a scendere verso Benevento e il fiume Calore. Si percorrono tratti alternativi alla Statale 7, lungo il suo tracciato dismesso, che è grossomodo quello antico. Il cammino è scandito dai resti di tre ponti romani minati nel '43 dalle truppe tedesche in ritirata. Dalla campagna agricola passiamo alla città valicando Ponte Leproso. L'Appia Antica entrava a Beneventum *(ex* Maleventum *prima della vittoria dei Romani sui Sanniti) dopo 165 miglia da Roma.*

Si riprende il cammino sul rettifilo della SS 7-via Benevento (meglio il lato sinistro), fino a che, dopo 2.2 km, la nuova Appia gira a dx, mentre la nostra via Sferracavallo procede la linea a SE ancora per ½ km. Terminati il rettilineo e le case, sbattiamo contro uno sbarramento, facilmente aggirabile, che ci dischiude una suggestiva discesa nell'aperta valle del Corvo, con la sorpresa di porzioni in lastricato borbonico. Ma l'uscita della vecchia statale nella nuova **(3.8 km)** presenta un passaggio spinoso. Dove la strada finisce, nel punto in cui uno stradello sterrato fa una curva a sin e meno di 100 m prima di un viadotto della ferrovia caudina Cancello-Benevento, si va a dx al guardrail della 7: è un passaggio di pochi metri potenzialmente invaso dai rovi. Nel caso di eccessiva presenza d'infestanti, cercare l'uscita più avanti, e comunque prima della ferrovia. Adesso è statale, e lo sarà per quasi 4 km, in buona parte sui marciapiedi di Tufara. Qui l'Appia scavalca il torrente Corvo (o Serretelle), ma dell'antico ponte a tre campate, poco a monte dell'attuale e non ricostruito, non riusciamo a riconoscere neppure i resti. Si passa sui marciapiedi del lato destro della SS 7 solo dopo l'innesto con la SP 5, 600 m prima di lasciarla al km 251.2, quando compie una leggera curva a sin. Si volta dunque a dx in via Taverna sul tracciato della vecchia statale, come indica la tavoletta IGM, e della presumibile via antica. Andando a N ecco un nuovo scavalcamento del torrente sul ponte a tre archi di Apollosa **(8.3 km)**, che è il nome del paese in alto. Per vedere i resti delle fondazioni romane a dx del ponte attuale si può scendere il Corvo fino alla prima ansa. 200 m di SS 7 e si continua lungo la vecchia statale, declassata a provinciale. Quando, dopo una discesa, si passa per la seconda volta la ferrovia caudina, si giunge ancora alla 7 **(12.2 km)**. Al km 256 si trova un epitaffio pontificio del Seicento che segna il confine tra Regno di Napoli e Ducato di Benevento, enclave dello Stato della Chiesa. Da qui all'arrivo in città ci accompagnano, per lasciarci poi definitivamente, i segnavia gialli delle Vie Francigene del Sud. Al terzo ponte antico, il Corvo, si arriva subito dopo il bivio per Castelpoto: se ne intravedono i ruderi a monte del ponte moderno. 200 m oltre il ponte si saluta anche la SS 7, che si ritroverà in Puglia, per camminare sull'Appia Antica, qui più a O della 7. Per cui s'imbocca l'appartata via di contrada Serretelle, si oltrepassa ancora la ferrovia caudina e ci si avvicina al Calore. In via Santa Clementina si passa sotto la tangenziale Ovest e, subito oltre il vecchio cimitero e la chiesa che danno il nome alla via, ecco i resti di un mausoleo del II secolo. In fondo alla strada, il ponte Leproso **(17.2 km)**, chiuso al traffico veicolare, è una gradevole sorpresa che introduce in *Beneventum*: di origini romane, con la struttura a schiena d'asino, permetteva all'Appia di valicare il Sabato poco prima della confluenza nel Calore. Via Appio Claudio va, oltre la ferrovia, a Port'Arsa, l'ingresso in città attraverso le mura longobarde. Via Port'Arsa passa a lato del Teatro romano, dopo il quale si gira in via Carlo Torre per salire all'area archeologica dell'Arco romano, detto "del Sacramento". E sotto l'arco si passa, e poi a lato e davanti al Duomo, per gli ultimi passi nel pedonale corso Garibaldi. La deviazione a sin di via Traiano porta all'arco dedicato all'imperatore in occasione dell'apertura dell'Appia Traiana, variante dell'Appia Claudia diretta a Brindisi in 206 miglia.

Percorsa l'11 maggio 2015

Tappa 13: da Benevento al Passo di Mirabella

Comuni attraversati: Benevento, San Nicola Manfredi, San Giorgio del Sannio, Calvi, Apice, Bonito, Mirabella Eclano
Lunghezza: 24.490 km (21.750 km la distanza lineare)
Dislivelli totali: 522 m in salita, 245 m in discesa
Altezze: 153 m la partenza, 430 m l'arrivo; 445 m la massima, 148 m la minima
Pendenze: 10.9% la massima, -8.3% la minima
Fondo: asfalto, marciapiede, sterrato
Tavolette IGM serie 25v: 173 II-NO BENEVENTO,173 II-NE APICE, 173 II-SE S. GIORGIO DEL SANNIO, 174 III-SO MIRABELLA ECLANO
Mangiare e dormire: al passo l'hotel Aeclanum
Collegamenti con mezzi pubblici: al passo arrivano autolinee Air da Benevento, Avellino, Napoli; Caputo e Di Maio da Roma. A Grottaminarda, a circa 4 km, i pullman Morozzi che collegano Roma, Taranto, Brindisi

Passato il guado del Calore al Ponte Rotto inizia l'attraversamento dell'Appennino, e quindi delle salite vere, che si affronteranno fino a Melfi. L'arrivo è alla città di Aeclanum, *che nel Medioevo si perpetuò come stazione dell'Appia col nome di "Quintodecimo", quante erano le miglia che la separavano da Benevento.*

Si attraversa la città sulla linea a E che potrebbe essere oggi il percorso più prossimo all'Appia Antica: corso Garibaldi, via Perasso, piazza Risorgimento, viale Mellusi e poi le vie de Caro, Flora, Marmorale, Vetrone, Mascellaro, fino alla Contrada Cretarossa e al Torrente San Nicola (**2.4 km** dall'incrocio Garibaldi-Traiano). Circa 100 m prima di sottopassare il Raccordo di Benevento (SS 372 Telesina) terminano i marciapiedi urbani e inizia il cammino su strade di campagna poco trafficate. Si passa accanto alla vicina masseria di San Cumano (**4.3 km**), probabile *statio Nuceriola*, e 1.3 km dopo, si volta a sin a un bivio, quasi invertendo la direzione (freccia b&b Villa Aurelio). Si passa a S di Case Vecchie e si sale a un pianoro dove si ha la sensazione di essere tornati sulla nostra linea ideale che ci pilota nei bivi. All'improvviso, in località San

Giovanni, ci si trova su un incredibile tratto di strada asfaltata assolutamente sovradimensionata, con tanto di marciapiede e illuminazione, che si è sovrapposto per 900 m al probabile tracciato dell'Appia. Progetto cofinanziato dall'Unione Europea per creare le infrastrutture nell'agglomerato industriale di San Nicola Manfredi-San Giorgio del Sannio, è l'esempio di un ipocrita sviluppo che fa a pugni col patrimonio storico e ambientale. Sulla Provinciale 28 si trascura la strada diritta per contrada Paritola e via Bocchino Lemmo, e si è al bivio di San Vito in contrada San Giovanni a Morcopio **(10.1 km)**. La discesa in via San Vito e via Frustelle porta al vallone San Giovanni. Oltre il fosso, la strada a dx è Via Appia Antica: va a SE e si segue fino in prossimità del Calore, attraversando la contrada Soricelli e trascurando le strade laterali. Per scendere al guado **(16.1 km)**, possibile quando la stagione lo permette (l'acqua deve essere trasparente per vedere e verificarne la profondità), si percorre la strada asfaltata fin quasi alla fine, anche quando curva a S lasciando la linea dell'Appia, ed esattamente fino a pochi metri dal torrente Mele, prossimo a confluire nel Calore. Qui si volta a 90° sulla pista inerbita diretta al fiume. Il guado si fa in corrispondenza del Mele, una sessantina di metri a monte del Ponte Rotto (o Appiano), di cui si conservano alcune parti che testimoniano la monumentalità dell'opera, a sei grandi arcate, con una lunga storia di restauri e trasformazioni; 50 m più a valle giacciono i resti di un secondo ponte altomedievale.

A 10 miglia da Benevento, la *statio ad Calorem* si trovava da queste parti.

Nel caso di impossibilità a guadare, si supera il più facile Mele e si percorre la strada Ponterotto, che sale parallela al Calore verso la SS 7. Percorrendola a S si arriva all'incrocio con la SS 90, sulla quale si passa il Calore (direzione Foggia), si attraversa l'omonimo paese evitando l'ampia circonvallazione a S, e si risale a ritrovare l'Appia Antica a Pianopantano.

Sull'altra sponda del Calore, dalla spiaggia di ghiaie dell'ansa, ha inizio la sterrata da percorrere. Un centinaio di metri dopo Ponte Rotto si volta a dx per salire con una carrareccia fin nei pressi di Casa Piatto. Con la strada del Guado dei Morti riprende l'asfalto; più avanti, dopo il sottopasso dell'autostrada A16, ecco il Vallone dei Morti, toponimo che richiama una necropoli. In viva salita a SE si attraversa la contrada Pescole; ½ km oltre, al civico 4 della contrada Corpo di Cristo, si volta a sin e si percorrono 200 m sterrati, uscendo sulla SS 90 davanti a una cappellina e a un resort **(21.3 km)**. Si cammina gli ultimi 3 km lungo i marciapiedi sul lato destro, interrompendo la salita a Pianopantano e incontrando, dopo un ultimo dislivello e sulla curva che precede il rettilineo del passo, l'ingresso del sorprendente Parco archeologico di *Aeclanum*.

Percorsa il 12 maggio 2015

Tappa 14: dal Passo di Mirabella a Borgo le Taverne

Comuni attraversati: Mirabella Eclano, Fontanarosa, Gesualdo, Frigento, Sturno, Rocca San Felice, Guardia Lombardi
Lunghezza: 22.130 km (19.010 km la distanza lineare)
Dislivelli totali: 796 m in salita, 301 m in discesa
Altezze: 430 m la partenza, 925 m l'arrivo; 925 m la massima, 430 m la minima
Pendenze: 20.6% la massima, -18.4% la minima
Fondo: asfalto, marciapiede, sterrato, sentiero, campi
Tavolette IGM serie 25v 174 III-SO MIRABELLA ECLANO, 174 III-SE FRIGENTO, 186 IV-NE S. ANGELO DE' LOMBARDI, 186 I-NO ANDRETTA
Mangiare e dormire: nel territorio di Guardia Lombardi alcuni agriturismi
Collegamenti con mezzi pubblici: autolinee Air da Avellino

Secondo Lorenzo Quilici, il nostro studioso di riferimento, tra Passo di Mirabella e Borgo le Taverne l'Appia Antica corrisponde in linea di massima alla statale del Formicoso. È una via di crinale orientata a SE, balcone fra le vallate dei fiumi Ufita e Fredane. Tra le tante varianti per rendere più gradevole e sicuro il cammino, emerge il passaggio dal centro di Frigento.

Si riprende il cammino sulla statale delle Puglie: in corrispondenza del civico 13 di via Passo si può fare una piccola deviazione lungo l'accesso di una casa per vedere, oltre la recinzione della proprietà, un tratto di basolato dell'Appia in calcare locale e fondazioni di monumenti funerari tardo-romani.

L'incrocio con la SS 303 segna un brusco cambio di direzione della strada. Si piega a dx e, superata un'area commerciale, si sale verso l'altopiano del Formicoso. Comincia un gioco a rimpiattino con la SS 303 che si lascia e si prende in continuazione. Già alla terza svolta la si abbandona per imboccare una mulattiera: si segue nel suo sviluppo rettilineo, stando sul bordo dei campi nei tratti dov'è nascosta dalla vegetazione. Ci si riporta sulla SS 303 con un'ultima parte asfaltata. Percorsi 2.2 km si volta a sin (freccia Az. agrituristica il Pozzo del Principe); meno di 100 m sulla strada della contrada

Sianana e si sale a dx seguendo l'evidente traccia nei campi. Andando dritto a SE, per il sentiero e nei campi, si sbuca al km 5 della statale dopo aver costeggiato la recinzione di una casa **(5.1 km)**. Sulla curva della 303 si scende a sin per imboccare il sentiero parallelo alla statale (infestanti permettendo) che fa schivare 300 m di asfalto, quanti se ne evitano più avanti con una via a fianco, all'altezza di Gesualdo, ma sul lato N.

Si è intanto giunti sull'altopiano, a una quota intorno ai 750 m. Lasciata a dx la diramazione per Gesualdo, il bivio utile è quello successivo: a sin sulla SP 38 per Sturno **(8 km)**. 200 m e si taglia una curva; ritrovata la provinciale e percorso qualche metro a ritroso, si va sulla sterrata diretta alla SP 76. Si sale a Frigento (o anche no se si vuole contenere il dislivello rimanendo sulla parallela SS 303) lungo la vecchia mulattiera che taglia i tornanti della provinciale. Si attraversa il centro per via Duomo e via San Rocco, scendendo a sfiorare il cimitero per ricongiungersi con via Berlinguer alla 303 **(11.1 km)**. 100 m di statale e, prima della chiesa e di un bar, si scende a dx sulla via di Piano della Croce. Dopo una rotonda e anche al bivio successivo si gira a sin; la strada diviene a fondo naturale fino all'incrocio seguente, dove prosegue a E in contrada La Quarta. Ed ecco di nuovo la 303 a Pagliara: il tempo di attraversare questa località e si gira a dx in via Valle dei Conti, discostandosi ancora una volta dall'"autostrada di crinale". ½ km a scendere e, prima di un bivio, una scorciatoia immette in via Chiocca Frascone. Si percorre poi via Confine e, dopo 200 m, la si abbandona per salire alla statale. Circa 300 m di 303 e si volta a sin su una strada che diviene sterrata e attraversa Piano Quattro Frati, abbruttito dal Parco eolico Sturno-Frigento. In prossimità di un'uscita per la 303 si gira a sin e si giunge alla centrale eolica. Da qui a dx si torna alla statale **(16.8 km)**, che si percorre sullo spartiacque, con gran vista sulla catena dei Picentini a S; sempre a S, avendo tempo, si può scendere a visitare le sorgenti solfuree dedicate al culto antichissimo della dea Mefite.

Superati il monte Forcuso e la Taverna Bruciata, l'ultima variante passa a N dell'incrocio con la SS 425, uscendo sul rettilineo alle porte di Borgo le Taverne. Se ne percorrono 300 m e si gira a dx; al bivio con la SP 47 ci si ferma, mentre la provinciale sale alla vicina Guardia Lombardi.

Percorsa il 13 maggio 2015 e a tratti il 17 gennaio 2016

Tappa 15: da Borgo le Taverne a Bisaccia

Comuni attraversati: Guardia Lombardi, Bisaccia
Lunghezza: 17.880 km (15.750 km la distanza lineare)
Dislivelli totali: 319 m in salita, 364 m in discesa
Altezze: 925 m la partenza, 880 m l'arrivo; 935 m la massima, 770 m la minima
Pendenze: 9.3% la massima, -13.4% la minima
Fondo: asfalto, marciapiede, sterrato, campi
Tavolette IGM serie 25v: 186 I-NO ANDRETTA, 186 I-NE MONTE MATTINA, 174 II-SE LACEDONIA
Mangiare e dormire: a Bisaccia la Domus Romulea, albergo e locanda
Collegamenti con mezzi pubblici: autolinee Air da Avellino

Tappa di crinale con gran vista sull'Appennino, che supera lo spartiacque tra Tirreno e Adriatico all'altezza della Toppa, probabile sede della statio sub Romula*, tetto dell'Appia (935 m). La 303 conduce a NE su terreno straziato dalle pale eoliche: numerose alternative fuori asfalto idonee al cammino consentono di tagliare le curve e seguire un itinerario più rettilineo.*

Si cammina sul dolce e ventoso saliscendi del Formicoso, dove si può scegliere di tagliare le curve moderne e fare percorsi paralleli più tranquilli, cioè stare fuori o dentro la SS 303. La prima variante, tornati dalla SP 47 alla statale, inizia dal caseificio di Borgo le Taverne e si conclude dopo circa ½ km con un tratto a fondo naturale. La seconda, più breve, inizia tra le case della contrada Lagoni subito dopo il civico 185 della Comunale Napolitano (SS 303). La successiva, 200 m oltre la tabella del km 23 della statale, è a dx, su pista che diverrà asfaltata prima di girare a sin sulla strada di contrada Santa Maria. Di fronte alla 303 si gira a dx sul vicino tratturo, camminando lungo la linea elettrica. Giunti al piazzale della contrada Forche **(km 3.9)**, si sale dal bar ristorante Il Cacciatore prendendo come riferimento la siepe di una casa: costeggiarla a sin per tornare, poco più avanti, alla statale. In fondo alla discesa si passa a N della chiesa di contrada Frassino e, incrociando la 303, la si attraversa per ritrovarla ½ km avanti in contrada Sasso. 100 m di statale e si continua sul rettilineo in salita di Montemarano, oltre il quale si estendono parchi eolici dalle pale immense e distese di pannelli fotovoltaici. Quando, dopo un pianoro, si sta nuovamente raggiungendo la 303, si volta a sin e subito a dx lungo la linea telefonica: il tratturo diviene più evidente, strada di servizio della contrada Piani Mattine, e ancora stradello che scende a un fosso. Da qui si risale attraversando i campi su tracce di trattore, diretti a E, a una pala eolica a lato della statale. È lei la Via per elevarsi ai punti più alti, ignorando la SS 91 e aggirando a S la Toppa (segnata da una magnifica ma fatiscente casa cantoniera, **11.6 km**), mentre lo spartiacque tirreno-adriatico fra Ufita e alto bacino dell'Ofanto è alle spalle. Altre due varianti: 200 m dopo la cantoniera si taglia la curva di masseria Antolino; 1 ½ avanti, in discesa, si continua diritto per 400 m su pista a N della 303. Varcato il vallone Petrulli si sale a Bisaccia Nuova, detta "Piano Regolatore", costruita dopo il terremoto del 1980 per timore di frane, benché Bisaccia propriamente detta fosse stata colpita in modo leggero. Alla rotatoria che precede l'ospedale **(15.3 km)** si continua diritto in via XXIII Luglio-SS 303; a quella della polizia municipale si gira 90° a N e si perde quota fino alla masseria Di Sabato. Qui a dx senza imboccare il viadotto della statale, che si ritrova 1 km dopo, compiuta l'ultima salita. Per finire: si lascia a sin il bivio per Bisaccia vecchia, fino a raggiungere l'albergo sulla via XXIII Luglio-SS 303.

Percorsa il 14 maggio 2015

Tappa 16: da Bisaccia a Ponte Santa Venere

Comuni attraversati: Bisaccia, Lacedonia, Rocchetta Sant'Antonio
Lunghezza: 20.690 km (15.860 km la distanza lineare)
Dislivelli totali: 363 m in salita, 1020 m in discesa
Altezze: 880 m la partenza, 223 m l'arrivo; 880 m la massima, 220 m la minima
Pendenze: 15.2% la massima, -18.5% la minima
Fondo: asfalto, marciapiede, sterrato, sentiero, campi
Tavolette IGM serie 25v: 174 II-SE LACEDONIA, 175 III-SO STAZIONE ROCCHETTA S. ANTONIO
Mangiare e dormire: occorre trasferirsi a Candela, a una ventina di chilometri con la strada più comoda
Collegamenti con mezzi pubblici: a meno di 1 km da Ponte Santa Venere la stazione ferroviaria di Rocchetta Sant'Antonio-Lacedonia sulla linea Foggia-Potenza

Dall'altopiano si scende all'Ofanto passando per Lacedonia, probabile statio Aquilonia. *Fino al confine con la Puglia è il buon senso e il radar nei piedi a guidare sullo storico tratturo rettilineo che taglia le curve moderne della 303. Più complessa la discesa finale a Ponte Santa Venere, ma ecco descrizioni, mappe, traccia Gps e un pizzico d'avventura.*

600 m a SE fra le case di Bisaccia per lasciare a dx la SS 399 e imboccare sulla curva una via comunale inizialmente asfaltata, parallela e più bassa della 303. È la prima di tante varianti alla contorta statale verso Lacedonia che si scelgono per compiere un percorso senza traffico, più rettilineo, gradevole e filologico rispetto alla probabile Appia Antica. Varianti dal fondo prevalentemente naturale; in alcuni casi incrociano la 303, in altri ne percorrono brevi tratti per riprendere ora alla sua dx e ora alla sua sin. Alcuni cippi in cemento con segnavia biancorosso aiutano a orientarsi. Salendo corso Augustale (SS 303) si arriva nel centro di Lacedonia, l'antica *Aquilonia*: al bivio di corso Matteotti **(8.2 km)** si è all'altezza della cittadella medievale. Si scendono via Tagliata (scorciatoia della statale) e il rione Vittorio Emanuele III.

Quando, a 2 km dal centro, la 303 gira a dx di 90°, si continua diritto sull'antica via sterrata e si scende a NE a ritrovarla per poco e proseguire nella stessa direzione. Questo gioco di prendere e lasciare la via moderna continua oltre il bivio di Monteverde e fino al confine fra Campania e Puglia (**13.6 km**, passaggio regione con cartello e asfalti diversi). Da qui in poi la SS 303 (intransitabile alle auto e fuori dal percorso) è letteralmente terremotata dai mezzi pesanti utilizzati per l'impianto di nuovi parchi eolici. Dal confine si volge a E ultimando la salita tra le pale di Serra Mezzana. E adesso in discesa sul crinale davanti all'immensità del Tavoliere delle Puglie, lungo il tratturo divenuto ampia sterrata anch'esso a causa dell'eolico. Il rettifilo, a SE dal Serro di Luca, porta a quota 534, dove si volta a N di 90° (**17.7 km**). Dopo 300 m, in prossimità di un impluvio, si compie un'altra curva di 90° che riporta nella direzione E.

Si scende la dorsale su sentiero che nella parte bassa è ostruito da cespugli; attraversando un campo si arriva a poche decine di metri dall'Ofanto. Conclusa la discesa si supera a sin il fosso del vallone Capo Diavolo e si raggiungono una torretta in legno (si può salire per godere il panorama) e il groviglio di ponti, a servizio di due linee ferroviarie e due strade, che valica qui il più importante fiume della Puglia. All'imbocco di ponte Santa Venere, quello percorso dalla vecchia Statale 303, si conclude il cammino: il manufatto di origine medievale perpetua il ponte antico, *Pons Aufidi*, costruito appena a valle e con *statio* su una sponda.

Percorsa il 15 maggio 2015

Tappa 17: da Ponte Santa Venere a Madonna di Macera (Melfi)

Comuni attraversati: Rocchetta Sant'Antonio, Melfi
Lunghezza: 16.360 km (12.660 km la distanza lineare)
Dislivelli totali: 690 m in salita, 408 m in discesa
Altezze: 223 m la partenza, 505 m l'arrivo; 655 m la massima, 223 m la minima
Pendenze: 16.8% la massima, -19.6% la minima
Fondo: asfalto, sterrato, sentiero, campi
Tavolette IGM serie 25v: 175 III-SO STAZIONE ROCCHETTA S. ANTONIO, 175 III-SE S. NICOLA DI MELFI
Mangiare e dormire: bisogna trasferirsi a Melfi, a 5 km
Collegamenti con mezzi pubblici: Macera è persa nelle campagne; Melfi ha bus e treni della Foggia-Potenza

Tappa di salita sulle colline a NO di Melfi dominate dal monte Vulture. Quando veniamo fuori dalle pale eoliche di Torre della Cisterna troviamo un regio tratturo che è rimasto tale, vallette silenziose senza movimenti terra, crinali che non sono più semplici supporti ma riacquistano dignità di montagne. Poco più a N di Melfi ci aspetta la Madonna bruna di Macera: sguardo perplesso e bambino in braccio che benedice. Qui è stato trovato il bellissimo sarcofago detto di Rapolla, conservato al Museo archeologico nel castello di Melfi.

Si comincia sulla SP ex SS 303 lasciando alle spalle il ponte e la ferrovia dismessa. Al vicino bivio con la SP 48 per Leonessa si volta a dx e si può decidere di salire diritto sul bordo del campo affacciato all'impluvio, risparmiando ½ km di strada. Sulla provinciale, alla curva appena oltre un nucleo abitato (attenzione ai cani liberi), si può andare diritto nei campi, a S, sulle tracce di trattori. Adesso si percorre un lungo tratto di strada: 1.7 km e si trascura un'ampia via a sin, asfaltata per l'ennesimo parco eolico; 1 km ancora per separarsi dalla provinciale **(3.7 km)** e salire decisi alla dorsale della Cisterna. Una volta raggiunta, si volta a sin e poco dopo a dx su larga sterrata di servizio alle pale che corre in alto, a SE, avendo come sfondo il profilo di Torre della Cisterna, 670 m, probabile luogo di passaggio dell'Appia Antica, come il successivo monte Perrone. Sulla curva che precede la pala più alta, l'ultima di questo "parco", si lascia la sterrata e si sale a raggiungere la pista forestale al piede NO di Torre Cisterna. A una ripida discesa fa seguito un altrettanto ripida salita verso sin, alle spalle di una pala: a S si apre la valle dei Cornioli e in lontananza si distendono le morbide ondulazioni di confine fra Campania e Basilicata. In piano e poi in discesa si costeggia il margine occidentale del Bosco della Cisterna. La pista forestale confluisce nell'evidente sterrata che lambisce il lato S del fitto bosco: va seguita a dx per guadagnare il crinale e abbassarsi alla SP ex SS 303 (**7.5 km**). Percorsa per 2.5 km, nel punto in cui compie un tornante verso dx e si diparte una diramazione asfaltata (divieto di transito), si può salire lungo il bordo del campo, tagliando circa 300 m. E 300 m di provinciale portano alla sella ai piedi dell'agriturismo Il Tratturo Regio, dove per l'appunto s'imbocca, a E, il tratturo Melfi-Castellaneta (**10.4 km**), gradevole percorso attraverso la contrada il Cardinale. Ma il piccolo percorso con fondo inerbito sbatte all'improvviso contro un grande svincolo di strade. Per ritrovarlo bisogna compiere un percorso a U che sovrappassa e poi sottopassa il groviglio di bitume, e quelli che erano 100 m diventano 600. Si sale alla dorsale di monte Perrone; quindi si lascia a S la sua sommità boscosa e sempre sul tratturo diretto verso E si arriva in vista di Melfi e del suo possente castello normanno-svevo. Con un tratto a sin di salita asfaltata si arriva alla cima di Colle Montanaro, deturpata dai ripetitori telefonici (l'impianto era già visibile da lontano), e si scende ripidamente alla Madonna di Macera sulle tracce ormai rare del tratturo. È sufficiente allineare il cammino al rettilineo della SP 111, al cui inizio, a dx, è il piccolo edificio religioso (ha vicino un albero). Prima di raggiungerlo s'incrocia una sterrata.

Percorsa il 16 maggio 2015 e il 18 gennaio 2016

Tappa 18: da Madonna di Macera (Melfi) a Venosa

Comuni attraversati: Melfi, Rapolla, Venosa
Lunghezza: 19.950 km (13.810 km la distanza lineare)
Dislivelli totali: 400 m in salita, 496 m in discesa
Altezze: 505 m la partenza, 409 m l'arrivo; 505 m la massima, 210 m la minima
Pendenze: 20.1% la massima, -15.4% la minima
Fondo: asfalto, sterrato, sentiero
Tavolette IGM serie 25v: 175 III-SE S. NICOLA DI MELFI, 175 II-SO LAVELLO, 187 I-NO VENOSA
Mangiare e dormire: a Venosa alberghi, b&b, ristoranti
Collegamenti con mezzi pubblici: numerose autolinee collegano Venosa alla Puglia e agli altri centri della Basilicata

Appennino alle spalle si scende per dolci campagne al Rèndina, toponimo che è diga, lago, taverna e fiumara da attraversare iniziando la risalita verso l'antica Venusia. *Patria di Orazio, conserva vestigia romane e medievali, tra cui spicca la celeberrima abbazia incompiuta della SS. Trinità, a due passi dall'Appia Antica.*

In fondo al rettilineo di Macera si abbandonano la SP 111 e il tratturo regio che sale all'evocativa Taverna Caduta per girare a dx su una via sterrata e pianeggiante. A 2 km esatti dalla partenza si tiene la sin a un bivio e presto si scende in vista della diga del prosciugato lago Rèndina. Poco prima di raggiungere masseria Dàrdes si volta a S e si risale al bivio successivo: il rettifilo a E è il nostro. La discesa tocca l'abbandonata masseria Brienza e arriva alla SP 124, sulla quale si supera verso dx la fiumara Rèndina poco prima dell'incrocio della via di Melfi per Lavello (SS 93) con la via per Venosa **(6.8 km)**. È su quest'ultima, la SS 168, che si cammina per 1.4 km fin oltre una curva ad angolo retto. Giunti al laghetto del vallone dell'Acqua Rossa lo si aggira a N per salire su carrareccia a una sella, da cui procedere a dx fino a un altopiano. All'altezza di un traliccio ci si porta sulla pista a lato di un grande vigneto di Aglianico: costeggiandolo si ritrova la statale **(10 km)**. Alla tabella del km 4 si gira a sin sulla sterrata che conduce al piccolo borgo abbandonato di Sanzanello. Si passa accanto alla sbarra che impedisce l'accesso alle auto, e dalla chiesa si scende in un piccolo canyon con grandi cavità utilizzate da tempi antichi. In un'area ricca d'acqua si passa il ponticello sul torrente Cerro e s'imbocca a dx una pista inerbita in salita per la ex masseria Lauridia. Uno sbarramento improvviso di terra e sassi interrompe il cammino vicino all'edificio: si supera e, lasciando a sin la ex masseria, si procede diritto, a SE, lungo la linea elettrica. Dritto si continua anche a un quadrivio e poi sul lato destro di una casa. Il tratturo che si percorre, evidenziato dalla linea telefonica, e in estate invaso dalla vegetazione, supera i dolci avvallamenti del territorio. Su uno di questi (quota 359 in IGM), tra il km 6 della parallela statale e masseria Catena, si ergono a lato del tratturo, unico reperto romano visibile lungo la tappa, i resti di due piloni di un ponte condiviso dalla via Herculia, che collegava il Sannio alla Lucania e qui incrociava l'Appia.

Al km 6.4 si esce sulla SS 168 **(13.6 km)**. Fino a Venosa la si prende e la si lascia due volte a sin: 1.4 km di SS e una biforcazione sterrata sale ripida alla cantoniera dell'acquedotto; 1 km di SS e l'ultima scorciatoia s'impenna verso le prime case della città. Adesso si gira a sin in via Gramsci e si prosegue in via Levi e sulla stradina affacciata al vallone di Santa Maria la Scala. Scesi a un quadrivio si prende la via, sterrata e acciottolata, che porta a invertire la direzione del cammino. Varcato il ponte sul rio di Santa Maria si risale il vallone su mulattiera, sfociando in via Dietro il Seminario. Subito si lascia l'asfalto, svoltando a sin dietro una baracca. Una scalinata acciottolata sale all'Istituto Padri Trinitari; oltre un cancello (di solito aperto) si arriva al parcheggio del Parco archeologico, davanti alla chiesa di San Rocco e alla SP 18. Se il parco è chiuso, il miglior modo di finire la tappa è costeggiare la sua recinzione sul lato dell'ingresso per 50 m, fino a individuare, grazie al basolato superstite, un frammento di Appia Antica diretta a SE. Poco più avanti c'è l'abbazia della SS. Trinità. Verso SO si va alla scoperta della città antica.

Percorsa il 2 giugno 2015 e a tratti il 19 gennaio 2016

Tappa 19: da Venosa a Palazzo San Gervasio

Comuni attraversati: Venosa, Palazzo San Gervasio
Lunghezza: 17.130 km (13.600 km la distanza lineare)
Dislivelli totali: 276 m in salita, 209 m in discesa
Altezze: 409 m la partenza, 476 m l'arrivo; 487 m la massima, 340 m la minima
Pendenze: 18.1% la massima, -22.2% la minima
Fondo: asfalto, marciapiede, sterrato, sentiero, mulattiera gradinata
Tavolette IGM serie 25v:187 I-NO VENOSA, 187 I-NE STAZIONE DI VENOSA-MASCHITO, 188 IV-NO PALAZZO S. GERVASIO
Mangiare e dormire: b&b e ristoranti nel centro di Palazzo
Collegamenti con mezzi pubblici: autolinee collegano Palazzo a Potenza, Matera e alla Puglia

Si parte dal centro o dall'area archeologica di Venosa per una tappa che sorprende subito con la discesa nel vallone del Reale, attraversa quindi l'aperta dorsale del Piano di Cammera e supera poi i fossi della Fiumarella e della Fiumara di Venosa. Alla Fontana Rotta si lascia l'Appia Antica per salire a Palazzo San Gervasio lungo l'antica mulattiera gradinata.

Dalla rotonda all'estremità N di piazza Don Bosco, dove confluiscono la SP 18 Ofantina dall'area archeologica e le vie Roma e Frusci dal centro di Venosa, si prende la sterrata a E, a fianco alle case, che scende in forte pendenza al suggestivo vallone del Reale. Si risale a NE altrettanto ripidamente, su sentiero che, uscito dal folto, abbraccia in un colpo d'occhio Venosa e il Vulture. Provenendo da via di Schena si attraversa la variante della SP 18 e ci si dirige a E sul tratturo fra i campi. A un incrocio a T all'altezza di Loggia la Gala si volta a dx portandosi sulla via asfaltata che attraversa il Piano di Cammera **(2.3 km)**. È un lungo rettifilo parallelo alla SS 168 e poi alla SP Mulini-Matinelle quando la direzione diviene NE e transita accanto alla discarica di rifiuti di Notarchirico. Non solo rifiuti, però: in quest'area c'è un sito archeologico con ritrovamenti dell'era paleolitica, esposti soprattutto al Museo archeologico di Venosa.

Dalla contrada Mangiaguadagno si scende al ponte sul fosso la Fiumarella, punto più basso del cammino odierno (**9.4 km**), rara fascia verde tra dossi pelati e arati. La risalita dà accesso alla piana di Matinella, dove la Via, ora sterrata a ricordare meglio il tratturo originario, passa accanto alle case della riforma fondiaria degli anni cinquanta, abbandonate e solo in parte utilizzate dai braccianti stranieri nei momenti delle raccolte. Al bivio di quota 382 si sceglie il tratturo diretto a SE, in direzione di Palazzo San Gervasio, che appare in alto sulle colline. Raggiunta la SP Mulini-Matinelle nei pressi dell'attraversamento, a Ponte Rotto, della fiumara di Venosa (**12.8 km**), si cammina sul rettilineo di quasi 3 km al margine del piano di Palazzo, fino all'incrocio con la SP 21 delle Murge. Davanti c'è la meravigliosa Fontana Rotta, un'alta cisterna parallelepipeda, con sei ugelli in forma di mammella dai quali sgorga acqua freschissima. Oltre la fontana, l'Appia Antica passa fra Palazzo San Gervasio e la ferrovia e continua a dirigersi a E. Si sale invece alla cittadina: 400 metri di SP 21 e quando curva a sin ecco l'antica via gradinata per l'accesso a N di Palazzo. Prima di uscire a fianco alla parrocchiale si sottopassa un orribile viadotto che ha snaturato l'ingresso nella cittadina. Per attraversarla fino al municipio si possono percorrere corso Manfredi (sull'altro lato della chiesa rispetto alla via gradinata) e le vie XXV Luglio e Roma.

Percorsa il 3 giugno 2015

Tappa 20: da Palazzo San Gervasio a Masseria Tripputi

Comuni attraversati: Palazzo San Gervasio, Banzi, Genzano di Lucania
Lunghezza: 15.250 km (14.000 km la distanza lineare)
Dislivelli totali: 65 m in salita, 136 m in discesa
Altezze: 476 m la partenza, 405 m l'arrivo; 487 m la massima, 384 m la minima
Pendenze: 4% la massima, -14.6% la minima
Fondo: asfalto, marciapiede, sterrato, mulattiera gradinata
Tavolette IGM serie 25v: 188 IV-NO PALAZZO S. GERVASIO, 188 IV-SO GENZANO DI LUCANIA, 188 IV-SE MONTE SERICO
Mangiare e dormire: ancora a Palazzo San Gervasio
Collegamenti con mezzi pubblici: la masseria è persa nella campagna. Concordare il recupero con una struttura ricettiva di Palazzo San Gervasio

Scesi da Palazzo San Gervasio ci aspetta una tappa piatta, intorno ai 400 m di altezza, lungo un rettilineo a SE al piede delle colline del grano che perpetua il tratturo Tarantino, oggi asfaltato, e l'Appia Antica. Sarebbe un percorso tranquillo, non ci fosse il delirante viavai di camion sulla SP 79 per la centrale eolica in costruzione poco prima della bianca Masseria Tripputi.

Riattraversata la cittadina fino alla parrocchiale di San Nicola e al castello normanno-svevo, il *Palatium Regium* dal quale prende il nome, in fondo a corso Manfredi si trova l'ampia mulattiera gradinata del vecchio borgo Santo Spirito che si abbassa alla SP 21 in prossimità del cimitero. Si sta a sin al vicino incrocio e, percorsi 600 m, sullo slargo della monumentale Fontana Fico s'imbocca la SP 79 Marascione-Lamacolma **(1.7 km)**. Non la si lascerà più per tutta la tappa. Si sottopassa la SS 168, si trascurano alcune diramazioni e si percorre dunque la rettilinea e sgangherata provinciale, devastata da buche e vietata al transito locale (eccetto i frontisti), regno dei camion della costruenda centrale eolica, che si faranno man mano più frequenti. Speriamo che la molestia sia limitata nel tempo.

Da una parte le serre coltivate, dall'altra vasti pianori, come quelli di Banzi e Madama Giulia, bagnati dal Basentello che corre sempre parallelo a N della Via.

Alla metà del cammino, in località Valle dell'Angelo, spicca nella grande uniformità l'incrocio con la ex SS 169 (**7.6 km**), presidiato da una cantoniera ormai fatiscente.

Oltre la località Panetteria, l'ingresso nel comune di Genzano e l'impianto eolico si arriva a un incrocio di cinque vie davanti all'abbandonata masseria Lamarda. Per visitare all'esterno la masseria Tripputi si percorrono circa 400 m di sterrata in salita a SO, a dx della SP 96. Eccola, sotto l'isolato e assolato monte Serico, quella che fu la probabile *statio ad Pinum*.

Percorsa il 4 giugno 2015

Tappa 21: da Masseria Tripputi a Gravina in Puglia

Comuni attraversati: Genzano di Lucania, Gravina in Puglia
Lunghezza: 30.230 km (25.140 km la distanza lineare)
Dislivelli totali: 420 m in salita, 460 m in discesa
Altezze: 405 m la partenza, 365 m l'arrivo; 490 m la massima, 267 m la minima
Pendenze: 10.3% la massima, -16.4% la minima
Fondo: asfalto, marciapiede, sterrato, sentiero, campi
Tavolette IGM serie 25v: 188 IV-SE MONTE SERICO, 188 I-SO POGGIORSINI, 188 II-NO NOTARGIACOMO, 188 II-NE GRAVINA IN PUGLIA
Mangiare e dormire: a Gravina ristoranti, b&b, alberghi
Collegamenti con mezzi pubblici: Gravina è collegata con treni e autobus a Bari, Matera, Potenza e altri centri importanti di Puglia e Basilicata

Dalla Basilicata alla Puglia un lungo andare nel silenzio, fra panorami e infinite e nude distese a seminativo. In alto domina, nella prima parte, il castello di monte Serico, uno dei capisaldi del demanio regio di Federico II, in basso si costeggia il lago di Serra del Corvo. Scampoli di tratturo Tarantino-Appia Antica conducono su e giù verso Gravina, gioiello che prende il nome dal canyon inserito nel Parco nazionale dell'Alta Murgia. Sul lato del burrone opposto a quello dell'attuale città, nel sito di Botromagno, che fu colonizzato dai Peuceti, i Romani avrebbero costruito la stazione di Silvium.

Si riprende il cammino sulla SP 79, senza più camion e con il traffico locale limitato ai frontisti. All'altezza del castello di monte Serico si lascia momentaneamente la provinciale preferendo una pista inerbita a dx **(2.0 km)**. Quando la pista sale a dx si gira a sin e, salendo lungo il fosso, ci si riporta alla 79 (ponticello quota 373 IGM). Percorrendola si sale alla Piana di Zaccari, dove si lascia a dx la diramazione per lo scalo d'Irsina (fontanile), e si scende alla SS 655 Bradanica su una via più tratturo che provinciale tanto è dissestata. Sottopassata la Bradanica **(9 km)** si percorre per 1.4 km l'ampio e sconnesso rettilineo della SP 79 tra il lago di Serra del Corvo e la superstrada Bradanica. La si lascia voltando a sin sulla sterrata che perpetua la vecchia strada e l'Appia in direzione dell'attraversamento del Basentello alla confluenza del Roviniero: questi due torrenti formano oggi il lago artificiale. Quando la sterrata affonda nello specchio d'acqua davanti a una spiaggetta ghiaiosa (punto più basso della tappa), si continua per 300 m al bordo della pineta fino a un'insenatura del lago. Ora si gira a dx ad angolo retto; e un altro angolo retto si disegna 100 m dopo lasciando la pineta per passare il fosso D'Errico e uscire alla diga. Entrati in Puglia **(12.2 km)** sullo sbarramento del Basentello, s'intraprende la lunga salita (6 km) per Piano San Felice: sulla SP 26 (chiusa al traffico, eccetto frontisti) fino a Costa Bultrini e al terzo tornante a monte di un fontanile della bonifica fondiaria (presso una cantoniera abbandonata e in vista della masseria Vàgnari); e da qui sulla via inghiaiata a SE che si porta alle prime case di San Felice e diviene asfaltata. Conclusa la salita (900 m, **18.6 km**) si apre l'altopiano da percorrere tra le onnipresenti pale eoliche. Avanti di 3.3 km si tiene la sin al bivio di Costa Rizza: poco più a S della biforcazione è nel degrado l'omonima masseria, forse l'antica *statio Silutum*. Si scende al villaggio di Santa Teresa e quindi ecco, al km 64.269 della vecchia SS 96, una bella cantoniera in triste disfacimento **(24.2 km)**. Davanti all'edificio s'imbocca la SP 193 che sale ad attraversare la ferrovia per Avigliano e Potenza e, con sovrappasso, la SS 96bis. Al quadrivio a 200 m si prende a sin il tratturo che punta su Gravina, parallelo alle Statali 96 (vecchia e moderna) e alla linea ferroviaria. Meno di 1 km e si allarga in strada sterrata; quindi asfaltata dopo 1.5 km presso il ponte sul torrente Pentecchia di Chimienti. Il tratturo-strada si accosta alla 96bis e la sottopassa. Subito a dx si cammina sul bordo del campo accanto alla ferrovia. Si sale al terrapieno del tunnel della statale: da qui si può tentare di tagliare gli svincoli all'ingresso SO della città per giungere direttamente, presso l'imbocco della gravina, a qualche decina di metri di antica Via tagliata nel tufo. Si scende quindi uno stradello che, lungo la recinzione di un oliveto eretta con materiali di recupero, porta a un sottopasso stradale (svincoli 96bis) chiuso da una barriera improvvisata. Se è insuperabile si sale alla strada e si segue fino alla gravina. Diritto oltre il sottopasso si attraversa un breve tratto invaso dalla vegetazione, si segue per due lati il muro di un magazzino per l'edilizia, si costeggia un altro muro. Terminato il corpo a corpo con la bruttura, ecco, in direzione SE, l'Appia Antica ricavata nel banco tufaceo. Appena prima dei resti di un ponte diruto sul torrente Gravina si sale alla ritrovata 96 davanti all'ingresso del Parco archeologico di Botromagno. Si passa la gravina e si volta subito per portarsi in città, salendo la sterrata a lato della recinzione del cimitero. Con un ultimo tratto asfaltato si esce in via San Vito Vecchio all'inizio dell'abitato; risalendola si arriva in piazza Pellicciari e da qui in centro o alla villa comunale.

Percorsa il 5 giugno 2015 e a tratti il 20 gennaio 2016

Tappa 22: da Gravina in Puglia a Maccaronaro (Altamura)

Comuni attraversati: Gravina in Puglia, Altamura
Lunghezza: 12.460 km (11.800 km la distanza lineare)
Dislivelli totali: 115 m in salita, 77 m in discesa
Altezze: 365 m la partenza, 403 m l'arrivo; 415 m la massima, 363 m la minima
Pendenze: 4.5% la massima, -3.6% la minima
Fondo: asfalto, marciapiede, sterrato
Tavolette IGM serie 25v: 188 II-NE GRAVINA IN PUGLIA, 189 III-NO ALTAMURA
Mangiare e dormire: il b&b Villa Genny è a 600 m dal percorso, in contrada Maccaronaro. Altrimenti, ad Altamura, a 4 km, molte soluzioni
Collegamenti con mezzi pubblici: appoggiandosi al b&b ci si può trasferire ad Altamura, che è collegata con treni e autobus a Bari, Taranto, Matera, Potenza e altri centri importanti di Puglia e Basilicata

Breve tappa sulla "Via Appia tarantina" attraverso il gradevole territorio coltivato della Murgia che lascia il tempo di trasferirsi e visitare l'interessante Altamura, che aveva una stazione sull'Appia. Colpiscono i resti della doppia cerchia di mura peucetiche e la splendida cattedrale in Romanico pugliese. Secondo alcuni studiosi era l'antica città di Blera*, che altri invece indicano più in là, nella Murgia Catena.*

Si esce da Gravina a E, in via Bari, immettendosi sulla SP 27 Tarantina con una rotonda (**1.7 km**). Alla prima uscita si volta a dx su una strada laterale e poco dopo a sin su una via di campagna camminando paralleli alla provinciale. 200 m e si torna alla 27. È l'unica variante di una tappa tutta sulla provinciale, fortunatamente dotata di uno spazio in banchina per i pedoni. Ampia e trafficata, perpetua il tratturo Tarantino e l'Appia Antica fino all'altezza del centro di Altamura e oltre. Superato il km 5 si notano tracce del tratturo al di là del bordo sinistro della strada; 1 km dopo, oltre masseria Cialledde, ecco i tagli sul calcare di antiche cave **(7.8 km)**. Il finale ci riserva una brutta sorpresa. Passati il km 10 della 27 e la linea ferroviaria Matera-Altamura si arriverebbe al ponte Padula Cardena, a meno di 4 km a S della città di Altamura. Ma qui la Via sbatte contro l'invalicabile muraglia della SS 99, una superstrada a scorrimento veloce diretta a Matera. Come se ne esce? Prima del sottopasso ferroviario (lato O) si prende lo svincolo a dx che sovrappassa la 99 con marciapiedi protetti. Alla rotatoria di Maccaronaro ai piedi del cavalcavia, dove la SP 28 Appia tratturo Tarantino prosegue a SE, può concludersi il cammino. Girando a sin (indicazione Santéramo in Colle) e poi a dx sulla SP 27 (2° tratto Tarantina) si può raggiungere il b&b Villa Genny, la soluzione di pernottamento più vicina al percorso.

Percorsa il 6 giugno 2015

Tappa 23: da Maccaronaro (Altamura) a Masseria Miseria

Comuni attraversati: Altamura, Matera, Santéramo in Colle, Laterza
Lunghezza: 22.490 km (21.930 km la distanza lineare)
Dislivelli totali: 60 m in salita, 108 m in discesa
Altezze: 403 m la partenza, 355 m l'arrivo; 403 m la massima, 355 m la minima
Pendenze: 6% la massima, -3.7% la minima
Fondo: asfalto, marciapiede, sterrato
Tavolette IGM serie 25v: 189 III-NO ALTAMURA, 189 III-NE STAZIONE CASAL SABINI, 189 III-SE MATERA NORD, 189 II-SO VALLONE DELLA SILICA
Mangiare e dormire: trasferimento a Laterza, a 8 km, da richiedere alla struttura ricettiva: Iris b&b in centro, altri periferici
Collegamenti con mezzi pubblici: Laterza è collegata da autolinee Sita Sud e Ctp a Castellaneta e Matera, entrambe con stazione ferroviaria

Si cammina a SE su strade provinciali che ricalcano il tratturo Tarantino e l'Appia Antica, attraversando le terre a cavallo fra Basilicata e Puglia. È un piano inclinato da 403 a 355 metri, interrotto solo dalle ondulazioni della Murgia. Murgia Catena innanzitutto, ai piedi della quale si percorrono, vicino alla strada attuale, tratti che portano evidenti segni dell'antico tracciato. Così come tracce di una centuriazione agraria romana emergono nella parte finale, verso le masserie Viglione e Miseria.

Dalla rotonda ai piedi del sovrappasso della SS 99 ci si avvia sulla SP 28. Subito due varianti sulla dx: dopo meno di 200 m una sterrata corre parallela ed esce al km 1; un'altra, di circa 200 m, ritrova la provinciale al km 2. Percorsi **5.5 km**, la 28 confluisce a dx nella 41. Passano circa 100 m e, tra la provinciale e il muro in pietra che la costeggia, si cercano le tracce dell'antica Via ricavata nel banco roccioso. 200 m più avanti, in corrispondenza dello iazzo Pisciulo, il tratturo-Appia è a dx, vicino e parallelo alla 41, e presenta tracce di solchi carrai sul fondo roccioso. 300 m e si continua sulla provinciale il superamento di Murgia Catena. Sulla prima curva della 41 si sta a dx sul vecchio tracciato della strada, parallelo a quello moderno rettificato e allargato. La ex 41 diviene subito sterrata e, dove un tempo girava a sin per oltrepassare il torrente Jesce, si continua diritto sul tratturo, tra il bordo dei campi e la sponda destra di questo corso d'acqua ridotto a fogna. E così si prosegue incrociando la strada per la contrada Santa Candida e uscendo infine, come si può, alla provinciale Rondinella e, subito a sin, alla 41 in vista della tabella del km 9. Si transita davanti all'imponente e antica masseria Jesce **(km 10)** e continuando in leggera salita si trascurano il bivio a dx per la rediviva SS 7 che passa da Matera e il successivo a sin per Santéramo.

A metà percorso, all'agglomerato industriale di Jesce, ci si discosta dalla SP 41 e dal traffico, preferendo seguire la via a dx più vicina ai capannoni fino agli ultimi edifici, a 100 m dalla rotatoria dove s'incrociano la 41, la SP 236, la SS 271 e la SP 140 **(12.3 km)**. Si segue quest'ultima sul lungo e noioso rettifilo che perpetua l'antica strada, un tempo forse lastricata in calcare bianco, e segna il confine fra Puglia e Basilicata. All'incrocio della masseria Viglione **(18.1 km)**, fra le sei vie possibili si prende la SP 22 che continua la linea a SE. Circa 250 m avanti l'incrocio con la SP 19 Santéramo-Laterza, a monte del quale si trova masseria Miseria, si lascia su una curva la 22 e si raggiunge con il tratturo il capolinea della tappa: SP 19, quota 355 IGM, nei pressi il pozzo Annescianne, intorno solo campagna coltivata.

Percorsa il 7 giugno 2015 e a tratti il 21 gennaio 2016

Tappa 24: da Masseria Miseria a Palagiano

Comuni attraversati: Laterza, Castellaneta, Palagianello, Palagiano
Lunghezza: 28.980 km (25.210 km la distanza lineare)
Dislivelli totali: 80 m in salita, 395 m in discesa
Altezze: 355 m la partenza, 40 m l'arrivo; 358 m la massima, 21 m la minima
Pendenze: 6.1% la massima, -11% la minima
Fondo: sterrato, sentiero, campi, asfalto, marciapiede
Tavolette IGM serie 25v: 189 II-SO VALLONE DELLA SILICA, 201 I-NO LATERZA, 201 I-NE CASTELLANETA, 201 I-SE MASSERIA CASAMASSIMA, 202 IV-SO PALAGIANO
Mangiare e dormire: sul percorso, all'ingresso di Palagiano, l'agriturismo b&b Fiori d'Arancio, in centro l'hotel Accord le Rose, altre strutture nei dintorni
Collegamenti con mezzi pubblici: bus Ctp, Fse, Sita Sud tra Palagiano e Taranto, Bari, Matera

Tappa di discesa con improvviso ed emozionante orizzonte sul golfo di Taranto dall'altopiano a O di Castellaneta. L'alternanza di sterrato e asfalto rende gradevole un cammino messo a punto per ricalcare il più possibile l'antica Via delle pecore e dei Romani. A Palagiano, o nelle sue vicinanze (forse Camera Forese), poteva esserci ad Canales, *ultima* statio *dell'Appia prima di Taranto.*

A valle della Masseria Miseria e del bivio con la SP 22 si riparte dalla SP 19 su pista inerbita diretta a S a un vigneto. Piegando lievemente a dx al bordo dei campi si giunge a un fosso; costeggiandolo a sin (se asciutto si può camminare all'interno) ecco il vallone del Silica, spesso secco. Oltre il vallone la conferma del giusto allineamento con la via Tarantina-Appia Antica: affiora la sede del tratturo e, non appena diviene sterrato, la segnaletica stradale ribadisce "SC 50, Comune di Laterza, Via Appia Antica". Al bivio di masseria Cangiulli la Via diviene asfaltata (SP 20, indicazione Gioia del Colle); al successivo si prosegue nella direzione segnalata per Laterza. Si gira a sin per passare davanti a masseria Candile **(5.3 km)** e subito dopo a dx sulla via imbrecciata. L'antica stazione di *Sub Lupatia* doveva trovarsi nei paraggi. Più avanti si volta a sin sulla strada asfaltata (SC 33) che va a incrociare la SS 7 Appia (**8.3 km**). Si prosegue diritto sul tratturo lungo il bosco di querce che circonda masseria Del Vecchio Nuova e interrompe l'infinita teoria di campi seminati. Su asfalto si sale qualche metro, ma in una tappa a scendere ci si accorge anche di un cavalcavia. Si rimane in quota sull'altopiano a O di Castellaneta per quasi 3 km: nei bivi si tralasciano le vie minori e quelle che non rispettano la direzione SE. Quando la discesa si fa decisa si apprezza appieno la veduta su costa e golfo di Taranto, prima solo intuita. Dopo una doppia curva il regio tratturo Melfi-Tarantino riprende inghiaiato sullo stesso rettifilo, giunge alla masseria Santo Stefano, attraversa frutteti intensivi e, 50 m prima di una torretta Enel, va a dx, aggira a E masseria Pagliarone e si immette sulla SP 15 nell'omonima località (**17.3 km**). Al quadrivio appena più in là della diramazione della SC 65 si volta a sin e subito a dx lasciando l'asfalto e incamminandosi tra i campi lungo un recinto. Lasciata la cinta si marcia a SE su piste agricole. Si esce a un incrocio di vie: si sceglie quella inghiaiata, con sbarra e pali del metanodotto, che continua la linea del tracciato. Quando la strada finisce si procede, sempre lungo il gasdotto, su campestre che diviene viottolo e scende ad attraversare un'area di ripristino ambientale della Snam. Un evidente sentiero a S immette sulla carrareccia che passa la Lama di Castellaneta. Prima che inizi la salita della masseria Petrosa si gira a sin e, con direzione N, si raggiunge, oltre una sbarra, la strada asfaltata che a dx, in salita, si dirige a Palagiano (**21.9 km**). Con un percorso a U di circa 1 km abbiamo così aggirato a S l'antico passaggio non più praticabile al termine della Gravina di Castellaneta. Sulla ritrovata linea a E s'incrocia la SP 14, si passa dal piccolo edificio di Camera Forese, si scende a Fontana del Fico alla Lama di Lenne, si risale infine a Palagiano. Via Matera, piazza Regina Elena, corso De Gasperi, piazza Vittorio Veneto per giungere in centro.

Percorsa l'8 giugno 2015 e a tratti il 21 gennaio 2016

Tappa 25: da Palagiano a Taranto

Comuni attraversati: Palagiano, Massafra, Taranto
Lunghezza: 23.050 km (20.840 km la distanza lineare)
Dislivelli totali: 55 m in salita, 90 m in discesa
Altezze: 40 m la partenza, 5 m l'arrivo; 41 m la massima, 3 m la minima
Pendenze: 6% la massima, -5.6% la minima
Fondo: asfalto, marciapiede, sterrato, campi
Tavolette IGM serie 25v: 202 IV-SO PALAGIANO, 202 IV-SE FERMATA BELLAVISTA, 202 III-NE ISOLE CORADI, 202 II-NO TARANTO
Mangiare e dormire: a Taranto tutto quel che serve
Collegamenti con mezzi pubblici: più linee ferroviarie (da Bari, Potenza, Brindisi, Reggio Calabria) convergono sulla stazione ferroviaria di Taranto

Tappa di pianura per approdare al secondo mare dell'Appia, lo Jonio di Taranto e dell'Ilva. È l'abnorme spazio devastato dall'industria dell'acciaio, grande due volte la città, a occupare, dopo Gennarini e Bellavista, le miglia della biforcazione della Via antica: una raggiungeva e attraversava Tarentum, mentre una variante esterna alla città passava a N del Mar Piccolo. Si segue il ramo urbano con percorso borderline.

Vittorio Emanuele, Adua e Torre San Domenico sono le vie per uscire da Palagiano e riprendere il cammino nella campagna coltivata palmo a palmo, clementine e non solo. La strada è "lo stradone", la rettilinea SP 39 che ricalca l'antico tratturo e l'Appia fino al canale della Stornara. L'andamento è il solito SE, salvo dopo contrada Patemisco, dove si piega più a E. Bivi tanti, problemi d'orientamento pochi. In località San Cataldo **(10.8 km)** è stato rinvenuto, ma ricoperto (ci passa il metanodotto), un tratto di Appia glareata, cioè formata da un battuto di ciottoli e ghiaia. Poi si passa a monte delle sorgenti del fiume Tara, luogo di riferimento della Via, e davanti all'Ente irrigazione gestore delle sue acque. Intanto si avvicinano le ciminiere dell'Ilva, con l'alta "testa del drago" che ha eruttato spaventose dosi di diossina. Giunti all'incrocio a T sul canale della Stornara, si gira a sin costeggiandolo fino al ponte ferroviario, davanti al quale si valica su inghiaiata diretta alla stazione Bellavista. A monte della ferrovia e della SS 7 questo corso d'acqua era attraversato dall'Appia Antica: si conservano i resti del ponte romano sulla gravina Gennarini. Dal piazzale davanti alla fermata ferroviaria **(14.5 km)** comincia uno zigzag necessario a superare svincoli e viadotti: si attraversa il campo per un centinaio di metri in direzione SO, portandosi, oltre il guardrail, alla nuova strada di collegamento a quattro corsie fra la 7 e la 106 Jonica, che si segue in direzione SE. Oltre la curva che sovrappassa la ferrovia e la doppia rotonda, ecco l'Appia moderna. 1 km sulla 7 e si arriva al km 644.6: la strada è larga e c'è spazio in banchina, ma si percorre sul lato sbagliato per i pedoni. Si lascia la 7 sotto un cavalcavia, passando a lato del cancello 50 e iniziando un percorso parallelo e "protetto" interno all'Ilva su ampia strada asfaltata abbandonata. Lungo la via s'incontrano la masseria Mucchio e la più grande masseria Foggione **(17.4 km)**, mentre a sin ci sono i grandi parcheggi dell'acciaieria. Dribblato a sin un secondo cancello, il 49, sulle tracce di chi è passato prima, si attraversa una diramazione interna all'area industriale e si continua su strada poco trafficata. In prossimità di una rotonda (indicazioni Bari 79, Taranto 2) s'incrocia una larga strada di comunicazione tra la vicina 7 e la 106; si sottopassa un nastro trasportatore e camminando su un prato a lato della 7 si ritrova una strada che fa evitare altri 300 m di statale, sulla quale si sale inevitabilmente al km 647.2 con il consueto scavalco di guardrail. ½ km e si passa sul lato sinistro dell'Appia all'altezza di un distributore di benzina. Si procede diritto, verso il centro di Taranto, sul marciapiede, sottopassando il grande svincolo dove la 7 s'immette nella 106. Sul passaggio pedonale protetto del Cavalcavia Colombo (divieto di transito ai pedoni!?) si passa sopra un fascio di ferrovie e si scende al porto mercantile diretti al ponte di Porta Napoli, dedicato a sant'Egidio **(21.3 km)**. La meravigliosa e trasandata Taranto vecchia, l'isola attuale ove era l'acropoli, si può percorrere da piazza Fontana sulle vie De Tullio, Cava, Duomo (la più antica cattedrale pugliese). Passate le colonne del tempio di Poseidone, testimoni della città greca, davanti a Castel Sant'Angelo s'imbocca il ponte Girevole fra il Mar Piccolo, a N, e il Mar

Grande, a S. Si può concludere la tappa sulla passeggiata al bordo di quest'ultimo, fino a piazza Marinai d'Italia in lungomare Vittorio Emanuele III.

Un gioiello finale: al 10 della vicina via Cavour uno dei più importanti musei archeologici d'Italia.

Percorsa il 9 giugno 2015 e a tratti il 22 gennaio 2016

Tappa 26: da Taranto a Masseria le Monache

Comuni attraversati: Taranto, San Giorgio Jonico, Carosino, Grottaglie
Lunghezza: 22.000 km (17.240 km la distanza lineare)
Dislivelli totali: 122 m in salita, 35 m in discesa
Altezze: 5 m la partenza, 92 m l'arrivo; 93 m la massima, 5 m la minima
Pendenze: 6.9% la massima, -2.9% la minima
Fondo: asfalto, marciapiede, sterrato
Tavolette IGM serie 25v: 202 II-NO TARANTO, 202 II-NE S. GIORGIO IONICO, 202 I-SE GROTTAGLIE
Mangiare e dormire: b&b Masseria le Monache (la cena va organizzata alla prenotazione)
Collegamenti con mezzi pubblici: Grottaglie, a circa 4 km a N, è collegata a Taranto e Brindisi da treni e autolinee

Un cammino che per metà è attraversamento urbano: 5.3 km verso E per uscire da Taranto, 5.4 km per lasciare alle spalle San Giorgio Jonico e la contigua Carosino e ritrovare la campagna. Ristoratore è il percorso nelle terre da vino e da olio all'estremità occidentale delle Murge Tarantine: porta alla statio Mesochorum*, subito a N della masseria Misicuro che ne conserva il nome, dal significato "a mezza strada" tra Taranto e Oria. Qui confluiva la via dell'Appia che passava a N del Mar Piccolo, via San Pietro e Monteiasi.*

Dal lungomare Vittorio Emanuele III si attraversa verso E tutta la città con le vie Mazzini, Battisti, Plateja (rinvenimenti di Appia), Pisa, Ancona, Lacaita. Queste ultime servono un quartiere periferico di recente urbanizzazione: via Lacaita immette nel Parco archeologico delle mura greche, un'area risparmiata dall'espansione edilizia, dove, a livello di fondazione, sono conservate le mura che forse erano attraversate perpendicolarmente dall'Appia. Dopo aver disegnato un semicerchio a N (a compensare quello subito precedente a S) in quest'isola naturale e storica inaspettata, si riprende il cammino a E, con un lieve pronunciamento a meridione, tra i palazzi moderni di via Forleo e piazzale Putignani. In via Consiglio, dopo un circolo tennis, si apre la veduta di masseria Rhao: tra gli edifici rurali e la via sono affiorati altri resti dell'Appia. Alla rotatoria all'altezza della casa di reclusione si tiene la dx (via Pierri, **5.4 km**), passando a S di località Cimino, dov'è emerso un tronco lastricato della Via, e poi a N della vasta depressione bonificata di Salina Grande. ½ km dopo la rotonda delle provinciali 105 e 104 **(9 km)** si lascia il noioso rettilineo, voltando a sin a 90° su carrareccia tra olivi e viti. ½ km, trascurando una strada asfaltata a dx, e serve un altro angolo retto verso San Giorgio, che appare in alto; ½ km sul bordo di una vigna e alla carrozzabile asfaltata si gira a sin; 100 m e nuova svolta a dx di 90°. Si arriva in 1 km alla masseria Baronìa e alla SP 110 che costeggia la zona industriale di San Giorgio, nella quale si entra lasciando la provinciale diretta alla SS 7ter e andando subito a dx in via Allende. Via Malcolm X sfocia sul rettifilo in salita della 7-via Roma, da percorrere sul lato sinistro fino allo stadio comunale. In San Giorgio si lascia la 7 su via Lecce, girando a sin in via Carosino **(14.3 km)**, che diviene D'Acquisto e quindi corso Umberto entrando in Carosino. Nella centrale piazza Vittorio Emanuele si gira a sin in via Dante davanti al palazzo ducale; a dx in via Mazzini, a sin in via Moro, allineandosi a NE per *Mesochorum* (direzione importante nei prossimi bivi). All'estrema periferia di Carosino si percorre via Salvemini prima della piacevole vicinale senza più traffico e case, a eccezione di rare masserie, come la Misicuro, che si vede a dx 1 km prima di arrivare, all'altezza del casino Pignatelli e appena oltre il ponte sul canale Simone, al probabile bivio di raccordo tra i due tracciati dell'Appia **(20.7 km)**. Meno di 100 m a dx e si volta a N per salire alla rossa masseria Le Monache, preceduta da masseria Montedoro, su un'altura abitata sin dal neolitico.

Percorsa il 10 giugno 2015

Tappa 27: da Masseria le Monache a Oria

Comuni attraversati: Grottaglie, Francavilla Fontana, Oria
Lunghezza: 19.720 km (17.290 km la distanza lineare)
Dislivelli totali: 128 m in salita, 90 m in discesa
Altezze: 92 m la partenza, 130 m l'arrivo; 172 m la massima, 71 m la minima
Pendenze: 5.7% la massima, -5.5% la minima
Fondo: asfalto, marciapiede, sterrato, sentiero, campi
Tavolette IGM serie 25v: 202 I-SE GROTTAGLIE, 202 II-NE S. GIORGIO IONICO, 203 III-NO FRAGAGNANO, 203 III-NE ORIA, 203 IV-SE FRANCAVILLA FONTANA
Mangiare e dormire: a Oria ristoranti, b&b e albergo diffuso
Collegamenti con mezzi pubblici: Oria ha la stazione ferroviaria sulla Brindisi-Taranto

Una parte iniziale complicata da numerosi ostacoli e deviazioni per una tappa memorabile, con il passaggio dall'insediamento messapico di Vicentino, la probabile Mesochoron *preromana, e la serie di tracce dell'impianto stradale dell'Appia che affiorano lungo il rettifilo per Oria, una delle più belle e antiche città della Puglia, famosa per il castello svevo e la comunità ebraica, probabile* statio Urbius.

Percorrendo a S per 1.2 km la strada della tappa precedente si torna al bivio nei pressi del probabile raccordo tra i due rami dell'Appia. Ci si dirige verso E lasciando a sin la via principale e seguendo la stradina di campagna dapprima lungo il canale Simone, poi per un rettifilo. Percorsi a sin 150 m della SP 86, ecco l'accesso, tra due pilastri, della carrareccia in salita per la masseria Vicentino Grande, di fronte alla quale, a ridosso della sponda della gravina, sorgeva un insediamento messapico con tre cerchie di mura a difesa di acropoli e abitato. Si prosegue a N della masseria, nel bosco e in spazi aperti di quest'ultimo gradino premurgico. Dove la carrareccia volta a sin per raggiungere alcuni edifici dell'azienda agricola di Vicentino, si va nella direzione opposta per meno di 100 m e poi a E tra campi e incolti in direzione della grande cava-discarica di Grottaglie. Aggirata una macchia di lentischi si arriva a un muro di pietre dal quale origina, a S, una delle vie di quest'area scavate nel tufo con i segni delle ruote dei carri. Non la si imbocca ma si va diritto lungo il muro, tenendolo a sin. Poco più in basso, sempre in direzione E, la traccia taglia in trincea le pareti dell'alveo torrentizio e ne attraversa il fondo su una massicciata di grossi blocchi parallelepipedi: il "viadotto romano" di contrada La Torre, portato alla luce da scavi recenti **(4.5 km)**. Da qui un muro a secco sostituisce la Via: si seguono le tracce di sentiero appena a S del manufatto per raggiungere via Paparazio in prossimità dell'ingresso alla cava-discarica, al cui interno prosegue la traccia dell'Appia Antica. Si passa a N dell'impianto: ½ km in via Paparazio, quindi sterrata rettilinea a dx. Al fondo si scende a una grande tubatura da aggirare subito a sin, trovando poco più in basso il piano del tratturo-Appia allineato al "viadotto". Lo si segue lungo muretto e siepi fino a quando confluisce in una carrareccia delimitata da muri. A un bivio si prosegue diritto fino al termine di una bassa recinzione a blocchetti di tufo, e poi ancora diritto per poche decine di metri, girando a dx alla volta di una costruzione in parte diroccata, da aggirare per trovare una campestre verso S. Oltre un muretto di cinta si attraversa l'oliveto e si esce sulla ex SS 603. Poco prima del km 7 si gira a dx su strada asfaltata a S e subito a sin sull'antica Via: ½ km e s'immette sulla SP 51ter in contrada Cantagallo **(7.7 km)**. È l'inizio del lungo rettifilo per Oria, che perpetua l'Appia. Lasciati alle spalle i punti più alti della tappa, balcone fra Murge Tarantine e Tavoliere di Lecce, ecco l'incrocio con la SP 52: per circa ½ km si può considerare da qui la parallela e contigua sterrata a dx.

Poco prima di arrivare a Santa Croce Superiore la provinciale curva lievemente verso N **(13.0 km)** causa l'ampliamento della masseria negli anni sessanta, mentre il tracciato dell'Appia, con il fondo originario riportato alla luce da uno scavo, va dritto, attraversando gli edifici rurali. Si ritrova la linea antica di là dalla masseria, percorribile ma chiusa al fondo. Oltre il quadrivio a E della masseria l'Appia per 100 m è tratturo, per 150 m è provinciale, poi curva a dx su sterrata a costeggiare a S l'oliveto per ½ km: curva che contraddice i canoni viari romani per una depressione che un tempo doveva essere ben più marcata. La conferma viene dalla carta IGM.

Il tracciato si riallinea alla direzione OE dell'Appia fino alle porte della città con l'unica eccezione, tra i km 2 e 1 della SP 51ter, in contrada Monte Spilato: 300 m che si staccano sulla dx (**16.9 km**) e presentano l'antico tracciato salvatosi per la rettifica di una curva della provinciale. Lo stretto passaggio tra fichi d'India e rete nella parte centrale della sterrata si può superare casomai a sin nell'oliveto.

Oltre l'incrocio con la SP 51 si trovano i marciapiedi urbani delle vie Frascata, Francavilla, Ciriaco, D'Oria, Epitaffio, al cui inizio è il municipio.

Percorsa l'11 giugno 2015 e in parte il 22 gennaio 2016

Tappa 28: da Oria a Mesagne

Comuni attraversati: Oria, Latiano, Mesagne
Lunghezza: 16.580 km (15.550 km la distanza lineare)
Dislivelli totali: 10 m in salita, 70 m in discesa
Altezze: 130 m la partenza, 70 m l'arrivo; 130 m la massima, 69 m la minima
Pendenze: 1.4% la massima, -2.8% la minima
Fondo: asfalto, marciapiede, sterrato
Tavolette IGM serie 25v: 203 IV-SE FRANCAVILLA FONTANA, 203 I-SO MESAGNE
Mangiare e dormire: a Mesagne alberghi, b&b, ristoranti
Collegamenti con mezzi pubblici: la stazione ferroviaria di Mesagne è servita dai treni della Brindisi-Taranto

Tappa di pianura e lieve discesa che inizia dirigendosi alla sorprendente chiesa Madonna di Gallana, di origine bizantina, fuori dal rettifilo per Latiano. Il percorso che scegliamo è indicato da alcuni studiosi come probabile tracciato dell'Appia nel superamento delle paludi che un tempo circondavano Oria. Quasi tutti gli esperti fissano la statio Scamnum nell'area, cinta da una cerchia fortificata messapica, delle masserie di Muro e Tenente. Il tratturo-Appia ne costeggia le mura in un grandioso bosco di ulivi prima di dirigersi a Mesagne.

Le vie Epitaffio e Spirito Santo conducono fuori dall'abitato. Girando a sin alle ultime case, all'incrocio di via Spirito Santo con via Virgilio, si scende a sottopassare la ferrovia Taranto-Brindisi e, compiendo un'inversione a U, si va a costeggiare a sin per circa 2 km. Nel punto in cui la strada si accosta alla ferrovia e compie una curva a sin (ci sono possenti olivi e cassonetti dei rifiuti) si attraversano i binari e si trova subito appresso la strada che porta al bivio di via Madonna di Gallana **(3.5 km)**, dove si gira a dx. La via termina sulla SP 71: solo 200 m in direzione di Latiano e alla prima curva si passa dalla 71 alla più tranquilla 72, un tratturo oggi asfaltato che costituisce il confine fra i comuni di Oria e Latiano e corrisponde all'accreditata Appia diretta a NE. All'estremità S di Latiano s'incrociano la SP 70 (**8.8 km**) e, su tratturo divenuto sterrato, la SP 73 (**10.0 km**). Dopo 200 m e per quasi 1 km, si costeggiano, una settantina di metri a N, i resti della fortificazione che delimita l'ampia area archeologica di Muro Tenente, ov'era la stazione di *Scamnum*. Lo stradello di campagna, tornato asfaltato, attraversa, con andamento più o meno rettilineo, la contrada Pizzorusso fino a congiungersi alla circonvallazione S di Mesagne (**14.6 km**) nei pressi della SP 45. Lasciato a sin lo svincolo per la SS 7, via Marconi porta al castello e a piazza Vittorio Emanuele II. La tappa termina davanti a porta Grande, accesso al centro storico a forma di cuore, che contiene anche una necropoli messapica.

Percorsa il 12 giugno 2015

Tappa 29: da Mesagne a Brindisi

Comuni attraversati: Mesagne, Brindisi
Lunghezza: 16.170 km (14.770 km la distanza lineare)
Dislivelli totali: 20 m in salita, 88 m in discesa
Altezze: 70 m la partenza, 2 m l'arrivo; 70 m la massima, 2 m la minima
Pendenze: 2.9% la massima, -4.5% la minima
Fondo: asfalto, marciapiede, sterrato
Tavolette IGM serie 25v: 203 I-SO MESAGNE, 203 I-SE TUTURANO, 203 I-NE BRINDISI
Mangiare e dormire: a Brindisi tutto quel che serve
Collegamenti con mezzi pubblici: Brindisi è stazione della ferrovia adriatica e capolinea della Potenza-Taranto

360 o 365 miglia da Roma alle spalle, è il giorno dell'arrivo a Brindisi e all'Adriatico. Il percorso non è quello più accreditato che vuole la Via antica sepolta sotto il rettilineo dell'attuale statale Appia, o a fianco sul suo lato NO. La scelta è per una via appena più a meridione, che collega antiche masserie dotate di torri di avvistamento normanne. La fine è nella messapica Brundisium*: Via Appia, le colonne, la scenografica scalinata in fronte ai due seni interni del porto naturale e alla vastità del mare. Verso l'Oriente.*

Da via Brindisi a dx, al distributore di carburanti di piazza Romano, in via Vita. Nella contigua via San Lorenzo Martire, l'omonimo tempietto paleocristiano precede l'uscita dalla città. 1.7 km e a un bivio fra capannoni e campo di pannelli fotovoltaici si avanza diritto a NE: salvo poche eccezioni, sarà la rotta della tappa.

È già aperta campagna di contrada Cavallino sino alla circonvallazione S di Mesagne, da oltrepassare per entrare nel comune di Brindisi, quando via San Lorenzo diventa SC 16. Si lascia a sin masseria Nuova, preceduta da un viale di eucalipti, incrociando quindi la SP 80A, dove la Via si fa sterrata, e la comunale 50 all'altezza dello svincolo di Sandonaci della SS 7. Prossime mete: masseria San Giorgio **(7.1 km)** e la successiva Masina **(8.5 km)** risalgono ai primi secoli d.C. e conservano tracce di *villae* di età imperiale. Nel frattempo, e fino all'intersezione con la SP 43, la comunale 16 è tornata asfaltata, e da qui è via campestre diretta alla SS 7. Sulla relativa complanare si sottopassa la 7 sul lato sin della grande rotatoria **(10.9 km)**, quindi si fiancheggia il centro commerciale Le Colonne e poi, a dx alla seconda rotonda, si riprende la direzione NE parallela alla SS 7, costeggiando più oltre il grande ospedale. Si passa sotto la SS 16, si attraversa al semaforo e si gira a dx costeggiando il parco comunale Braico lungo una ciclabile protetta. Si entra in città voltando a sin in Via Appia **(13.2 km)**, naturale continuazione della SS 7 e che quasi al fondo, dopo 1.7 km, è chiusa dalla ferrovia ma riprende oltre il sottopasso. Porta Mesagne (sul lato dx resti dell'acquedotto romano) è l'inizio del centro storico; le vie Carmine e Fornari, e a sin via Santi, piazza Sottile De Falco e via Duomo (Palazzo Nervegna, area archeologica e non distante il tempio di San Giovanni al Sepolcro, anticipazione della Terra Santa) conducono in piazza Duomo (Museo archeologico provinciale). L'arco della torre campanaria immette in via Colonne: delle due colonne romane ne resta una (il magnifico capitello originale è a Palazzo Nervegna), l'altra, crollata per un terremoto, fu rimontata a Lecce per reggere la statua del patrono. Il complesso monumentale con la scalinata dedicata a Virgilio è per la sua magnificenza un punto d'arrivo più simbolico che reale. L'Appia infatti terminerebbe poco più a sud, attorno a piazza Vittorio Emanuele, in asse con la direttrice maestra.

Percorsa il 13 giugno 2015

Indice

13 Prima di cominciare

15 *Incipit*

19 La prima via di Roma

43 Appia

45 Ad Antonio Cederna

47 LA PIETRA
Da Roma a Capua Vetere

133 IL VENTO
Da Capua Vetere a Venosa

211 IL GRANO
Da Venosa a Brindisi

279 *Boots on the ground*

283 Il cercatore di vie

287 Guida alle ventinove tappe
a cura di Riccardo Carnovalini

Be More Human

Be More Human

Rethinking the Rules of High-Performance Teamwork

Caspar Craven

The High-Performance Teamwork Specialist

ISBN: 978-1-8381001-0-0

Cover design by Jemima Giffard-Taylor
Edited by Elaine O'Neill

DEDICATION

To my family team:
Nichola, Bluebell, Columbus and Willow.

TABLE OF CONTENTS

Introduction 1
Section A: Rethinking the Rule Book 9
Chapter 1: People First, Results Will Follow 11
Section B: Building Foundations 21
Chapter 2: Grounded in Trust 23
Chapter 3: Making Yourself at Home 33
Chapter 4: The Story Is the Star 45
Chapter 5: Start with Impossible 57
Chapter 6: Challenging the Belief Myth 67
Chapter 7: We. Not Me. 81
Section C: Unleashing Stellar Performance 97
Chapter 8: Recalibrate Your Compass 101
Chapter 9: What You See Is All There Is 111
Chapter 10: What's Your Superpower? 123
Chapter 11: Perfection Never Happens 133

Chapter 12: Change Happens in the Calendar 145

Chapter 13: Cornerstone Habits..................................159

Chapter 14: Learning How to Learn............................169

Section D: Building Resilience and Adapting to Change...181

Chapter 15: Emotional Mastery 183

Chapter 16: Time to Change Tack?.............................195

Chapter 17: Resilience in the Eye of the Storm 207

Chapter 18: Swerving Distractions.............................221

Chapter 19: Taking Extreme Ownership 233

Chapter 20: Teams that Go the Distance....................245

Conclusion..255

Resources...259

ACKNOWLEDGEMENTS

This book is written with deep appreciation to everyone who has shared my journey in business, in life and on my adventures. The stories shared and lessons learnt have been shaped by the people I have had the privilege to learn from along the way.

I have met many inspiring people, too many to name individually, who have helped me to learn what it takes to build incredible teams; teams that not only perform at the highest levels and achieve success, but whose members thrive in all areas of their lives. I am grateful to each and every person.

My journey literally could not have been possible without my family and friends whose patience with me as I have painstakingly learnt these lessons has meant the world to me. My family, more than anyone else, has shown me the value of teamwork and the humility to accept the lessons that life has been teaching me.

This book was in the planning phase for some time and would not have happened without the expert support and guidance of Phil Strachan of Strangebrew and Elaine O'Neill. Together they have helped me to turn my stories, ideas and insights into a readable structure.

Leadership happens at all levels and I have written this book with the primary intention of encouraging all leaders, and the teams they are part of, to build and retain not just high-performance teams, but teams that thrive in all areas of their lives. Whether you are the most senior or junior member of a team, you will face challenges on your journey and my hope is that you will find insights and wisdom in these pages. Use this book to support and guide you to build your teams both at work and at home to achieve the success you imagine together.

Never forget that it is humans who sit at the heart of teams. Put people first and the results will follow.

Caspar Craven June 2020

INTRODUCTION

When I entered the working world in the 1990s, the leadership model was based on the carrot and stick approach, existing in a numbers-driven culture, defined by a win/lose finish line.

This model worked for some, but not everyone. Precious little attention was given to understanding why some thrived under these conditions, while others withered.

With hindsight, so much of our humanity was in plain view. The fact that some people were better at certain things than others. The fact that the more appreciation and encouragement an employee got, the better they did and when team members played to their strengths, they achieved more. The clues were always there but were far too rarely acted upon.

That old model is flawed in many ways and it needs to

be consigned to the scrapheap. We need a business approach that puts humanity at its core, an approach steered by leaders who create high-performance teams that thrive based on combined strengths. In recent times, it has become so much more obvious that high-performance teams put people first and the results follow. We need a new rule book.

I have learnt this the hard way. I was once that type of 'numbers first' leader, one who ignored the warning signs, and it was that short-sighted thinking that took me and my business to the brink of collapse.

A book like this could have saved me a lot of time, energy and heartache back then. It could have served as a roadmap for that crossroads in my life. All the principles that I have learnt have gone into it. I know that I'm not done on this learning expedition, but I'm grateful not to be pushing up against my own ignorance anymore.

My first step on that journey began a decade ago at the age of 37, when my wife and I finally realised that we needed to work together as a team. We decided to re-write the story of our lives and create some big, bold goals for our life together. One of those goals was to spend two years sailing around the world as a family, and we knew we needed to create successful businesses back in the UK to allow us to do that. So, I set about testing the traditional thinking of teamwork, with the end goal of building high-performance teams that would thrive even without me there.

Up until then, I'd been playing safe, playing by what I thought were the rules. The right thing to say, the right thing to do, never really questioning what was going on and fundamentally thinking that teamwork and leadership were things I had to do on my own, that had to follow the management techniques I had learnt in the 1990s.

I had joined an accountancy firm as a trainee straight out of university and for three years strived to be a good employee. I was diligent and worked hard but always had a nagging feeling that something wasn't right. After qualifying as an accountant, my next corporate move was to a larger accountancy firm, one of the so-called Big Four, working in the corporate finance department. We acted as consultants, providing advice on buying, selling and raising money for businesses. I spent five years working my way up through middle management before making the choice at the age of 29 to start my own business.

Back then it was all about keeping up the appearance. From all the outward signs, it looked like I was doing OK. Married, two kids, a career that looked like it was headed in the right direction and living what looked like a comfortable suburban life.

Looking back now, I call BS on that. While outwardly I put on the appearance and the smile, inside I felt vastly different. My work life was challenging me daily and not in a positive way. Money was scarce, arguments at home were rife, and the feeling of dissatisfaction grew.

The big, bold goals of building a successful business, of amassing substantial wealth and being seen as a big shot – all the things I had wanted to achieve in my late teens and early twenties – had become a distant memory.

Something needed to change. Looking back, the reality was that everything I needed was already right in front of me, I just couldn't see it. I'd been unable to discern truth from myth, fact from fiction.

Through a series of ego-driven mistakes and hard-won lessons, I got clear on the fundamental truths behind why teams thrive and perform at the very highest levels. I have distilled these truths into the many lessons that I share with you now in this book. I also learnt that there are a lot of dangerous myths and outdated ideas out there. A swirling sea of undercurrents ready to pull us under the water. If you'll let me, I'd like to act as your guide, debunking the myths and directing you toward a new framework.

Who's this book for?

This book is for anyone who at times finds themselves asking questions like these:

- Why is my team not getting the results I want? We just keep missing our targets, and nothing I say or do seems to have any lasting impact.
- Why does it feel like my team members don't understand me? I'm clear and explain what we want but they don't get it.
- Why is the business not growing? We keep trying new things, but nothing seems to move the dial.
- What's wrong with our culture? It feels like it's all blame and fault-finding.
- Why do I feel stuck? I feel like I've tried everything and don't know what to do next.
- Why am I finding it tough to face the working day?

- Why do I feel like an outsider at my own company?
- What is my value to this team? I'd just like to feel good at doing at least one thing.

If these or similar questions appear in your mind on a regular basis, we already share a good amount in common and this book was written for you.

I grew up in a fishing and farming village in the West of England, where sheep grazing on the rugged windswept headlands was a regular sight. Occasionally, I would see one with its head stuck in the wire fence, unable to free itself. Pushing forwards or pulling backwards was futile; it was stuck.

I have felt like this at times in my life; stuck, with a feeling of helplessness as I tried and failed to figure it out on my own. That feeling of isolation, of frustration, of not progressing but thinking I should be able to work it all out. That feeling progressing into self-doubt, failing self-confidence and a lack of certainty as to what value I brought to the world and to those around me. I've often imagined myself feeling like that stuck sheep, unable to ask for help. There is help, though, but we often only get the help we need when we ask the right questions.

If, like me, you have a driving force, a hunger to be more, to do more, to know more and to have more impact on the world, with your permission, I'd like to take you on a journey to be more human.

You might be the most junior person on the team. You might be the leader on the team. It matters not for this book, because being part of a team is a mindset, as is leadership. It's an approach, a way of thinking and not a title. Use this approach to create positive change in the teams you operate in, wherever you are and whatever position you have.

By blending the skills, talents and energies of a rich and diverse team of people, we all have access to a much greater depth of potential. Imagine trying to cook a delicious meal with a single ingredient. No matter how amazing that ingredient was, it would still be pretty bland on its own. Creating a high-performance team is like cooking, you need more than one ingredient, and you need to know how your flavours work together. Without the methods, you could end up with a tasteless mess, but with direction, you have the power to create something incredible.

The start of the journey is staring at the hard and perhaps obvious truth that no one has all the answers to the challenges we face in our work, businesses and daily lives. Despite each and every person having intellect and an innate set of talents and skills capable of being honed, there is no way that any of us have the time, resources or ability to figure out all the answers on our own.

This is true in our work, in our careers and in our businesses. It's equally true in our home lives, families and relationships. My thoughts on teamwork evolved over a decade-long period before, during and after a unique family experience that involved sailing the globe with my wife and our three young children under the age of 10, while overseeing multiple businesses back home.

Through the nature of the choices my wife and I made together, we had to learn to work together in what you might not typically associate as a team, our family. It covered five years of preparing, planning, learning and making an outrageous number of mistakes, two years of sailing the world, and then three years of deep immersion back working in the business world sharing my insights and conducting ongoing research. In this time, I came to see the deep and inescapable parallels between what is traditionally defined as our work life and our home life.

This led me to rewrite the essential components of what it takes to build high-performance teams. This universal set of tools and skills, once mastered, can be used to profound effect to build successful teams in all parts of our lives.

We all live and work in teams. Teams at work. Teams at home. How we align and achieve both the goals that are important to us and the ones that are important to others can be one of the hardest challenges that any of us face. Why? Because it involves other human beings! And most of the time we still haven't figured ourselves out, let alone anyone else! Your success in your chosen career will depend on how well you relate to others. This also goes for your success in your home life and personal relationships.

What's the end game?

It's about learning to work more effectively together. It's about creating teams that deliver success; however, you define that. Underpinning everything is how best to create an effective high-performance team, where each person has a role to play and feels valued. We humans are social creatures and creating these teams is not just the journey. It is also the outcome in its own right: creating meaningful relationships while performing meaningful work.

The world has fundamentally changed in the last few years, and as I write this book in 2020, Coronavirus is shaping the very nature of how we work together in lockdown. The world is forcing us all to adapt. Change is upon us and it is time for the rules of teamwork to be updated.

This new way of building teams, leading and working together is going to force you to get personal, to dig deep and to stare hard at dark and often uncomfortable truths. None of us are the finished product, we are all works in progress and it's only by being prepared to grab the bull by the horns that you will uncover your truths.

Are you ready to throw out the old rule book and lead your team in a more human way? Yes? Then let's get started!

SECTION A:
RETHINKING THE RULE BOOK

When I entered the workplace in 1993, the prevailing mindset involved running businesses by numbers. It was how I was taught that business worked. The 1987 film Wall Street, with the money-driven businessman Gordon Gekko and his 'numbers first/win at all costs' approach, epitomised an extreme version of this thinking. The undercurrent of the film was that people were disposable items en route to the accumulation of wealth.

In the subsequent three decades, the way business operates has radically changed. New disruptive business models emerge at an incredible speed across all industries, and the ability for talent to find different outlets for their skills happens at a speed that never existed before. Building and maintaining high-performing teams capable of delivering against big, bold goals requires a switch in thinking; one that puts people, not numbers at the heart of what we do in business.

If an organisation doesn't have a way of operating that recognises the unique contribution of each employee, those businesses will not only struggle to achieve their goals, but they'll be overtaken by their rivals who do recognise the power of nurturing and unleashing the talents of their diverse team. This is not advocating a soft, pushover approach, but rather one that recognises the individual contribution that each person in any team has to offer in building strong, thriving businesses. This first chapter explores why the rule book needs to be re-examined and presents the case for how to build high-performance teams that thrive using a different framework.

Rethinking the rules of teamwork, and the leadership associated with it, calls for a more personal challenge than ever before. Not only do you have to see your teams as more human, but you also must see yourself as more human too. That includes an honest recognition of where you have strengths and where you have weaknesses.

As humans we are all flawed, works in progress and to be more human is to get comfortable that we're in progress. As you're about to discover, the mindset shift that I've had to embrace has been one where I've gone from thinking, "I'm at the top of my game and I know everything" to "Wow, I'm starting to play a whole new level of the game and need to begin on the first rung of the ladder".

This skill set is one we are rarely taught. It calls for each of us to have both the courage and vulnerability to set ego aside and embrace what makes us human.

CHAPTER 1:
PEOPLE FIRST, RESULTS WILL FOLLOW

I was feeling the pressure. Our monthly sales numbers were way below target. Cashflow was tight and we didn't know how we could possibly make payroll that month.

Everyone on the team was being paid less than their market value. I was locked in tough conversations with my sales director who was making a compelling case to be paid more money. It was just more money that we didn't have.

The tensions and unease were rife throughout the team. They were not doing what I wanted them to do and I was getting frustrated and irate.

I didn't respond well to the pressure. I was becoming the worst type of manager you could imagine. I simply piled the pressure onto the team and was driving them to work even harder. I was searching everywhere for ways to make a breakthrough. I went into overdrive and started bringing what I thought were innovative ideas back to the team, expecting them to deliver within ridiculous time frames.

It wasn't as though I hadn't had good leadership role models in the past. At certain points in my past, working for KPMG and in a fast-growth scale-up, I'd had leaders who had supported and encouraged me to be the best I could be. It was just that I hadn't been paying enough attention to those aspects and hadn't internalised what they had taught me.

Looking back, it was a miracle I'd got this far. I had progressed to middle management as an associate director in my time at KPMG and we had built our business, Trovus, to some 10 people and £500,000 in sales. My progress, though, was in spite of myself and not because of any particular leadership skills that I had developed.

Things were not much better in my home life. As I was feeling the pressure at work, I'd take that stress home. It didn't play out well. My wife and I argued – about money, about our roles, about who was doing what. The tension led to the inevitable 'bed death' where I'd go to bed early and she'd stay up late and only come to bed once I was asleep. Not to mention how I was snapping at my children and quickly becoming a distant parent.

Stop being a nightmare

It was, quite frankly, only a matter of time before something broke. It came to a head at the end of March 2012 when Ed, my co-founder, took me to one side: "Caspar, you're being a f*****g nightmare – if you carry on like this, every single person, including me, is going to leave the business." It was like I'd been punched in the face. It was my wake-up call. Something had to change. That something was me.

There was an idea that I had to embrace. A simple idea that was completely counter-intuitive to what I'd learnt in the working world up to that point.

It was an idea that would underpin a series of transformations. The first at work, as we evolved into a fast-growth and profitable business, which we would go on to sell for a seven-figure sum. The second was at home, with my family, and how we, as a family of five, would later circumnavigate the world on a small boat.

That idea was 'People first and results will follow'.

I'd had it the wrong way around. I had to completely rethink my idea of what leadership meant. I had focused on the numbers and was driving the people to hit the numbers, regardless of human cost.

Back in 2000, I took to the open water for my first round-the-world sailing adventure, as one of two watch leaders on *Quadstone,* one of 12 equally matched yachts on the BT Global Challenge.

My skipper back then had a saying that matched the business logic of the day. It was "a fast team is a happy team". Her thinking was that if the boat was going fast, then everyone would be happy, and we'd go even faster.

This approach was rampant in the corporate world: take care of the numbers, keep them on track and all will be well. Soundbites such as "You can't manage what you can't measure", "Use a carrot and stick to motivate people" permeated the culture. Considering my background in finance, it all just seemed so logical.

Looking back now, I realise my training had been in management, not in leadership. And they are two hugely separate things.

As I faced the prospect of the business that we had worked so hard to create crumbling around me, I had to learn a radically different set of skills. I cringe now when I think back to just what a godawful leader I was. I had simply been passing on all the pressures and strains that I was facing to my team.

Leadership as a mindset

I had been operating under the idea that a leader was separate from the team, giving orders without input from others. The leader was meant to be a strong charismatic character whom employees followed simply because they were in charge. Now I see that this is an ego-driven leader.

While the ego has a certain role to play, looking back now, I can see how crazy this approach sounds. By getting really honest about my weaknesses, I came to see that the ego has to be understood and used appropriately. Leaders who understand this empower the people they work with to be the absolute best versions of themselves.

As the leader, you are there to serve your team and enable them to undertake their roles to the very best of their abilities – just as much as they are there to serve you and help you undertake your role to the best of your ability. The leader at the end of the day is just a member of the team.

As part of rethinking leadership and ego, over time we developed a simple business mantra: "It doesn't matter who is right, it only matters what is right." Easy to say now, but at the time it was a tough pill to swallow as it ran counter to the business instincts I had learnt. It may be a tough one for you too but trust me when I say that this is the single best way through. This thinking goes right to the heart of ego and the sense that you must be right and have all the answers.

I see leadership as a mindset rather than a title. It's about how you show up and act and look after those around you. In my team at work, I had some brilliant people who were junior in terms of years in the workplace, but who displayed real leadership qualities, such as bringing a natural 'can do' attitude and showing genuine concern that each colleague was OK. I see the same thing at home and I often refer to my youngest daughter, Willow, as my 'leader on the pitch', someone who displays the traits of leadership without ever having been appointed leader.

Ed telling me that everyone would leave was my turning point, the start of my journey. The realisations I came to after that led to us creating a thriving and fast-growth business. In the 12 months that followed, we shook up many things and grew at the fastest rate we had ever grown, making more profit than we had in the previous six years combined.

It was truly a case of putting people first and the numbers would follow. As the business evolved, we got to a place where the team were running it smoothly without me, and we eventually sold Trovus while sailing the Pacific Ocean.

Working with large and small companies around the world since returning from our last circumnavigation has shown me that these challenges are evident in all workplaces. It applies just as much, if not more, to a big business or organisation as it does to a small one.

A happy team is a fast team

Back to 2000 and it didn't end well for my skipper with the philosophy of 'a fast team is a happy team'. In Wellington harbour in New Zealand, it all came spectacularly unstuck. The primary focus on speed came at the expense of every individual on the yacht. It meant that we had a team that was not fully engaged and working in harmony. Disaster struck as we raced around the harbour and crashed at speed into another yacht. Over the following week, while essential repair work was being undertaken, our skipper stood down and was replaced.

Reflecting on the entire experience, our skipper's mantra was completely upside down. Hers had been a fixation on numbers and winning at all costs over and above the people, her team, who would deliver the results that would create the win. The truth is that a happy team is a fast team.

It's about getting people feeling fulfilled in roles where they are playing to their strengths and doing work that matters to them, under a shared mission, with people who they trust.

Over the past three decades, the corporate world has looked to elite athletes and winning sports teams for inspiration and motivation. Corporate events are liberally sprinkled with Olympians, World Cup winners and endurance athletes. Stories unfold of extreme drive and commitment, long punishing training schedules over many years, and the inevitable setbacks before victory and triumph arrive at some point.

It's a very compelling rationale, which is why it has become so commonplace. After all, who wouldn't want a winning attitude like that ingrained into your team?

It's hard to argue with that logic if you want both superior performance and to beat your competitors. The aggregation of marginal gains makes perfect sense. The relentless attention to detail, the burning focus and the clarity of vision make for gripping analogies that every CEO would love their team to emulate.

Macho clichés like "Show me a good loser and I'll show you a loser" roll off the tongue. Who's going to argue with that? The message of win/lose slides into our culture and has become firmly lodged.

However, here's the rub. This is only one half of the story, the glamorous side of the story. There is a darker side to this that needs to have a light shone upon it. The thinking is all about aiming for a specific finish line. In sports, it is about the gold medal, the trophy, an end point.

The equivalent in business is the monthly, quarterly or

annual results. For me, as an entrepreneur building a business, the received wisdom was always about building a business and selling it in the next three to five years. The exact nature of the finish line varies, but it's all driven by the same underlying concept: the finish line.

This frame of reference leads to a series of highs and lows that can have devastating side effects. I recently sat at a conference, listening to speakers including gold-medal winning Olympians and friends who'd built and sold businesses for many tens of millions of pounds.

The pattern of events was exactly the same. Things build to a crescendo, you reach that high point and then what? Where do you go?

Stories unfolded of friends who'd gone on to experience a deep loss of purpose because where do they go after they've won that gold medal – and often at a young age? Stories of suicide, of relationship breakdown, of bankruptcy, of lives falling apart followed.

After the success of beating your competitor or turning in great results, is that what you'd wish for the members of your team? Is that really the model you want to adopt and ingrain?

At the same time, the business leaders shared stories of what came after the highs of building and selling their businesses – the darker, seldom talked about side of the life of being an entrepreneur. We only ever hear in the business press of the glamour and the big telephone numbers they've sold for. There's precious little airtime given to the very real question of what comes next. The loss of their purpose, feeling lost and not knowing what to do. They've been so fixated about getting to and being on that finish line that too little consideration had been given as to what happens next. However hard it may be to feel sorry for someone with millions in the bank, it does highlight the nature of artificial finite finish lines that are set up in our win/lose culture.

Lost at sea

In 2000, I sailed the world in the BT Global Challenge, acknowledged as the World's Toughest Yacht Race. Everyone described it as the adventure of a lifetime. And it certainly was – while I was on it. The crunch came afterwards. Three months after the race finished, in 2001, I found myself sitting at the bottom of my dad's garden with a bottle of whisky at 3 am When you have an amazing high, where can you go afterwards? It's usually down!

Is this really the thinking we want to be modelling our businesses or organisations on, with everything focused on reaching a pinnacle with no consideration of what comes next? This is the problem. Such an approach drives finite short-term thinking that is totally focused on the result and to hell with what then happens to the individual.

I do think the sports model has something to offer business and, yes, I appreciate some parts of the thinking to drive superior performance. It's hard to argue against that and I have learnt plenty from that model. However, there is a much bigger component that needs to be part of the conversation. This is where I think the 'family team' model has so much more to offer to business. In the 'family team model', there is no finish line. You don't get to a point and then say OK I'm done with you. It's a long-term ongoing relationship that strengthens over time, recognising the contribution of every person and supporting them to grow.

The idea of high-performance teams comes from these sports models, but it falls short in the new rule book. 'Perform' suggests playing a role, acting the part, essentially not being yourself. Yes, we want to run businesses that perform as well as possible, but we need to move past this one-dimensional view of teams.

Start right now

I suggest that to be more human, we upgrade the idea of high-performance teams and work to create thriving high-performance teams that will deliver extraordinary results on a sustainable basis. Thriving teams produce efficient and market-leading results by nature, but on top of that, as individuals, each team member is thriving in their lives, not just at work.

You've got to be in it for the long game. I'm not saying work for your company forever but allow your businesses to reflect your overall modus operandi. Put people first and the results will follow.

As a simple reminder of this principle in the courses I run, I ask people what their *PEP* is. What is the thing that they are putting first? Is it *P* - Profits, *E* - Ego or *P* - People? It's sure to be one of these!

SECTION B: BUILDING FOUNDATIONS

Creating a thriving and effective team takes many elements. The most important question to ask is where to start. What are the most important things to build?

As humans, we have many biases. One of the worst is the recency bias – putting too much weight on the most recent opinion or idea we've heard. You fixate on one idea this week, then next week at a conference, you hear the new hot idea. And then that becomes the thing you focus on. Then there's that podcast you listen to and their most recent guest, 'whatshisname', has this cracking new idea and you think, "Yes, let's go and do that!"

I've tried, failed and had the occasional success in approaching this from all sorts of angles and drawing on both my own experiences and those of people I admire who've built strong thriving teams for the long game.

I like to think visually. Forming a team for me is like building a pyramid. With a pyramid, you build from the base up and by doing that, you build a strong foundation. Step by step, this section will help you establish that foundation.

CHAPTER 2: GROUNDED IN TRUST

My flight had landed several hours earlier. I'd checked into my hotel, unfolded and ironed my shirts for the event, and laid out my kit. The brisk walk into the town centre of Vilnius had freshened me up and, as I was having my evening meal, I was thinking through the key messages I wanted to share the following day. I'd been brought in as the opening keynote speaker at a one-day conference for business leaders in Lithuania.

My phone buzzed. It was a message on LinkedIn, from the Battalion Commander for the Lithuanian Armed Forces. My heart skipped a beat. I checked the agenda and he was the closing speaker.

My first thought, as we were both speaking on leadership and teamwork, was that he was about to get my talk pulled or changed. I read his message with a degree of trepidation: "I am interested in your talk since it covers some topics of mine. Let's meet tomorrow at the coffee break. I will be wearing my uniform, so you will notice me easily."

He was indeed easy to find, being dressed in military combat gear. We had that coffee and spent time sharing ideas. I need not have worried. The core message he shared with me (and the audience) was that of building trust.

As he explained to me, in the military, how can you expect to lead your team into battle if there is a single seed of doubt about whether you can trust them or whether they could trust you or not?

He didn't just talk the talk. What became clear to me was he showed his trust in the organisers (and therefore in me) that they would have put together a cohesive agenda and that there wouldn't be any crossover with our talks. To my relief, he hadn't been remotely concerned about us doubling down on teamwork!

Trust is a message that we in the UK regularly see in the TV show "SAS Who Dares Wins" where ordinary people go through a mock SAS selection procedure. It's easy to be distracted by the harsh physical nature that of course is an essential component, but it's the underlying brotherhood, the fraternity, that provides the bedrock of trust at the heart of the show.

It gave me pause for thought to reflect on my journey in business, at home and on my two adventures sailing round the world. The obvious point was staring me in the face. Before you can do anything, you must build trust. Sometimes we do it without realising, just by being human and by caring. And sometimes we don't realise that what we are doing is utterly toxic and is undermining trust.

In my workplace, as I look back, I realise that my erratic pressure-driven approach and putting unreasonable demands on my team had been leading to an erosion of trust. And unless I had done something significant to reverse that diminishing level of trust, there would have been no business left.

A culture of fear

What were the signs that trust was eroding? For me, it was the unspoken, uneasy and uncomfortable sensation that when I asked someone to do something, they were only paying lip service to it and they were not really going to follow through.

I've seen this show up as a blame culture. A culture where no one feels safe to hold their hand up and own their own mistakes. The finger of blame is pointed toward someone else or some circumstance beyond their control.

I've seen it show up as people digging deeper into their own worlds and not sharing what they are doing or their ideas with others for fear of being criticised, of being found out, of being proven wrong or even of having their ideas stolen.

It can show up as the feeling that if a better offer came along, then members of your team would leave you. The feeling that you are not being listened to. The sensation of eyes rolling and the thought "Oh it's another one of those ideas". These are horrible states to be in – and I suspect many of us can relate to times in our lives at work or at home when we've felt those sensations and been in that sort of team. The feeling contrasts very strongly with the picture that is conjured up when you read stories of the great leaders of the past.

I'd follow that leader anywhere

Sir Ernest Shackleton is widely recognised as one the most inspirational leaders of the last century. In January 1915, his ship, the *Endurance,* became trapped in the Antarctic ice, where it remained for 10 months. The men were forced to abandon their ship, and they spent the next six months camping on an ice floe, hoping that it would drift in the right direction. Their ice floe broke in two and Shackleton decided that the crew should board their three small lifeboats and head for land.

After seven days at sea in the three small lifeboats, the men eventually reached Elephant Island. Elephant Island was an inhospitable place far from any shipping routes, so it was essential that help must be sought from the island of South Georgia. For this trip, Shackleton chose five men to cross the 1,300 kilometres of open ocean in the lifeboat named the *James Caird*. These waters are among the most dangerous in the world, and, as captain Frank Worsley reported, waves of 16 metres were not uncommon.

After 16 days of sailing, the men reached South Georgia, before Shackleton and two others set out across the island to reach help. They travelled for 36 hours across mountainous terrain. On 30 August, Shackleton was able to rescue all 22 of his men from Elephant Island, after they had been stranded for 105 days.

Frank Worsley, writing in his book *Shackleton's Boat Journey*, gives an insight into what was the essence of Shackleton's leadership: "It seems certain that some of our men would have succumbed to the terrible protracted strain but for Shackleton. So great was his care of his people, that, to rough men it seemed to have a touch of woman about it, even to the verge of fussiness. He seemed to keep a mental finger on each man's pulse... At all times he inspired men with a feeling, often illogical, that even if things got worse, he would devise some means of easing their hardships."

He inspired men with a feeling. Powerful words indeed. The clues to building trust are all right there.

What is trust?

The Oxford Dictionary defines the word trust as: "A firm belief in the reliability, truth, ability or strength of someone or something."

If the starting point is a firm belief, and to me a belief is defined as a "feeling of certainty about something", what then is the journey to creating that feeling of certainty in the reliability, the truth or the strength of someone?

The perhaps obvious point is that trust cannot be given, it must be earned. It is an accumulation of credibility over time, based on the consistency of your words and actions. Through shared experiences with others, you can build a solid foundation of trust.

Sailing on the BT Global Challenge in 2000, with a crew of 18 strong, we battled hurricanes and 100-foot waves in oceans rife with icebergs. One wrong move in those conditions meant certain death, being lost at sea in the frozen Southern Ocean wastelands. Over the 10 months of that race, we bonded as a crew and over the hundreds of sail changes on the wave-swept bows of the boat, each of us developed a deep bond and trust with the crew members either side of you, the helmsman who would aim to pick a course through the waves to best protect you and the crew member continually counting heads to make sure all were still on board.

The trust displayed on our boat was absolute. I can imagine though, that if one person had broken that trust, the seed of doubt would have been planted in our minds, ready to come to the fore and change how we work together the next time we were up there on the foredeck.

There is so much truth in the expression that: "Trust arrives on foot and leaves on horseback". It's the small interactions over time that lead to the strengthening of trust – and which, in contrast, in a handful of swift and poor interactions, can be instantly lost.

How one develops trust is surprisingly simple. And yet, we also know that something that is simple may not always be easy.

The secret, if there is one, starts with listening. Really listening to each person in your team, to being present and to understanding what is important to them and what is going on in their world.

There is little that is more powerful (and rare) in this world than for someone else to give you their undivided attention and for you to feel seen, listened to, understood and heard. The acid test is to demonstrate that understanding by acting on it. It can start with the simple idea of just saying back to someone what you've heard them say. That is rare in itself.

Trust builds when you actually act upon what you've heard, doing something deliberate and specific that shows that you really understand what is important to them. By showing that you really care.

Paint a wall red

Kevin Gaskell is brought in to turn failing companies around. He led a record-breaking turnaround at Porsche, then BMW and Lamborghini and subsequently at some 20-plus companies. In his book, *Inspired Leadership*, he describes the situation where he was brought in to turn around a failing boat manufacturer, Fairline Boats.

Standing on their factory floor in Northamptonshire, England he came face to face with the workforce of 500 fearful boat builders for the first time. The anger and frustration flooded out as he was battered by their complaints for an hour.

To be able to do anything with this business Gaskell knew he required the whole team to be on side and that required trust. He had no option but to figure out how to build trust rapidly in a very demonstrable way.

He used a technique he calls 'paint a wall red'. It's his metaphor for making a commitment to a team by making a visible change that everyone can see.

In the hour-long verbal battering he had been subjected to, one core message that came out loud and clear was of broken promises over bonus pay and wage rates. The workforce felt cheated out of money that they felt was rightfully theirs.

That evening, along with his finance and production director, he worked out what they could afford to pay and how they should pay it. At 8 am the following morning, they were back on the factory floor in front of the workers. "You asked us a question last night," he said. "So, we've got the answer for you."

By listening, and then responding swiftly with real action that demonstrated that listening, he had begun the process of building trust. In my business, my first step towards regaining trust was realising just how bad a leader I had been up to that point. I had to begin by putting my hand up and owning my mistakes.

Ed encouraged me to get a leadership coach so that I could re-learn how to become a leader and I was open with the team about the journey I was on.

Do not imagine for one second that this was easy for me. It hurt like hell to face the truth that I had been making mistakes. I had to reach inside myself and summon up a previously undiscovered level of courage to stare my failings hard in the face and to make the decision to take a different course of action. My tipping point was that I realised unless I changed my actions, nothing in my world would change and my dreams would remain just that.

Start right now

Building trust doesn't have to wait. Indeed, it should not be delayed. You can start to do it right now. Take the time and create the space where you have no distractions, especially no phone distractions. Sit down with each of your core team and ask them what's going on for them and what's important to them.

Will they tell you the truth the first time around? Probably not. But, whatever they say, demonstrate that you are listening. Write it down and play it back to them. To be more human, begin that process of really listening and then finding ways to help them to achieve their goals and what's important to them. The more that you do this, the more likely it is that others will emulate what you are doing.

Aim to make trust building an infectious habit in the teams you are part of by leading by example. No one needs to ask permission to deeply listen to what others are saying and to build trust by playing it back and acting on it.

CHAPTER 3:
MAKING YOURSELF AT HOME

It was another one of those arguments that just hung in the air. At some point, at least one of us would go too far and say something more extreme that would leave an indelible mark. A comment that would be stored and remembered and be thrown back at the other in a later argument.

It was as though we were both carrying a sack over our shoulders and each hurtful or unfair comment would be mentally logged and tossed into the sack. Over time, the sack would get heavier and heavier under the burden of the stored comments and unresolved arguments.

It followed a regular pattern. It would be triggered by something simple, often trivial. A misunderstanding over who was meant to pick the children up, a bill to pay that was larger than expected or the fact that one of us felt that the other wasn't pulling their weight and things felt unfair.

Things would quickly escalate and all the raw, unresolved feelings bubbling away just beneath the surface would come flooding out. The contents of the sack would be tipped onto the floor and all the harsh words from past arguments would come flowing out. It would erupt in a boiling pot of angry emotions where no one would win.

The atmosphere certainly wasn't conducive to intimacy and it quickly led to the proverbial 'bed death'. I'd go to bed around 10 pm and she'd stay up later until I was asleep and then come to bed. In the morning, I'd be up early and out of the house before she was awake. We were like ships passing in the night.

It was negatively impacting my business too. I'd head to work in the morning with the latest argument fresh in my head, the cold passive-aggressive conversation in the morning where sentences like "I'm fine" meant anything but. Much as I'd try to concentrate on my work, I'd keep running over the arguments in my head. I'd throw myself harder into work and take on more and more things to shut out the background noise. I certainly wasn't being very effective; I was just working harder and harder to catch up on the day.

At the office, I became snappy, erratic and unreliable. I was dropping the ball on various projects and was difficult to work with. This was not a recipe for growing my business and making things happen.

This was my life in 2009. It was challenging on every level and I couldn't see a way out of it.

Research in this area is sparse, but according to a YouGov survey of business owners, board directors and senior managers conducted in 2020, what I experienced is not that uncommon. The findings taken from over 500 people earning more than £100,000 a year revealed that 69% admitted that they had had "significant" problems in their private relationships while in their current or a similar role.

Taking home to the office

Perhaps unsurprisingly, these personal problems led to those surveyed reporting a serious impact on their productivity and performance. They cited missing deadlines, needing to take time off, being unable to travel for work or reducing their hours.

And while a struggling home-life was proving to have detrimental effects at the office, their work copped the blame as being the primary culprit of home-life disruption. Work was viewed as being as destructive in its effect on relationships as infidelity (36%) and ahead of the strains of raising children (27%) and financial pressures (23%).

One story that the research shares is of a couple with two children under the age of four. The husband earned more than £100,000 a year in a demanding job, while his wife had given up her equally demanding job to take care of their children. At weekends, the husband would normally sleep downstairs on the sofa because their younger child had taken to sleeping with Mum in the marital bed. On the surface, they looked like every other young family with two kids under four; slightly stressed, which they generally put down to sleep deprivation. The real dialogue that was revealed in the research was that if things didn't change, he was planning a divorce and she was contemplating suicide. Not every situation will be that extreme, but it serves to highlight the challenge that exists here.

Going back to my own situation, I was in a negative cycle where I'd created a segmentation of my life that existed only in my head. I had a 'work life' and I had a 'home life'. I was trying to find that elusive work/life balance. They seemed to me to be two vastly different lives with each one blaming the other for all the problems.

I was falling into the trap of the work/life balance myth and thinking that rebalancing my time was the answer. I was overlooking the obvious elephant in the room. That elephant was me. I was the common denominator in all this! The hard truth was that these were problems that were following me around like a bad smell – only I couldn't smell it. It was always someone else's fault.

The psychology of finding fault, of looking for blame is that when you blame someone or something for a problem, you absolve yourself of all the responsibility for it. It's no longer your problem. It's someone else's fault.

In hindsight, I realised that I had two challenges in front of me. The first was around my personal blind spots and the second was the thing that sits at the heart of all effective teams, that of being more human, of putting people first.

Blind spots are human

Blind spots, by definition, are hard to see. We're blind to them. I've found that there are only two ways to uncover them, and one way is undeniably easier than the other. The first way, and quite possibly the hardest, is through introspection. It's about looking hard at the patterns that recur in your life. It shows up as a set of behaviours that return the same set of results each time. Usually results that you don't want. One of mine was thinking that I had to figure out the answers on my own. Can you imagine just how painful and ineffective that is?

Imagine that for every problem, you have to find your own solution rather than drawing on the skills and talents of other people who have unique perspectives. Through introspection, if you stare hard enough and long enough at a problem, you might be able to figure things out. I tried that but it didn't always work as it is near impossible to see yourself objectively.

The second way, and the way that worked best for me, was to get someone to hold a mirror up to show me what I was doing and to point out the recurring patterns that I just couldn't see. I reached a point where the lack of progress I was experiencing, and how painful that was becoming, forced me to do something I had only ever considered was for 'people who were broken'. I sought the help of coaches and counsellors to help guide me through the process of what I couldn't see at that stage.

Through the lens of what I now know, and looking back

to 2009, I can remember being insanely driven to build my business and to create and accumulate wealth. I felt a range of pressures in order to be seen, to be successful as a man, to build wealth and to vanquish my demons of being bullied as a teenager – all this led me to a place of working long hours. I had become a workaholic driven to succeed, without really knowing what success meant to me.

The most impactful business coach I worked with was Margaret. I remember only too clearly her sharing with me the South African proverb that "if you want to go fast, go alone, if you want to go far, go together".

It came as a crashing realisation that in both my teams, my work team and home team, I was falling into precisely that trap. I was trying to do everything fast and on my own. And that was unsustainable and was not going to lead me to achieving any of my goals in life.

Be more human

The route I chose was counterintuitive. In a twist of irony and by focusing on improving my home life, I would go on to become the best business leader I'd ever been.

For my wife and I, our decision was to write a big, bold story of the future – a story where we both listened deeply to each other and co-created a story of the future that excited and engaged both of us equally. That process took many months and culminated in a single sheet of paper that captured our story and took us from a place of argument and division to that of a united, effective team.

I'd never thought of my family as a team. They were just family. The more we developed our skills of listening, building trust and working together I came to see that is exactly what we were. A team just like any other.

Studying the research over many years on what it takes to create high-performance teams, one surprising factor jumps out at me. It's on the topic of what it is that motivates team members. It's not money – that is way down the list. Consistently at the number one spot is that each team member has to feel that they are listened to and that their boss genuinely cares about them. Surprisingly simple, powerful and yet seemingly pretty rare in the workplace, but not in the home.

That genuine caring is something which sits much more comfortably at the heart of family, which is one of the reasons why I believe that the family team is a much better model for effective high-performing teams in business than the often adopted and followed sporting models.

There are other proponents of this model. Richard Branson, writing on LinkedIn, also believes you should treat your company like family: "I have always pushed Virgin companies to walk the talk on that and ensure everybody feels part of the team. Colleagues should take care of each other, have fun, celebrate success, learn by failure, look for reasons to praise not to criticise, communicate freely and respect each other."

My early working life resembled anything but that. It was tough, unenjoyable and free communication certainly wasn't the order of the day. Neither had those skills come naturally in my home life.

It doesn't really matter where you develop these skills,

but it does matter that you do develop them. My route was to develop these skills at home in the family environment. Once I developed them there, I could then take them and apply them back in the working world and make myself at home there too.

Once they are honed, these skills become the way that you do things in all parts of your life and, as I have come to find out, the mantra "how you do anything is how you do everything" is something that really holds true.

Chicken or egg?

Oli was an attendee at a half day workshop that I delivered for entrepreneurs running fast-growth businesses. He was struggling both at work and at home. He was intrigued by the idea that I'd simultaneously turned around both my business life and family life. He had many questions and wanted to get answers to help him. One of the questions he had was the chicken and egg question; which came first, work or family?

My simple answer was to turn the family team round first. Create the strong stable base at home first, within a supportive and understanding environment, with your wife and young family and get the home team on the same page first. Then, the happy by-product of doing this is that you develop the skills that you can then take back into the business and beyond.

The route he'd been taking up until that point was the same that I had. He was driving himself harder and harder at work in the hope that it would all work itself out. Only it wasn't working, it doesn't work. Sometimes you simply need to stop, take stock and approach things from a completely different direction.

A month after that first event, both Oli and his wife attended one of my two-day Thrive Workshops, where together they learnt the tools to get them moving in the right direction. Roll forward a year, and Oli was one of the speakers at my three-day event in London where he shared the transformations in his life, including a rejuvenated fast-growth business and a strong family team, along with the arrival of baby number two!

He is not alone. I have many other stories of people attending my events and reading my materials, which has led them to develop core skills to 'make themselves at home' and thereby to develop the vital skills necessary for creating thriving teams at work.

Start right now

If you make the choice to see yourself as being part of two successful and effective teams, a home team and a work team, and you are ready to subscribe to the notion that "how you do anything is how you do everything", then today is the perfect time to start.

Making yourself at home starts with finding your blind spots – and yes, we do all have them. I still have them, which is precisely why I have mentors in my life whom I trust, and whom I have asked to call me out. They have full licence to give me the cold hard facts on the things that I can't see and the mistakes that I keep making. I regularly reflect and keep looking for recurring patterns and frustrations. They are good indicators of blind spots.

What are your blind spots? Either start with pen and paper and reflect on where you keep tripping up and make a note – or ask people who know you well and whom you trust for their honest feedback. A word of caution on asking for feedback, however. It is highly likely that people won't tell you the truth, at least not at first. Here's why: we're not used to being asked to give cold hard truths and your friends may well be reluctant to give you the full truth for fear of damaging the relationship they share with you. They may give you a part of the truth and watch to see how you react but if you react badly and argue the point, there's a strong chance they won't be giving you any more feedback! Better to listen, write it down and be gracious and thank them for being honest. Over time, if they see that you won't react badly, you'll be much more likely to hear what you need to hear and the insights you need.

There's a good chance that the feedback will sting and you will want to argue with it. My advice is don't. Sit with it, soak in the pain and reflect on it. This is a key part of your journey to moving forward. There's a favourite formula I use: Pain + Reflection = Progress. If we run or swerve away from the pain (as I used to in both my work and home life), it will just keep following you until you confront it.

As you reflect, think about the skills that you want to develop and think about which team you are going to apply them to first. Whichever team you're most stuck in, try developing the skills in the other team first. Try things from another angle. You, as a key member of both teams, need to develop your skills to play your role in being more human and in developing both into thriving teams.

CHAPTER 4: THE STORY IS THE STAR

There was a deafening silence. Around the board-room table, people shifted uncomfortably in their seats and looked down.

Our lead data analyst finally broke the silence: "I think it was something to do with a number."

It didn't feel like it at the time, but I was about to learn something very powerful about how to build teams that thrive. At the time, it felt like I was being punched in the face, again.

Some six months earlier, I'd read the book *Behind the Cloud*, by the charismatic leader and founder of Salesforce, Marc Benioff. One of the takeaways was the one-page summary that captured the essence of Salesforce and which was an essential tool for how he ran this fast-growth juggernaut of a business. Called a V2MOM, it set out the Vision, Values, Methods, Obstacles and Measurement criteria for the organisation. The logic was compelling, and I decided to adopt the same thinking for our small business.

As I came to learn, it's one thing knowing what to do but it's an entirely different thing knowing how to do it.

For several weeks, I worked hard to design the V2MOM for our business. Astute readers will already see the red flags showing in my language around the use of the word 'I' rather than 'we'!

I designed the one-pager and, feeling proud of my efforts, shared it and the Salesforce story with the team. Nods of agreement were seen around the room. Right at the top of my V2MOM was the vision for the business: We want to create a £100m organisation. To me, it seemed like a big, bold goal that would engage everyone. I went further and had the one-pager printed off and laminated and put on everyone's desks. At each team meeting, I'd reference the V2MOM and how it was designed to be a tool that each person could use to make decisions.

As the months moved along, I wasn't exactly sure how it was being adopted. It was present, but I was getting that uncomfortable feeling that something wasn't quite resonating. It was at our monthly management meeting that I asked the question to the team. The question was very simple: "Can anyone tell me what our vision is?"

The resounding silence, and the "something to do with a number" hesitant explanation, drove the point home to me. There was literally no engagement with the vision and where we were going as a business. I realised that as a co-founder of the business, creating a £100m company was a big deal for me, but it meant literally nothing to the rest of the team. To say we were disconnected would be an understatement.

I had to go back to the drawing board and think about creating an inclusive vision of the future for the business. I came to think of it as creating a story for us all.

Sharing the story

It's hard to underestimate the power of having a shared story that is simple, powerful, memorable and instantly stirs emotion in your team. The type of story that gets your team out of bed in the morning, one that they're proud to be part of.

In his book, *It's Your Ship*, Captain D. Michael Abrashoff explains how he rewrote the future story for his team. It started when Abrashoff became the youngest commander in the US Navy's Pacific Fleet at the age of 36. His ship, the *USS Benfold*, ranked near the bottom of the performance table in the fleet. Its safety record was abysmal, morale was worse, and its re-enlistment rate ranked at an embarrassing 8%. Thanks to Abrashoff, in just 12 months, the *USS Benfold* went from being the near-worst ship in the Navy to the best ship in the fleet.

Sitting at the heart of this transformation was absolute clarity in the shape of a unifying story. The story Abrashoff created was simple and powerful: "We're going to be the best damn ship in the Navy." No long-winded mission statements, no management speak. Just something simple, powerful, memorable and highly engaging. There's nothing that can get lost in translation when you share that story because it's in everyday language, the sort of language you can imagine the crew using. By using everyday language, it had the power to connect throughout the organisation and not just in the boardroom.

How many of us can remember working for organisations where the mission statement was so convoluted and full of jargon that it was utterly forgettable? I certainly can. I remember, in my corporate days, reading the company mission statement; that long boring paragraph that had switched me off before I'd even finished reading it. Is that the sort of story that's likely to stir emotions and get your team bouncing out of bed? I think not.

What Abrashoff created was the burning clarity on where his team needed to go together, something that was missing before he took over. It sounds so simple and yet it's so often overlooked.

It would be easy though to hear that thought and take away the simple message, "Yes I get it, we need to have a vision of where we are going" – but then just move onto the next thing. That's what I did. I heard the need for a vision and I created one. A bad one! One that focused on an arbitrary number that had no meaning for the team or the customers. Just one that had super relevance for my ego and for us as shareholders. Compare that to the example above – Abrashoff with "The best damn ship in the Navy", that's something that sends out a clear message to each member of the crew. Who wouldn't want to be part of that 'story'? No ambiguity, just something that was externally facing and was all about the future 'story' of where the team was heading that resulted in everyone on the ship becoming emotionally connected and pulling in the same direction, towards the same end.

Having studied literally hundreds of world-class leaders, there is an interesting pattern that I see. They all have the common denominator of creating a simple, powerful and unifying story of the future but rarely is the background to the thinking and how it was created shared. Perhaps that's why so many businesses and organisations get this part wrong straight out of the gate because they don't really have a process for doing this. I'd hold my hand up to doing that in the past and to having mistakenly created a story that revolved around only me and my ego, rather than focusing on creating something inclusive that the entire team could engage with, take joint ownership of and feel proud of.

A very big adventure

I didn't realise it at the time, but I had already been developing the skills of writing the story of the future at home, with my family team. Inspired by a throwaway comment about a family who went on a big adventure, we decided to rewrite the story of our future.

Over a period of six months, Nichola and I engaged in a process that I now call deep listening, where we openly shared our hopes, goals and dreams for the future. We'd make notes, listen intently to what each was saying and really immerse ourselves in finding out what goals we had in common. We were seeking the seeds of common interest, ideas and adventures that created emotion and excited both of us. We were getting curious about what the future could possibly hold for us.

Looking back, what we did was to suspend reality and dare to dream of a better future. One that would be significantly more exciting than the reality we were living. We made the conscious choice to not try to figure out how we'd make it happen. We very deliberately created time and space separate from our regular day-to-day life where we had the luxury of solely focusing on the future.

Having now run numerous workshops and events for individuals, businesses and organisations on this topic, I have seen first-hand that some people find this more challenging than others for two distinct reasons.

The first is that, for some, the idea of suspending reality and actively saying that they are not going to figure out the 'how to' questions is particularly challenging. Every idea is met with "Well, how are we going to do that? That's just not possible!". If that's you, I urge you to go straight to chapter 5 for my proven way to get around that obstacle. If you're happy to trust me for now, let's press on.

The second reason is that every human has their own frame of reference in relation to time. This is what I call the Past/Present/Future model.

It's quick and easy to understand and it all flows from one simple question: In terms of percentage, how do you split your time (whether through thoughts or actions) between the past, present and future?

When I first asked myself, my answers were: 0% on the

past, about 10% on the present and about 90% on the future. My natural disposition is almost always looking to the future, imagining various possibilities and how I could make them happen.

When I asked Nichola, her answers were vastly different. She was 30% focused on the past, 50% on the present and only 20% in the future. Just that piece of information alone gave me tremendous insight into how we were both viewing the same conversation. I'd be looking forward while she'd be either looking in the moment or backwards. I'm not saying one is right or wrong, I'm simply highlighting a difference that we need to be aware of in terms of understanding people when we are trying to reach a common goal.

Suspending reality and imagining the future was totally natural for me, but it was a very alien concept for Nichola. For us to be able to reveal these differences using my Past/Present/Future model, meant that it depersonalised the differences between us and gave us a much better understanding of each other. It was also a key element in the trust building process as it gave us the time to appreciate our unique perspectives.

After several months, we'd mapped out our big, bold goal of the future by finding the common ground that existed between us and the things that excited us both. Handwritten, on a single sheet of A4 paper, was our simple powerful story that started with the words: "On the 1 August 2014, we're setting sail, as a happy, contented family, to sail around the world". There was more detail (the full story is told in my book *Where the Magic Happens*), but the fundamental exciting, powerful and unifying story that we had co-created from a blank sheet of paper was that we were going to sail round the world as a family. This A4 piece of paper, our jointly created blueprint for a better future, was pinned to the wall in our kitchen next to a map of the world with a route sketched out in pencil.

Without consciously realising it, I had been honing the skills of trust building and of listening to and understanding our different perspectives, and Nichola and I had been working together in harmony to shape the story of our future. Not an ego-driven story, but one that was shaped by this two-person team that incited powerful emotions. It was a story with absolute clarity that was impossible to lose in translation.

The world's best data treasure hunters

Looking out over the lights of South London as I sat at my desk late one evening, I was urging my mind to find a way forward to unify our team.

I knew that I had to engage them, but I was nervous. What if they didn't engage, what if it made things worse? Being brutally honest with myself, I realised that it really couldn't get much worse than it was.

I decided to suggest to Ed that we get our team together and ask them the questions that would help us to shape our direction. The question I kept coming back to was: "What is the company that we want to build together that would make us feel proud?" I wanted to find the strands of what we did that would evoke emotion and would go beyond the numbers.

It's fair to say that neither Ed nor I were entirely comfortable with this. The idea of asking questions about feelings and pride in the workplace just weren't natural – neither of us had experienced that in our working lives and we didn't really know how to run that sort of session. From my home experience though, I'd seen just how powerful this approach had been in terms of uniting us as a family and I was determined to find a way to make this work.

Several weeks later, we had the whole team sitting around the office table. I opened the session by acknowledging the candid feedback from our last session and admitted that my previous vision had missed the most vital components, our people, our team. Ed and I set out that we wanted us to all be part of writing the story of the future together as a team. We wanted to create a joint mission that we could all take ownership of and feel proud of, something that had meaning for each of us. I made it clear that there were no wrong answers, that I didn't have a preconceived answer as to where we wanted to go and that I wasn't quite sure how long it would take. I genuinely wanted the team to engage and work together to write the story of our future. I suggested that the best way to start was by asking the question: "What would make us feel proud about working for this company?"

My fears of a possible lack of engagement were totally unfounded. Over that and subsequent sessions, the team were simply incredible and came up with more and more insightful questions like "what is our dream client list?", where we asked each person to think of up to five dream clients they'd like to work with. We focused on the types of work that the delivery team most enjoyed and what they'd love to do more of and the technology team shared ideas of the things they'd love to develop. Excitement and energy flowed freely.

Abrashoff's book is titled *It's Your Ship*, the sentiment being that each member of the crew felt that the *USS Benfold* truly was their ship and they were empowered to come up with ideas on how to do things better. It was the same approach that we were following at Trovus by putting people at the heart of everything rather than being a top-down order-driven organisation.

Our mission became clear after several months of work: To become the world's best data treasure hunters.

We were in the data analytics business and we dug deep into client data looking for patterns, for insights, for clues on how they could improve their performance. And at the same time, we wanted to make it fun, engaging and not too corporate. We saw ourselves as data treasure hunters looking for stories inside the data from our clients. That was the mission that connected us all, a mission about which the team felt proud to say "yes, that's our story, that's the organisation we'd be proud to create together".

Start right now

How do you get your team to dare to dream? It may be that you come into the organisation with a crystal-clear vision of where you want to go, where you want to take it. If that's the case, then the challenge will be to share that with the team and encourage them to embrace that goal and to engage with it by connecting it to their emotions and by asking them what that goal would mean to them.

This is for sure a tried and tested way – and it works. I love the story of President John F Kennedy visiting the NASA space centre in 1962. He noticed a janitor carrying a broom and, interrupting his tour, walked over to the man and said, "Hi, I'm Jack Kennedy. What are you doing?" "Well, Mr President," the janitor responded, "I'm helping put a man on the moon."

To most people, this janitor was just cleaning the building, but his story was more adventurous than that. He was helping to make history, he felt engaged and that he was part of the story. He owned the story and it is evident from his words that he felt an emotional connection to it.

It may be that you are like me and have been unable to paint that picture on your own to engage your team. If that's the case, start with open questions and listen, understand, shape and co-create the story of the future with your team. As the leader, you'll be the person who is looking to pull all the threads together and encourage them to reach a consensus in a timely manner because no one wants a project that runs on forever.

If you're still not sure where to start, I have a simple suggestion. Be more human and ask your team. Ask them what the current story is, what the mission is, the thing we are all aiming at? If you don't get a shared common story that incites emotion coming back to you in the answers, it is a powerful signal that you have work to do.

In the words of Omar Bradley: "Set your course by the stars, not the lights of every passing ship." It could well be that creating the unifying story that stops your team being distracted and keeps you on the right course could easily be the single best thing you do to unleash the performance potential of your team.

CHAPTER 5: START WITH IMPOSSIBLE

"You're crazy. When are you going to give up on this madcap idea?"

My father-in-law wasn't mincing his words.

It was the same with pretty much everyone we spoke to. There were a whole host of reasons why we shouldn't embark on our impossible dream to sail the world as a family team.

The logic was hard to argue with. There were many compelling reasons why we shouldn't even begin to think of setting sail. The same reasons that our family and friends were sharing with us matched the doubts that we had in our heads.

It would have been the easiest thing in the world to settle, to say "yes that's right, there are just too many reasons not to do this" and to settle back into our regular lives and instead go on a two-week sailing holiday. Only we didn't. We decided to approach things in a unique way.

It's the same mindset that you need to have in business. When all the cards are stacked against you and everyone else has failed to make the breakthrough, there is no shame and no disgrace in admitting defeat and saying it's just too hard. And that is what the reasonable person would do.

I fervently believe though that it's the unreasonable person who makes the breakthroughs.

It was the same impossible challenge that Kevin Gaskell faced when he stood on the workshop floor in Northamptonshire facing 500 staff with Fairline on the brink of going bust. And it was the same challenge that I faced when I had to turn my business around, to face my demons and tackle the very real and very tough problems staring me in the face.

When the storms of self-doubt kicked in, there was a huge list of reasons why we shouldn't follow our dreams. Just some of them included:

- We didn't have the money. We were not even remotely close. At the time, the business was losing money. I was being paid a fraction of what I used to earn as a CFO and with our dwindling savings we would have struggled to buy a rowing boat, let alone a yacht capable of sailing the world along with the resources needed to fund the costs of such an adventure.
- My wife couldn't sail. In fact, she'd only been on a sailing boat twice and she'd been seasick both times.
- We had precious little experience in many of the skills

that we would need, such as how to deal with medical emergencies while out at sea. Also, we had never been trained as teachers, but we faced the prospect of home-schooling for two years (believe me, we reaped the benefits of this later during the Coronavirus pandemic).

- We had never owned a yacht before and, although I'd sailed the world 14 years earlier, I had many gaps in my knowledge, such as engine maintenance, rigging and sail repairs, and weather routing.
- And on top of all that, we would face the challenges of avoiding pirates and potential hurricanes and of ensuring the safety of our three small children.

It's easy to see why the task seemed impossible and the reasonable thing to do would have been to shelve the idea. And that is the same situation you may face when you stare down the barrel of the seemingly impossible challenges you face at work. It can all seem just too daunting.

Facing impossible: The rule of three

Why didn't we do the sensible thing and just give up? Without realising it, the process that I developed around my kitchen table at home proved to be an incredibly valuable skill set that applied equally well at work. There are three rules, three parts to what is needed to face down the impossible and to be able to move forward as an effective team.

Rule one: The pole star

We knew where we were going. We had a crystal-clear vision of the future. Nichola and I had suspended reality and had spent time dreaming and imagining a future that was more exciting than where we were in the moment. We had burning clarity on our pole star; we had set our course and did not intend to be blown off it.

Rule two: Gifts, not arrows

The most natural reaction in the world when you feel criticised is to push back and argue. It's hardwired into us. However, to do this unthinkingly would be a mistake. When my father-in-law told me we were mad, it would have been the easiest thing in the world to take it personally and to argue back as to the reasons why we were not.

Here's the thing: how would that have helped? That would have raised tensions, escalated emotions and been wholly unproductive. The trick I discovered is the reframe. In my old model of the world, when I was criticised, I naturally assumed someone was trying to get one over on me. That led to me being defensive and arguing back, but it came from a place of fear, from a win/lose mentality.

I decided to take the approach of believing that everyone who gave us feedback had our best interests at heart. It was a complete 180-degree shift in how I perceived others.

With that overarching thought, I now saw all the criticism and all the opinions, no matter how strongly they were voiced, as coming from people who were trying to help us. The things that they were sharing were coming from a place of concern and I could now see them as questions like "Have you thought about this?" or "What about this area?". Rather than firing destructive arrows at me, they were bringing constructive gifts in the shape of things to consider. These gifts needed to be stacked up and approached in a methodical way.

Side note: When I share this approach, people are often quick to point out that not everyone does have your best interests at heart and that some people actually want to attack and criticise you. My answer is "So what?". Even though they may be having a pop at you, there may be a valuable gift in there for you – even if that's not what they intended! Just thank them for the feedback and move on.

Rule three: Think of the hourglass

I can categorically guarantee that if I piled up all the challenges and tried to answer them all at the same time, whether in planning for our sailing or at times in our business, I would have been overwhelmed. I would have given up because the weight of the task would simply have been too much. So, the simple answer is don't try to answer them all at the same time. As the saying goes, "How do you eat an elephant?", to which the answer is "one bite at a time". It's exactly the same here.

Viewed in this way, the long list of reasons not to do something very quickly becomes your to-do list. From that list, you can then work through each area one by one and methodically do the research and understand the skills that are needed to tackle each challenge. Reasons not to do something will have been properly addressed and consigned to the past. The only difference between where someone is right now and where they want to be is wrapped up in a set of skills, skills that other people have already mastered and there is no reason that you and your team can't figure out how best to acquire those skills.

Each time someone challenged us and told us more reasons why we shouldn't undertake our plans, I'd ask why and listen intently. I'd take notes and ask them to elaborate more on what they were saying.

I'd be thinking "What's the specific thing I need to take note of and learn here?" rather than be thinking that I had to prove them wrong and prove that I'm right. I knew that together as a team, Nichola and I would be drilling deep into each area, into each challenge. We would be diligently doing the research, uncovering the facts and coming to a considered conclusion on the best way to tackle each area and each challenge.

I used to have a picture of an hourglass on my desk with the words "one grain of sand at a time". If you've ever watched an hourglass closely as the sand falls from top to bottom, you'll notice something. That is that only one grain of sand can go through at a time. It's the same in business. At any one time, you literally can't solve multiple problems. You must tackle them sequentially.

These three rules of knowing where you are going, rethinking in a more human way that people only have your best interests at heart, and the use of lists is the way I now approach impossible goals. The good thing is that these are rules and skills that you can use to build thriving teams at work too.

Tackle hard truths

In September 2006, Alan Mulally stared hard at the truths he was facing. The first profit forecast under his watch as CEO of Ford was a loss of $17bn. He was entering the car industry, an industry in which he had no experience, and shortly after he took the helm, the financial crisis hit, seeing US car sales fall from 16.5 million in 2006 to just 10.5 million in 2009. His key competitors, General Motors and Chrysler, were forced to seek emergency loans from the government and both eventually filed for bankruptcy protection.

He faced a seemingly impossible task. Distilling down what is a well-documented teamwork journey, Mulally started by creating his 'pole star'. He called his plan to get people to work together across the company 'One Team', he called the goal of getting people to work together across their global ecosystem 'One Ford'. Then, he set a simple goal for the company. He wanted "An exciting, viable Ford, delivering profitable growth for all".

What is apparent from the story is that Mulally was unafraid to tackle the hard truths facing the Ford brand. In a very revealing interview, he admitted to journalists that he drove a Lexus LS 430 because "it's the finest car in the world" and after studying all the cars on the market, he said he found that the Lexus was the best.

Over his eight-year tenure, Ford went from the brink of bankruptcy to making profits of $7.2bn, and what is very apparent is that rather than avoiding the tough problems, he tackled them head on. He accepted the reality and, as we'll discover in later chapters, his approach was very much a human one.

Kevin Gaskell, in *Inspired Leadership*, shares a technique that he uses: a way for voices to be heard, through the use of a 'whinge wall' and an 'ideas wall'. The 'whinge wall' is for anyone to add Post-it notes detailing all the gripes and things that are wrong with a business. It's about facing the challenges head on rather than pretending that they are not there. And the flip side is the 'ideas wall', where solutions and ideas are shared in the same way.

In my business, Trovus, we stopped and stared at the hard truths. None of us was being paid the market rate for our skills and experience. The product that we had created was being beaten by competitors who were now innovating at a faster rate than we were, there was downward price pressure and our margins were being squeezed. Our team wasn't working well together. We needed to stare hard at these issues, to look at the truth and to figure them out.

Start right now

We must see the reality of the situation as no better than it is and no worse than it is – but to really see the truth of it. If we delude ourselves at this stage, we are building from flawed foundations with the inevitable consequence that whatever plan we create will be flawed.

What are all the reasons you shouldn't go for or achieve your big and perhaps seemingly impossible goals? Get a fresh notebook and write them all down and don't be afraid to add to that list over time.

With your team, ask what the single biggest challenge is? For us, back in 2009, our biggest challenge was money. That was the thing we initially focused on, creating the wealth to make our dream happen. Set your best minds to tackle the biggest challenges one at a time by being methodical and reframing the storms of self-doubt that you and your team are likely to face. Be more human, embrace the challenges and work together to figure out the answers.

CHAPTER 6: CHALLENGING THE BELIEF MYTH

I'd be sitting in the audience and at some point, the speaker, usually someone who'd been successful in either the sporting or business world, would say the words "You've just got to have belief".

It would sound so simple, so powerful and just so blindingly obvious. I'd scribble down in my notebook: 'have belief'. Sitting there, in the energised environment and immersed fully in the flow of the story, I suddenly had all the answers – and it started with belief.

Roll forward several days to when normality returned. Many emails, to-do lists, and meetings had come and gone, and I'd flick back through my notes and find the words 'have belief'. In the cold light of day, I'd ask myself "How exactly do I have belief?". Is it some magically anointed thing that just appears? Am I broken because I don't have that belief? Where is the mental switch that I need to have belief? I'd get frustrated because the simple advice had come without an instruction manual.

If it were so easy, I'd already be doing it! The idea of having belief is perpetuated when we hear stories of successful people and they say things like "I just always knew – I always believed this would happen".

Well, that's great for them, but what if you don't feel that way? I know how I felt when I used to hear that advice: "If that's the best advice, then it doesn't really move me forwards. In fact, it just makes things worse because I don't know how to just believe."

This is what I call the 'myth of belief', this fallacy that we are either just meant to have it or that we can just switch it on at will. For a select few people, perhaps that is how it works. It certainly didn't just appear for me.

When we created our 'pole star stories' for sailing the world and growing the business, did I believe that it would happen? I certainly wanted to believe that it would happen, but deep down in my heart of hearts did I really believe that it would happen? The cold truth is that I didn't actually believe it – but I did want to.

What I came to discover on my journey is that I had to create and manufacture my own belief. This led me to the notion that belief is a skill – that belief is like a muscle that needs to be trained, developed, honed and strengthened and that it is built over time. This is something that no one ever shared with me and that I found out for myself by trial and error. The clues were there, in part from other people, and I'm going to break down the steps that I found worked, so that you can firstly apply these to yourself, and then you will be able to coach and develop your team so that they too can build their own belief muscle.

The starting point for ingraining the 'pole star story' is making it a living part of your environment, so that you are constantly reminded of it. In the book *Thinking, Fast and Slow,* Daniel Kahneman makes the assertion that "What we see is all there is". The idea is that our minds focus on information that is currently available and that information not retrieved from our memories might as well not exist.

There is a huge weight placed on the things that we constantly see and in sharp contrast, the things that we seldom or never see might as well not exist. The dusty business plan in the bottom drawer, the once exciting ideas discussed three months ago might as well have never been discussed if they don't stay front of mind.

In our kitchen at home from 2009 to 2014, we had a map on the wall and our story of the future handwritten next to it. We deliberately placed it there in full view, in the place in the house where we spent most of our time. We chose to let the story influence and infuse our conversations and thoughts. I did the same thing at work.

The Theatre of the Mind

In 2010, I discovered another level of ingraining the story that would lead me to truly believing that what we were planning was really possible. The principle involved the use of the imagination to deeply ingrain the story.

Oftentimes, I observe that people use their imaginations to focus on the future, albeit often in an unhealthy way. Worrying or fretting about what could go wrong is using the imagination to conjure up the worst-case scenario. The danger is that focusing excessively on this runs the risk of creating a self-fulfilling prophecy.

The saying "where focus goes, energy flows", sums this up perfectly because wherever your mind is pointed is where you are likely to go. The invisible dancing gorilla experiment run by Christopher Chabris and Daniel Simons makes the point in a visual way. If you google "gorilla selective attention task" you'll find the video. In this short experiment, viewers of the video are instructed to count how many times the players wearing white pass the basketball. After 40 seconds, the viewer was asked "How many passes did you count?" and it is revealed that the correct answer is 15 passes. The surprise then kicks in with the unexpected question "But did you see the gorilla?". The video is then replayed to show a person dressed as a gorilla walking to the middle of the action, beating its chest and walking off again. In their research at Harvard University, they found that over half the people watching the video completely missed seeing the gorilla.

Something as simple as the words that we have front of mind led to over half of those in the experiment missing something as large and obvious as a gorilla in front of them. Surely, that underlines the power of the words, the stories and the directions that we consciously allow ourselves to be influenced by.

In the 1960 book *Psycho-Cybernetics*, Dr Maxwell Maltz advocated the use of a technique called the 'Theatre of the

Mind'. Often referred to as visualisation, this technique involves scripting out the story of the future you want to happen. This is a technique that I used for five years, both in relation to our sailing adventures and to my business. In my application of Maltz's ideas, I would spend between five and ten minutes early each morning imagining that I was sitting in the front row of a cinema watching a film that played out the pole star story for myself and my team.

The point that Maltz outlines, is that our subconscious brains can't tell the difference between what is real and what is imagined. Through this technique, the user is literally ingraining that future story into their minds and programming their brains to be directed towards that goal. It becomes so real and so vivid that you become drawn to the goal. The language that I use is that the continual mental rehearsal of our story was what literally pulled me into my future. As I'd watch the film playing out, I'd create small specific details in my mind, such as sights, sounds, smells, and imagine what I'd be doing in each of the scenes. I was literally focusing my mind on the outcomes that I wanted as though it had all happened already.

It's the same idea that Jim Carrey used. In the early 1990s, Carrey was an unknown actor. Imagining a better future, he wrote himself a check for $10 million for acting services rendered, dated it for 1994, and carried it in his wallet for daily inspiration. In 1994, Carrey earned $10 million for his role in *Dumb and Dumber*. This is also known as the Law of Attraction and others such as Oprah Winfrey, Will Smith and Arnold Schwarzenegger credit similar approaches for their success.

With our family sailing plans, I went into further detail

and, using a map of the world, we sketched out dates where we would be at certain times over the two years we planned for our adventure. Back in 2009, I wrote down that on Valentine's Day 2015, we would, as a family team, be sailing through the Panama Canal. On 9 February 2015, just five days earlier than we planned, we did in fact sail through the canal.

Just why is this technique so powerful? Maybe it is because it forces you to be crystal clear about the future and what you want. Maybe it's because the continued repetition of the story keeps it front of mind. Maybe it's because it activates the subconscious mind and gets you to focus your energies on turning your story into a reality. Perhaps it's a combination of all those reasons.

My experience is that this is a cornerstone technique to bringing your pole star story to life, to creating the framework to sketch out the specific details of where you want to get to in your business and to create the burning focus which is a key stepping stone in creating the belief that you can.

Finding the why

In a fit of frustration, I tore down the map from the wall and threw it on the floor. Nothing seemed to be working and it felt like things were going backwards. I'd invested in a new venture that Nichola was going to run and, after some months, it was failing spectacularly – it looked as though many tens of thousands of pounds would have to be written off. We argued and went to bed at different times again, with dark clouds hanging over both of us.

It's at moments like these when you can't see a way forward that you need to pick yourself up, seek fresh ideas and get moving again. Friedrich Nietzsche once said: "He who has a why to live, can bear almost any how." Having a burning reason 'why' your pole star story is so important to you is critical to creating belief both for you and those around you. The story on its own is simply not enough to sustain momentum in challenging times.

In both my work and home team, I sought to encourage those I was working with to think deeply about what was driving them. In my experience, these driving forces are rarely on the surface and each person needs to invest deliberate thinking time to uncover their own reasons.

The single best place to start is to uncover your own driving forces. It's hard to coach others in your team through the process unless you've gone through it yourself. My driving forces started at home in the same way that my story had. I began with our family pole star story and asked myself why this mattered so much to me. This driving force comes from a deep place within and is rarely talked about. Mine was driven by things that were missing when I was younger. A sense of family unity, to experience the adventures together as a family team. Over several months, I'd regularly keep coming back to the question, Why does this matter so much to me? Various words, sentences and language appeared in my mind over those months and over time it distilled down to a very simple sentence for me: "My reason why is to create magical life-changing experiences for me and my family." It was important that I took the time to craft this and get used to having a simple sentence that reflected the sentiment of it.

The acid test is this: Imagine if someone took away your 'pole star story' and your accompanying reason why. How would you react? The very real fear of that sense of loss is what makes it so powerful. It must be emotional and something that really matters. To counter real tough times, you need a bulletproof reason why.

I continued to develop this idea at home, and secure in my driving force, I encouraged Nichola to find her why. My first instinct was that our reasons had to be the same. It quickly became apparent that my instinct was wrong as Nichola wasn't picking up on the language that resonated with me. Over the ensuing weeks and months, it became clear that Nichola's driving force was around the sense of adventure. Quite simply, she wanted to circumnavigate the world. The sense of achievement she associated with that was the driving force she needed to get her through tough times in the preparation phase and the bouts of sea sickness she'd endure while at sea. In later conversations, she'd say that the only reason she got back on board after a rough passage was that she was damn certain she was going to circumnavigate the world.

This revealed to me the truth that you don't need to have the same driving force, the same reason 'why'. The reason will be unique for each person in your team. It laid bare the conclusion that people only do things for their reasons and not yours.

With this insight, I was able to take a step forward on my leadership and teamwork journey at work. I'd take time to talk to every team member and ask them the open question: "Why are you here, why does working for this business matter to you?" These are perhaps some of the best questions I've learnt to ask. It builds on the trust we covered in chapter 2 through listening, really listening to each team member and uncovering their driving forces. The feeling of being listened to and understood is powerful in creating the connection between you and others.

Be more human

One of our work team revealed in these conversations that he was thinking of asking us for one day off a week to work with a charity that was close to his heart, a children's hospice. With the workload we were taking on, we would have struggled to allow a full day off. We instead suggested that he take a half day off each week, which we would cover the cost of, so that he didn't have to take unpaid leave, provided that he kept up with his workload.

What came next was unexpected. His commitment level to the business went through the roof. Previously a 9–5 person, he'd stay later when the workload required more hands to the pump. He was more purposeful and more engaged both in his work with us and with his charity work. We took a small risk by giving him the time off and it was more than repaid. When we came to sell the business, he was one of the key people that the buyer wanted to have on their team. The whole sequence of events started with simply asking him what was important to him, truly listening to the answer and then acting upon it.

How does this link back to creating belief and the skill of deliberately and consciously creating belief together as a team? For everyone on your team, it's about creating the connection between their personal goals and the goals of the team. Do that, and you will begin to develop the belief muscle, the reason why team members push on through the hard times.

Despite having a crew of hundreds on *USS Benfold*, Mike Abrashoff made the time to speak to every person on the crew. It enabled him to hear the ideas from each person, to share the team goal – "To be the best damn ship in the Navy" – and to build trust. He absolutely epitomised the 'people first and results will follow' mindset, that of being more human and connecting with his team.

Celebrate the small wins

A belief is a feeling. It's a feeling of certainty about something. To create a feeling, we must get emotional about something. Creating a feeling isn't something that is a one-time event. It's something that needs to happen on a regular basis to lock in the good feelings – especially those of the team together.

Creating the feeling of success together as a team is vital as it bonds people together. Back in my old way of thinking, I'd rationalise that it was a bit pointless, a bit silly to celebrate small things. I'd be so focused on the future that I'd complete one thing and go straight on to the next without pausing.

It was a mentor of mine who reminded me that it was the journey and the people that we share it with that is important – and not just racing on to the next thing. It slowly dawned on me that this was really important and I came to the realisation that it is the little victories that lead to the bigger victories. Taking the time to savour the moment, to feel proud of what has been achieved was important to the team dynamic and created the underlying belief that we could succeed together.

There are many ways to celebrate those little wins. In our business, one of the team suggested ringing a bell whenever a new sale was closed. He'd worked in the recruitment sector and that was a practice they'd used. We got a big handbell for the office, like the type of bell that they had in the school playground when I was younger.

That worked well for a while. At least until it became clear that this approach was creating silos in the office. Only the sales team were celebrating their wins. I had to nip that in the bud quickly and so we renamed it The Pride Bell. Anyone who had done something or had got a result that they were proud of was encouraged to stand on one of the desks and give a good old thump on the bell. To a round of cheers, the team would celebrate. It was fun, it was light-hearted and it was important for instilling the belief that we could succeed and celebrate together.

Start right now

There is no time like the present to be more human and to build your belief muscle – both for you individually and for your team. Here is the practical checklist of the things that I have found most useful in building a culture of belief:

1) Make the story visible in the place where your team spends most time. Words are good – but pictures are significantly better. That could be an idea for team building activity to create a visual representation of the story. Indeed, at Trovus, one of our team suggested we create a graffiti mural on one wall of our office. I loved the idea and not long after, a graffiti artist joined us to guide us through a half day process of creating a shared piece of artwork that captured the essence of our story. It became an amazing anchor for our shared story and an obvious talking point for anyone who came to visit the office!

2) For you individually, sketch out your 'Theatre of the Mind' and find the time to regularly go there and bring the story to life. Create clarity of the story by turning it into a film in your mind and regularly rehearse it to ingrain it into your subconscious.

3) Invest the necessary time to explore your driving force and why achieving the story is so important to you. It's a process that in my experience takes time and

dedication but, once you find that clarity, it creates a laser-guided focus for you and the reason to get up when you get knocked down – as you inevitably will be along the way. Coach and guide those around you to uncover their driving force and help them to achieve their personal goals.

4) Get creative around ways to celebrate small wins. Take the time to enjoy getting together as a team and lock in the good feelings. When I look back on my journey with Trovus, celebrating and sharing success and the relationships that bound us together were perhaps the most meaningful and effective elements in creating our high-performance team.

CHAPTER 7: WE. NOT ME.

It had become a standing joke between a few of us at work. The two archetypes that were talked about were the eagles and the chickens, and we'd banter between us as to who in our department was which. It came on the back of a half-day session on values at the global financial services company we worked at.

There were ten values (or they might have been characteristics) of how we were meant to act at work. The language was heavy, impenetrable and it had absolutely no meaning for us. We were in our mid-20s, supposedly the up-and-coming generation, and we'd become totally disillusioned with the concept of values. They were just soft, fluffy words and statements that meant nothing.

That was my experience of values in my early working

life. Cynical and disengaged, and I wonder how many other people out there feel similarly about values at work. Little did I know that several decades later, values would become the bedrock of not only how we'd build our business, but they would also quite literally save the lives of myself and my young family when we were at sea in a life-threatening incident in the South Pacific Ocean.

I was deep in working through how we needed to turn things around at Trovus. At one of the many conferences I attended in America, there was a very impressive woman who shared the story of how she had grown a plumbing business to several thousand people and how she credited it, in large part, to the implementation of a values-based approach. Despite my cynicism around values, I was on the hunt for fresh ideas and the simplicity of her approach struck a chord with me.

The logic was straightforward. Values are the things that shape your behaviours. Behaviours are what shape your actions and it is the actions that shape the outcomes you get. The message was that values are effectively the building blocks of teams.

Once again, I was about to discover the folly of taking an idea and implementing what should be a team activity on my own. Within a day of returning to the UK, I'd created a set of six values that I thought appropriately reflected what I wanted to see in our business. It sounds corny now, but I juggled the words around so that it ended up spelling a neat six-letter word where each letter was the first letter of each value. Ouch! It was contrived – and about to fail.

I bounced back to the business full of energy, full of the wild-eyed boundless optimism you get infected with when you've been at an American business conference. With enthusiasm, I shared what I had decided were our values to the less-than-excited reaction of my team. They just looked at me and there was a collective shake of the head as though to say "No, they're not our values". I was once again testing their trust in me.

Culture is always visible

IBM, with its 300,000 strong workforce, was in deep trouble when Lou Gerstner came on board as CEO in 1993. Its once extraordinary success story was a thing of the past. It was losing billions of dollars and needed rapid intervention to stand any chance of being saved.

Writing about the experiences in *Who Says Elephants Can't Dance?*, Gerstner explained: "Transformation of an enterprise begins with a sense of crisis or urgency. No institution will go through fundamental change unless it believes it is in deep trouble and needs to do something different to survive."

At first, it was not clear to Gerstner exactly where the problem lay. In his first three months on the job, he recalls that he didn't spend an hour thinking about culture but he learnt a lot about it without trying.

The IBM culture, as he described it, was debilitating. It was of the individual with a capital 'I', of a me-first approach for every employee. "IBM's extraordinary success in the 60s and 70s was built on one of the most dynamic sales cultures in the world." He said that in his various roles before joining IBM, he was often a customer for the famously dynamic IBM salespeople. "They were very good, very relentless, very focused. And very individualistic."

It was, by all accounts, a numbers-driven culture where the individual was paramount. This was a culture that was no longer tenable, and Gerstner saw that the company needed to come together to survive.

From 1993 to Gerstner's retirement in 2002, IBM's market value would rise from $29 billion to $168 billion. Writing about the transformation in his book, he notes that, "The thing I have learnt at IBM is that culture is everything – it took me to age 55 to figure that out. I always viewed culture as one of those things you talked about, like marketing and advertising. It was one of the tools that a manager had at his or her disposal when you think about an enterprise."

Values to live by

When interviewed by McKinsey on the subject of values, he was asked, "How important are values in sustaining companies, even those that change?" To which he replied, "I think values are really, really important, but I also think that too many values are just words and crucially those words don't translate into practices."

This was exactly the challenge I was facing at Trovus, attempting to translate the words into everyday behaviours, the very essence of what the culture of an organisation is all about.

In my business, I had the right idea in trying to use values to shape the culture of our business, but my first pass at implementation had completely missed the mark. It was time to try again and this time I sought outside help to find a better process for implementing values.

Working with my coach Margaret, I devised a series of workshop sessions where, as a team, we would work together to co-create and jointly define our values and how we would actually live them inside the business.

When I work with organisations now, I break this down into a three-stage process designed to fully embrace and implement a values-based approach inside the team. The three stages are:

Stage 1: Discuss and understand what the existing values are or, if there are none, create and agree on new values

Stage 2: Debate and agree skinny vs fat values

Stage 3: Agree how we can tangibly live these values day to day

In my experiences working with both large and small companies, I see that the majority of the focus ends up going into Stage 1 where a set of values are talked about at a surface level because "we should be doing them".

Organisations go through the motions of creating them, but precious little time is invested in Stage 2 and Stage 3, which from my experience are actually the most important parts.

Here's why this is so important. Undertaking a values exercise isn't just about finding a set of words. It is about truly embracing the essence of what those words mean and using them to become part of the fabric of the organisation, something that then becomes integrated into how the organisation lives and breathes.

Stage 1: Discuss and understand what the existing values are or, if there are none, create and agree on new values

The most important lesson that I took from my experiences was yet again that, as a team, it was important that every member felt involved, engaged and heard. I had to resist my urge to make an overly compelling case for the inclusion of certain values. I realised that it was far more important that the team had the time to debate and understand what the values were. I'd go so far as to say that it almost didn't matter what values are chosen, so long as we all agreed on them. Why? Because it's virtually unthinkable that your organisation is going to have negative values or unkind thoughts. It's far more important that each individual engages with them, feels an attachment to and buys into them.

Clearly, applying this in a small company, you have much more of a blank sheet of paper than you would have in a large organisation where it is highly likely that company values already exist. Working with many global corporations over the past four years, it is very evident to me that the process that is needed (and which we will cover shortly) is all about taking ownership and really getting under the skin of those values and how they are lived from day to day inside the organisation.

So, what is actually involved in creating a shared set of values? It starts with meeting your team where they are in their minds. What has been their experience of company values so far in their working lives? Some may be like I used to be, at the cynical end of the spectrum, having experienced values done badly. Some may have little or no experience, and you might even have some of those rare birds, people who've experienced values done well. Whatever the range, it starts by asking your team what their previous experiences have been – you need to know what you are dealing with!

The next part is outlining the process. As I found out, it is critical that you convey the message that you really want to hear everyone's voice and views, and that you don't have a preconceived answer of where you want to get to. My instinct is that if it feels like a process where people are being managed toward a specific outcome, you are unlikely to get full engagement with and buy in to the process.

I start by asking the team to go away and ask each member to think about one or two values that are important to them and why they matter. I explain what values are, share examples and ideas of what they might think about, and I then encourage them to create time and space to reflect.

At the next session, I ask everyone to share what they've come up with. Then in small groups, they work together to come up with a shortlist of five or six values that collectively resonate.

To engage the team's creativity, I favour going beyond words and getting them to create pictures, to cut images out of magazines to unleash their creativity. Add music and snacks, and I've found that while people are often timid at first, it doesn't take long before creativity and fresh ideas start to flow.

I get each of the teams to present their ideas to the larger group and then encourage the whole team to find the commonalities, the threads running through all the ideas that bind everyone together. Having gone broad and wide with ideas, I'm then looking to distil the essence down to a small number of core themes that are the first pass at the team values.

I aim to get to the first-pass consensus and we then stop and celebrate what's been created so far, locking in the good feelings of listening, understanding and working together as a team.

Stage 2: Debate and agree skinny vs fat values

Understanding existing values or creating the first draft of the values is the starting point. The next step is to pause and get the team to reflect on what those values mean.

The follow-on session kicks off with revisiting what was created before, refreshing everyone's memory and asking if these are the right value for us collectively as a team. Are there new ideas that have surfaced since the last session? Are there values that perhaps on reflection should not be there? Are there values that are similar that can be combined? These are all questions that the team should debate until a consensus is created.

There is a big danger of stopping here. At this stage, the values are unlikely to have any real depth, they are what I call skinny values. If I say the word 'courage' and ask 10 people what that word means to them, it's highly likely that I will get 10 different answers. There is little shared understanding about what that value means. The trick is to turn it from a skinny value into a fat value, about which there is shared understanding.

This comes from asking the question of the team together as a whole: "What do we do when we display this value at its very best?" What I'm looking for are specific concrete examples of how that value is displayed, so that each person on the team knows what that value means and how we agree to live by it. This will result in a series of agreed statements for each of the values. For example, "When we display the value of courage at its very best, we take on the tough challenges at work and don't put them off", or "When we display the value of courage at its very best, we have direct, honest and open conversations".

As with all these steps, it's important each person contributes and feels part of the process. Before we wrap up this session, I ask the team to start thinking about how we are going to actually live the process in our day to day lives and plant the seed of an idea about artwork or images that can live in the shared office environment.

Once again, we wrap up this session by celebrating what has been co-created and lock in the good feelings of working together as a team.

It's important to acknowledge that, for many teams, you may be a division or a team within a larger company that already has a defined set of values which you can't change. That's fine – they are a set of parameters that your team has to work within – but it doesn't stop you working to define what those values mean to you, how you choose to apply those values and what you are actually going to do to bring them to life.

Stage 3: Agree how we actually live these day to day

For me, the final stage is without question the most important part of the process and is the difference between embedding the values and simply going through the motions. It resides in the consistency of the application of the values and seeking to make sure they become a part of the everyday conversations inside your team.

The final session is where I encourage the team to get creative. At Trovus, we co-created a painting that everyone played a part in creating. All the values were included as part of the picture and we agreed that this would be placed in a central area of the office as a continual reminder of our agreed collective values.

We debated how we would make this a part of the regular conversations and not just something that came up as part of annual reviews. We decided to run weekly values prizes where bars of chocolate were given to two people who'd demonstrated specific values that week. Initially, I ran these and then quickly handed the process to the team, so that each person was looking out for good behaviours in accordance with our values. By doing this, we were weaving the values conversations into our everyday processes and routines.

Another company I worked with is a fast-growth company operating in five different countries. They devised the idea of 'the value Oscars' which they celebrate each month across all their teams. At Trovus, we wrapped in quarterly targets and created collages of images of the team celebrating our successes and embedded the values into them. The goal was to let the team take collective ownership of this, to have fun with it and to make sure that conversations around values become part of everyday life. This was exactly how we ended up with the graffiti artist in our office! The team were owning the ideas!

Mike Abrashoff describes how, on the *USS Benfold*, he'd listen to his team, which occasionally led him to challenge the Navy rules and "the way that things were done". One example was allowing the crew to have Cuban cigars and their favourite food on his ship, things that mattered to the team and meant that they felt it truly was their ship. It's the same with your team, you want them to feel that they have ownership of what you are doing together.

At Trovus, we had six values – Courage, Respect, Reward, Teamwork, Success and Enjoyment. These defined how we worked together as a team and they became foundational elements in transforming the business dramatically.

Family values

At the same time, my attention was also focusing on how we, as a family team, were going to safely navigate the world's oceans and how we would learn to work together as an effective, thriving team.

Following the success of our values at work, I discussed the idea with Nichola, and we decided to apply the process of creating values in our home team. We knew that with young children at sea, in close proximity for weeks at a time, we'd be tested, and that the difference between a happy, thriving team and an unhappy one would dictate how effectively we would work together.

I shared the details of the process I'd run at work and together we adapted it to make it suitable for our young children. We reduced the time period, dialled up the creative thinking side of things, and fired up the children's imaginations with magazine pictures to get them thinking of the values that they liked.

As at work, we distilled these down to a core set of values, these being Laugh, Love, Go Prepared, Action, Happy and Understanding. We talked about what we did when we displayed these at their very best in order to create the required level of depth and understanding. With young children involved, the potential to be distracted is always there and so Stage 3 of making sure that we lived these values from day to day was fundamental.

For us, this meant co-creating a 'values painting' that still hangs on our wall at home as a continuous reminder. It then came down to the regular dialogue. We evolved so that it became a regular routine, consisting of a daily 'values prize' over breakfast, where we'd talk about the good things that we'd seen each person on the team do over the previous 24 hours. We handed out stickers and encouraged the children to create values charts to put the stickers on. It was fun and playful, but at the same time it had a very important function of embedding the culture as defined by our values.

I've often reflected on why the values-based approach became so effective for my teams as well as for so many other people. One of the things I've noticed is that many people start a sentence using the words "The problem is…" and then go on to list a whole series of things that are wrong. I went on to learn that our brains have been hardwired since caveman days to spot things that are wrong and that this has developed as a natural defensive instinct. By learning to spot problems at the earliest opportunity, they could take evasive action that may well have saved them from wild animals on the savanna. Even though our world has radically changed, this protective instinct remains the same.

I've come to discover that when it comes to building people up, to putting people first and to building healthy, thriving teams, it is significantly more helpful to tell people what they are doing well and to encourage them by telling them more about what you want to see rather than what you don't want to see.

The values framework is a way of refocusing the conversation onto what is right rather than what is wrong. It can be uncomfortable or unusual for people to ordinarily tell others what they are doing well. This is a framework that not only makes it acceptable – it ingrains it into an agreed routine so that collectively the team are building on their strengths and encouraging each other.

Start right now

Decide which team you want to start with – home or work. Ask your team what their experience of values has been and explore the feedback. This is super important as you can't influence anyone unless you know what is already influencing them.

Paint the verbal picture of why values are important, why you'd like to do this and what outcomes you envisage. Ask others what they think, getting engagement is vital. Don't make the mistake that I made, which was to think that you can do alone what in fact must be a team activity!

Work through each of the three stages and remember to make it enjoyable for all. Be inclusive and at the end of each session, remember to summarise what you've achieved together and lock in the good feelings.

Team building is a long-term game. It takes time to positively shape team culture and sometimes we need to practise patience. I often like to think of myself as a farmer when I'm building teams. I'm planting seeds and applying sunshine and water and allowing that to work over time. If I plant a seed and expect an oak tree to appear tomorrow, the only person who is being deluded is me.

When it comes to being more human and building thriving teams, I use this as one of the core strategies to get everyone working together effectively and communicating openly. It's important to remember that this is not a tick-box exercise, that this is something that shapes how you act every day.

If you and your team are not entirely committed to it, then I'd advise not doing it at all. Values done badly are worse than values not done at all, because it can look like a gratuitously applied management technique and it runs the risk of undermining trust. Values done effectively drive the culture of a team and, in the words of Lou Gerstner, "Culture isn't just one aspect of the game – it is the game".

SECTION C:
UNLEASHING STELLAR PERFORMANCE

There was once an argument between the Wind and the Sun about who was stronger than the other. Far below, a man travelled a winding road. He was wearing a warm winter coat.

The Wind and the Sun challenged each other to a game; whoever succeeded in removing the coat from the man's back was the strongest.

The Wind went first. The Wind blew so hard that the birds clung to the trees. The world was filled with dust and leaves. But the harder the Wind blew down the road, the tighter the shivering man clung to his coat.

The Wind gave up. His efforts had been futile and only succeeded in exhausting him.

It was the Sun's turn. The Sun came out from behind a

cloud. The Sun warmed the air and the frosty ground.

The man on the road unbuttoned his coat.

The Sun grew slowly brighter and brighter.

Soon, the man felt so hot that he took off his coat and sat down in a shady spot.

The moral of the story is that at times gentle persuasion can be much more effective than brute force. This ran counter to the style of teamwork and leadership I'd been taught. When it comes to influencing the actions of other people, I've come to realise that it can be hard to make anyone else do something. I have learnt that people only do things for their reasons, not yours.

Managers in workplaces so often try to force behaviours and try to make their team do things. Leaders approach things differently. They build the foundations we've talked about in the first half of this book. Those foundations, though, are not enough. You need to go further.

The big idea in this section is all about levelling up the performance of every single individual in your team, starting with you.

It starts with YOU

My friend, Jamil Qureshi, is a performance coach who has coached six clients to the number one spot in their chosen fields. He shares the anecdote that not one of them wakes up and says, "How can I be radically different today?"

Rather, the idea is about improving every day on a skill that you are already good at; finding a strength and building on it. It can be easy to forget the simplicity of this message and to remember to stay focused on that continuous improvement. In a social media world, it is easy to become externally focused rather than internally focused, to get blown off track with the lights of every passing ship rather than continuing to make progress on your own unique chosen path.

The answer comes from looking at how we improve our performance. The conversation I have with my children is that the only person we are competing with is ourselves and the question we need to ask of ourselves is: "How can I be better than I was yesterday?"

The ideas in this section are for each individual reader to use, to model and to apply so that they can improve their performance every day. This is a never-ending game of improvement. One for which there is no finish line, no win/lose moment. It is simply an ongoing journey of daily improvement where the feeling is that the sense of growth and improvement is the reward in itself.

Working together

You can't make anyone do anything. It's a hard truth that needs to be understood. In the short term, you might be able to 'make' people do things by exerting authority and demanding that people follow certain ideas. This is almost never sustainable. A pressed worker is unlikely to engage and to give their all for the cause you are working on.

It's for that reason that good leaders, as opposed to

managers, use the power of influence rather than the power of force to create improvement and momentum. Leading by example, sharing openly what works for you and praising and encouraging ideas is by far the more effective way of building long-lasting trust and engagement with the cause.

Using the farming analogy again, plant seeds and regularly apply water and sunshine in the form of words of encouragement and kindness around the things you want to see more of. Be patient and wait for the green shoots to emerge and grow. You're in the long game and that game consists of growing people and the time will come when those crops will flourish, and the benefits will be reaped.

CHAPTER 8: RECALIBRATE YOUR COMPASS

Perhaps the single biggest battle I had in this whole process was with my ego and the internal story that I carried about who I was and how I showed up in the world. For as long as I can remember, I had defined myself as an entrepreneur – right from an early age when I had my first business, my fishing business, at the age of 14. And a part of that internal story was that I was integrally involved in the business. In my head, I was the leader who led from the front and knew all that was going on inside the business.

That now had to change. At this point, in both my home and work team, we had picked up pens and blank sheets of paper and had worked together to co-create stories of the future. These pole star stories were much bigger than just me – and this was about to get really challenging.

At work, because of the choices I had made, I was being forced to think outside the box. I could no longer be the leader, swashbuckling the team forward and fully involved in the business. I was planning to be on a boat at sea for two years, so I had to think about approaching work in a radically different way.

My situation was clearly quite extreme. However, it highlighted for me an area that has been well-documented in research, particularly in the medical and sports fields. Most importantly, it was an area that I think has very profound implications on how leaders can develop both themselves and their teams.

It has been many decades since the concept of a job for life existed. The advent of artificial intelligence means that jobs that once existed will be made redundant and many people will need to reinvent themselves. The seemingly innocuous question asked at dinner parties of "What do you do?" highlights this issue well. So many people create their identity around their career: "I'm a lawyer", "I'm an engineer", "I'm a writer" and so on. As I write this, we are just over a month into the Coronavirus pandemic in the UK and there is now greater uncertainty as to the future than ever before. The ability to reinvent our identities will be a vital asset in adapting to our changing world.

Be more human

The moment that I faced the stark reality that my role within the business had to change, a flood of self-doubt rushed to the front of my mind. My situation, as I was reframing it for myself, was that I had to create a business that was capable of running without me – I had to effectively make myself completely dispensable from my business.

Doubts arose like "What value do I bring if I make myself dispensable?" through to "What value do I bring to any situation?". These were questions that really challenged me and gave me many sleepless nights as I questioned whether I was doing the right thing or not.

I didn't realise it at that time, but the work that lay ahead of me was for me to recalibrate my own personal compass by rewriting the internal story that I had about myself and who I was. My old story, the one that I had never set out to consciously create, was one that had been built up over time through unique life experiences and forces that had shaped me and who I was. I was on the cusp of learning that who you are is something that doesn't have to happen by accident. Rather, it is something that you can take control of and consciously, deliberately and specifically shape so that you can become exactly who you want to become and need to become in order to make your pole star story come to life.

Updating your identity

In *Psycho-Cybernetics*, Maxwell Maltz describes the events that led him to make his breakthrough realisations about our concept of ourselves. When he first began to work as a plastic surgeon, Maltz was amazed by the dramatic and sudden changes in character and personality that often resulted when a facial defect was corrected through surgery. He writes: "By changing the physical image, in many instances, it appeared to create an entirely new person. In case after case, the scalpel that I held in my hand became a magic wand that transformed not only a patient's appearance but their whole life – a salesman who had lost his touch and his faith in himself became a model of self-confidence, a 'stupid boy' became an 'alert bright youngster', and many more such examples."

His successes were easy to understand and to explain. The businessman who was disfigured in a car accident and who was previously self-conscious had become hostile to the world. His surgery, and the restoration of a 'normal face', led to a complete change in attitude and his resultant success at work. He was able to face the world once again.

The failures were harder to explain, and these were what led to Maltz's breakthrough thinking. In the case of the shy lady who had a larger than usual nose, Maltz's scalpel gave her a classical nose and a beautiful face, yet she continued to act the same way as before – shy and unable to look people in the eye. She was one of many who acquired a new face yet continued to wear the old personality.

The conclusion that the findings led Maltz to were that the knife itself held no magical power. The key lay in the internal story of the individual rather than the external story. His findings were the beginnings of our understanding of self-image. When the self-image is intact and secure, you feel good but when it is threatened, you feel anxious and insecure. The real surgery that needed to be undertaken with each of his patients was around self-image and some naturally rewrote their own story and self-image and some did not. Those who did not were the ones who experienced and reported no change.

Perhaps unsurprisingly, this is an area where high-profile business leaders rarely share their stories and insights. It's a deeply personal space that goes to the heart of the inner dialogue that we all have with ourselves. At the same time, it's such a critical area that it needs to be illuminated.

Todd Herman, writing in *The Alter Ego Effect*, shares the story of Bo Jackson, a sporting hero in both Baseball and Football. The story is of Jackson's 'phone booth moment', when he takes to the pitch and in the same way that Clark Kent transforms into Superman, Jackson channels a separate identity and the easy to provoke and penalty-prone baseball hothead transforms into a relentless, cold and disciplined destroyer on the football field.

Using a variety of techniques, Herman coaches people to activate what he calls the *heroic self*, which already exists inside of each of us, but is seldom used. These include creating names for each of the identities that someone might want to conjure up in different parts of their life, by embodying role models with specific character traits that they would like to emulate, by using objects or talismans that have specific meaning to a person in order to trigger the identity that that person wants. It's a full toolkit complete with a range of sporting and business coaching stories on helping individuals to step into their alter ego at will.

Out with the old

I faced quite a challenge. My old identity said that my value in the world was tied to my role in business. Part of my new identity was to be captain of my family team, safely navigating us around the world and being present 24 hours a day as a husband and a father. Another part of my new identity was that of a business leader creating the team on the journey to becoming the world's best data treasure hunters. One thing was certain, I had a lot of work to do and I had to develop my own approach to reshaping my identity for the different situations I was in.

Reshaping my business identity was the one that came first, and it evolved over a period of time. Distilling it down as I look back, I can see that there were a number of important stages.

Stage 1: Gaining clarity

Much of this work had already been done by crafting the pole star story. I quickly discovered that when self-doubt appeared, my response had to become, "Will it help me to achieve the pole star story?" Invariably, the answer would be no and it would guide me back to thinking about how to achieve this together as a team rather than being too concerned with the value that I brought as an individual.

Stage 2: Understanding and mentally rehearsing my role

The more I embraced the story, the more obvious it was that how I saw myself had to change. This was new territory for me and, at first, I wasn't sure how to approach it. I decided to embrace the 'Theatre of the Mind' technique again and I scripted out hour by hour what a sample day would look like for a leader like that. In many large businesses, high-flying executives shadow their CEOs to learn first-hand how a CEO operates and build their own mental model. I now found myself having to imagine how I needed to act and show up. I took inspiration from my newly found thirst for learning and I was reading lots of autobiographies of successful leaders and other business books.

Stage 3: Getting out of your own way

My value as a leader had to come from putting the right team together and enabling them to do their various roles to the best of their ability. For sure, there would be times when I would need to roll my sleeves up and get involved but more often than not, it would be a case of enabling the brilliant people we already had to do what they were brilliant at.

One of my mentors used to put it more eloquently: "Caspar, you've got to get out of your own way. What's the point in hiring top quality people and then interfering?" It was a case of getting the balance right between empowering each member of the team to do what they had to do and being there when they needed support.

Admiral Pete Long is a dear friend who circumnavigated the globe at the same time as we did. I always remember him sharing a story from his time in charge of an Aircraft Carrier battle group in the Pacific Ocean: "Tell people what outcome you want and let them surprise you with their ingenuity about how they do it."

Stage 4: Becoming unstuck

There would be times when all of these steps failed, and I'd get stuck, caught in my own ego trap. The simplest and fastest way out for me would be to ask myself the question: "Is this going to help us achieve the Sailing Five?" (our shorthand code for our family plans). The answer would be no, and I'd have to check myself and change my approach.

I remember one such instance: I was locked in protracted and emotional negotiations with my sales director who wanted more money. It was one of those debates that started to get personal. I realised it wasn't productive and so I asked myself the Sailing Five question and rapidly came to the conclusion that our sales director was actually a really valuable team member and that if he left, we would be in a much worse place. We worked out a win/win compromise that offered much more upside for him largely based on the results of the team.

It became clear that I had to recalibrate my compass and to rethink the role that I played in our business. This is an essential skill for any leader, firstly to be able to do this for themselves and then secondly to be able to guide and coach their team on this journey.

By 2013, the Trovus team were turning in fantastic results and I decided to test if it was working by taking a month off in the summer. I found it challenging to not be checking in on emails, but I finally managed to switch off and when I returned, it was great to find that we'd closed some cracking deals.

For a brief moment, my ego was challenged and the feelings of not being in control and adding value surfaced.

This quickly passed when I realised that this was the perfect outcome, this indeed was what I was hoping for – the business could and would thrive in my absence.

Start right now

It's time to ask what your identity and story is. Both Maltz and Herman provide useful tool kits that can be used if you want to go further, but for me, it comes down to some simple questions.

Be wary of skipping over this key step for one fundamental reason: It's what is called the snapback effect. One of the characteristics of the human animal is that over a sustained period of time, we cannot outrun our identity and we have an overwhelming need to be consistent with the internal story we have of ourselves. Without recalibrating your compass, your internal identity, you will keep showing up and acting as you have always done. It takes real concerted effort to redefine this.

To be more human is to understand that we are all shaped by an internal dialogue, an internal set of stories and that we can positively take control of and shape these influences. Do this for yourself and help your team to understand the process so that they can do this for themselves as well. Having team members with aligned internal stories will be a significant accelerator to shaping a thriving high-performance team.

CHAPTER 9: WHAT YOU SEE IS ALL THERE IS

In 2011, frustrated by the slow progress in developing my business, I was leaving no stone unturned looking for ways to create a breakthrough. As I started in earnest to embrace learning, one thing quickly became apparent. I became increasingly aware of a set of negative influences that were hampering my ambitions to achieve my goals. I wrote a monthly newsletter and penned this article on the subject of following the news.

"I try not to listen to or read the news anymore – and here's why it helps our business."

I used to think that it was essential that I was always up to date with the latest news. A year or so ago, I stopped, because I realised it wasn't good for me any longer. The media has become incredibly and unremittingly negative.

Perhaps it always has been, but I never noticed it before. When you run a business, I believe it's important to have a positive outlook, to be willing to invest and to be confident about taking risks. Entrepreneurs and business owners can't afford to be negative; it would stop them from being able to move forward.

If you listened to what the media pumped into your head every day about the economy, you'd give up and go hide under a rock. So, I decided to stop listening to and watching the news. It's about six months, maybe a year, since I last spent any of my valuable time consuming the news. I get enough news skimming the headlines at the newspaper stands or hearing the highlights discussed in the office.

Do I feel cut off from the world? Has my business suffered? No. I haven't missed out on anything important. It seems that it's the same old stories repackaged in different situations, month after month, year after year. Of course it's still important for me to keep abreast of the coming marketing and business development trends, so I do read extensively around this area and attend regular industry conferences and events. This approach works for me because the marketing and business development sector has a culture that doesn't do negative.

Aside from the time that I have saved, it really has made me feel more positive and entrepreneurial. So, a news blackout has helped my business. We've invested and hired against the market trend. We've hired a business development director, invested more in our systems, improved our processes, and are conducting a series of research work into benchmarking reports and C-Level views on marketing trends and challenges.

So how do I find out what is happening in the market to help me make business decisions? Simple – I listen to my customers. I ask how their businesses are going, what their concerns are and what their plans are. I hear it without any filtering or ideological media bias built in – business owners are a very practical breed. My advice is: stop listening to the news – it's very refreshing.

This was my first foray into really starting to take control over what I gave permission to influence me. Previously I'd been unconscious of my influences – whatever entered my world was uncontrolled, with the resulting effect that my attention and focus were being pulled in many directions.

Weapons of influence

It was around this time that I first read the book *Influence* by Robert Cialdini. Cialdini details his research and conclusions on the six factors that lead someone to say yes to the requests of others. These weapons of influence include reciprocation (you're more likely to do something for someone if they have already done something for you), commitment and consistency (we have an inbuilt human need to remain consistent to what we have already said/committed to), social proof (we're more likely to do something if we see other people doing it), like-ability (you'll do more for someone you like), authority (we are more influenced by people who have perceived authority) and scarcity (the perceived lack of something makes it more desirable). I found the logic compelling and the whole concept of influence and persuasion swirled around my mind. Cialdini's work was focused on persuading others.

It struck me that actually the single most important person you need to be influencing and persuading is yourself.

This was the start of my journey to finding every means possible to positively influence myself towards the things that were most important to me. The idea was that I had to effectively be marketing ideas to my subconscious brain so that it embraced the ideas that I had consciously decided were important to me. This chimes deeply with the findings from Maxwell Maltz and my notion of recalibrating my compass. This wasn't a one-time thing – this is something that has to be done consistently over time.

It was also around this time that I first read Daniel Kahneman's *Thinking, Fast and Slow* with his insight that "What you see is all there is". I was merging ideas from both Cialdini and Kahneman to shape my world. I realised that in terms of shaping our future direction, there is little that is more important than being deliberate, conscious and specific around the influences that you give permission to come into your world. We cannot help but be influenced by what we surround ourselves with. The more we can control and manage our influences, the more likely we are to reach our goals, both individually and as a team.

I worked through my life and realised that there were many points of influence that I had previously paid little or no attention to. I realised that I was allowing myself to be influenced by many things – not all of which were helpful.

It was my responsibility to curate and manage the influences in my world. From my research studying the patterns of super successful people in all walks of life, I've observed similar patterns and so below are my considered thoughts on the most important areas.

Our commitment to our stories

Through the co-creation of both stories, at home and work, we were already influencing ourselves. This was being deeply reinforced by many things.

Firstly, the 'Theatre of the Mind' practice – I was ingraining the 'stories' into me. Secondly, the pictures and the story on the wall were continual reinforcements, constant reminders of what we'd jointly agreed. It contrasts with what happens in many businesses, where a business plan is created, filed away in a drawer and then quickly forgotten and left to gather dust. If it's not front of mind, it's not real and it's unlikely to happen.

There's another interesting quirk of this too: whenever visitors came to either the office or our home, they'd see the story of the future and ask questions about it. Answering questions and taking ownership of a story is one of the fastest ways to increase your commitment to it.

Cialdini shares the story of a restaurant owner who experienced a no-show rate of around 30% of people who had booked a table. The owner instigated one small shift in how bookings were confirmed, which then led to that figure dropping to 10%.

Previously the person confirming the booking would say: "Please call if you have to cancel or change your reservation." The small almost imperceptible change was twofold. The first part was adding two words so that they would now say "Will you please call if you have to cancel or change your reservation?" the second part was pausing at the end of the sentence to leave a space for the customers to agree to the request.

That simple change, that simple micro-commitment of actually saying that they would do something rather than just being given an instruction, made all the difference. The insight was that people want to be consistent with what they have already said or done, especially in public. People want to live up to what they have committed to and it all starts by getting people to take a small step.

Unwittingly, by having gone public with both our stories, we had increased our likelihood of making them happen by opening up conversations where we had to explain our plan. We were using the Cialdini rule of consistency to positively influence ourselves.

Surround yourself with the best

It's commonly quoted that we get the life of the five people we spend most time with. All of us can imagine one person who lifts you up, energises you and leaves you feeling much better than before you met them. And conversely, we can also imagine one of the drains, the person who finds fault in everything and sucks the energy and life from every conversation. Two extremes clearly, but everyone in your world will have an impact on you to some degree.

Seek out people who lift you up, people who are further ahead than you on your journey, people who are kind and gravitate towards them – find ways to spend more time with people like that. And of course, try to dial down time with people who pull you down. That can be challenging, especially if some of these people are family or colleagues and there's little you feel you can do about that. By being conscious and maximising your time with people who will lift you, and minimising time with drains, you can make a very real difference.

In my business journey, both my co-founder and I joined Mastermind Groups, groups of like-minded CEOs on similar journeys, with whom we met for one day a month and shared our challenges and wins. We were tapping into powerful pools of experience and expertise because many of them had faced the challenges that we faced, and they also became a support network that lifted us up. I can't recommend being in a Mastermind Group highly enough.

I found mentors and coaches for different areas of my life – for business and for my health and fitness. They were people who had specific and detailed sets of knowledge that I hadn't yet acquired and who were very positive and up-lifting. Influencing my world with such positive forces was fundamental to achieving all my work and personal goals. Pay close attention to the people who you give permission to enter your world and spend time with you.

Selectively social

In 2018, IDC Research released findings showing that 80% of smartphone users check their phones within 15 minutes of waking up in order to check email and social media feeds. That's the equivalent of handing over the influence of your day to a torrent of information which you have virtually no control over. It's mainlining information and influences chosen by other people straight into your mind and hijacking it with everyone else's agenda.

If I thought that the news coverage that I was dialling down in 2011 was bad, it is so many times worse now. I'm not saying there isn't a place for email and social media – of course there is, and it can play a very vital role – but it's important to be deliberate, specific and conscious about its usage. Cal Newport, writing in *Deep Work*, comments on how the social media giants like Facebook and Instagram deployed the finest behavioural scientists to create a system that gets us addicted to using their platforms – giving us dopamine hits each time we get a new like, share or piece of information. These systems have been designed to capture our attention for as long as feasibly possible, which of course is in their commercial interest to monetise our time, by understanding our behavioural patterns and habits. Little of that is in your best interest.

One simple hack to get in control of this is to better curate your feeds by unfollowing people or channels that are negative or unhelpful to your goals. I regularly review my feeds and have no issues in unfollowing swathes of people so that I only see information and ideas from specific people I believe will positively impact me. Another hack is to limit the time you use social media – perhaps only at set times of day and for only a limited amount of time.

Don't let that weekly usage summary blindside you. Decide how much time you will give to social media and keep to it.

Curate your consumption

The same logic as with social media applies to what you read, listen to and watch. Whether that is newspapers, TV, radio or books, be mindful of how that source of information might be influencing you. It's important to make the distinction also around diversity of thought. I'm definitely not saying just to follow only very limited media, but to be mindful of what it is and to give it some thought.

My friend and founder of the Eden Project, Sir Tim Smit, has a monthly ritual in his team where each member of the team has to read a book nominated by their colleagues as a book they would otherwise be unlikely to read. Diversity of thought is critical, as it is the bringing together of ideas from different spheres that so often gives us those brain spark inspiration moments, those breakthrough moments.

What's in your eye line?

The more I became conscious of this, the more I decided to be specific about points of influence throughout my day. In direct line of sight from my bed, I have a series of uplifting images with healthy energising pictures. The last thing I want to plant in my mind at night, and the images I want first thing in the morning, are positive, uplifting and inspiring images.

What you see is all there is… it's about marketing the messages to both yourself and your team that you together have decided are important. It's the same with screen savers on phones, iPads and laptops. What imagery is going to trigger you and keep reminding you of the things that you have decided are important?

The questions you most often ask

Our thoughts are most often drawn to the questions that we continually ask ourselves. I believe we all have a primary question; a question that is running in the background of your mind all the time.

It's almost always beneath the conscious mind because it has become so familiar to you that you are no longer aware that you are asking it. But it is still there. As I went through the process of introspection to uncover my primary question, I found mine was always: "How can I make money?" I discovered that this came from a time early on in my life, around the age of 10, when I was very impressionable and when there was great scarcity in my life. It might have been a relevant question to ask back then but by my late 30s, it was definitely the time to figure out a better question to ask myself, such as "How can I add more value to other people?" This is the question that I consciously focus on now.

It is important, as a team, to consider the questions you ask together. As a business, when we had our weekly meetings where each person shared their goals for the week, the question was always "What help do you need from the rest of the team?". It became the standard to appreciate what everyone else was doing and how we would all work together to move the business forward.

At home, we created various questions that we wrote out with the children, laminated and stuck on the wall. One was titled morning questions and the other evening questions. Over breakfast and supper each day, one of us would choose a question from the menu of options and each person would have to answer the question. Questions would be things like "What am I grateful for today?", "What have I learnt today?" and "What am I excited about?". By sharing and asking these questions, they are far more likely to become the questions that become part of your inner dialogue because they are being ingrained.

Start right now

You're going to be influenced by something. Why don't you make the choice about what you will allow to influence you as opposed to leaving it completely to chance? This is your turn to think about what you give permission to enter into your world.

The single most important person you need to influence is yourself. Start by doing a quick audit of what you give permission to enter your world. For each of the above areas, note down what influences you are currently aware of.

Now, with a fresh sheet of paper, note down which influences you want to dial up and those you want to dial down. Keep a note and track your progress.

To build and retain your high-performance team, being more human means recognising that every thought and feeling that you and your team have will be influenced by what you let into your worlds. With this insight, it is your responsibility to help those in your team reflect on their own influences. There are few other exercises which can have such a big impact on positively shaping the performance of your team.

CHAPTER 10:
WHAT'S YOUR SUPERPOWER?

One of the good moves we made as a business team during our transformation phase was bringing in Piers. A veteran of the technology industry, Piers came in to mentor both Ed and I to be better leaders. One of the first exercises he did was introducing us to the work of Marcus Buckingham and Donald Clifton and their StrengthsFinder test.

The StrengthsFinder programme involves taking a detailed questionnaire that analyses you across 34 talents and provides guidance on how these can best be translated into personal and career success. While the detailed feedback was interesting, the playing-to-our-strengths concept was something that really took hold in my mind. I explored it further internally, using all of the other research I had gathered.

The core premise is that by truly understanding their strengths, an individual can work out where their time should be best spent in order to play to them. There's a part of this that is counter-intuitive for many of us. Right from our earliest school days, we're encouraged to work equally on all subjects and this type of linear thinking gets ingrained into us.

Such advice in the workplace is at best unhelpful and at worst just plain crazy. We are all unique individuals with unique experiences. It makes sense that we are better at some things than others. For example, some people are exceptionally creative and great at coming up with innovative ideas, while others are brilliant at seeing patterns that others hadn't seen before. In short, we all have areas that we are more gifted at. Einstein puts it very succinctly: "Everybody is a genius. But if you judge a fish by its ability to climb a tree, it will live its whole life believing that it is stupid."

For any of us then, one of the most important things that we can do is to discover our zone of brilliance, the things that we should dedicate more of our time to doing. And conversely, what are the areas that we should avoid like the plague where we are weak and not ideally suited.

Managing our time, both for ourselves and with our team, and finding activities that are best suited to each individual person is a crucial aspect of developing a thriving team. Falling into the 'building up a weakness trap' could be one of the worst things you can do – as my friend Jamil Qureshi says: "By trying to strengthen a weakness, you can weaken a strength."

Making the complex simple

While the StrengthsFinder concept had made a huge amount of sense, I struggled to absorb and action the detailed analysis of the 34 different talents that resulted from it. In the past, I had taken a range of aptitude tests, including DISC and Myers Briggs. I remember experiencing a similar reaction. It was interesting, but hard to absorb. I remember a raft of recommendations, which in truth I did little with, and I recall feeling a sense of overwhelm. It ended up going into the 'let me think about it' pile where it eventually gathered dust.

I wasn't content with this, though, and I wanted to find a better way. I knew that there was something very powerful in here and I just needed a better way to access it. I began researching and following experts in the field of peak performance, and I discovered the Kolbe™ approach. This was getting closer for me by creating a simpler set of classifications that I identified with.

At Trovus, we got our whole team to take the Kolbe test and we used it to facilitate a discussion among us all as to where each of us should be spending our time. The open dialogue served to deepen the trust and appreciation of the unique contribution each person brought to the team. We also incorporated this into our recruitment process by asking potential recruits to take the test, we would talk about the results in the interview and use it to imagine how that individual would fit into the team.

My goal was to find a way to bring the strengths

conversation into regular dialogue and to ensure that each member was playing to their strengths: that they were doing roles they enjoyed and to which their skills and talents were suited.

Finding the sweet spot

I can remember, with painful clarity, the first three years of my working life training as a Chartered Accountant, deep in heavy detail and analysis as opposed to being creative, sharing stories, and writing. Back then, I was doing what I thought was the 'right thing' rather than finding my zone of brilliance. It's probably for that reason more than any other that I'm so focused on helping every team member find their sweet spot.

I was about to uncover the single best technique I've found for revealing a person's strengths. It remains the best technique that I know, and I discovered it through some coaching I did with Perry Marshall, a marketing consultant.

The core essence behind this technique is an altogether more human approach. At its heart, is asking a number of people who know you best what they believe you are uniquely brilliant at and then comparing the answers to spot the common patterns.

One of the quirks of the human animal is that typically when we are brilliant at doing something, we underappreciate that brilliance. Because we are very good at that thing, we often assume that everyone else is good at that thing too. It's hard for us to appreciate what our strengths really are. We find it much easier to see strengths in other people, the people around us, than we regularly do in ourselves.

So, when a computer programme says that you're good at doing something it is interesting, but how much do we absorb and remember that information? In my experience, little of that sticks. Contrast that with people who know you very well, who you trust to give you quality feedback in their language, and you are then able to compare all the answers and receive feedback that distils down to the one or two things that you are exceptional at.

In all the training courses, workshops and events that I run, I regularly use this tool and every single time it yields results. People come away feeling good because they've heard powerful messages from the people they are more likely to believe. It is distilled down into a very simple set of memorable messages and perhaps because you have to do a little work and to interpret the data yourself over the course of a few days, you have a more vested interest than if it was just delivered as a detailed report. Whatever the reason, I've found this to be much more human, more memorable and therefore significantly more impactful.

If you'd like to take what I call the Superpowers Quiz, you can go online to https://www.casparcraven.com/superpowers and I will personally walk you through each of the three stages of the exercise.

Be more human

Prior to us starting to do the strengths work, I had hired a frontline salesman. He came from a recruitment background and had very natural enthusiasm and charisma. He started off brilliantly and in the early months he was thriving, bringing in new clients and developing sales prospects, as well as bringing an infectious positive energy. However, it wasn't long after that his leads and sales closes started to tail off and his energy levels dropped.

I took him out for a coffee to find out what was going on for him. As we talked, he revealed a truth which we hadn't been aware of before. He didn't like rejection. It was quite an admission for a frontline salesperson where being routinely rejected is an integral part of daily professional life. I asked him what he wanted to do. He said that he admired the work that our consultants were doing, working with our large technology clients and that he wanted to work as one of our consultants. I thought it could be a good fit. He knew our products inside out, he knew lots of our clients, and he could quickly become a key member of that team.

That progressed well for the next six months until we started to get complaints that some of the reports and analysis weren't up to the standard that we expected. Despite training and support, the problem persisted. As we talked, it became evident that while he was brilliant at relationship building and finding ways to fix problems, his level of attention to detail on running large data models was not where it needed to be. We pivoted again and that led to him becoming our head of customer success, specialising in looking after and managing the relationships with our clients.

It was a role that was made for him – it absolutely suited his strengths and led him to thrive and to become one of our core team. We'd had to iterate and find our way there, but the lesson served to show me the importance of finding the right role for each person based on their strengths. It also underlined the importance of having people on the team with the right level of energy and enthusiasm who are not afraid to try things and to pivot when needed.

Cards on the table

Ray Dalio is the founder of Bridgewater Associates, a business that he grew to become the world's largest hedge fund, managing over $150 billion dollars of assets and with over 1,700 employees. In his book, *Principles,* he talks at length about the culture of radical truth, radical honesty and radical transparency as underpinning how he created this amazing success story.

Of the many tools that he shares, one that resonates strongly with the Superpowers approach, is what he calls the 'Baseball Card' system, where each employee has his or her own card that outlines their strengths and weaknesses.

Dalio explains the rationale that led him to developing his approach: "Because of the different ways our brains are wired, we all experience reality in different ways and any single way is essentially distorted. I discovered that we are born with different strengths and weaknesses in areas such as common sense, creativity, memory, synthesis, attention to detail and so on."

Dalio discovered this truth when trying to hire workers who were independent thinkers, who were creative and conceptual and had a lot of common sense. "I had a hard time finding these people and was shocked at how differently their brains seemed to work – it was as though we were speaking different languages. For example, those who were conceptual and imprecise spoke one language while those who were literal and precise spoke another."

It was this pain of expecting things from people who were constitutionally incapable of delivering them that led him to find his unique approach. The 'Baseball Cards' contained the details of what each team member was good and bad at in the same way that a baseball card compiled relevant data on a player. A series of attributes was defined, such as 'conceptual', 'creative', 'reliable', 'holding others accountable' and so on.

Sharing cards within a team led to a rapid understanding of how to best use each person's talents. Dalio likens building a team to building and conducting an orchestra: think of it as though you are organising people to complement their strengths and to compensate their weaknesses. It can sound magnificent if done well and terrible if done poorly.

Start right now

For all of us, deciding where we should best spend our time, energies and talents is perhaps the single most important decision we can make. By focusing on what we are best suited to and where we have a real advantage compared to others, we can make rapid and meaningful progress. On the other hand, focusing on building up a weakness will lead to mediocre results at best.

Finding what each person was best suited to and getting them shifted into the right roles was a game-changing approach at Trovus. It was also essential in the building of our family team to sail the world – finding the specific areas that Nichola and I were best suited to. My skills were best suited to areas like sailing, navigation, strategy and weather routing. But, in areas like fixing things and going down into the detail to understand the workings of a broken water maker or engine, Nichola's detailed analytical skills were best suited.

In all the businesses I've consulted for and worked with since then, time and again, it has become very easy to see how roles needed to be adjusted to unleash the superpowers of each member of a team and in order to create a thriving team and unlock high-performance teamwork.

To be more human is to understand each team member's unique mix of strengths and weaknesses and to help each person find their place in the team where they are able to thrive. This is critical to unlocking high-performance teamwork.

CHAPTER 11: PERFECTION NEVER HAPPENS

We had discovered it by accident. It was a real innovation in what was a crowded marketplace and we were making waves. It was our marketplace to dominate and yet we hadn't managed to do that. I was on the cusp of learning one of my most stinging business lessons to date around how to overcome a very real and very human obstacle in building thriving teams.

Trovus had started off by building online communities for companies. In my previous start-up, I had been building online social networks for consumers, and we were now applying that knowledge and skills to help companies to build closer relationships with their customers and prospects. We had started very strongly. Our first contract was with Hewlett Packard and was for more than £250,000 to work with their technology partners to build an online community. We grew it rapidly and, within months, we were getting thousands of visitors a month.

As we presented our findings to the client, they hit us with a killer question: "It's great that we are getting all this traffic, but is it students doing research or is it IT buyers from JP Morgan looking for a new technology system?" It was a great question, one to which we had no answer at that stage of our business.

We started to try to figure out where our traffic was coming from. That led us to digging around in the traffic data and looking at the patterns of how visitors were finding the online community and what they were doing once they arrived there. In among this, we learnt about IP addresses – that is the unique address through which an organisation connects to the internet.

We began working to trace these IP addresses back and a hugely different picture of the traffic to the website emerged. We could now see the rich range of blue-chip companies that were visiting the website.

We then began to group together the website visits, on a company by company basis, so that HP could see the depth and range of engagement by each company – so they could see for example the multiple visitors from JP Morgan, how they found the site, how often they returned, and what they were doing whilst they were on the site. Initially, we compiled this on spreadsheets and presented it back to HP to answer their question. They loved it. It was data and insight that they had never seen before and they asked us to consider creating technology so that they could see this information on a real-time basis and to then set up email alerts based on growing activity by specific organisations.

Over the following year, we developed that technology and began selling licences to other companies to use our systems. We gathered a lot of interest and began to grow quickly – we were riding the wave of having innovated a new technology.

Here is where we were about to learn the lesson. Stimulated by our success, other competitors started popping up and the market that had been wide open to us quickly became extremely competitive. The competition was developing better versions of the product and being much more aggressive with their fundraising, sales and marketing activities.

We were too slow moving and didn't react quickly enough. We were looking for perfect, waiting for perfect, waiting to have all the answers before we moved forward and because of that, we lost important ground to our competitors. Waiting for perfect became the thing that killed our first-mover advantage. It was an important lesson – and one mistake that I decided I was never going to repeat.

Deal in deadlines

For five years, our family team had focused on the date of 1 August 2014. That was the date that we, as a family team, were going to set sail to circumnavigate the globe.

By late spring in 2014, we had purchased our boat, Aretha. We were undertaking a significant amount of work to get it ready to go. There were plenty of problems that we still faced – I had a health problem and more sailing experience together would have been ideal. We had lots of well-meaning advice to encourage us to delay our plans by a year.

It was a very tough time figuring out what we should do. We had some friends who were planning to circumnavigate at the same time. They had their own challenges and made the decision to delay by a year and to fix all problems before setting sail. However, some years on in 2020, their boat is still in Southampton in the UK and it will never leave there now. They fell into the trap; they made the mistake of waiting for things to be perfect.

Back then, we asked ourselves two questions.

"Do we have a good boat that will look after us and keep us safe?"
We had spent years researching the best ocean-faring boats on the market and were confident in both our research and preparation work. We knew we had a good, safe boat.

"Do we trust ourselves to figure out the answer to whatever comes up?"
That was the most important question. We knew that we'd face lots of challenges that would come up ahead of us and that we'd have to work together as a team to figure out the answer to each and every one. Did we really trust ourselves to work together as a team? Nichola and I looked each other in the eye and we both confidently answered yes to that question. We trusted ourselves and we trusted each other. The time spent building that bedrock of trust had not been

wasted. And with that, we slipped our mooring lines and headed off on our adventure on 19 August 2014.

Note that the departure date was 18 days later than we had planned and that was solely because of my health problem. I needed back surgery which meant I had to wait six weeks before I could sail a boat. Earlier that year I had run the London marathon and had aggravated some mild sciatica. Over the early summer, it had got worse to the point where I had difficulty walking. I agonised over what to do and in consultation with a back specialist, I opted to have surgery on my lower spine. We were certain that we were not going to be reckless and at every step we took the best advice we could find. We were going to make it happen and be realistic and adapt to the changing situation and find a way forward.

Since working with companies globally to help them implement these ideas, I have managed to distil down what I believe are the five principles for effective action. The five principles that each team needs to follow in order to be able to move forward effectively at all times rather than to risk being paralysed by the fear of making the wrong decision – the fear that really stands behind perfection.

Principle 1: Begin with reality

The first principle is to be able to see the reality of your starting point. Not to see it as better than it really is or worse than it is. Only when we see and accept the exact reality of the situation can we figure out the way forward from there. If the starting point is skewed, the plan and the actions you develop won't be appropriate.

With Trovus, the reality of the situation was that we

were being outgunned and outmanoeuvred by a competitor who had done a good level of customer research, developed some powerful insights and had quickly created their playbook to move ahead of us. They innovated and developed their product at a faster rate than we had, and they were much more aggressive in recruiting the right sales and marketing people for rapid acceleration.

Our strategy, if we had been living in reality, should have been to have focused on customer insight, to have invested more resources in developing the product, and to have been more urgent and aggressive in building our sales and marketing capability for this type of product.

However, the truth is that we were not living in reality. We were deluding ourselves, believing that because we perceived we had a better product, we would be OK. Markets and competitors can move quickly and seeing and accepting the reality of things is essential.

As it happened, while we lost ground in the market, we pivoted our business again and over time we evolved Trovus into a data analytics managed service provider, looking after and running outsourced data analytics services for our clients. We eventually saw the reality of the situation and pivoted to a business model that better suited the core skill sets that we had in our team.

Principle 2: Consistency wins

On 14 December 1911, Norwegian Roald Amundsen and his team became the first people to reach the South Pole, beating the ill-fated British team led by Captain Scott. Jim Collins provides an illuminating insight and background story in *Great by Choice*.

Both explorers were absolutely committed to their story and had built strong teams. One significant difference was how they went about their expedition. Amundsen made the decision that every single day, come rain or shine, he and his team were going to make 20 miles of progress. When the wind howled and the blizzards set in, they dug deep and made their 20 miles and when the sun shone and the air was still, they made their 20 miles, and no more.

This contrasts with Scott's approach. On the calm, warmer days they'd push hard and rather than going for just 20 miles, they would go as far as they could, often making 50 miles. And when the blizzards descended, they'd hunker down and sit it out – often for days at a time. Amundsen and his team were like a metronome. Tick Tock. Tick Tock. They were about consistency. They applied consistent pressure in the same way that rivers cut their way through rock over many centuries – by doing the same thing consistently every single day.

As the days ticked by, Scott's team found themselves behind and overextended as a result of the big pushes. With this insight, it's perhaps no surprise that the Norwegian flag was the one to first be flying over the South Pole.

You see it in the gyms in January, where someone will go five times this week and push as hard as they can. Maybe it's something to do with the relationship between effort and results. We want instant results and instant gratification and we expect to lose five pounds in five days and when we don't, we lose heart and sigh. It's not working! It's too hard! And we silently slip back to where we were before.

To turn your story into reality, you will need to master

this skill, the important skill of developing habits that can move you forward consistently. There are no two ways about it. On our kitchen wall, we now have the words "It's a marathon not a sprint" inscribed. I'm convinced that the immediate gratification culture we live in, with its round the clock connection and focus on short term goals, drives our thinking patterns into short cycles. I think we all need constant reminders that it takes time and persistence to achieve big goals.

Principle 3: Small hinges swing big doors

In their 2008 book, *Nudge,* Richard Thaler and Cass Sunstein write about the power of tiny shifts that can have a massive impact. One of my favourite examples is from a leading high-street chain of pharmacists. They set themselves the challenge of growing the average spend per basket in their physical stores.

They started with the reality and looked for insight by studying what was actually happening. They ran the data and looked for key trends and patterns. The key thing that emerged was that when shoppers entered the stores, they generally didn't pick up a shopping basket. Presumably, this was because they didn't think they needed a basket because they wouldn't be spending that much.

What they observed was that people ended up carrying their purchases in their arms and got to a natural limit where they couldn't carry any more – and hence couldn't spend any more. Since the shopping baskets were at the store entrance, it wasn't particularly convenient or easy to go back and get one. Armed with this information, the answer became self-evident. They placed baskets in the centre of the store as well as at the entrance. The outcome: the average purchase value per visit rose meaningfully.

A seemingly small shift, in something as simple as where to place shopping baskets, had a disproportionate impact on revenue growth. Small hinges swing big doors. Every single business and team have the opportunity to find the small shifts that can have a disproportionate impact that will be to their advantage.

We all have data – it just needs to be held under the right light to see the patterns and stories. One of the key things that I encourage everyone in businesses to do, is to think about continuous improvements and how things can be made better.

It all starts with a gut feeling, a hunch around something you think might be true. Then you look to what data you have and how you can quickly and effectively test that hypothesis. Test quickly and if it works, do more of it. If it doesn't, do less of it. It's a series of ongoing experiments.

Principle 4: Clarity matters

Writing in *Focus*, Daniel Goleman presents a discussion on how we can all be more focused, and he underlines the importance of it: "Directing attention to where it needs to go is a primary task of leadership."

It's easy to be distracted by many things that are actually not that important. One of my mentors put it succinctly: "Most people major in minor things."

Gary Keller, founder of the property brokerage juggernaut Keller Williams and author of *The One Thing*, asks what he calls the focusing question: "What is the one thing that I can do, such that by doing it, it makes everything else either easier or unnecessary?" It's a brilliant question and when I use this, it enables me to find the options that matter and can make all the difference.

Start by listing out all the viable options you can do with your time. Then ask the question around which ones are going to make all the difference. We never have enough time to do all the things that we want to do, so working out the priorities and getting super clear on them is critical for you and your team.

Principle 5: Preparation counts

Before we could confidently set sail, we needed to have conducted thorough research into and preparation for all the major risks that we envisaged that we could face at sea. This led to us doing weeks of painstaking research and finding the best experts to teach us in the areas where we were weak. This covered areas such as medical training, teacher training, boat repair, sail repair, engine maintenance and many, many more.

Having the right team members with the aptitude for covering this in detail is critical. Nichola and I have a standing joke between us, "If things were down to her, things would never get started and if things were down to me, they would never get finished." She is the details person in our team and her attention to detail was a critical component in us achieving our goal. It will be the same for your team.

Start right now

To achieve any goal, you and your team will need to engage in what I call 'relentless action' to move the project forward. The stories in this chapter are about the importance of imperfect action being essential to moving forward.

Be wary of putting things off in the hope of waiting for things to be perfect and keep in mind the five keys to effective action. Remember to live in reality and to see things exactly as they are – not better or worse. Strive to achieve consistency by following the 20-mile march principle and make certain that you and your team keep moving forward every day. Keep in mind that small hinges swing big doors and it doesn't have to be big things that move the dial. Know that it's important to have clarity and to keep focused on the core outcome rather than being distracted with minor things. And finally, remember to go prepared and make sure that at least one person in your team is all over the detail.

As a team, you will only ever achieve your goals through the actions you take. Mastering these steps and understanding the very human nature of each member of your team, starting with yourself, is fundamental to your team effectively delivering the best it can.

CHAPTER 12:
CHANGE HAPPENS IN THE CALENDAR

No one needed to tell me that to get fit, healthy and to progress in my career, I needed to have a good diet, to exercise regularly and to learn every day. That advice was omnipresent. It was no-brainer advice and any time someone told me to follow it, it felt patronising.

That was all well and good – apart from the obvious fact that I wasn't following the advice. Richard Dawkins, writing in *The Blind Watchmaker*, makes the distinction between two levels of understanding – the first level of understanding being that "you understand the words", and the second level being that "you feel it in the marrow of your bones". I was absolutely in the first camp – I understood that I had to follow the advice, but I wasn't doing it.

As our deadline of 1 August 2014 got closer and closer, and I was feeling the very real pressure that our goals ran the risk of not happening, I had no choice but to embrace my weaknesses and to figure out ways around them.

My starting point was to develop healthier habits. I realised that given the mountain of challenges that stood in front of us, the single best thing I could do was to transform my diet, health and fitness. If I was in the best shape possible, then I would be the best equipped I could be to tackle the challenges that lay ahead.

I stared hard at my reality. I was an ex-smoker, I drank heavily, my diet was full of sugar and processed foods, I snacked a lot and I had never taken sport seriously. I had never been in what I would call 'good shape'. I had never been in a sports team or been pushed to get healthy. I was coming from a low base and if I could find any positives, it was that, with a steep learning curve, I would be able to make rapid progress.

My skill sets and experience lacked the necessary knowledge and discipline for me to take my health seriously. I did the best thing I could think of and sought out a personal trainer. Although I could ill afford the cost of a PT back then, I realised it was an essential investment that I would somehow have to find a way to afford. I signed up for sessions twice a week and my brief to Niki, my trainer, was simple: "I don't have the time to learn what I need to do – so, you tell me what I should eat, what exercise I need to do and I will follow it." I was a man on a mission because I knew that if I didn't take this seriously, our plans didn't stand a chance of coming to fruition.

My first session was a shock to the system. To prepare

for it, I thought that I'd have a big full English breakfast and a large latte, but it wasn't long into the session before I was feeling sick. Niki was very direct with me, "You have a sugar addiction", and there was no sympathy for my response of "I have a sweet tooth". It was the direct and plain talking advice that I needed to start taking things seriously. Over the year that followed, my lifestyle transformed. I dropped around 20 pounds in weight and with the knowledge that I was gaining, I actually decided to accelerate the process and stopped drinking alcohol completely. I was on a mission and I needed every ounce of energy to make our plans happen – our story was completely embedded in my mind.

Changing my health was the first step I took in developing the habits around how I lived day to day. It's perhaps an obvious truism, but what you do every single day matters far more than what you do once in a while. Change really does happen in the calendar, in what you consistently do. So, if the catalyst for me developing my first set of habits was a combination of the drive to make our story happen coupled with the fear of our goals not happening, what will be the catalyst for you to start to develop and cultivate your habits. There is a powerful set of emotional drivers that sits behind the psychology of habit formation and which it is helpful to understand.

What are habits?

Habits are actions you take that are automated, things that we do automatically without even thinking about them. Research by Philippa Lally at UCL found that on average it takes 66 days to form a new habit. In her study, some people chose simple habits like "Drinking a bottle of water with lunch" while others chose more difficult tasks like "Running for 15 minutes before dinner". At the end of the 12 weeks, the researchers analysed the data to determine how long it took each person to go from starting a new behaviour to automatically doing it; in other words, to it becoming a habit.

By automating actions, it means that you don't need to think about them or use willpower to complete them. The beautiful thing about habits is the compounding effect that they create.

On any individual day, the difference you notice might be minimal, but over the course of time they have an immense effect. The story of the Chinese Bamboo tree underlines the power of doing things consistently over time. For five years, nothing is visible on the surface. Yet, despite showing no visible signs of growth, it still needs water and nutrients. During this 'invisible time', it is growing deep and strong roots and then suddenly, in just a few weeks, it will shoot 90 feet into the air. It's a great reminder of the need for persistence and patience even when you don't see immediate results.

Our habits chart

Creating a healthier lifestyle encompassed the first big set of habits I developed. It was made to stick because I had a diary appointment each week with Niki and she held me accountable to both diet and exercise through the power of the scales and the tape measure. Any deviations were quickly evident! This was what I call an outsourced habit – I had gotten Niki to do the thinking for me and she had created a system, a process, that was delivering results.

The next habit I needed to develop was about filling in the many gaps I had in my knowledge around how to run a high-growth business. I thought about all the ways I could learn; attending events, coaching, trial and error, and of course from reading books and attending online courses. I had to find the right balance for me.

I'm someone who likes immersion and to be surrounded by people and I love learning at live events – I find the energy, the singular focus on what's going on in the room, and the ability to discuss and share learning with others are all super powerful. I started attending lots of courses. Fortunately, I quickly realised the danger of this, of feast and famine, of deep immersion and then returning to my old routines.

There was no consistency in it, I had to find a better way. I started to seek out high-quality books and to get recommendations. At that time, audiobooks were becoming widely available and I developed the ability to absorb learning while travelling. For me that was powerful, and I decided that my target was one hour of high-quality learning every day.

I knew the habit I needed to develop. I knew the best ways for me to learn the habit. The challenge was still consistency. When things got pressured and busy, it was all too easy for the learning to slip and suddenly I'd find that a week had gone by and I'd be no further forward.

I clearly needed a better strategy and I decided to enlist the help of my family. I shared with Nichola my challenge of needing to consistently "up my learning levels". We created a chart called 'reading corner' and I had to tick it off every day after I'd done my one hour of learning. The final step was to make it public and to ask Nichola and our kids to hold me accountable.

I'm not sure whether it was because I showed my vulnerability by sharing my challenge or whether it was because it sparked interest with the rest of the family, but what happened next was interesting. Nichola decided it would be good for her and the children to get involved too and she set daily targets for reading and learning. We also explained the idea to the children and for them it was set at 10 minutes of reading outside of their normal schoolwork from a book that interested them. It could be any book because it was all about cultivating the habit.

Over the days and weeks that followed, it was fascinating to notice our collective behaviours. By making it part of our everyday family conversations it became front of mind. There was less chance of forgetting it. And a lovely, unexpected benefit was that we now started sharing and talking about what we were learning together. The focus was now on learning and sharing. We had created a family habit. The next step was to decide what we wanted to develop next.

Some of the habits that we started off with were things like exercise, writing a gratitude journal, having family play time and making sure that we stayed hydrated. Simple things, but powerful once you start to make sure that they happen each day in order to get that compound effect.

Was this the answer to developing a set of team habits? I'd like to say that we smashed it and started successfully ingraining all these habits daily. We didn't – it was still a set of ideas. The thing that was missing was a process, a way of deeply ingraining the habits rather than them being random acts. As with so many things, all we had found was a starting point. We had to make it more compelling.

Like I had experienced before, it was too easily blown off track. If we weren't all there or if a child had a tantrum or a bad day at school, it killed the energy and momentum for us to be able to sit down and discuss things together.

One addition we made was to include rewards. At the end of the week we'd celebrate who had the most points and who'd been most consistent and moved things forwards. We'd give stickers or sweets to recognise these good behaviours. It helped, but still it wasn't enough.

I decided to experiment with different ideas involving both Nichola and myself. Once we had developed the ideas between us, we could then translate the ideas to the children or better still, they'd start modelling themselves on us and taking the ideas on board.

The result was that we developed a system, a chart. We brainstormed all the habits that we wanted to develop and how many times a week we wanted to do that habit. The chart was sketched out with days of the week across the top and the habits and the targets we wanted to achieve down the left-hand side. The idea being that as you go through each day of the week you tick off when you have done that activity. We then tacked it onto the fridge and it has stayed there ever since as a simple reminder of the habits that we need to make sure we are doing.

This step improved things but the habits remained cyclical. Some came more easily while others were more challenging. We read widely around the subject and we liked the distillation that James Clear writes about in his book *Atomic Habits*, where he states that habits need to be obvious, easy, attractive and satisfying. That was a helpful steer, but it didn't necessarily help with habits that we knew were essential but that we didn't always feel like doing. Hauling myself out of bed at 5.30 am to go running on a wet and windy day comes to mind. We needed to find more dimensions to get such vital habits to stick.

Since our earliest days at school, we have been used to being graded on our tests and exams. We made the choice to do a similar thing. Each week, we'd grade ourselves on how well we'd done. Was it an A+, a B, a C- or a flat-out F? Next to the tick sheet, we'd have a weekly scoring sheet showing how well we were doing with this.

This was the second most successful thing that we did to develop our habits. It was permanently visible, other people asked us about it, and the dialogue made sure that it stayed front of mind. The more we 'owned it' in the conversations, the more likely we were to follow it. The public visibility of the chart had a galvanising effect, as had our vision statement with our story on it.

The Habits Chart is something I now teach in my workshops and events in order to help others to develop a simple and visible process to firstly decide on which habits to create and then secondly how to make sure that those habits actually stick and become consistent actions.

The central importance of identity

It may be that using the Habits Chart alone is not enough for you to fully ingrain the habits that you want to develop. In his book *Psycho-Cybernetics,* Maltz makes it clear that it is impossible to outrun our self-image – the internal story that we carry about ourselves. In the short term, we can push ourselves to do things by using willpower but unless we change our self-image, we will simply snap back to the internal model that we carry.

At school, Nichola was labelled as someone who wasn't good at sport. She internalised that label and it became a part of her identity. She never thought of herself as a sporty person. Through her 20s and 30s she simply didn't do any sport. As we introduced the idea of habits and the need to do exercise, she'd push herself outside of her comfort zone in order to tick off the sheet – but it took effort.

Developing a habit where it runs counter to a story that you have about yourself is hard. It's not impossible but it is hard. In chapter 8, we talked about how you sculpt your identity to be who you need to be to achieve your pole star story.

What is your internal story and is it helping or hindering

you? This understanding was the single most important thing for me in making my habits come to life. I had to reshape my exercise and health story in the 'Theatre of my Mind' to overcome that 5.30 am moment on a wet rainy morning. For hard-to-change habits, reshape your identity and internal story. If there are habits that you are struggling to ingrain, it could be that you are bumping into a long-held story about yourself.

It takes time to develop habits and for them to become automatic. You, like me, may experience a desire to do everything at once and stack up your Habits Chart with lots of new habits. It's a tough ask. Although you'll have them charted out, you still need to be committed to them. My experience suggests that it is best to start with a habit that you are already good at and want to reinforce on a regular basis. Get a good solid win under your belt.

Run with that habit for a month. Then add one new habit – and let that one become ingrained. Then add another one each month. By doing this, you allow each new habit to develop and, as you add more, you get the compound effect that you are looking for.

I like to start the day with a series of quick wins to get things underway by making sure that I've had eight hours sleep, a cold shower and a period of meditation. The momentum this creates tees things up and makes it far more likely that I'll complete more of the required habits later in the day – as well as giving me that kick-start feeling that I'm already accomplishing things. It's the same for the rest of the family. The best thing you can do is to set them up for the day with the winning feeling that they are already accomplishing tasks.

Don't beat yourself up

There's a high probability that at some point you will fail – you'll get side-tracked, things will come up and you might even go a week off plan. Expecting that it will happen is perhaps the best preparation you can make. It's all too easy to beat ourselves up, to feel down and to lose our way. That is a critical moment. Accept it and get back on with the habits. Start again with the easiest ones and start ticking them off once more. Remember that you've carefully chosen each of these habits to move you towards your story of the future. Remind yourself of that story by looking at your narrative and your picture on the wall. Absorb it all. Reflect on your why: why this is a must-have. Going back to first principles really can have a powerful galvanising effect when you're struggling.

I remember one occasion in the year before we set sail on our adventures. Nothing seemed to be working. I was being thwarted in every direction I turned. In a fit of sheer frustration, I tore down the map on the wall. I just could not figure out how to make it all work. I went to sleep in a funk – angry and frustrated. In the morning, I woke up with a fresh sense of purpose. The ingraining through the 'Theatre of My Mind' thinking was so deep and my identity was so deeply tied to the story we had created, that my mind naturally took me back there. The thought of breaking that commitment that I'd made to my children was unthinkable. I simply had to pick myself up again.

I dug in the bin, found the map, got tape out and

tenderly fixed our now slightly crumpled map back on the wall. The story was so powerful that I couldn't help but be pulled towards it and to get back on with the important things that were going to change the course of our lives.

Ditching old habits

The final area to consider is around the removal of habits that are unhealthy and take you further from your goal. Things that fell into this category included drinking alcohol, excessive sugar and caffeine intake, too much time on social media and so on. You will have your own list that is unique to you and your situation.

In the early days, I wrote out a list of the things to stop and to avoid or reduce. Frankly, it didn't work but I soon learnt the psychology of why. Our brains can't process negative commands. If you say, "Don't drink coffee" all the brain hears are the words "Drink coffee". It's not a constructive situation.

I learnt that I had to frame things the other way around and make them in accordance with my identity: "I'm a vibrant person on a mission who drinks healthily in order to move me towards my goal." On my Habits Chart, I'd have a line for a 'coffee-free day' to tick off when I'd been healthy and avoided caffeine. Day by day I took deliberate and conscious control of each of the habits.

The power of nudges

If team members are struggling to ingrain their habits, share these ideas with them and encourage them to think about who they need to be to master their habits. One trap to be aware of with this is telling people what to do. It's one that I've fallen into more times than I care to remember. Let each person go on their own journey to discover what is holding them back.

In a family team, I favour the power of positive nudges as the means to shape behaviours. One habit that we have recently decided we want to encourage as our older two children have hit teenage years, is that of kindness. To do this, we've developed a mantra that we repeat often: "It's better to be kind than it is to be smart." We followed this up by introducing kindness prizes. Over family meals I pull out the bag of kindness. It's a bag with assorted sweets and anyone can nominate anyone else to receive a kindness prize. They must describe an act of kindness they have seen someone else do and the nominated person gets to choose a sweet. The kids love it and it creates a conversation focused on kindness. Whatever you focus on is where energy will then flow. If there are certain things you want to embed as a team, start a conversation, make it age-appropriate and find a way to make it fun. You'll quickly know if no one is finding it fun as they will begin to lose interest very quickly!

Start right now

Your daily habits as a team are what will move you from where you are, to making the story happen. Taking the time to reflect and discuss which habits each person on the team needs to adopt is time well spent.

Encourage each person to reflect on how their habits are consistent with who they want to become. It's a personal journey for each person on the team and the best thing that you as an individual can do is to lead by example.

Celebrate the successes by regularly noticing what is changing over time. Remember that it is the accumulation of marginal gains that count and that you might not see immediate impact. However, over time these habits will change the game and they will be what turns your story from a picture on the wall into a set of experiences, memories and photographs that will define your team together.

Your team will become stronger and perform at higher levels when team members are more conscious of their habits and the human nature of what it really takes to create change. Change happens in the calendar.

CHAPTER 13: CORNERSTONE HABITS

The 'always on' digital age is changing our brain chemistry and how we think, feel and act. The way I see it is we can allow ourselves to be swept along by the sound of yet another notification, or we can get behind the steering wheel of how we spend our time.

As I learnt how to curate what I was allowing to influence my time and energy, I found my way into the world of habits. Once I'd mastered the skill of establishing habits, I got really curious about which habits could move the dial most. In this modern time, what were the new habits of highly successful people? What should I have as my cornerstone habits?

Habit 1: Sleep

In his ground-breaking book *Why We Sleep*, Professor Matthew Walker shares the very latest thinking from 20 years of sleep science on what is wrong with our sleep patterns and offers some easy-to-implement changes. It's for this reason that on my Habits Chart, the first thing that I tick off every day is that I've had eight hours of sleep.

Walker pulls no punches in pointing out the dangers from a lack of sleep: "Routinely sleeping less than six or seven hours a night demolishes your immune system, it more than doubles your risk of cancer and increases your risk of your coronary arteries becoming blocked and brittle, setting you on a path toward cardiovascular disease, stroke and congestive heart failure." The World Health Organisation (WHO) agrees, pointing to a global epidemic of sleeplessness and classifying night shift work as a probable carcinogen.

Amongst the many examples that he shared, is an experiment run by schools in the town of Edina, Minnesota. They shifted their school start time from 7.25 a.m. to 8.30 a.m. and measured the difference for SAT scores. The result was a positive increase of over 200 points and in addition, there was a totally unexpected outcome – the life expectancy of students actually increased because there was a 70% reduction in car crashes. It's hard to find reasons why we shouldn't all be paying attention to both the quantity and the quality of the sleep that we get, both for ourselves and for our teams.

Having spent over three years of my life at sea, I've often experienced sleep deprivation. This was due to the need to be awake for extended periods of time, especially when it was just me and Nichola on watch. At times when she was seasick, I would have to be awake for longer than normal. I can personally testify to the drop in my ability to make good decisions and an increase in irritability when I'm short on sleep.

Here's the distilled summary of what I share with the teams I work with:

- Aim to have between seven and nine hours of sleep per night. I bought a sleep tracker so that I can measure and be aware of both the quality and quantity of sleep that I get. I had a bit of wake-up call (pun intended) when I first started comparing my actual sleep data to what I thought I was getting. I was getting far less sleep than I imagined, and it was only through my recording of it that I could be certain.
- Go to bed at a consistent time so that your body gets used to a pattern. My personal routine is that I go to bed around 9.30 p.m. and aim to avoid looking at a screen for the last hour before bed. I don't set an alarm clock as my body is now conditioned to waking up around 5.30 a.m. I prefer waking without an alarm clock as it means I don't wake up in the middle of the sleep cycle and it therefore feels more natural and I feel less groggy. I'm a morning person, so I favour getting up early. We all have our own sleep preferences, so adapt as you will but try to keep it consistent and if you can train yourself to waking without an alarm, so much the

better. If I have a flight or important event to get to, I will set an alarm just in case, but almost always I will wake up naturally before the alarm goes off.
- Keep cool. Professor Walker's advice is to have a cool room, so I always open the windows and turn the temperature down.
- Switch off. I remove my phone from the room or switch it onto flight mode. Nothing is more distracting to good sleep than message alerts sounding through the night.
- Avoid alcohol. It sedates you rather than giving better quality sleep and whenever I have had alcohol, my sleep quality as per my sleep tracker is always of a much lower level with a broken sleep pattern. Ditto for avoiding caffeine in the evening.

Professor Walker's TED Talk, *Sleep is Your Superpower*, opens with the headline grabber "Men who sleep for five hours a night have significantly smaller testicles than men who sleep seven hours or more". If you need more convincing, watch the TED talk, read the book or simply follow the headline advice above!

When shaping your team, I always find it useful to think in terms of extremes. Which option would I prefer? For me and my team to be sleep deprived, unable to make decisions and grumpy, or well-rested, brain ready to go and focused. Most of the time, I used to be somewhere in-between. It was only when I started following this practice that I really appreciated just how powerful getting good sleep is.

Habit 2: Cold showers

I realise that I run the risk of losing a good number of people at this habit – my wife included! Stick with me and the logic of why this is powerful and why it is an essential part of my daily routine. There are a raft of medical reasons why cold showers are good for you, but I'm going to lead with the psychological reasoning first.

After making sure that I've had my eight hours of sleep, my first task of the day is to have a cold shower. It's something that I have to grit my teeth to do and by the time I've showered, I have already taken on the first challenge of the day and triumphed. I'm setting up my psychology for the day in order to be ready to take on and conquer any challenge. Added to that, after a cold shower I'm 100% primed, fully awake and ready to tackle whatever the day has for me. The psychological reasons are for me compelling enough to start the day in this way.

I first discovered cold showers through the work of Wim Hof. Known as the Iceman, this extraordinary Dutchman has over 21 Guinness World Records to his name, all of which have been enabled by extensive training that allows him to control his breathing, heart rate and blood circulation and to withstand extreme temperatures.

Some of his most memorable achievements include running a half marathon above the Arctic Circle, barefoot only wearing shorts, swimming underneath ice for 66 metres and running a full marathon in the Namib Desert without drinking.

Scientists have found evidence that exposing your body to cold reduces inflammation (the cause of much illness), creates a more robust immune response system by increasing the amount of white blood cells in your body, reduces stress levels and increases your metabolic rate, which also helps with weight loss.

In short, there are plenty of benefits and I've found that many of the successful people who I have studied, also follow this regime. Try it for 14 days and see how you get on. I did, and a year and half on, it's a core part of my daily routine designed to activate my psychology for the day ahead.

Habit 3: Meditation

Meditation has been on my radar for many years, but I quite simply assumed that it was not for me. My perception was that it was all too 'woo woo', too 'spiritual' and just not something for me. What changed? In truth, it was an interview I saw with Ray Dalio, where he was asked what would be the one piece of advice that he would share with other people. His answer was quite simply "meditation". It surprised me and having read much of his work and knowing the depth of his knowledge, it really stopped me in my tracks.

I began to research options and sought to understand why this would be so important. Intuitively, I could see that the way I was operating, being permanently connected to my phone, was extremely unhealthy. It felt like the dietary equivalent of continuously snacking on sugar and bits of food rather than eating proper nourishing meals. My mind was being filled with junk and my ability to concentrate was being decimated as I bombarded my brain with low-level information.

I tried meditation where I would sit still with music in the background and simply try to have no thoughts. That didn't work as my mind started skating all over the place. I tried various apps for meditating but quickly found distractions in the very thing I was holding (my phone). I researched what type Ray Dalio was using and discovered all about transcendental meditation; and it all just clicked. In life, I have a fairly simple philosophy. I'll do some research, come up with some options and weigh them up based on the credibility of the source of the information. I'll then dip my toe in the water and if it works, I'll do more of it. If it doesn't work, I'll either change it or stop doing it altogether. I applied this philosophy and several weeks later I found myself in my first training session

Almost a year in, I can say with conviction that it's one of the best things I have done for my mental health. I meditate twice a day and it is a common occurrence that I get breakthrough thinking as a result of this practice. There are rare occasions when I do miss a session, but I am quick to return to my regular routine.

You may well have discovered a meditation practice that works for you already – or you may not have explored this area at all. All I can do is pass along to you that this is something that I have found to be a very effective way to quieten my mind, to find a mental place where thoughts can assemble themselves without the bombardment and continual distractions of day-to-day living. As with cold showers, it is a very personal choice as to whether you do this or not.

Habit 4: Diet and health

Pretty much everyone I know has an opinion on diet, health and exercise. I'll make this short and direct. The most productive and effective times in my life have been when I have been paying close attention to these areas. Starting with exercise, I now run or go to the gym between four and five times a week. I never used to, and back in the days when I smoked, drank heavily and had a fast food diet, I'd have laughed at the idea of exercise. It's beyond question in my mind that one of the few common patterns I observe with people I see as successful from all walks of life is that they exercise regularly. My pathway started with having a fitness trainer to raise my levels of education and awareness. I currently have an online fitness trainer whom I check in with once a week with photos, diet and fitness updates. Having someone to hold you accountable is one of the single best things that I've done and, with the added bonus that photos of you don't lie, the whole truth is there in front of you.

I've tried plenty of combinations of diet and have followed lots of differing advice. Suffice to say, I try to have as much fresh vegetables and fresh food as I can, and I aim to minimise processed foods, sugar and alcohol. It's a personal thing – the single best piece of advice that I can share with my teams and with you is to pay important attention to what you put into your body and how much exercise/movement you do every week. A healthy body leads to a healthy mind.

Start right now

To be capable of performing at the highest-level means taking care of your wellbeing. Having studied this area at length, I'm simply passing along advice on the areas that I've found to work best for me.

These are all areas that feature on my Habits Chart and that I must tick off every single day. Work out which ones you want to trial and remember the notion of not adding too many new things at once. Pick one new thing to do and ingrain it until you don't need to be reminded of it – and then consider adding a second one.

Share what you are doing with your team and encourage them to think about their own habits but do be mindful that people only ever do things for their reasons and not your reasons.

In a pre-Coronavirus world, the one small habit of effective hand washing may have seemed incidental. Now, the importance of doing small things right suddenly seems significantly more important as this is one of the most important ways to stop the spread of the virus.

A thriving team is the sum of its parts. The more you can help each team member to optimise their personal performance, the more likely you are to drive peak performance. To be more human is to better understand how our minds and bodies work. This is central to shifting gears on this front – these cornerstone habits are the very best that I have found and I recommend you try them.

CHAPTER 14: LEARNING HOW TO LEARN

I thought I knew it all. The clues were right there in those words that I was heading for a fall. I could stack up a list of achievements, as if that was all that was needed to succeed at the next thing I tried my hand at.

The year was 2002. I had left my well-paid job working as an associate director for KPMG. I had already run what I had deemed to be a successful small business, I had a degree in Economics, I had qualified as a chartered accountant, I had sailed once around the world and I had five years' experience in investment banking, buying and selling businesses. I wore those titles as though they were a protective shield that would give me all the answers to what was coming up next.

Ray Dalio learnt his humility by building up his firm

and then losing everything, to the point where he had to borrow $4,000 from his parents to be able to pay his rent. In his opening sentence in *Principles*, he says, "Before I begin telling you what I think, I want to establish that I'm a dumb shit who doesn't know much relative to what I need to know. Whatever success I've had in life has had more to do with my knowing how to deal with my not knowing than with anything I know." In his story, Dalio makes the transition from the mental state of "I'm right" to "How do I know I'm right?". Dalio's shift to humility was the start of his journey to becoming successful.

My first shift in that direction came following the launch of my first online business in 2002. I had spent a good chunk of my savings hiring software developers to build an online dating site and social network. I made more mistakes than I care to remember, in particular around hiring the right people to build the site and the choice of who to partner with. Decisions that cost me time and money, but which were beginning to teach me more about the realities of business. We finally got to launch the sites and went out to celebrate. It was now time to sit back and watch the money roll in.

The blissful naivety will be apparent!

Over the following months, it became evident that nothing was happening, I was missing something huge; an audience. I had to learn how to market to my audience and how to best drive online traffic. I started embracing the world of search engine optimisation and pay per click advertising and began driving traffic to the website. With hindsight, I was not rigorous and detailed enough with my learning and although it was starting to work, it was too little and too late.

It was only some years later that I would turn the corner with this business and find a way to create a successful high-growth online company. I was facing the exact realities that Carol Dweck writes about in her book *Mindset*. Her starting point was similar to where I was: "I thought human qualities were carved in stone – you were smart or you weren't, and failure meant that you weren't."

In my language, if I got something quickly then I was smart and if I didn't get it quickly, then it was something that I wasn't good at and I moved on. The pattern showed me a series of what I call butterfly moves, trying something, and when the struggle became too hard, then moving onto the next thing rather than being absorbed in the struggle and figuring out the way forward.

The fixed mindset

Dweck's core finding from over 30 years of research is that the view you adopt for yourself profoundly affects the way you lead your life and will determine whether you become the person you want to be and accomplish the things you value. She creates a simple distinction between what she calls a fixed mindset and a growth mindset.

In a fixed mindset, we have a fixed set of abilities, a pre-determined range of talents and capabilities and we are either good at something or we are not. Your abilities are carved in stone and every situation you face is a test of your intelligence, personality and character. In this view of the world, every situation is evaluated, and it feels like you will either succeed or fail, you will look smart or dumb and you will be accepted or rejected. It is very binary.

From someone who has spent a good part of his life there, I can attest that it is an exhausting place to be as you seek to avoid failure and you want to put on display the very best side of you. To be opened up to failure and criticism feels vulnerable and you seek ways to avoid that feeling. You seek out certainty and stick only to what you know. I can tell you that it's a limited place to live and you're extremely unlikely to do justice to your true skills and talents.

It's easy to see how the seeds for a fixed mindset can be sown early on in life. Growing up, the child who is praised for being bright, talented or gifted becomes certain that they have a set of God-given skills and talents. There is no effort required in their performance, they are just naturally gifted, and their success is just about proving how smart or talented they are. Dweck's childhood story of Mrs Wilson, her sixth-grade teacher, sounds very familiar: "We were seated around the room in IQ order and only the highest IQ students could be trusted to carry the flag or take a note to the Principal. She was creating a mindset in which everyone in the class had one consuming goal – look smart, don't look dumb. Who cared about or enjoyed learning when our whole being was at stake every time she gave us a test or called on us in class?"

As I read and re-read these sentences, I could see my childhood and many parts of my adult years playing out exactly this pattern. It was all about the appearance, of looking good rather than focusing on what was actually happening and embracing the learning and the challenge. An exhausting merry-go-round of trying to look good, to prove your self-worth every day rather than letting go of a fixed identity of who you are and who you are supposed to be. Your personal identity and story, which we covered in chapter 8, is very much at work here and much work will have been done over your formative years to shape your current identity and story. Your job now is to take a long hard look at your story and see whether it is carrying you forward or holding you back.

The growth mindset

The growth mindset comes at things from the opposite point of view: that we are all capable of learning and developing new skills. The scientific research and findings that Dweck presents point conclusively to the fact that people have more capacity for lifelong learning and brain development than they ever thought possible. She acknowledges that while each person starts with a unique genetic endowment and different temperament and attitude, it is clear that experience, training and personal effort take them the rest of the way.

The growth mindset is based on the belief that your basic qualities are things that you can cultivate through your efforts, your strategies and help from others. People with a growth mindset know that an individual's true potential is unknown and unknowable; that it is impossible to foresee what can be accomplished with years of passion, toil and training. With this mindset comes the belief that the qualities and skills a person would like can be developed through a passion for learning.

Rather than wasting time proving over and over how great you are and trying to hide deficiencies, you should seek out experiences that will stretch you and challenge you to grow. In this world, there is no fear of failure, there are simply learning experiences. You try something and you get a result. It may not be the result that you want, but it is a data point, a set of feedback that relates to the activity you did. It gives you information with which you can then decide what your next move or activity will be. This is the very mindset that allows people to thrive during some of the most challenging times in their life.

As with the fixed mindset, you can see that how we are treated in our formative years can lead to a growth mindset. The child who is praised for their effort, for giving things a go, for trying and coming up short and then trying again is more likely to develop a growth mindset. Creating the association between the effort that someone puts in and how they approach tackling a tough problem is far more likely to create a growth mindset as opposed to praising someone for innate skills.

I find it helpful to understand the language that most often gets used when we see someone displaying either mindset. Imagine a scenario where you get some feedback on a project that hasn't gone very well. Someone with a fixed mindset is more likely to say "I feel like a failure" or "I'm an idiot" or "Nothing good ever happens to me".

Contrast this with the language you're likely to hear from someone with a growth mindset, "I need to try harder" or "I wonder what I can do differently next time?" or "What can I learn from this?". Can you imagine the emotional journey that these two sets of language are likely to trigger? It's easy to understand how the fixed mindset language takes someone to a more defensive and closed place, whereas the growth mindset language opens up a whole world of possibilities in terms of how that person can do something better.

Dweck's findings dovetail well with the superpowers we covered in an earlier chapter and how it's important to play to your strengths. You will of course get the most effective results when you play to your strengths. But what if you have hidden strengths that have yet to be revealed, strengths locked inside a fixed mindset? By being open minded, by being open to possibilities, the potential for you and your team dramatically increases.

We are learners

I've since learnt that the distinction between a fixed and growth mindset is not a binary thing. We're not all either one or the other, we can vary between them and different situations may bring out one or the other.

Dweck also talks about the concept of a false growth mindset, where you think you are going through the motions of a growth mindset but actually you are putting on display a number of characteristics of a growth mindset but actually they are hiding a fixed mindset. I was about to be reminded of this trap.

After we returned from our sailing adventures and I began to be invited to share my stories and insights into teamwork and leadership around the world, I started to fall into the trap of thinking I had all the answers. In 2018, Bloomsbury published my first book, *Where the Magic Happens,* which attracted a good amount of media attention. One show that I flew to Los Angeles for was *Impact Theory* with Tom Bilyeu. Tom has an incredible story of building up and selling the health food business, Quest Nutrition, for in excess of a billion dollars and he went on to found the hugely popular *Impact Theory* show.

To say he was humble would be a huge understatement. He was curious, generous and asked brilliantly insightful questions. Now I'm not sure if he does this with all his guests, but he and his team had prepared a welcome gift for me when I arrived. It was a beautifully presented basket with Quest Nutrition bars, a mug and, crucially, two books. I like to believe that Tom had hand chosen two books for me that he believed would be of most value to me. They were *Principles* by Ray Dalio and *Mindset* by Carol Dweck. I didn't see it at the time, but as I think on it now, I believe it was Tom's kind and generous way of saying you're not there yet, keep going and it's all there in front of you.

It took a year for me to fully absorb this and to sit down and internalise that a growth mindset isn't something you do once. It's something that you do literally every single day. As I wrestled with this concept, I decided to find ways to positively influence both myself and my family. It's interesting that as I look across my family, one of my children displays characteristics of a fixed mindset much more commonly than she does a growth mindset. I realised that I wasn't just doing this for myself, it was for all of us as a family.

We took specific action. I seeded the idea that I wanted us to create a family painting that encapsulated the idea that we are learners and to highlight all the diverse ways that we learn together. Learning for me is the antidote to a fixed mindset and to find a way to ingrain this was critical. Nichola was at first reluctant to get involved. As I shared the idea, the most enthusiastic was my youngest, Willow, who was then aged six. We purchased a large canvas and using pencils, we started to sketch out the words "We Are Learners" and to create images for the separate ways that we learn. We just did a little at a time and left the canvas on display in our open-plan kitchen. We shared what we were doing with others and gently encouraged them to add their own images and ideas.

Piece by piece over a three-month period, it took shape – the final flourish being all five of us working as a team to paint in the finishing touches and with distinct contributions from each person. As with our values pictures, it was critically important that everyone felt involved and played a part.

That painting lives in our kitchen as a constant reminder of the mantra that we are all learners and to remind us of the many ways that we learn. And yes, we do have a lot of inspirational homemade paintings and story pages on our walls at home! It's as much for me as it is for the children! Following the Kahneman advice of "What you see is all there is" once again rings true – and I want to positively influence all of us with the very best of what I've learnt.

We also followed Dweck's advice in other ways. Simple changes to our language, like when we praise our children, we only praise them for the effort they have put in and we take note of the times they've struggled but then just continued on rather than given up. These are the noteworthy behaviours that we want to encourage more of as opposed to praising any innate talent or skill they might have. When they struggle with something, I'll join them in grappling with the problem and use the language "This is hard, this is fun" to encourage them to delve into, rather than run away from, hard problems. And perhaps my favourite, when someone says, "I'm no good at this", I will simply add on the word "yet" to the end of the sentence: "I'm no good at this yet." By doing this, it opens up the possibility for improvement and gives encouragement to keep on going. None of us is ever the finished article, we are all works in progress and perhaps you, like me, have years of fixed mindset programming to overcome and you need to find ways to encourage and embed a growth mindset to float to the surface more often.

Re-learning how to learn

In early 2020, I was the closing speaker at a high school headteacher's conference in the UK. I arrived the night before and watched the speakers in the morning. One headteacher, Tracey, shared the story of how she had turned her school from failing to being rated as outstanding. Amongst one of the many stories she shared, was one around the concept of learning how to learn. It's a really interesting concept, as I wonder how many of us really know how to learn, how to embrace failings and not knowing how to do things. What they did was to choose something out of the ordinary. They chose a subject that neither the students nor the teachers had any prior knowledge of, they chose circus skills. Both students and teachers had demonstrations by circus performers on how to do certain tricks, they all then had to learn them. Through the teachers leading by example, showing their flaws and their vulnerability, it made it OK for the children to not know how to do things. It was OK to fail, to struggle and to then finally figure it out. I wonder how many teams would benefit from this approach, of finding something that no one can do and then learning how to learn together.

Back in my time at Trovus, one member of the team was brilliant at bringing in fresh ideas. One such spark of genius was that each month two people from different areas of the business would learn a new skill, research an interesting idea or run an experiment on something that was completely unrelated to work. They had to research it together and to find something that interested both of them. Then, over a company breakfast, they had to share what they had found. We had a lot of laughter, a lot of fun sharing ideas, running science experiments and debating new ideas around the team table. Sometimes, it's super important to remember to put the fun back into learning.

Start right now

Fresh out of university at the age of 21 when I first started training as a chartered accountant, I remember one of the more experienced hands referred to me and my fellow rookies as BINKYs. A BINKY? What's that? To the sounds of much laughter, we were later told that it stood for Basic Intelligence, No Knowledge Yet. Any time I think I know all the answers, I only have to remind myself that I'm still a BINKY, and on a learning journey that never ends.

To build a high-performance team by being more human is to lead by example, especially in areas where it can be more challenging. Encourage open-mindedness and learn to spot the signs of a fixed mindset. Encourage your team to take risks and to grapple with hard problems and let them know that failing and not knowing the answer is a part of the process. Challenge them to dare to fail first.

SECTION D: BUILDING RESILIENCE AND ADAPTING TO CHANGE

Building strong foundations and developing high-performance habits creates the foundational levels for a team that thrives. But it doesn't stop there. There will be headwinds that will threaten to stall the progress of a team unless they know what these are likely to be and develop the strategies to navigate around them. In this section, we will cover stories revealing the nature of the storms ahead and simple practical approaches to deal with them both individually and as an effective, empowered team.

CHAPTER 15: EMOTIONAL MASTERY

We had built and sold businesses, we had sailed around the world as a family, we had turned our relationship around, and I thought that we had all the answers. Nichola and I were embarking on our next ventures together and I had an underlying belief that we could tackle any problem and any challenge that we were confronted with.

I believed that anything we tackled from then on would be plain sailing with all the skills and knowledge that we had accumulated over the previous few years. However, I am now wary that any time I feel super confident like that, I know that I am about to learn something important. We were, of course, about to come unstuck.

In addition to sharing what I'd learnt around leadership and teamwork speaking at corporate events, Nichola and I had launched a business and were running both live and online events together.

Attendees quickly became raving fans and were recommending their friends to come along. Our core belief was that in these events, we would only get tangible results if we went deep with each attendee. There is little point in staying at a surface level. Situations and dynamics are unlikely to change unless there is real understanding of what is happening and why. The feedback was that the events were intense, powerful and life changing.

What wasn't working was us; Nichola and I running our workshops together. For reasons I couldn't understand, we ended up arguing and our progress in running the business stalled. It just didn't make sense to me. We had so many of the answers and yet couldn't figure this out.

Maybe I'm just a slow learner, but it took me well over a year of staring long enough and hard enough at the problem to figure out what was happening. As I would uncover, there were various levels to the solution, many of which may seem obvious with hindsight. The fact is that when you are in the middle of a problem, trying to gain perspective on it can be hard.

Your emotional black hole

One breakthrough moment for me came from listening to Dalio who reflected that, "Everyone has weaknesses, which are revealed in the patterns of mistakes they make. Knowing what your weaknesses are and staring hard at them is the first step on the path to success. Those who either don't see or don't acknowledge their weaknesses are doomed to be crippled by them."

The words landed hard with me. I realised that all the time I denied that I had any weaknesses, they would continue to affect me and stay unresolved. I'd stay stuck unless I was brutally honest with myself. It was time for another hard reality check and for me to sit down and stare hard at what my weaknesses were.

I came to think of them as my emotional black holes; black holes that it would be easy to disappear into, especially if I was unaware of them!

Several surfaced quite quickly and I had plenty to choose from! The first that came up for me were blame, impatience, anger and frustration. I was angry at Nichola because we hadn't been able to make things work and I noticed that my natural default was to find fault with her rather than with myself. The second one that came up was impatience. I've always liked to progress quickly, and I find that when things move slowly, I get impatient and bored and want to move on to the next thing.

That second one matches up with my core strength of wanting to see the big picture and to build relationships rather than go down into levels of detail.

As I was doing this, I realised the importance of leading by example. This wasn't something I could just foist onto Nichola. I had to be open, to be vulnerable and to lead by example. This is deeply personal work and only something that someone will do when they are comfortable with staring hard at their own weaknesses and inadequacies. It's not something that we are typically brought up to do.

Pausing my ego

As I stared hard at my assorted collection of weaknesses, I asked myself which was the single biggest one? I wasn't sure. Recalling what I had learnt from the strengths exercise that it is really hard to be objective about ourselves, I made the decision to land my ego and show complete humility.

I shared the process that I was going through with Nichola and asked her what she thought my single biggest weakness was. I shared the contenders with her. She was open-minded and kind and we spent a good chunk of time discussing the contenders, which she of course recognised and was all too familiar with.

What was re-assuring is that there weren't any others that I had missed, and I had at the very least been able to undertake an accurate self-assessment.

What was interesting was the one that Nichola singled out as the biggest, was that of blame. Nichola saw that me blaming situations and other people for my problems, as my biggest weakness which led me into a trap of frustration that I struggled to overcome.

The logic was hard to argue with. I could see that any time you blame someone else for something, then you have immediately deflected away responsibility for that thing. It is no longer your fault; it is someone else's fault and you become powerless to do anything about it. Focusing on something that's not in your control is a trap where nothing you can do is able to resolve that situation. You create your own powerless prison.

Even though the logic was compelling, I wasn't 100% certain that blame was my biggest weakness and there is a dangerous trap that I could have fallen into, the one of not making a decision, wanting it to be perfect – and therefore not progressing. I trusted Nichola's feedback and fixated on my weakness around blame. I wrote out on a sheet of A4 paper the word 'blame' and stuck it onto the bathroom mirror. My logic was to make this reminder omnipresent so that I was increasingly aware of and reminded of it. I wanted to stare hard at it, to get irritated by it and to bring it fully into my consciousness so that I could begin to take different actions around the situations when it would come up. I saw it as taking ownership for my actions and I asked Nichola to be open with me whenever she was aware that there were any indications that blame might be surfacing.

Rich Roll, host of the hit podcast show, *The Rich Roll Show* has a wonderful saying: "Shame can't stand the light". Things that you are ashamed of, things that make you feel uncomfortable, can't be sustained when you shine a direct light on them and bring them out of the shadows. This is exactly what I was doing and I became more and more conscious of times when a situation would arise and my innate response would be "That's someone else's fault" and I would feel my emotions beginning to react accordingly and get annoyed and frustrated.

I was now catching myself and seeing the voice of blame coming up and making the conscious choice to take responsibility for that situation. It was on me; "What could I do?", "What could I control?", "What could I do differently in that situation?"

My actions and behaviours began to follow my thoughts

and that led me down a new path. For me, the ego had landed and now, rather than being hostage to the emotions I experienced at any particular point in time, I was beginning to develop much greater humility and also a much greater understanding of my emotional responses to each situation.

What was interesting, is that because Nichola could see I was now reacting differently and taking greater ownership, she began her own process of looking at her single biggest weakness. She entered her own period of introspection and in the same way I had sought her opinions, she approached me for my views. She came to the conclusion that her challenge lay around the concept of perfection. She had always been an A grade student at school and, like many other people I know, she had ingrained the idea that things had to be perfect, they had to be 100%. And if it wasn't perfect, she would often give up or prevaricate and put things off to avoid the feeling that things were not perfect. The weakness she zeroed in on was 'ego'. Her notion was that it was her ego that required things to be perfect and that if it wasn't, it was somehow a character flaw. The weakness she was battling with was that it was not OK for things to not be perfect before she was able to move forward. She wrote down the word 'ego' and put it on the wall in her office.

The Work-in-Progress formula

Nichola and I were beginning to have much more open conversations around our emotional responses. It wasn't something that came naturally, but we both saw that it was important. As I reflected on the journey we were on, I developed a simple formula to remind me of the process and to be able to share it with others. It's what I call the Work-in-Progress formula.

We are all works in progress and any time you think you have all the answers and have it all worked out, that is the time you should be most worried!

The formula is that
Weakness + Introspection = Progress.

Simply put, you stare hard at your weaknesses and go through a period of introspection, of focusing on them and bringing them into your conscious mind, and the more you do this over time, the more you will progress.

In the same way that peeling an onion brings tears to your eyes, this can be a tough and uncomfortable process to go through. Once you peel back one layer of the onion, there's usually another layer that sits beneath that. On my journey, as I peeled back each layer of blame, there was always another layer beneath it waiting to be peeled back, that of impatience and wanting to get on with things. And another layer related to that of wanting to avoid getting into deep levels of detail. We all have multiple levels; the important part, as I have found, is to only focus on one level at a time and to make sure that each weakness has plenty of time in the light to truly bring that flaw fully into your consciousness.

There is a danger of racing ahead too quickly here. It's what I call the 'trees model'. Imagine you are standing at the foot of a hill and looking towards the summit. When you can see the hill summit clearly, it's easy to navigate and focus on reaching it. However, as trees start to grow, the summit becomes harder to see as it becomes hidden by leaves and branches.

The trees in the analogy are the emotions and weakness traps that we fall into that prevent us from seeing the summit as we become consumed by the emotion.

What happened to me, in the early days of tackling my weakness, was that I'd bring it into my consciousness for a period of time and I'd be able to focus and see the summit again. In the analogy, I'd lop off the leaves, I'd cut back the branches and I'd be able to see clearly again. The roots were still there though, and without the relentless focus on that weakness, some weeks down the line the leaves and branches would grow back and once again obscure the view. The only lasting answer is to rip out the tree roots and to remove that emotional pattern.

In my experience, that only comes from a relentless focus and constant reminder of that weakness so that you no longer respond to whatever emotional trigger caused it. The answer can only be to go deep and pull out the roots. Any other approach will fail in the long run.

As I pulled out my weaknesses one by one and got deep

into the roots, the real truth behind the situation was becoming clear. The truth was that the mission that I was on to share what we'd learnt about working as a team was my mission – but it was not Nichola's mission. I'd been so wrapped up in the 'past story' of the sailing that I had assumed that the 'future story' involved us working together in the future too. I'd forgotten the maxim that people only do things for their reasons and not for your reasons. As we once again engaged in the deep listening process covered in chapter 3, it became obvious that Nichola did want to build a business, but it was not the same one that I wanted to build. The penny finally dropped, and the route forward became clear. To achieve my mission, I needed to build a separate work team and although our family life was harmonious, our work life was not on the same path. Discovering and finally seeing this reality was a liberation for both of us.

Start right now

Building a thriving high-performance team requires you to understand and master your emotions. We are all works in progress, and we all fall into emotional patterns and traps that repeat themselves in different parts of our lives.

Both individually and as a team, we keep hitting our head on our biggest problems until we stop and stare hard at them and figure out what they are.

Once we start to understand where we keep tripping ourselves up, we then have a choice around how to mitigate our emotional black holes.

Beginning with you, look for the patterns that keep recurring in your life. Spend time reflecting on the roadblocks and frustrations and emotional black holes that you regularly run into. What is the weakness that is hidden from you and yet is also staring you straight in the face?

Time spent in introspection could well be the single most productive time you spend this year if it leads you to removing a roadblock from your life. Be courageous and ask those who know you well. Be open, be humble, be vulnerable and seek out the truth. Find your best take on what your single biggest weakness is and what your emotional black hole is and write out the word that best summarises it. Put it somewhere obvious where you see it every day and obsess about it, get mad at it and force it into your conscious mind so that you then begin to have a choice around your emotional response to each situation you find yourself in.

Remember the simple formula of Weakness + Introspection = Progress. We are all works in progress (WIP). Find the roots of those flaws that are blocking your view of the summit and pull them out one a time.

As you master your own weaknesses, be open and vulnerable with your team. It's almost certain that they will already be well versed with your weaknesses. I believe this approach is quite simply about being more human. At our core, the human animal experiences the same struggles and frustrations and there are only so many emotional patterns that we go through. When your team members see your human challenges and attempts to improve, you become more powerful in their eyes. Vulnerability is a strength, it's facing up to the elephant in the room, and it allows others the chance to do that in a safe space too.

CHAPTER 16: TIME TO CHANGE TACK?

I'd not seen him for years. We'd been messaging for several months about catching up for a coffee and finally we were meeting at Waterloo Station in London. We'd first connected some 18 years earlier at a friend's stag do and we had got on well and shared similar backgrounds and a desire to build businesses. Back in the day, we had looked at starting a business together, but for various reasons the ideas stayed just that.

Sitting down over coffee, he was honest and to the point, "I'm where I am at this stage in life in my late 40s as a result of having made some poor decisions. I've been in a series of jobs that have left me without the financial safety net I need and I don't know what job I can take now." His words stopped me in my tracks. They were not only raw, honest and vulnerable, but there was something in the language that would set me off to research something that is often overlooked. The language "I'm here as a result of having made poor decisions" led me to ask the question "how good has my decision making been?". And more widely, how good as a human species are we at making decisions?

It turns out that as a species, we're not that good at making decisions, we suffer from a whole range of biases but there is much that all of us can do to make better decisions. In my working life, as you'll know by now, there have been many times when I've been slow to learn the lessons I needed and at times I have shied away from learning them.

I reflect that if, like my friend, I had followed better decision-making processes earlier in my career, both of us would have been in very different places later on in life. It's often said that the best time to plant a tree was 20 years ago and that the second-best time is right now. For me, now seemed like the perfect time to really deep dive into how to make better decisions and also to reflect on when in my life I'd made good decisions and bad decisions and what I could learn from that.

Beware of bias

The working economic theory that held sway for many decades was that people made rational choices. If you give two normal people valuable information, they will both make the same decision through the application of logic and expertise and carefully weighing up the alternatives.

Daniel Kahneman, writing in *Thinking, Fast and Slow,* challenged the theory of rational decision-making and through his research showed that people consistently make irrational economic choices, even when they have the right information. A range of thinking biases, the limits to our attention and a human tendency to overestimate our competence in areas in which we have little expertise all add up to a tendency towards bad judgement.

Back when I was running Trovus, I remember noticing something important around human biases. As part of the sales training I undertook, whenever someone explained something to me, I would first write down everything I had heard, and I would then play this back to the sales prospect. For me, it was the only way that I could feel certain that I had properly understood something, and I would always be open to being corrected if I had anything wrong.

I did notice though that this was a relatively uncommon practice and when I was explaining something to other people, it was rare they would write down and play back to me what they had heard. I adopted the practice of asking people to let me know what they had understood after I explained something. More often than not, what I heard back was not what I had said, and I remember back then hearing the phrase "We only hear what we understand" and being particularly struck by this logic.

How could you hear something if you didn't understand what was being explained? It put a natural limit on what each person could understand based on either their previous knowledge or their ability to ask questions and to drill down to gain further clarity and understanding. This line of thinking took me deep into Kahneman's world back in 2012 and an understanding of the many biases that we are susceptible to. Biases, by their very nature, are tricky for us to see because they show up as shortcuts that make us feel like we are making rational choices when in fact we are being influenced by unconscious biases.

Confirmation bias is one example that causes us to place greater weight on new evidence that supports our preconceptions while steering us away from evidence that disproves them. We struggle to notice new information or conflicting choices and we are left with the feeling that the world is telling us that we had made the right decision.

On a related note, have you ever noticed in a work context that whoever comes up with an idea is usually the most vociferous proponent for that idea? This can sometimes remain the case long after that idea may have been shown to not be the most sensible one. The reason is an unconscious bias to get emotionally attached to an idea because you came up with it. Rather than seeing it as just a thought, you have "skin in the game" with that idea and you have an unconscious bias that may be blocking you from seeing what the most rational or best answer is.

The narrative fallacy is another one. As humans, we have a natural inclination towards stories to understand and explain data. We like stories that sound good and snap into place in our minds and it's for this reason that we will often trust a clear story based on weak facts more than we will trust a weak story based on strong facts. The result is that we become so convinced of one particular course of action that we naturally downplay or filter out conflicting information. There are many other biases like anchoring, where we place greater reliance on the first piece of information that we understand, through to a commitment bias, where we are more likely to try to be consistent with something that we have said in the past.

If this is an area that interests you, I highly recommend Kahneman's work as a route to understanding just how many biases we are prone to. In short, the human animal is anything but rational, and in order to make better decisions, we all need to be alert to the fact we are all flawed and to understand what we need to do in order to make better decisions.

Decision to improve

My research into what constitutes good decision-making took me to Silicon Valley to meet Erik Larson. Over the past decade, Erik has created a business called Cloverpop that helps companies transform their decision practices to improve business performance. He, more than anyone else I've met, has done an extraordinary amount of research and modelling into how we can make better decisions. Some of the insights I'm drawing on here are from papers he has written for *Harvard Business Review* and Massachusetts Institute of Technology (MIT) based on years of decision-making research spanning dozens of experiments, hundreds of companies and thousands of business decisions.

Erik shared some of the data from his research with me.

A typical decision takes two and a half months, five stakeholders, eight meetings and 35 hours of work. Many of those are not what you'd call 'good decisions'. Based on a structured study of 487 managers, he asserts that "Most decisions are average" because 100% of decisions are subject to bias and only 2% of those in the study used best practice. The cost to business is slower growth, misallocation of resources and lower profitability.

Cloverpop mapped out a process that is successfully used by companies globally to increase good decision-making. At its core are two things: The first is the mindset, the approach that people in the team need to have; and the second is a consistent process that can be applied across the team for them to be able to make better decisions.

Start with humble

The Cloverpop research shows that humble leaders with the courage to be vulnerable create exceptionally decisive teams. As Erik says, "The ability to be humble is the fundamental insight from my seven years of decision research spanning dozens of experiments, hundreds of companies and thousands of business decisions." It's a finding that correlates well with my own experiences of being open, being vulnerable and acknowledging that to make progress, we need to work together as a team.

The research finds that leaders who are open-minded and who use this process, which we will cover shortly, are much more agile at making decisions – they drive decisions twice as fast with half as many meetings, saving around 10 hours of meeting time and 10 days of calendar time per decision. They achieve results that enable them to get the expected results 90% of the time and to exceed expectations 40% of the time because they carry a wider range of diverse perspectives and typically consider at least three times as many alternatives – thus cutting the risk of failure in half.

Teams that demonstrate the most effective decision-making share certain behaviour traits. The first is that teams are open to different perspectives at the start of every decision journey. Team leaders don't begin by building a case or exerting their power to convince people of their analysis or gut instincts about which course to take. Instead, they focus their judgement and storytelling skills on defining and explaining the problem to be solved. Then they gather alternative courses of action from the people who will be impacted by the decision and they include input from a more diverse range of people than usual.

The second behaviour trait is that they also invite open feedback after deciding. Humble leaders don't use their power and influence to 'sell the decision' and thereby pre-emptively shutting down resistance. Instead, they ask, and expect, the broader group who are impacted by a decision to consider how much they buy in to it, especially if they have concerns about the process that led to the decision. They know that this active consideration improves understanding and that it is better to hear concerns now than be derailed by them later.

And finally, they set checkpoints to re-open or re-affirm decisions as conditions change. Such leaders don't say, "It's decided, so just do it!" and expect unwavering execution despite unexpected results or changing circumstances. Instead, they know that the world has a say in the outcome of their decisions, so to be agile, they must keep an open mind as results unfold.

What happens in practice? In Cloverpop's research, they found that only the top 15% of managers use this approach as a general practice and only the top 2% fully commit to this level of humility. Erik's experience led him to several theories as to why this isn't more widely adopted. The first is fear; most people are afraid of the level of vulnerability required to take this approach. The second is ego; the polar opposite of humility and the fact that so often we fall into the trap of looking good rather than finding the right answers. And the final one is that the quality of our decision-making is rarely measured. As a result, we often make decisions, forget what we have decided and why, and simply move forward onto new decisions. Because decision-making doesn't get measured and managed systematically, it doesn't improve much over time.

A decision-making process

The process that Erik and his team recommend, and that I have adapted, is to make decisions led by a checklist. Checklists are a surprisingly simple, yet powerful way to create change in a team.

My own use of checklists was prompted by the book *The Checklist Manifesto* written by Atul Gawande, a surgeon from New York who was charged by the WHO to reduce the death rate during surgical procedures in hospitals around the world. After extensive research into various industries, he settled on the use of a simple checklist to be used in theatres globally. The results were stunning and led to up to a 37% decrease in death rates.

The process and checklist I've adapted based on the Cloverpop list is as follows:

1) Frame the problem without taking a position. This removes the anchoring bias and allows each team member to approach the problem in their own way. One way of approaching this is to say: "Here is the problem I see, and some of the choices we could make."

2) Write down five pre-existing goals/priorities that will be impacted by the decision. By focusing on what is important, it helps avoid the rationalisation trap of making up reasons for your choices after the fact.

3) Write down at least three or four realistic alternatives. This forces creativity and you will improve your decision-making by expanding the number of choices.

4) Write down the most vital information you are missing. We risk ignoring what we don't know because we are distracted by what we do know, especially in today's information-rich businesses.

5) Write down, in the form of a story, what will be the impact of the decision one year into the future.

6) Involve at least two people in the process. Having more perspectives reduces biases and increases the buy-in by creating greater levels of engagement.

7) Write down what was decided, as well as why, and ask each team member involved in the decision to rate on a scale of one to 10 how much they support the decision. By doing this, it increases the commitment to the decision and creates a clear way to measure the results.

8) Plan a follow-up in a month's time to check in, to make corrections if needed, and to learn from what has happened.

This is the process that I use with my teams and, although it takes a little getting used to, it makes the process much clearer and the accountability of writing it down helps later down the line when events have moved on and we are prone to forgetting what was originally agreed.

Everyone has a plan

We all have times in our work and home lives when we get thrown a curve ball that completely catches us off guard. At times like these, we need to be flexible, to adapt and to change direction. I remember when the global financial crisis hit in 2008 and, as a business, our sales pipeline was just switched off. We stood on the brink of going bust. It is the same as I write this in April 2020, with the Coronavirus crisis, and with many businesses and families figuring out how they are going to survive.

There are times when we need to be flexible and make changes to our plans – and there are times when we need to stick to our guns. In late spring 2014, when I was unable to walk, we faced a tough decision; whether we continued with our sailing plans as they were or whether we should change them. We sat down as a team, Nichola and I, and we approached the decision in the most logical manner we could imagine. We examined and wrote out all the risks. We looked for alternatives and worked out our pre-existing priorities. Our single biggest priority as a family team was the safety of us all. We explored unique ways to mitigate the risks. Our final decision was that I was to have back surgery and we would delay our departure by three weeks to allow my back to heal. We also decided that for the first passage sailing down to Spain, we would take on board two additional crew members, both very experienced sailors, and that we would leave our youngest child, our two-year-old, at home with Nichola's parents for the first ten days.

We took the time to figure out a new plan, one that would keep us safe and at the same time would enable us to continue. We got realistic about the situation, threw off our biases, and took a strategic approach to making our decision, knowing the consequences.

Start right now

Building thriving high-performance teams that can deliver extraordinary results requires teams that can learn how to make better decisions. To be more human is to be open to the fact that all of us are prone to bias and acknowledging our own biases is an important step. As a leader, being vulnerable and open to the fact that you suffer from bias as much as the next person is the first step to opening up a more human and more real conversation. Where you will be as a team a year from now will be something that you can trace back to the decisions you make today. Start right now by acknowledging the human flaws we all have and work toward making better decisions together.

CHAPTER 17: RESILIENCE IN THE EYE OF THE STORM

It's pitch black. My hands, the saloon, the cockpit – everything reeks of diesel. The wind is howling outside, and we are being thrown around as Aretha*, our 53-foot sailboat, slides off one wave into the next, white water crashing over the lifelines, filling the cockpit. We are drifting sideways.*

Aretha *is hove-to, slowed down in a sailing manoeuvre that lessens the boat's motions while we figure things out. The sails are set one on each side of the boat and the steering wheel is lashed down on one side. Nichola and I are physically exhausted. Every 20 minutes one of us wakes and wearily climbs up on deck to make sure no boats are bearing down on us.*

We have experienced a power failure. We can't start our generator or engine. And while Aretha *is a sailboat, we nevertheless have no electronic navigation, no autopilot to steer the boat, no communications, no navigation lights, no lights down below (except our torches), no cooker, no working toilets, no way to pump water from our water tanks.*

We are, as they say, dead in the water.

Nichola and I are wearing our foul-weather gear, sleeping in the saloon instead of our bunks. Our three children are in our cabin at the stern where there is less movement with the rise and fall of each wave, and where they will get the most sleep.

The saloon, a space smaller than your average kitchen, looks like it has been ravaged by an intruder. The floorboards are up, tools and spare engine parts are everywhere and Nichola and I are covered in grease and grime from wrestling with the engine. We still can't determine the cause of our power failure.

We are in one of the remotest parts of the world, deep in the Pacific Ocean, more than 500 miles from the nearest piece of land, which itself is a tiny rock in the vast Pacific. There are no rescue services out here. We truly are on our own. We feel extremely isolated. We have to figure out the solution ourselves. It's just the five of us: Nichola, my wife, age 43, our three young children, aged nine, seven, and two, and me, age 42.

There are times in our lives when things go wrong and we are tested. This is as true at work as it is at home. The only question that matters is how you respond and show up in that moment. The passage above is taken from my book *Where the Magic Happens* when we experienced power failure while at sea and 500 miles from land.

It took me back to when I was running Trovus in 2008 and the global financial crisis hit. Our sales pipeline was effectively switched off, nobody was buying anything and we had to respond very quickly or we would have been out of business.

It was the same in Trovus in 2012, when one of our key salesmen was hit by an out of the blue family tragedy and over 80% of that quarter's pipeline was sitting with him. We had to figure out a way to replace the sales that would now be stalling with fresh revenue in order to avert a major cash flow crisis.

It is the same as I write this in 2020, with the world facing lockdown with the Coronavirus crisis and both businesses and families are figuring out how to deal with a world where economic activity has been severely disrupted.

While the circumstances are different, the answers to dealing with these situations are exactly the same. These are the times when, as a team, you need to be resourceful and to use what you have. I remember, back in 2008, feeling like throwing my hands in the air and saying, "If only." If only we had more cash in the bank, if only we had more clients, if only we had a more effective team. None of that thinking would have helped us though. It was truly about being resourceful with what we had rather than wishing for more resources.

There are obvious similarities between a boat in the middle of the ocean and a business or team in difficulty. You have what you have, no more and no less, and you just have to make the best use of the resources that you have available. In the middle of the ocean, there are no electricians or engineers you can call up to come around to fix the problem. You have to sit with it, to get the manuals out, to get creative, to get resourceful and to figure it out yourself. No one else is going to come and fix it for you.

The one certainty I know in both life and business is that there will be times when things go wrong. You have no idea what will happen, but over a long enough period of time, things will eventually go wrong. In our sailing planning and preparation, we had talked about and rehearsed in our minds all the possible disaster scenarios ranging from medical emergencies, sinking, losing our mast, power failure, collision and many more. We wanted to make sure that we had thought through every eventuality and that we had plans in place for each one. However, planning for things is never quite the same as when things actually do go wrong. This is when the lessons that we had learnt over the previous five years of preparation and learning how to work as an effective high-performance team would really be tested. If we had only been paying lip service to learning how to work as an effective team, we would have come unstuck very quickly.

Getting in control

When something goes wrong, our emotions spike. We have a rush of blood to the head and in that first instance, in my experience, things usually look far worse than they are. I have a mantra that "Things are rarely as bad as they look or as good as they look" when you first experience something because of the emotional rush.

I've learnt over time that for me it is super important to pause, to breathe and to just take a moment to let that emotion pass through. I've learnt that it's the same thing that military personnel are often taught, to breathe and centre yourself before taking action.

I think there are two reasons why this is important. The first is to be able to think clearly and to be able to accurately assess the situation and what is going on. The second relates to our emotional 'black holes', which we covered in chapter 15. My experience and beliefs are that while we can get conscious of our emotional black holes, we can never fully eradicate them. These are emotional patterns that we have spent a lifetime creating and they have become part of our nervous system response. The trick, as I have learnt, is to recognise the black-hole pattern and to be conscious that in any pressured situation, it is highly likely that an old unhelpful response will first be triggered. Knowing that, and seeing that response, that feeling for what it is, an old unhelpful pattern then becomes the gateway to you choosing a more helpful response and reaction.

In my case, my original black-hole emotion of blame roared at me as we were being thrown around in the ocean on that dark stormy night. I saw the reaction for what it was. An old emotional pattern that was created in my childhood years and that served me no purpose in this situation – indeed in any situation. Pretending that the emotion didn't exist, getting annoyed with myself or trying to ignore it would just make it persist. Whatever we resist persists, so the first step in neutralising it is to acknowledge it. As Rich Roll says: "Shame can't stand the light", so being honest about the emotions we are feeling and bringing them into sharp focus is essential.

I remember a friend once sharing with me one way to

think about this. The emotional response that we display happens in a heartbeat and often we're not aware of what we are doing because it has been ingrained over so many years that you quickly go through a sequence of thoughts and emotions that are beneath the conscious level. One antidote, and way to think about it, is to take that heartbeat moment and imagine that the moment in time is stretched out over the period of an hour. Try to get a fix on what the different emotions and feelings are that happen so rapidly that you're not aware of them by imaging them happening slowly and seek to understand what is going on.

I acknowledged the blame emotion, rather than going down an old pattern that would have started with "It's your fault" and would have led me to finding blame with everyone else. It's what I would have done back in my corporate days when I would have found fault with someone else. In that situation out there at sea, how would finding blame have helped? Would it have solved the vexing problem of power failure any faster? Quite the reverse, it would have led to an argument – Nichola and I would have got angry with each other and all our focus, energy and attention would have been spent on completely destructive activities.

Let's work together

Once you, and hopefully each member of your team, have paused, caught a breath and reached a place where black-hole emotions have been recognised, you will now all be ready to start to tackle the problem in hand.

Deep in the Pacific Ocean, Nichola and I sat around the saloon table and started to figure out how to deal with the problem. We rationalised that since we were in the middle of nowhere, far from shipping lanes, we were unlikely to be in imminent danger from other ships. We assessed that we had no injuries and that the boat was safe and secure. It was a boat designed for big seas and she was riding out the waves exactly as she was meant to. We were not in any imminent danger.

The next challenge was how we would work together as a team – Nichola, myself and our three children – to figure out the way forward. We had to explain to the children what was happening and how we were going to figure it out together as a team. We didn't have the answers then, but what we did have was the blueprint for how we would work together. Our blueprint was our values. Back in my corporate days, I thought that values were just soft, fluffy and 'nice to have' words. In the middle of the Pacific Ocean they were far from that. They were going to be exactly how we defined our response together as a team.

Every morning over breakfast in the past year, we had run values prizes as a family team. We had talked about the behaviours that we wanted to see more of as defined by our values. We had celebrated and talked about what each person in the team, adults included, were doing well at. We had been ingraining the responses we wanted to see most by making our values a part of our everyday conversations. As we sat around the saloon table, the dominant thoughts that came to mind were our values. We asked ourselves "What would we do to live our values in that moment".

The first value that came to mind was the value of laughter – finding the humour in the situation to lighten the atmosphere. We racked our brains, what could we find to laugh about in that situation?

Children love toilet humour at the best of times so, as we thought through our situation, we realised that we didn't have any working toilets since they needed power. We got creative and found a bucket. We told the children that this was our new working toilet. They thought it was funny and it didn't take long for them to take it in turns to poo in the bucket and to christen our new working toilet as the 'bucket and chuck it system'.

Over the following four days, we worked together to figure out how we would sail our way out of this situation as a happy and thriving team. We lived our values, we looked after each other and hour by hour we hand-steered the boat, navigating by the stars and sun as we plotted a course for the next island. We eventually arrived in safety at the island of Niue, exhausted but also with a strong sense of togetherness as a team. All the time that we had spent building trust, learning to work together, appreciating what each person brought to the team, mitigating our emotional black holes and ingraining our values had been how we had built resilience into our team.

It was the same dealing with the financial crisis in 2008 and also our cash-flow crisis in 2012, and it's the same way our team will deal with Coronavirus – by working together as a team and finding creative, practical and resourceful solutions to whatever gets thrown our way. In 2008, we spoke to our core client base and created new products that were appropriate for what they needed at that time. We managed our costs carefully and took great care to look after our core team and our clients. With the 2012 cash-flow crisis, we worked as a team and worked out a fresh set of products and campaigns that we could take to market. Within a week, we had won enough new business to ride out the storm. It all came because we worked effectively together as a team.

A favourite formula that I teach my children originated from Stephen Covey. The formula is E + R = O. In this, E is the Event – something that happens to you that is beyond your control, regardless of whether that is a global financial crisis, Coronavirus, a cash-flow crisis or power failure in the middle of the ocean. It is quite simply the event. The R is your reaction – both for you individually and for you together as a team. Your reaction is entirely under your control and you get to choose how you react to the event. And O is the outcome – what happens as a result of both the Event and your Reaction. The formula doesn't say that the Event equals the Outcome. It is the Event plus your Reaction that dictates what will happen.

Clarity of roles within a team

One thing that a crisis situation brings into sharp focus is the role that each person has in a team and how they work together. We as a family team experienced this and the insight that we gained from it is applicable to any team of people in any situation.

In our family team, Nichola and I had dual roles. On

land, our relationship had simply been husband and wife and we agreed and shared the roles between us. At sea, it became more complicated because there was an additional dimension. That of the Captain (me) and the first mate (Nichola). In any team, and especially at sea, I believe that there can only be one leader, one person who has the final decision. If there isn't, then any matter can be a potentially endless debate unless consensus is reached. At sea, decisions often need to be made quickly and it needs one person to be in charge.

We hit problems when we didn't have clarity on the roles. In one particular situation, as we were dealing with heavy seas and had to change sails, I spoke fast and directly to Nichola because something had to happen quickly. Her response was "Don't speak to me like that" and she refused to do what was needed.

Exasperated, I somewhat forcefully re-iterated what needed to happen. She did it, but the request didn't go down well! As was always the way with events at sea, we had a debrief later that day when tensions had cooled down. Nichola explained that she didn't appreciate being spoken to that way. I explained that we didn't have time and it just needed to be done. In her mind, at that time, we'd been in the Husband/Wife role. In my mind, it was the Captain/First Mate conversation and there was no time for niceties. We recognised the gap and I promised that I would only be urgent and direct when it was really called for and that I wouldn't abuse my role by using that manner outside of genuinely urgent situations. She agreed that if I was urgent and direct, she would respect that and make things happen as necessary.

The underlying dynamic was us agreeing what our roles were. It's the same in terms of how we divide things at home. It's the same with agreeing roles in any team – making sure that every person is clear both at where each other person is best suited and what each person is responsible for. It doesn't mean people can't contribute ideas – that is something I actively encourage – but when firm decisions have to be made, there can be no confusion.

When we were in the process of turning Trovus around, we had one senior person who was not happy with the changes that we were making, the changes around getting clear on our story, our values and focusing on the strengths of each person. It made things difficult as it felt like we were encountering unnecessary headwinds internally.

Problem people

I'm all for getting different points of view and a wide and diverse range of ideas, but sometimes it feels like not everyone is pulling in the same direction. I remember speaking to a trusted friend of mine who shared one of his mantras with me: "I'd rather have a hole in my business than an a***hole." I'd been reluctant to change things because this individual performed a vital role and I was concerned that we'd be left with a big skills gap if they left.

My friend's advice was spot on and we made the decision that they had to leave the team and that we would use the skills and talents of less experienced team members and give them a role to step into. We changed things, and one team member in particular thrived with the new responsibility and performed amazingly.

My fears and worries around creating a hole in the business were unfounded. I came to realise that nature abhors a vacuum and if there is a vacuum, something will come in to fill it, even though you might not know what it is. Maintaining the status quo would have been the worst thing to have done, as the negative impact of an active dissenter was having a corrosive effect on the business.

I learnt that there are times when you have to be decisive and to make the change quickly when things aren't right, and that the situation will work its way out.

Start right now

Resilience, and the ability to deal with setbacks, is not created in moments of adversity, but in the days, months and years before. It's by defining your values together as a team, and the way that you think about adversity and looking out for others around you, that will shape those reactions. Take the time to create and embed the values together collectively as a team and talk about what each person does well. Build the values into a regular part of the conversation so that you are defining the culture of your team for when things don't go to plan, as they inevitably will at some point.

When a challenging time does arrive, remember to pause, breath and be mindful of your emotional black holes, whatever they are, and to gain control of the situation. Be more human and work together to come up with creative solutions to resolve whatever you are facing. It's important, in the times when things are calm, to define the respective roles within the team and to make sure that you have the right people in the right seats on your team bus. Dealing with difficult people, and having unclear roles in times of crisis, can make a tough situation a lot more challenging. Crises eventually pass and times will get better even though it may not feel like that in the moment.

CHAPTER 18:
SWERVING DISTRACTIONS

It was a unique experience in our day and age. For two years, we were off the grid for weeks at a time on a small boat many thousands of miles from both land and high-speed Wi-Fi. We were disconnected from the minute-by-minute barrage on our senses from email, Facebook, Instagram, Twitter, LinkedIn, YouTube, Netflix and the many other digital applications that have been designed to be helpful and entertaining – but above all to hijack our attention. In today's fast-moving world, grabbing your attention and influencing what you consume is the battle that a myriad number of companies are looking to win.

The battle for many of us is to regain our attention, our focus and to carefully manage what we allow to distract us. In my case, this insight was driven home through a combination of my own experiences. Intrigued by what I experienced, I embarked on a journey to learn from scientists and experts specialising in this area. Here, you'll read my experiences, of what I learnt from my research and my shortcuts, techniques and approaches designed to enable you to win back your own attention – and to avoid the very real danger of you becoming a busy fool.

Being a busy fool is a trap that I've fallen into more times than I care to remember and this tool kit is one that I have to use every single day to manage my own attention span in order to do meaningful work. It's the toolkit that I share with all the teams that I work with to ensure that everyone in the team is being as productive and effective as they can be with their single most important asset – the asset of time and how they use that time each and every day.

The lesson finally lands

For two years while we were at sea, we quite literally unplugged for weeks and months at a time. It would be easy to fall into the trap of thinking that being on a boat for two years involves sitting back and soaking up the sun with a beer. The reality is that life at sea places a series of continuous demands on your time and attention. These ranged from the continuous monitoring of weather and sea conditions, to adjusting sails, to the ongoing regular maintenance of hundreds of working parts of the boat, to home-schooling three very active young children and through to being involved in and overseeing three separate businesses back in the UK.

Although it may be hard to imagine, there was no time that we could totally switch off because our voyage consumed 24 hours a day for weeks at a time. We did not stop at night – we sailed continuously with at least one person awake and on watch, day and night. Although clearly a very different situation to land life, there were myriad competing demands on our time and attention. However, there was one fundamental difference – there was no high-speed Internet. We did have access to get emails once a day in order to get weather updates and important communications to and from home and our businesses, but, fundamentally, we were disconnected.

The difference that this created was jaw-dropping. This was less apparent to us at the time – but it was about to become glaringly obvious. During those two years, absent from digital distractions, we talked more, we played games and we sat around the dinner table together. We undertook school projects together as a family and we got interested and curious about the world around us as a team. In short, we connected more as humans and it was a key driving force to us working better as a team.

Our attention and focus, rather than being sucked into an iPhone, was on what was all around us – which was essentially each other. We became a close-knit, happy and highly effective team, which enabled us to successfully complete our circumnavigation – despite being a highly unlikely team to do that.

We returned from that particular adventure in the summer of 2016. For the following year, as the children settled back into schooling and Nichola and I both set up new businesses, we got back into the way of land life. The most disturbing aspect of this was the blitz of digital reconnection. Phones and iPads, emails, social media and Netflix very quickly became the norm again, much as it is for so many people I know. We once again became immersed in our digital-driven views of the world.

This very much reminds me of the myth of the frog in boiling water. The story goes that if you put a frog into a pot of boiling water, it will leap out right away to escape the danger. But, if you put a frog in a pot that is filled with water that is cool and pleasant, and then you gradually heat the water until it starts boiling, the frog will not become aware of the threat until it is too late. The frog's survival instincts are geared towards detecting sudden changes, but not to threats that slowly and gradually creep up on it.

In that year of returning, even though we had seen a better way of working together as a family team through limited access to digital devices, we very quickly once again became the frogs being slowly brought to the boil. Seduced by the addictive nature and ease of information and stimulation, we again became ingrained to be as fully digitally connected as the next person.

Our snap-out-of-it moment came in the summer of 2017 when we returned to sea again for our next adventure. This was a smaller trip but challenging nonetheless, as we embarked on a six-week expedition sailing 2,000 miles from San Francisco to Canada and back.

Our enforced digital detox returned in an instant as once again we were off the grid. No more signals on the phones, no more permanently switched-on fast Wi-Fi access. The impact on us as a team was remarkable. We became more human again. We talked more, the dinner table laughter and conversations returned. We played games, we learnt and explored, and we discussed ideas. Our relationship as a husband and wife sparkled more than it had on land as we talked and laughed more.

The differences stopped me in my tracks. It was as though we were seeing two versions of the world. Two polar opposites of how to live life. It was a truth that not many people will ever get to experience, as the ability to completely disconnect from the grid takes serious time and effort to achieve.

When we returned in the autumn of 2017 and reconnected with everyday life, the digital devices returned and became normal once again. The truth is that it's a hard river to swim against when all your work is done through digital devices and the primary connection method between friends and family is also through a device. This has never been truer than in the world we're living in. As I write this book, much of the world is experiencing lockdown and enforced social isolation as a result of Coronavirus.

There are so many amazing things about the technology of the smartphone era and culture that we have developed around this. As a result of which we have access to global learning and insights together with the ability to share and connect on a level unimaginable only 20 years ago. However, there is also a dark side: the corrosive effect on our family life, on our attention span, on our ability to focus and to be truly present as we fall into the trap of craving the next hit of stimulation that our digital devices have trained us to want.

I struggled with this for over a year as I tried to balance both my need to work and stay connected and what I had come to realise about the corrosive nature of being always on. I began to research and read deeply in order to help me construct a formula that would enable me to walk the line between being connected to the world and being able to work effectively – which would at the same time stop my attention and energy being completely hijacked.

The first insight I uncovered was to think of us humans as being a chemistry set. All that any of us really are is a set of chemicals. Every thought, every feeling, every behaviour we experience is caused by a chemical reaction.

Understanding this helped me to depersonalise my own feeling that I was somehow flawed because I couldn't effectively manage my own time between being able to do deep and effective work as opposed to being on a device and in the flow of constant information. I came to see that it was my chemistry that needed managing rather than any specific flaw that I had. It led me to realise that the social media giants like Facebook, Snapchat and Instagram routinely use behavioural scientists who work out what combination of activities will most effectively hijack a person's attention. Addiction follows, as a result of the release of chemicals in the user's brain, which leads them to feel good. At the simplest level, we have all become addicted to receiving new snippets of information that give us a small hit and leave us wanting more.

Discovering deep work

My research led me to the work of Cal Newport and his book *Deep Work*. Newport defines Deep Work as "professional activities defined in a state of distraction-free concentration that push your cognitive abilities to their limit. These efforts create new value, improve your skill and are hard to replicate".

A distraction-free state. That is something that I have personally had to fight hard to attain and it's something I have to tackle every day to maintain my focus and concentration. In seeking to create my own routine, my own habits and my own pattern for working effectively, it has been useful to study the patterns of people who have created extraordinary breakthroughs to learn from the practices they have developed.

Allocated time slots

Charles Darwin developed a strict structure for his working life when he was writing *On the Origin of Species*. His son Francis later shared his routine, which would start with Darwin rising promptly at 7 a.m. to take a short walk. He would then eat breakfast alone and retire to his study from 8 a.m. to 9.30 a.m. The next hour was dedicated to reading his letters from the day before, after which he would return to his study from 10.30 a.m. until noon. After this session, he would mull over challenging ideas while walking on a prescribed route that started at his greenhouse and then circled a path on the property where he lived. He would walk until satisfied with his thinking and he would then declare his workday done.

Contrast this with the work routines of so many of us where every available second is spent being stimulated by some new piece of information, an email, a news feed, a phone call. The amount of time we are giving to ourselves is, I fear, very little – and certainly far too low if we want to be able to engage in productive activity.

While the work that Darwin undertook as a scientist and writer will be very different to the work that many of us undertake, there is still much to be learnt from his approach. A simple analogy I have used for many years is to think of my use of time like a traffic light – green, yellow and red. Green time is where I am 100% focused on my work with zero distractions. Red time is where I am focused 100% on non-work activities – play time, relationships with friends and family and so on. And yellow time is somewhere in between. Yellow time is a mishmash of doing neither thing particularly well. For me, it is ineffective and unproductive time but unfortunately far too much time is spent here.

I could see the problem with greater clarity than ever before. I now needed to create my own workable solution in terms of how to deal with this challenge. My ongoing reading and research led me to the work of Atul Gawande and his book *The Checklist Manifesto,* which I first mentioned in an earlier chapter. Gawande is a surgeon, writer and public health researcher who has created quite extraordinary results through the effective use of a simple checklist. He was inspired to research this area after reading the story of a young child who survived a fall into a frozen pond because of the effective work by the physician who relied heavily on checklists.

His research took him to industries as diverse as aviation, financial services, skyscraper construction and medicine to uncover how the simple use of well-considered and appropriately used checklists can have a dramatic impact. Gawande was tasked by the WHO to help solve a problem. The WHO wanted to develop a global programme to reduce avoidable deaths and harm from surgery globally because they were concerned that a significant proportion of care was so unsafe as to be a public danger. He was also informed they had no budget to tackle and solve the problem.

This was the start of a journey in 2006 which involved researching the data and health system reports from the WHO's 193 member countries. Creating real sustainable change in surgical processes, and fundamentally in the behaviours and adoption in countries around the world, ranging from developed to underdeveloped countries, was a gargantuan challenge.

Over the two years that followed, Gawande and his team iterated various ideas and ran experiments around the world to refine the process that would have the most impact. The resulting 'Safe Surgery' checklist, despite its many sceptics and some resistance, was proven to be capable of producing powerful results. One group of eight hospitals reported a reduction in death rates of 47% after the introduction of the checklist. By 2009, over a dozen countries including Australia, Brazil, Canada, Costa Rica, Ecuador, France, Ireland, Jordan, New Zealand, the Philippines, Spain and the UK had publicly committed to using it in hospitals nationwide.

The core insight from this is that, as humans, we are all fallible and incapable of holding in our minds all the information that we need in complex situations. By constructing checklists that act to remind us of all the steps and by creating empowerment among the team to draw attention to the checklist, we can drive significantly higher performance. I can't think of any team that couldn't improve their performance by having well-constructed checklists that the whole team accepts and engages with.

A deep work checklist

Having recognised the problem of being a busy fool, I was now seeking solutions. The idea of a checklist seemed too good to be true, but to map out my working day in an almost Darwinian way looked appealing. Over the months that followed, I constructed and refined a Deep Work checklist for my own work to help me to be able to perform at my optimal levels.

It has taken numerous iterations to find the pattern which works for me and I have taken ideas from many different places, which I have merged together into a simple checklist. This checklist has now been built into my Habits Chart and it's where my work starts and finishes every day. As I start to record and see what I'm doing, I can see how much damage has been done to my ability to concentrate and how much I've turned the corner since following these simple ideas.

In my notes section on my computer, I copy and paste my Deep Work checklist at the start of every day. I then have to go through each section and read it out loud and tick box it when I have completed it. I also have a calendar on the wall as a continuous reminder of my Deep Work hours and each day I have to fill in and tick off the amount of Deep Work hours that I have completed.

The sections that I have in my Deep Work checklist are:

- Outcomes (a reminder of the key outcomes that I am working towards)
- Why (a reminder of why I am working towards the outcomes)
- My Weekly and Daily Structure (to help me plan out each week and hold myself accountable for every single hour of the day)
- My Deep Work ritual
- Planning my Leisure Time and Productive Thinking Time
- My Shut Down procedures in the evening.

If you would like my full checklist, please follow/connect with me on LinkedIn where you can access it.

Start right now

We are facing the most pervasive assault on our culture from always being connected and it has crept up on us like the story of the boiling frog. Combatting this requires distinct, deliberate and practical steps to avoid ourselves being overwhelmed with distractions and being busy fools. In your team, this starts with you.

Develop the habits and routines that work for you. Share what you are doing with your team, what you are learning from it, and how you are becoming more productive as a result of this process. This is an ever-changing area. No one right now has all the answers as to how we address the global assault on our attention span.

We are all human. We are all fallible. Work together as a team and share what's working and of course remember that we are all different and that different people will be more or less susceptible to this. Find the simple ideas that work for you and your team.

To get started quickly, get my Checklist at this URL: https://www.linkedin.com/pulse/why-your-attention-focus-may-decimated-2-things-do-caspar/. Cut out the bits that aren't right for you and customise it for yourself. Find the solution that works best for you and build it into your habits to make it stick. Getting your team to tackle the challenges they face on their time, attention and focus is one of the most important new rules of high-performance teamwork.

CHAPTER 19: TAKING EXTREME OWNERSHIP

Jocko Willink, in his 2017 TEDx talk called *Extreme Ownership*, shares the story of one of the toughest tests of his life. The battle-scarred US Navy Seal was in charge of an operation that had gone badly wrong in Iraq in the spring of 2006 – in his words, "When all hell broke loose". They had multiple units of soldiers on the battlefield engaged in combat when "the fog of war rolled in with its confusion, chaos and mayhem as gunfire and screaming took place".

In that fog of war, through a series of mistakes, poor judgement and bad luck, a horrendous gunfight tragically broke out that he describes as having been between "us and us". Soldiers on the same side were shooting at each other and it left one dead and several wounded.

The incident was reported and, as Willink returned to base, he had a message from his commanding officer that instructed him to shut down all operations. He was told that the top officials were flying into their location to investigate and he was instructed to prepare a debrief on exactly what had happened and what had gone wrong.

Somebody had to be held accountable for what had happened. As Willink prepared his debrief, he detailed every mistake that was made and who made it and every failure in the planning, preparation and execution.

His report pointed out who was responsible for each failure: "There was plenty of blame to go around." Having written it all out, he was left feeling uncomfortable, something wasn't right about who should be blamed for what had happened.

Ten minutes before starting the debrief, he was hit by the realisation that there was only one person to blame for what had gone wrong and for the wounded and the dead. The debrief had the Senior Officers and his team of Navy Seals present. He walked in and asked the room "Whose fault was this?". Various Seals raised their hands and shared their stories from the operation with reasons as to why it was their fault. Each time, Willink would answer "No it's not your fault".

There was only one person at fault, one person to blame, and that person was Willink himself. As the Commander and most senior man on the battlefield, he explained that he alone was responsible for everything that had happened. He went on to detail new tactics, strategies, training and approaches to avoid this type of incident happening in the future.

Be more human

As I watched this video, I recognised my own unique experiences and saw the truth that in any tough situation, we have a very distinct choice around how to handle matters. My experience involved recognising that unless I had taken a different course of action with my business, my whole team was going to leave. If I hadn't taken a different course of action with our power failure situation in the middle of the Pacific, we could still be at sea. Unless I had taken a very different course of action with my wife, Nichola, we would not be together now.

The danger is that we fall into our emotional black holes, perhaps to find fault with others, to pass the blame and to swerve the issue. That is an incredibly human and real response that so often happens, and it was the route I had followed many times in the past. However, the defining points in our lives are the ones where we choose a new path – a much tougher choice but one that means that we take ownership and control of the situation.

Willink shares how much that decision to take the blame hurt him: "It hurt my ego, it hurt my pride to take the blame, but I also knew that to maintain my integrity as a leader and as a man, I had to take responsibility and to control my ego so that my ego did not control me."

The point that Willink makes in his TEDx talk leads the audience to what he calls Extreme Ownership. Extreme Ownership is the mindset where you take 100% responsibility for what happens in your world. Everything is on you and you have to figure out how to play the hand that you have. The Commanding Officer, rather than firing Willink, instead left him in charge and the trust levels increased both between Willink and his team of Seals and also between his Commanding Officer and himself.

By taking that level of ownership and responsibility, you send out a message to all those around you; that even though it is not easy, it is the right thing to do, that leading by example encourages others to do the same and it breeds a culture of ownership.

Far too many of us will be familiar with the polar opposite culture, the culture of blame, where it is always someone else's fault and that approach often comes from the top down – this approach typically is recognisable in language like: "A fish rots from the head down". Extreme ownership is the same, where from the top down, taking responsibility is the approach that is encouraged.

Is this just for leaders?

A question I'm often asked when I speak at conferences and events is: "This type of thinking is great for the leaders at the top of an organisation, but I'm not a senior leader. What do you do if you're starting out or a middle manager?" My answer to them is always the same – leadership is a state of mind, leadership happens at all levels and is not a title that is given to you. It starts with you and your response to each and every situation.

I accept that if you are a junior person and take extreme

ownership, it will be a big ask for you to change the culture of an entire organisation. To create cultural change across an organisation takes a very determined leader showing consistency over time, exactly as Lou Gerstner showed at IBM when he turned it around. That said, you should not underestimate the power of you as an individual taking extreme ownership in all parts of your life and at all levels.

By adopting a mindset of extreme ownership, there's a host of benefits that may not be apparently obvious when taking this counter-intuitive approach. Before getting to the benefits though, it's likely a thought may be occurring to you. The thought of fairness, which may sound something like "But it's not fair that I take ownership for that situation as it's clearly not my fault but that of another person".

Ownership and empathy

I agree that it may feel totally unfair and that this can be a painful barrier to get around. But here's the thing I have found: It is significantly more practical to take ownership of the situation because that puts your mind into a more resourceful state where you can now seek to identify choices and options for another way to deal with the problem in hand. You are, by choice, putting yourself on point to figure out the best way forward in this situation, which means that you are significantly more likely to find a solution than if you don't do that.

In my personal life, if Nichola and I have an argument, it would be all too easy to blame her for the argument and all the things that are wrong. While she may be at fault, how is focusing on that going to help me? All it does is to disable me from finding solutions to that part of the problem because "It's not my fault".

When, in Trovus, I clashed heads with my sales director over more pay, it would have been all too easy to get caught up in the argument of the moment. By stepping back and taking ownership of the situation, I was much more able to figure out a way forward. I've often found that the following thought process helps me to gain clarity of mind: By adopting the mindset that if I was in the other person's shoes and had their experiences and all the biases that they have built up over time, it's highly likely that I would have taken the same position and view that they are taking now.

When I think like that, it enables me to have empathy with their world, with their experiences and I get curious and start to wonder why they are taking that view. Remember that it is impossible to influence anyone unless you know what already influences them.

Having empathy is a skill set that is seldom talked about, but actually sits at the heart of understanding people, and because of that, it sits at the heart of teamwork. And when I say people, I mean you as well as those people in your team. To have empathy is to have the capacity, the ability to understand what someone else is feeling from their frame of reference. The skill set is to have an understanding of how you feel to understand how other people feel. It's that understanding that takes you into your team's world and into your own world. By following the new rules of teamwork, this is one of the most likely skills that you may develop.

Taking extreme ownership is one of the most practical tools that I have discovered in my life in order to build better teams, to build trust and to create an open culture where problems are brought out into the open. It is something that I recommend you develop for yourself and introduce this approach to all the teams you operate in – both at work and at home and anywhere else in their lives. It brings a sense of humility, a sense of humanity that cuts through many levels of social conditioning, which would otherwise lead us to blame and find fault with other people.

Being vulnerable

In her TED talk *The Power of Vulnerability* and her book *Daring Greatly,* Brené Brown shares her journey in exploring the areas of courage, shame and vulnerability. Her conclusion, after decades of research, as well as reflecting and learning from her own personal journey, is that having the courage to be vulnerable can transform the way we live. Brown defines being vulnerable as having the courage to show up when you can't control the outcome.

Her landmark moment was when she showed up to give a talk at TEDx Houston in 2010. The day before the talk, she decided that rather than give her standard academic talk, she would speak from the heart and share personal stories and insights. She followed the advice she shares, without any idea of what the outcome would be; she showed up and talked from the heart, openly, honestly and with vulnerability. It quickly became one of the top five most watched TED talks of all time, and at the time of writing, it has been watched over 47 million times. This is the talk that sparked the start of her rise to becoming widely recognised as the global expert on vulnerability and shame.

What Brown shares in common with Willink is that courage to step forward; to accept the truth in the situation, no matter how hard it feels, and to share that. To not be held back by shame, by fear of criticism, by concerns over what outcome that will lead to, but instead to be truly vulnerable and to speak the truth from the heart.

The title of her book derives from a speech that Theodore Roosevelt gave in 1910 in which he said:

"It is not the critic who counts; not the man who points out how the strong man stumbles, or where the doer of deeds could have done them better. The credit belongs to the man who is actually in the arena, whose face is marred by dust and sweat and blood; who strives valiantly; who errs, who comes short again and again, because there is no effort without error and shortcoming; but who does actually strive to do the deeds; who knows great enthusiasms, the great devotions; who spends himself in a worthy cause; who at the best knows in the end the triumph of high achievement, and who at the worst, if he fails, at least fails while daring greatly."

Brown's call to dare greatly, to be courageous and to be vulnerable, is similar to the extreme ownership that Willink calls for. The danger, the risk of not being vulnerable, of not taking extreme ownership of our own world, is that we spend our lives waiting until we're perfect or bulletproof. In the words of Brown, "If we wait before we walk into the arena, we ultimately sacrifice relationships and opportunities that may not be recoverable, we squander our precious time and we turn our backs on our gifts, those unique contributions that only we can make – perfect and bulletproof are seductive, but they don't exist in the human experience."

Applying extreme ownership to your team

Simon Sinek once said that "a team is not a group of people who work together – a team is a group of people who trust each other". How do you build and cement that trust? I believe the answer is by being more human with the people that you work with, at home and at work.

At the core of our humanity is a set of emotions and challenges that every single one of us faces. These are core challenges and emotions which far too often we face and battle alone. The most authentic human thing in the world is to show humility, to be vulnerable and to be open. Be more human, take extreme ownership of the situation, no matter how uncomfortable it may feel to share the challenges we face.

In my work teams, I've learnt that to be transparent, to be open and honest about where we are up to and the challenges that we face together, has been the best way of dealing with the questions we need to answer. At sea, our children could see us working to fix the problems we faced, and they witnessed the extreme ownership that we had to demonstrate to resolve each and every challenge. The blueprint for how any team deals with things gets defined by how its leaders show up.

Start right now

One of the most effective strategies to build your effective and thriving high-performance team is to lead by example. Nowhere is this truer than in how we handle challenges when our emotions are running wild.

Learn to take extreme ownership through the technique of holding in your mind that you are 100% responsible for the situation you are in – no matter how unfair that may feel. Write down all the possible options that you can think of and use the decision-making checklist to take the best possible decisions that you can in the moment. If you are struggling to deal with toxic and negative emotions that you are facing, the single most empowering approach I have found is to adopt the mindset of extreme ownership and to then use the ideas in chapter 15 to deal with emotional black holes.

Be more human, take ownership and build trust through leading by example to tackle the challenges you face. Be the person in your team that everyone else wants to be because you are taking control of how to handle the situation – don't wait for permission, be the leader by example.

CHAPTER 20:
TEAMS THAT GO THE DISTANCE

In the early days of running Trovus and prior to turning it around, I remember working with a business coach who said something that sounded important although I never really challenged it or sought to get inside what it meant. The saying lodged in my mind and was something I recalled later on. His words were: "The purpose of a goal is not necessarily to hit the goal, but to develop the skills and the team so that we are capable of hitting the goal."

It sounded good, but it also challenged my logic: How can the purpose of a goal be anything other than to hit the goal? If we say we are going to make £1m in profit this year, then we either hit the goal or we don't hit the goal. This type of thinking is ingrained into us at school, we either pass the exam or we fail it. In sports, we either win or we lose. It is set up into a win/lose structure. I thought no more about it as was often the case in the days before 2009 when I decided to turn life on its head.

In the autumn of 2014, after we had set sail as a family team, we found ourselves over 1,000 miles into a 3,000-mile passage across the Atlantic Ocean. At this point, we had some 2,000 more miles before we would make landfall in the Caribbean. One of our children asked the timeless question that parents will be all too familiar with from long car journeys. The question was "Are we nearly there yet?". While the answer was obviously no and some deft parenting strategies were needed to avoid a bored child becoming a 'terrorist', it was an indication of an embedded idea that my children were already latching onto.

The idea is that of reaching a finite destination, a finish line, a place where we can stop before setting off to the next destination. As I sat on deck late that evening gazing at the stars, I thought of the preparation to get ready to set sail. The whole focus was on getting to the start line, the departure day, setting sail and getting out to sea. And then, when we were at sea, our whole focus shifted and we were counting down the days until we arrived in port. We found that we were asking the same question as the children, "Are we nearly there yet?". This was a cycle that we found would repeat itself all the way around the world. We would look forward to being at sea when on land and look forward to being on land when at sea.

I came to the conclusion that in work and in life there is literally no finish line. We are all works in progress and it's only through our culture that we come to see that there are finish lines, arbitrary and finite lines. The words dropped into place in my mind: "The purpose of a goal is not necessarily to hit the goal, but to develop the skills and the team so that we are capable of hitting the goal." It never was about the goal – the goal was just an arbitrary measure that was created in order to catalyse us to develop the skills, to become the people, to become the team that we needed to be in order to meet the challenge, to achieve the story that we had set out for ourselves.

The infinite game

It was only some years after reaching my own conclusions that I discovered Simon Sinek's book *The Infinite Game*. In an interview with Tom Bilyeu, he contrasts two types of teams that have been given a financial target to hit within one year that illustrates what he calls the 'Finite Game' as opposed to the 'Infinite Game'.

"One team is solely driven by hitting that goal because all they care about is getting their bonus at the end of year," explains Sinek. "Morale is up and down – if they happen to have a good month, then morale is up and if they happen to have a bad month, then morale is down."

This encourages a toxic culture and one that echoed my past. A culture where people only stay until they get a better offer from somewhere else, where people don't feel safe and trust is low. And then there is frantic activity at month end, quarter end and year end to hit targets. We hit target, bonuses are dished out, the cycle repeats itself. It perpetuates the message that it's only about the numbers and not about the people.

This is the team that he defines as playing by the Finite Game, seeing the world and business as defined by arbitrary finite deadlines that drive unhealthy behaviours. Unfortunately, there are just far too many people and businesses who have been imbued with this whole way of thinking, much as I had been.

Sinek goes further into it: "In the other team that's doing extremely well with good steady slow growth, that is really on target, not the highs and lows, morale is super high, staff retention is amazing, it's a model team where they trust each other and they share information. They miss their goal on the agreed upon date. At the end of the year, they are just shy of the goal even though you can see from the trend data that they are going to hit the goal at thirteen or fourteen months. The problem is that we don't reward that leader or team."

The second team is what he calls the Infinite Team. It's important to still have the goals, but the underlying ethos of how business is done matters far more. The essence is that building the team, the trust, the skills, the team thriving, and the collaboration is significantly more important than just solely hitting the number. This is about putting the human back into business and remembering that the numbers are only hit because of the other factors. The team working well and producing valuable and impactful output is the end in itself. It's far too easy to confuse the target, the number, with the end goal when at the end of the day, the target is only a proxy, a measure, an indication of whether we have developed the right team.

With this insight, I finally understood what my coach

had told me that the purpose of a goal is not necessarily to hit the goal, but to develop the skills and the team so that we are capable of hitting the goal. My experiences in the working world had perhaps been biased because of my 10 plus years working as an accountant, investment banker and CFO to see a business or a team through the lens of the numbers. I don't think it is just me though – with the "Are we nearly there yet?" mindset, it's an indication that many others are thinking in terms of reaching the next milestone and are as numbers or destination orientated as I was.

Be more human

As I write this book in early 2020, the world continues to disrupt itself. When I first started writing this book, the disruption I had in mind focused on new technologies and relentless innovation, and on how organisations that are more purpose-driven and more centred around people would be the ones that I could see as the teams that talent, customers, clients and investors would be gravitating towards. As I near the end of writing this book, we are now in a Coronavirus world where we are being disrupted in ways that would have been very hard to imagine only two months earlier.

The change that I see in the world right now, and it will be interesting to see if this is a permanent change or simply a temporary one, is that to some extent the whole world is united by a common foe in defeating Coronavirus. In this respect, we are all, as they say, in the same boat and with a world as transparent as it has become via social media, it is very easy for both good and bad practices to be highlighted.

I believe that the leaders who are looking after their teams by putting their people first and taking care of them are the ones who will thrive in the longer term, in the infinite game. The teams that follow a 'Be More Human' approach know that if they put people first, then results will follow. The teams that are driven by a shared story and a shared purpose with an agreed set of values and with humanity at the heart of the team, are the ones that talent, investors, customers and clients will head for.

The distinction between good leaders and bad leaders is clearer and more distinct than it has ever been. In my early working life, I was the worst kind of leader that I can imagine now. I would have a financial target and I would simply pass that target and responsibility to my team and just pass the pressure onto them. I see now that the very best types of leaders are the ones who are what I call the buffer. They share openly with their teams the reality of what the situation is and at the same time, they soak up the pressure and create the space for their team to do their finest work in order to tackle the challenges facing them.

One of my mentors always used to say to me that if, right now, you are planning to be in the same business in five years' time that you are in now, you won't be in business. I would take his statement and amend it for teamwork, if you aren't following a 'Be More Human' approach to how you build and lead your team right now, then in five years' time you won't have a team. Or worse, you'll have a team that is ineffective, is not thriving, is not fulfilled and is not performing at the level they are capable of.

In my old finite-minded view of the world, it was always about stacking up more and more achievements. This was, of course, linked to the fragility of my identity as it was back then and the need for constant external validation of who I was. I used to be able to list a whole series of tick boxes like getting a degree (few people in my family had one), becoming a chartered accountant, becoming a karate black belt, sailing round the world, building and selling my own business and so on. You get the picture; it was an unquenchable and never-ending list of achievements that had to be ticked off.

There's always another mountain

And each and every time I achieved one, the feeling of success would last a few minutes, hours, maybe days and it would quickly dissolve, and the focus would move on to the next challenge. From many conversations I've had with a wide range of successful business leaders, I see a similar pattern. It is impossible to sit still atop the mountain. There is always another mountain to be climbed and the last challenge quickly fades and is replaced by a new one. It's the reason why neither of my two sailing adventures were ever the adventure of a lifetime, they were always just the stepping-stone to the next challenge, the next target, the next level.

Every business and team will at some point ask of itself "Are we nearly there yet?". The answer will inevitably be "Not yet". Businesses and organisations, and the people who work in them, are all works in progress – a journey for which no finite finish line exists. The moment you think you have arrived is the very moment you start quickly heading backwards. Great teams and great leaders recognise that the reward comes from what you learn along the way and who you become on the journey. You only have to meet successful entrepreneurs and executives sitting atop their mountains to discover that the journey and the relationships they formed along the way were the most meaningful parts of the journey. And it's a journey that never ends – the learning and growth never stops.

Start right now

To build an effective and thriving high-performance team, you must remember that it's about people first and not the numbers. Developing the relationships, the skills and the teamwork is what matters when it comes to both making the story come to life and also to being able to feel pride in what you created. How you went about making the story come to life is as important as the end result in itself – and that will show up in the relationships that you formed along the way.

Beware of the gold-medal trap with its win/lose philosophy and remember that it is an infinite game that you are in. I often find myself having a conversation with my children, who can be either up or down based on the results they get back from a test. All too often, I find that what challenges them most is the comparison with their friends, their peer group. Thinking like a farmer and reminding myself that a change of mindset takes time, I remind them of two things. The first is that comparison is the thief of joy. If they continually compare themselves to others, they will be exhausted over time through living on an emotional roller coaster. The second thing that I remind them of is that the only person they are really competing with is themselves and better questions to ask are: "Where am I compared to who I was yesterday and what have I learnt, what has developed and what has changed?" These are the only questions they should be focused on.

Sometimes you'll be ahead and sometimes you'll be behind, but by following a fully engaged people-first model, you'll create a thriving and high-performance team that has much deeper meaning for both yourself as a leader and all those in your team. Keep going – the road is long and remember to enjoy the journey along the way as that is all that really matters in the end.

CONCLUSION

The journey that we have been on together has been one of rethinking the rules of high-performance teamwork by being more human, by putting people first and by building and retaining teams that thrive in all areas of their lives.

I've shared my journey and mistakes as I've tried, erred and failed using what were effectively the old rules and the prevailing thinking for building high-performance teams.

Along the way, I have shared what I've experienced and learnt over the past decade as I went from being the worst type of leader that I can imagine through to learning from the very best thought leaders and experts around the world. I certainly don't profess to be the best leader in the world in the business, adventure or family world, but I have learnt a huge amount.

The techniques and ideas that I have shared here have

been hard won, working in the trenches with my teams. There is little theoretical about these rules. They are the result of failing, learning and trying again and again and again. They cover many different areas and include the ideas, concepts and processes that I've learnt from others and also the ones I have developed myself. I have taken the liberty of filtering out all the dross and the myriad of ideas that didn't work so well for me to be able to home in on the things that have been truly impactful.

Building thriving teams means engaging those around you. This is only possible by understanding, at a deep level what it is that truly makes us human. It requires an understanding of why each of us does what we do, what drives and motivates us, what makes us anxious and fearful, and what gives us joy. It means going deep, way beyond the surface level that I used to operate at, and I believe so many other people still do.

Many of the finest leaders I know do this instinctively and have never needed a set of rules to understand what it is that drives team performance. By my very human failings, I didn't get this instinctively and have had to work hard to go beneath the surface to decode and understand what drives performance.

Through stories of my experiences at work and at home, and also in my adventures, I have sought to bring these insights to life in the most human way I know and that is through sharing the deep dark truths and failings that I've regularly encountered.

I consider myself to have been incredibly fortunate to have been able to learn at the extremes, extremes that few are likely to wish to go to, and it has been at these extremes where I've learnt the most – where it's been a life and death situation, a break or bust situation, or simply where there was an impossible deadline to be met. The pressure of these situations forced me to dig deep, to have the humility to open myself up to learning.

Smashing big, bold goals is impossible when done as an individual activity. To achieve your dreams, whether at work or home, my encouragement to you is to remember that it's all about we and not me. You'll need to take risks and to challenge the way that things are done and learn how to navigate the uncertainty that undoubtedly awaits you. It is only by working together as a team that you will get through the darkest hours and days. That thriving team can only come about by building a bedrock of trust, by truly listening to each individual, and by putting people front and centre of your business. It must be a 'people first and results will follow' approach.

Be deliberate, specific and conscious about where you are going together and do not leave it to chance as chance won't land you where you want to go. Shape your story together, create that pole star that galvanises everyone on the team, and move relentlessly forward, avoiding the distractions that abound in our culture.

We are all on a journey for which there is no finish line – there is always another mountain ahead. The old model of a team revolving around a numbers-driven culture, defined by a win/lose finish line and managed with a carrot and stick approach is a relic of history. This model needs to be consigned to the scrapheap in favour of a new model that puts humanity at its very core. The future of leadership recognises the very real nature of all of us as human beings and how we operate.

Every single person in a team has the potential to own a leadership mindset and to play their role in creating the very best version of themselves. By being aware of the very human traits of every one of us, our strengths and our weaknesses, we have the opportunity to build thriving teams that work by being bold, by taking risks.

We can do this in our work team, and we can also do this in our home team. The strategies, techniques and tools to build thriving teams are exactly the same in both. Together, we must navigate change and uncertainty by staring hard at the obstacles in the way and move forward with deliberate, conscious and specific intentionality.

The old rules of teamwork need to be ditched in favour of a core set of principles - a set of principles for building not just high-performing but thriving teams. To be successful requires us all to be more human and to rethink how we can work together effectively. In these 20 principles, you have in your hands the blueprint for creating teams capable of taking on what the future holds, no matter what opportunities and challenges lie ahead of you.

I wish you success together as you and your teams tackle and achieve your big, bold goals by being more human.

RESOURCES

Abrashoff, D Michael. *It's Your Ship*. New York: Grand Central Publishing, 2012.

Benioff, Marc R., and Carlye Adler. *Behind the Cloud*. Chichester: John Wiley & Sons, 2009.

Brown, Brené. *Daring Greatly*. London: Penguin Life, 2015.

Cialdini, Robert B. *Influence*. New York: Collins, 2007.

Clear, James. *Atomic Habits*. London: Random House Business, 2018.

Collins, Jim, and Morten T. Hansen. *Great by Choice*. London: Random House Business, 2011.

Dalio, Ray. *Principles*. New York: Simon & Schuster, 2017.

Davis, Ian. "Lou Gerstner on Corporate Reinvention and Values." McKinsey & Company. Accessed June 8, 2020. https://www.mckinsey.com/featured-insights/leadership/lou-gerstner-on-corporate-reinvention-and-values.

Dawkins, Richard. *The Blind Watchmaker*. London: Penguin Books, 1986.

Distefano, Michael. "Alan Mulally: The Man Who Saved Ford." Korn Ferry, August 11, 2014. https://www.kornferry.com/insights/articles/alan-mulally-man-who-saved-ford.

Dweck, Carol. *Mindset*. London: Robinson, 2017.

Gaskell, Kevin. *Inspired Leadership*. Chichester: John Wiley & Sons, 2017.

Gawande, Atul. *The Checklist Manifesto*. London: Profile Books, 2011.

Gerstner, Louis V. *Who Says Elephants Can't Dance?* London: HarperCollins, 2002.

Goleman, Daniel. *Focus*. London: Bloomsbury, 2014.

Hellen, Nicholas. "High-Flyers Pay a Price in Misery at Home." The Sunday Times, January 19, 2020. https://www.thetimes.co.uk/article/high-flyers-pay-a-price-in-misery-at-home-ggctmcb68.

Herman, Todd. *The Alter Ego Effect*. New York: Harper Business, 2019.

Kahneman, Daniel. *Thinking, Fast and Slow*. New York: Random House, 2011.

Keller, Gary, and Jay Papasan. *The One Thing*. London: John Murray, 2014.

Maltz, Maxwell. *Psycho-Cybernetics*. New York: Perigee, 2015.

Newport, Cal. *Deep Work*. London: Piatkus, 2016.

Pinkham, Ryan. "80% Of Smartphone Users Check Their Phones Before Brushing Their Teeth ... And Other Hot Topics." Constant Contact, December 15, 2014. https://blogs.constantcontact.com/smartphone-usage-statistics/.

Sinek, Simon. *The Infinite Game*. London: Penguin Business, 2019.
Sunstein, Cass R., and Richard H. Thaler. *Nudge*. London: Penguin Group, 2009.

UCL. "How Long Does It Take to Form a Habit?" UCL News, November 15, 2018. https://www.ucl.ac.uk/news/2009/aug/how-long-does-it-take-form-habit.

Vijayenthiran, Viknesh. "New Ford CEO Admits to Driving a Lexus LS." Motor Authority, February 14, 2017. https://www.motorauthority.com/news/1029165_new-ford-ceo-admits-to-driving-a-lexus-ls430.

Walker, Matthew. *Why We Sleep*. London: Penguin Books, 2018.

Worsley, Frank Arthur. *Shackleton's Boat Journey*. Cork: Collins Press, 2010.

Printed in Great Britain
by Amazon

86841919R00161